지역정책 ESG 전략

-지방자치단체의 환경 · 사회 · 거버넌스 행정 사례-

양세훈 · 사득환 · 오수길 · 홍형득 · 박보식 · 김성균 · 김현정
지선신 · 박명분 · 마희정 · 고광용 · 허님식 · 김 연 · 박금옥

지속가능한 지구를 살리기 위한 ESG 경영은 국민이라면 누구라도 빠짐없이 참여해야 할 것이다. ESG는 Top-down 방식이 아닌 자발적으로 실행하는 Bottom-up 방식으로 선택이 아니라 필수(必須)다. ESG 행정이 시작되었다.

도서출판 대영문화사

Introduction 서문

다양한 기술 발전은 인간이 살아가는 데 있어 효능감 있는 편리함과 안락, 쾌적함 등을 부여했다. 이는 농촌사회에서 도시지역으로 이동, 산업화에 따른 혜택이라 할 수 있다. 편의성 추구의 유혹과 욕구가 강해질수록 화석연료의 소비는 늘어나고, 이산화탄소의 대량 배출로 이어졌다.

지구 온도 상승으로 기후변화가 불규칙하게 다발적으로 발생하고 이에 따른 농작물 변화를 시작으로 지구가 몸살을 앓게 되었다. 급기야 UN이 지구의 지속가능성을 이야기하고 SDGs(지속가능발전목표)를 제시했다. 개발도상국, 선진국 구분하지 않고 이산화탄소 배출 자제 요구가 강해졌다. 이런 노력에도 불구하고 북극의 얼음이 녹아내리고, 지구 곳곳이 사막화되어가고 건조한 날씨로 인한 대형 산불 발생은 반복되고 있다.

지속가능한 지구를 위한 각국의 노력이 지지부진한 상황이 이어지자, 탄소배출이 많은 기업경영 과정을 표적으로 화살을 날리기 시작했다. 탄소배출거래세 등 기업이 대응할 수준의 범위를 넘어 국가 간 무역 경쟁에 이르기까지 탄소배출을 방지하기 위한 내용이 강화되기 시작했다. 기업 스스로 적극적이지 못하자 은행 등 투자기관을 중심으로 투자 결정 판단기준으로 ESG를 적용하기 시작했다. 기업의 운영 자금을 마련해야 하는 기업으로서는 도리없이 ESG 실천 전략을 마련하고 추진해야 하는 환경이 조성되었다.

2020년부터 2023년까지 바야흐로 전 세계의 기업 환경은 ESG 전성기처럼 비쳤다. ESG를 준비하지 않는 기업은 퇴출당하거나 존폐기로에 서 있는 사태에까지 유행처럼 확대되었다. 그 사이에 기업뿐만 아니라 공공의 영역, 즉 행정기관도 ESG에 적극 나서야 한다는 자성론이 일기 시작했다. ESG 관련 법률, 지침서, 조례를 제정하는 수준에 머물러서는 안 된다는 비판이 일기 시작했다.

ESG 실천은 민간, 공공 모두 칸막이를 두고 경계를 칠 일이 아니다. ESG 경영이 전부인 것처럼 봇물 터지듯 쏟아졌던 분위기가 이익 추구가 우선이라는 기업의 생존전략 앞에서 주춤거리기 시작했다. 탄소배출 문제, 인권과 안전, 다양성의 문

Introduction 서문

제, 투명성의 문제가 "민간기업에만 해당하는 것은 아니잖은가?"라는 비판이 쏟아졌다. 행정 등 공공 영역도 탄소배출 문제에서 자유스러울 수가 없다. 자유스러워서도 안 된다.

ESG를 실천하는 단계는 가족이란 작은 공동체부터 국가, 지구 글로벌 공동체 구성원이라면 모두 해당하는 영역이다. ESG 정책과 결정이 Top-down 방식으로 구속력을 가지고 밀어붙이기보다는 아래에서 자발적으로 실천하는 방법인 Bottom-up 방식이 유효하다.

탄소중립 실천은 정책 의지와 집행력 추진에 있어서는 공공의 역할이 더 중요하다는 ESG 행정이란 용어가 사용되기 시작했다. 현장 중심, 시민과 밀착도가 많은 지방자치단체가 적극적으로 나서야 한다. 이런 맥락에서 ESG를 실천하고 있는 지방행정의 지역정책의 ESG 실천사례를 살펴보려는 의도에서 학자와 전문가들이 의기투합한 것이다.

이 책에 소개된 지방행정 ESG 실천 내용은 우수한 사례이긴 하지만 규정된 평가지표 등을 통해 선정한 것이 아니다. 17개 광역시도, 226개 기초시군구 등 도시와 도농복합 도시, 농산어촌 지역 등 행정구역으로 구분하고 전국적으로 균형 있게 배분했다. 같은 도시가 2개 이상 채택되지 않도록 가이드를 정하다 보니 일부 우수한 사례 또는 꼭 들어가야 할 사례가 빠진 경우도 많다. 이렇게 우수사례라기보다는 여러 유형을 소개하는 차원에서 지역별 숫자를 정하고 기록하였다는 점을 밝힌다.

저자들은 2023년 11월 발간한 『(11개의 키워드로 알아보는) 지방정부 ESG』, 2024년 2월 발간한 『공공부문 ESG 전략』을 저술한 대학교수와 박사급 기업 전문가들이다. 기존 책에서는 ESG 개념, 정책에 집중했다면 이번에는 ESG 대응과 실천 형태가 어떤 방식으로 구현되는지를 알아본다. 민간기업 대비 공공부문 중 지역정책의 ESG 이해와 사례라는 맥락에서 전략적으로 해법을 마련하는 방향을 모색하고자 했다.

행정조직의 업무 영역에 부합된 항목을 성하고 각 분야에 맞는 정책 현황, ESG와의 연계, ESG 각 항목의 사례를 소개하고 정책 방안을 제시하고자 했다. 이 책은 시민과 접점에 있는 지방자치단체의 ESG 관련 정책, 조례, 실행 방식 등 다양한 관점에서 ESG 정보를 제공하는 데 목적이 있다.

이 책에 소개되는 ESG 행정사례가 대한민국 공공 영역이 ESG 정책을 쉽게 이해할 수 있도록 노력했다. 기존에 하는 사업이 ESG 항목에 해당하는지, 새로운 사업으로 인식하고 내용은 유사한데 이름만 바꾼 사업은 아닌지조차 명확하지 못한 ESG 사례도 많은 것이 현실이다.

이 책이 소개하는 ESG 행정사례를 보고 벤치마킹·분석하여 새로운 아이디어로 접근하는 긍정적 영향이 되었으면 하고 바라본다. 지방자치단체의 ESG 정책의 순기능적 차원에서 널리 확대되기를 소망한다.

2024년 6월
집필진을 대표하여
양세훈 드림

지역정책 ESG 전략

-지방자치단체의 환경 · 사회 · 거버넌스 행정 사례-

Contents 차례

Contents 차례

Contents 차례

Contents 차례

PART 02 경제 · 도시 · 환경

Contents 차례

Contents 차례

지역정책 ESG 전략

-지방자치단체의 환경 · 사회 · 거버넌스 행정 사례-

PART 1

지역정책 ESG 전략

복지 · 지역 · 행정

CHAPTER 01

동물복지와 ESG

양세훈

제1절 서론

1 반려동물의 사회적 가치 위상

기후변화 위기 대응, 탄소중립 달성 등 지구의 지속가능한 발전을 도모하기 위한 강력한 정책집행 수단이 확대되고 있다. 기업 중심의 투자자금 유치의 고도화 방법으로 등장한 ESG 적용은 생물 다양성 논의와 함께 반려동물에까지 확대되고 있다. ESG의 S(사회) 분야인 인권의 문제는 더 이상 인간만의 영역이 아니다. 도시화에 따른 사회 인식 전환으로 반려동물의 인권이 중시되고, 소위 「개 식용 종식 특별법」이라 불리는 「개의 식용 목적의 사육·도살 및 유통 등 종식에 관한 특별법」이 2024년 1월 제정되었다. 반려동물인 개와 고양이는 어느덧 가족구성원이 일부가 되고 있다. 인간과 동등하게 권리를 공유하도록 배려하는 사회가 된 것이다. 반려동물 1,500만 시대에 살고 있는 대한민국만의 이야기가 아니다.

인근 국가에서 보도된 동물 관련 이야기는 흥미로움을 넘어 동물의 보편적 가치 증진을 촉구하고 있다. 홍콩의 신문사인 〈사우스 차이나 모닝 포스트(South China Morning Post: SCMP)〉는 중국 노부인이 아플 때 한 번도 찾아오지 않은 자녀 대신 사랑하는 애완 동물에게 자산 280만 달러(약 37억 원)를 맡겼다고 보도했다(한국반려동물신문, 2024. 1. 26). 상하이(上海)에 사는 할머니 류모 씨가 3명의 자녀에게 유산을 남기는 유언장을 작성했지만, 평소 연락을 하지 않는 자녀 대신에 함께 사는 반려동물에게 모든 재산을 남기기로 한 것이다.

〈한국반려동물신문〉 보도에 따르면, 평소에 연락도 하지 않는 자녀들이 부모가 병으로 고생해도 찾지도 않은 자녀 대신에 항상 곁을 지켜준 반려견과 반려묘에게 재산을 상속하는 유언장을 새롭게 작성했다. 그녀는 지역의 동물병원을 유산 관리자로 지명하고 자신이 죽은 후에도 반려동물과 이들의 새끼들까지 돌보는 데 유산이 사용되도록 했다. 법적 가족이지만 연락이 되지 않는 자녀들보다 항상 곁에서 자리를 지키는 반려동물이 새로운 가족이 된 것이다. 이렇게 반려동물에게 유산을 물려주는 사례는 세계 곳곳에서 다양한 형태로 나타나고 있다. 반려동물을 대하는 반려인의 마음이 어느 정도인지를 판단할 수 있는 이야기다.

다음은 동물 학대에 엄격한 반응을 보이는 일본 사회의 이야기다. 농약을 이용해 까마귀를 죽게 만들거나, 도로 위에 있는 비둘기를 차로 치어 죽인 운전기사를 범죄 혐의로 체포한 사건이다. 2023년 6월에 나고야시(名古屋市)의 A씨가 '아침에 까마귀들이 울어대 시끄럽다'라는 이유로 수렵 가능 구역 밖에서 허가 없이 농약이 든 먹이를 뿌려 까마귀 13마리를 죽게 한 혐의로 체포된 사건이 발생하였다.

2023년 11월에는 동경 시내 니시신주쿠(西新宿) 거리에서 택시 기사인 B씨가 도로 위에 비둘기 떼가 앉아있는 것을 보고도 가속 페달을 밟아 그 중 한 마리가 죽는 사건이 발생했다. 사건을 목격한 한 여성이 이를 경찰에 신고했고, 경찰은 CCTV를 통해 남성을 찾아 체포했다. 남성은 체포된 지 하루가 지나서야 풀려난 것으로 전해졌다. 경찰은 그의 혐의를 확인하기 위해 죽은 비둘기의 부검까지 실시했으며 외상성 쇼크가 있었다는 분석을 내놨다(서울신문, 2023). 반려동물뿐만 아니라 조류의 생명 존엄성을 다루는 사회가 된 것이다.

일본은 「조류 보호와 수렵에 관한 법률」[1] 제정을 통해 조류를 보호하고 있다. 또한 2022년 6월 17일 시행된 「동물의 애호 및 관리에 관한 법률」[2] 제44조는 애호 동물을 함부로 죽이거나 다치게 한 자는 5년 이하의 징역 또는 5백만 엔(약 4,400만 원) 이하의 벌금으로 처할 수 있도록 하고 있다. 이 법에서 동물은 포유류, 조류 등을 포함하고 있다.

우리나라도 동물살해 및 학대에 대한 처벌이 강화되고 있다. 한동대 길고양이 학대 사건은 30대 A씨가 2019년부터 2022년까지 7마리의 고양이를 살해하고 시체를 전시했으며, 추가로 3마리의 고양이를 학대한 혐의로 1심 공판에서 2년 6개월형을 선고받았다. 또한 포항 폐양어장 고양이 살해 사건은 20대 B씨가 길고양이 16마리를 잡아 학대하고 죽인 사건으로, 1심 공판에서 징역 1년 4개월형을 받았다(한국반려동물신문, 2022.9.29). 대한민국 사회는 반려견과 반려묘가 가족구성원이라는 인식이 넓게 퍼져 있다. 인간에게 상처받은 심신을 반려동물에게 찾거나 1인 가구의 외로움 등을 해결하기 위한 또 다른 가족이 반려동물이다. 새로운 가족인 반려동물의 등장은 부정적 시각보다는 긍정적인 이야기가 더 많은 사회가 되었다. 이러한 사회 분위기 전환으로 인해 반려동물 관련한 특별법까지 제정되기에 이르렀다.

표 1-1 세계 각국의 반려동물 처벌 규정

국가	동물복지 관련 법률	형사 처벌 내용
영국	「동물복지법」 제4조 (세계 최초 제정)	– 신체적 폭력・협박・학대 행위를 한 가해자(징역, 반려동물 5년 자격 박탈)
미국	「동물복지법」 (Animal Welfare Act: AWA) 「형법」 제3장 제48조	– 위반(최고 10년의 징역, 최대 7억 원 벌금) – 포유류, 조류, 파충류, 양서류 등 고의의 동물 학대 행위(7년 이하 징역과 벌금 통합 부과)
일본	「동물의 애호 및 관리에 관한 법률」	– 동물 학대, 살해(5년 이하 징역, 5천만 원 벌금) – 열악한 환경에 방치(1년 이하 징역, 1천만 원 벌금)
프랑스	「동물학대 방지 및 동물과 인간의 관계 강화를 위한 법률」 2021.11.30 제정	– 야생동물 이용 서커스와 돌고래 쇼를 금지, 동물 학대(5년 이하의 징역 1억 원 벌금) – 동물 학대(징역 3년, 벌금 6천만 원)

1) 일본의 야생동물보호에 대해서는 조류 보호와 수렵에 관한 법률이 있었는데, 이 오래된 법률은 2002년에 제정된 조류 보호와 수렵의 적정화(鳥獸保護 狩獵 適定化 法律)에 관한 법률로 대체되었다.
2) 2004년에 제정된 「動物の愛護及び管理に關する法律」 第四十四條 愛護動物をみだりに殺し, 又は傷つけた者は, 五年以下の懲役又は五百万円以下の罰金に處する。

스페인	「도축장 감시카메라 설치 의무화 법안」	- 도축 과정에서의 동물 학대를 방지하고 동물복지 규정을 지키기 위해 국무회의 통과
러시아	「형법」 제245조	- 동물살해와 상해 등 학대 행위(140만 원 벌금, 360시간 강제노동, 3년 이하 징역형 등)
뉴질랜드	「1999 동물복지법」 제28조, 제28조A	- 고의적(5년 이하 징역, 8천만 원 이하 벌금) - 부주의(3년 이하 징역, 6천만 원 이하 벌금)
홍콩	「동물학대 방지 조례」 제3조	- 동물 학대하는 행위(3년 이하 징역, 3,200만 원 벌금)
베트남	「축산법」 제69조 「축산 행정위반처벌」 제29조	- 가축, 반려동물에게 신체적 고통 금지 규정 - 동물을 가혹하게 구타 · 학대(5~15만 원 벌금)
싱가포르	「동물 및 조류법 1965」(Animals and Birds Act 1965) 제42조	- 동물 관련 업종의 영업자(종사자)가 동물 학대(2년 이하 징역, 3,800만 원 벌금) - 동물을 구타 · 학대(1,400만 원 이하 벌금)
말레이시아	「2015 동물복지법」	- 소유 여부와 관계없이 상해, 방치, 유기 범죄(3년 이하 징역, 3천만 원 이하의 벌금)
태국	「2014년 동물학대 방지 및 복지법」	- 정당한 사유 없는 동물 학대 행위를 금지, 위반(2년 이하 징역형, 150만 원 벌금)
콜롬비아	「형법」 제339조A	- 동물살해, 학대 등(3년 이하 징역, 법정 최저임금 60배까지 벌금형)
카타르	「형법」 제8절(동물에 대한 죄) 제395조	- 가학적인 폭행, 동물에게 해가 발생한 경우(2개월 이하 금고, 34만 원 벌금)
대한민국	「동물보호법」, 「개의 식용 목적의 사육 · 도살 및 유통 등 종식에 관한 특별법」	- 동물학대 행위 근절과 예방, 소유자 금지, 위반자 처벌(3년 이하 징역, 3천만 원 이하 벌금)

참고: 처벌 내용과 벌금은 최대 기준이며, 원화로 환산한 금액임.

출처: 법제처 세계법제정보센터,[3] 재인용(2023.2.17) 프랑스 법령행정정보국 공공정보서비스[4] 원문(2021.12.1) 한국반려동물신문(2023.12.8),[5] 국가법령정보센터[6]의 자료를 정리함.

2 반려동물 관련 법률 제정 현황

반려동물 인구가 1,500만 명에 달하는 반려인 시대에 부합하는 특별법이 제정되었다. 2024년 1월 9일, 국회 본회의장에서는 「개의 식용 목적의 사육 · 도살 및 유통

3) https://world.moleg.go.kr
4) https://www.vie-publique.fr/loi/278249-loi-2021-lutte-contre-la-maltraitance-animale
5) https://www.sedaily.com/NewsView/29YFK40PLH
6) https://www.law.go.kr

등 종식에 관한 특별법」[7]이 재적 298인, 재석 210인, 찬성 208인, 반대 0인, 기권 2인으로 가결되었다. 개 사육 농장 등 신규 운영 금지, 이행 조치 명령 등은 바로 시행되지만, 개의 식용을 목적으로 하는 사육·도살·유통·판매와 위반 시 2년 이하의 징역과 2천만 원 이하의 벌금 등 벌칙은 2027년 2월 7일부터 시행된다. 관련 업종에 종사하는 사람들의 타 업종 전환 준비 등을 위해 3년 간 유예기간을 두었다.

이번 법률 제정은 국내·외적 이슈로 주목을 받은 개의 식용 논란에 종지부(終止符)를 찍었다는 평가다. 「동물보호법」 적용만으로는 한계가 있어 특별법 형태로 제정되었다. 이런 사회적 분위기 전환은 반려동물과 함께 생활하는 반려인이 전체 인구의 1/3 수준이 되면서 예정되었다. 아직도 반려동물을 수용하지 못하는 국민의 인식도 존재하는 것이 사실이지만, 전반적으로 시대 흐름은 받아들이는 분위기이다. 반려동물(伴侶動物)[8]이란 사람이 정서적으로 의지하고자 가까이 두고 기르는 동물인 개, 고양이, 새 등을 말한다. 「동물보호법」 제2조 제7항에서 "반려동물"이란 반려(伴侶)의 목적으로 기르는 개, 고양이 등 농림축산식품부령으로 정하는 동물이라 명시하고 있다.

「개의 식용 목적의 사육·도살 및 유통 등 종식에 관한 특별법」은 "개의 식용을 종식하는 데 필요한 사항을 규정함으로써 생명 존중과 사람 및 동물의 조화로운 공존을 지향하는 동물복지의 가치 실현에 이바지"함을 목적으로 하고 있다. 법 제정의 핵심은 제5조 제1항 "누구든지 식용을 목적으로 개를 사육·증식하거나 도살하여서는 아니 된다." 제2항 "누구든지 식용을 목적으로 개[사체 또는 식육(食肉)을 포함한다] 또는 개를 원료로 조리·가공한 식품을 유통·판매하여서는 아니 된다"에 있다. 반려 및 안내견 등의 목적 이외 식용을 목적으로 하는 경우 강한 처벌이 뒤따르며 반려동물 정책의 연착륙을 위해 3년 간의 유예기간을 둔 것이다.

반려동물과 관련된 사업은 동물전시업, 동물위탁관리업, 동물미용업, 동물운송업으로 지방자치단체의 장에게 등록해야 한다. 영업허가, 취소, 구조, 보호 등 대부분 행정의 집행은 지방자치단체에 위임되어 있다. 따라서 반려동물은 지방자치단체의 의

7) 2024년 2월 6일 제정, 법률 제20195호, 2027년 2월 7일부터 시행된다, 제1조(목적), 제2조(정의), 제7조(실태조사), 제9조(개사육농장 등 신규 운영 금지), 제10조(신고 및 이행계획서 제출 등), 제13조(출입·조사 등), 제14조(이행조치명령 등), 제18조(과태료)는 공포한 날부터 시행한다. 다만, 제5조(개의 식용 목적 사육·도살·유통·판매 금지)와 제17조(벌칙) 조항은 공포 후 3년이 경과한 날부터 시행한다

8) 국립국어원 표준국어대사전, https://stdict.korean.go.kr

지와 집행력에 따라 성과가 달라질 수 있는 영역이다. 이러한 맥락에서 반려동물 관련 정책 내용과 ESG와의 연계를 통한 지방자치단체의 ESG 역할을 모색하고자 한다.

「동물보호법」 제35조(동물보호센터의 설치 등), 제36조(동물보호센터의 지정 등)를 통해 유실·유기 동물과 피학대 동물 중 소유자를 알 수 없는 동물에 관해서는 동물보호센터에 보호조치를 할 수 있도록 했다. 지방자치단체는 농림축산식품부령으로 정하는 시설 및 인력 기준에 맞는 동물보호센터를 설치·운영할 수 있다. 지방자치단체는 동물보호센터의 설치·운영에 드는 비용의 전부 또는 일부를 농림축산식품부로부터 지원받을 수 있다. 동물보호센터의 업무는 ① 동물의 구조·보호조치, ② 동물의 반환, ③ 사육 포기 동물의 인수, ④ 동물의 기증·분양, ⑤ 동물의 인도적인 처리, ⑥ 반려동물 사육에 대한 교육, ⑦ 유실·유기 동물 발생 예방 교육, ⑧ 동물 학대 행위 근절을 위한 동물보호 홍보 등이다.

2024년 2월 기준, 우리나라 국가동물보호정보시스템에 등록된 동물보호센터는 194개(농림축산검역본부)다. 이외 사설 위탁 등을 포함하면 250여 개로 추정하고 있다. 보호센터의 명칭과 위탁기관 형태는 다양하다. 동물병원, 유기동물보호소, 수의사회, 동물복지지원센터, 동물보호센터, 가정견보호소, 동물보호소, 임시보호소, 동물보호협회 등이다.

동물보호센터는 유실·유기 동물을 구조해 보호하는 시설로 지방자치단체에서 직영이나 위탁의 형태로 운영 중이다. 농림축산식품부는 지난 2009년부터 동물보호센터 설치비를 지원하고 있으며, 2019년부터는 유실·유기 동물의 구조·보호비 4억 원도 지원하고 있다. 이러한 동물보호센터의 기본 기능 이외 일부 지방자치단체는 반려동물지원센터를 지역별로 설치·운영하거나, 전용 공원의 운영을 통한 반려동물 복지정책에 앞장서고 있다.

전국 17개 광역시도와 226개 시군구의 대부분이 반려동물지원센터, 동물보호소 등을 직영하거나 위탁하고 있다. 이 중 권역별 지원센터를 운영하는 서울특별시, 반려동물공원을 운영하는 대전광역시, 동물보호복지플랫폼을 운영하는 경기도 사례를 ESG와의 연계를 통해 지방자치단체의 사례로 정했다. 3곳의 반려동물 정책 시행에 있어 ESG 영역의 어떠한 부분을 적용하고 있는지를 살펴보고 필요 부분은 정책에 반영할 수 있도록 제안하고자 한다.

제2절 환경(E) 관점의 정책과 사례

1 반려동물의 환경 요인

ESG 진단평가 항목 중 환경(Environmental) 관련 항목은 환경(운영) 경영 목표 및 성과, 기후변화 대응, 환경오염 및 쓰레기 감축 노력, 수자원 관리(용수), 친환경 에너지, 자연자본(토지, 숲, 생태 다양성 등), 이해관계자 소통 등이다. 반려동물의 경우 「동물보호법」 이외 「개의 식용 목적의 사육·도살 및 유통 등 종식에 관한 특별법」 제정에 따른 시장환경 변화가 가장 큰 요인으로 작용할 것이다. 반려견 무단 방치로 인한 오염 및 폐기물의 문제, 반려동물 놀이터 설치 등으로 인한 지역주민의 갈등, 관련 사업 이해관계자의 소통 등에 대해 적극적인 자세로 해결하려는 의지가 있느냐 여부로 판단할 수 있을 것이다.

현 정부의 동물 관련 국정과제는 '반려동물 생명 보장과 동물보호 문화확산'이다. 목표는 '사람과 동물이 모두 함께 행복한 건전한 반려 문화 조성'이다. 동물보호시설 인프라 확충 및 환경 개선지원으로 보호 수준을 높이고, 동물 학대 및 개 물림 사고 방지 제도 강화 등 동물복지를 강화하는 내용을 담고 있다. 또한 동물 학대 범죄에 상응하는 형벌이 부과될 수 있도록 엄정한 양형기준 마련(법정형 최대 징역 3년 이하 또는 벌금 3천만 원 이하)이다(농림축산식품부, 국정홍보자료).

농림축산식품부의 2023년 10대 핵심과제 중 반려동물 관련 정책은 동물복지 강화다. 동물복지를 강화하여 사람·동물 모두 행복한 One-Welfare 실현을 하는 것이다. 이를 위해 학대·유기 등 최소화를 위한 사전 예방 정책 확대 및 사후 조치 실질화, 동물 '보호'에서 동물 '복지' 관점으로 정책 전환을 위한 추진 기반을 마련한다. 구체적으로는 ① 학대, 유기와 개 물림 사고 등 최소화하기 위한 사전 예방적 정책 확대, ② 피학대·유기 동물의 구조·보호 및 입양 등 사후조치 실질화, ③ 동물복지 강화를 위한 제도, 사회적 수용성 등 추진 기반 마련이다.

농림축산식품부 동물복지 2차 년도 5개년 종합계획은 2020~2024년까지 진행되며, 총 6개 분야 26대 과제로 구성되어 있다. 제2차 동물복지 종합계획은 ① 동물보호 복지 인식 개선, ② 반려동물 영업 관리 강화, ③ 유기·피학대 동물보호 수준 제

표 1-2 동물복지 6대 분야 21대 과제

6대 분야	21대 과제
동물 소유자 인식 개선	① 반려견 및 소유자 교육 강화 ② 반려견 소유자 안전관리 의무 강화 ③ 동물학대 행위 범위 확대 ④ 동물학대 처벌 강화 및 재발 방지 ⑤ 동물등록제 개선 및 등록 활성화
반려동물 관련 산업 개선	① 동물생산업 사육환경 개선 ② 동물판매 행위 관리 강화 ③ 동물 관련 서비스업 규제 합리화
유기·피학대 동물보호	① 유기·피학대 동물구조 체계 개선 ② 지방자치단체 동물보호센터 개선 ③ 반려동물 인수제 도입 ④ 사설보호소 시설·운영 기준 마련
농장 동물의 복지 개선	① 농장 사육 단계 동물복지 수준 개선 ② 운송·도축 단계 동물복지 강화 ③ 동물복지축산 인증 고도화
동물실험의 3R 원칙 구현	① 실험동물 공급·관리 체계 강화 ② 동물실험윤리위원회 기능 강화 ③ 동물대체시험법 개발·보급 체계 마련
동물복지 거버넌스 강화	① 동물복지위원회 컨트롤 타워 역할 정립 ② 지자체 동물보호·복지 정책 추진 체계 개선 ③ 중앙정부·지자체 인력 및 조직 확충

출처: 농림축산식품부 동물복지정책팀 보도자료(2019.7.4).

고, ④ 농장 동물의 복지 개선, ⑤ 동물실험 윤리성 제고, ⑥ 동물보호·복지 거버넌스 확립 등 6개 분야로 구성되어 있다.

현 정부의 반려동물 관련 정책의 주요 내용은 '동물복지를 강화하고 반려 문화를 장려'하는 데 있다. 이런 맥락에서 「개의 식용 목적의 사육·도살 및 유통 등 종식에 관한 특별법」을 제정했다고 볼 수 있다. 인간 사회에서 개와 고양이는 더 이상 동물로만 취급하지 않는 문화가 조성되고 있다. 반려동물을 가족이라 부르는 인구가 대한민국 인구의 30%를 상회하고 있다. 정부의 반려동물을 대하는 정책에 부응하는 지방자치단체의 행정업무도 빠르게 변화되고 있다. 기존 동물보호에 관한 조례에 이어 반려동물을 특정하여 조례를 제정하고, 반려동물지원센터, 놀이터, 공원, 보호소 등 관련 서비스 제공을 경쟁적으로 쏟아내고 있다.

지방자치단체 등 행정이 반려동물 관련 정책을 수립하고 행정 집행을 구현할 수 있는 배경은 반려동물과 함께 살고 있는 반려인의 인구가 급속히 증가함에 기인하고 있다. 반려견의 경우 옛날처럼 개는 도둑을 지키는 도구 또는 식용의 한 수단으로 활용한 원시적 환경이 아니다. 아파트 문화로 밖이 아닌 안에서 함께 거주하는 환경변화도 작용했다고 볼 수 있다. 동물병원을 비롯하여 반려견과 반려묘를 위한 사료, 의류, 장난감 등 관련 산업이 활성화되고 있다. 반려견유치원, 호텔, 카페, 식당 등 반려견만을 위한 시설도 꾸준히 증가하고 있다. 유모차에 반려견을 태우고 산책하는 시민을 보는 풍경이 어색하지 않은 도시가 되었다.

반려인의 새로운 문화는 반려견을 구매하는 방식에서 유기된 반려견을 입양하려는 인구가 증가하고 있다. 버려지고 방치되고 상처받은 반려견을 동물보호센터 등에서 정식절차를 밟아 입양한다. 일정 기간 주인이 나타나지 않고 최종적으로 안락사 당할 수 있는 반려견들이 새로운 주인을 만나게 된다. 입양확인서를 받고 동물등록을 완료하고 6개월 이내에 입양비 청구서를 신청하면 입양비도 받을 수 있다. 이러한 일들을 지방자치단체가 주도적으로 진행하고 있다. 외국의 경우는 펫숍(Pet Shop, 애완동물가게)[9]의 규제를 강화하거나 불법시설로 강제하기도 한다.

프랑스의 경우는 반려동물을 행정기관에 등록[10]하는 것을 법적으로 의무화시켰다. 2021년 11월, 프랑스 정부는 새로운 「동물보호법」을 발표했다. 2024년부터 펫숍에서 반려동물을 사는 게 금지되어 전문 번식업자나 보호소를 통해 반려동물을 입양할 수밖에 없다. 판매자는 구매자에게 동물을 키우는 데 드는 비용을 필수적으로 고지하고, 구매자는 이를 확인했다는 서명을 해야 한다. 키울 능력이 없는데도 개나 고양이를 충동적으로 들이는 것을 막기 위함이다(농민신문, 2023.12.4). 이처럼 반려동물을 유기하면 3년 이하의 징역이나 약 6,400만 원 이하의 벌금이 부과된다.

동물의 복지 논란은 과거에도 있었다. 일본의 에도 막부(江戶幕府) 제5대 쇼군인 도쿠가와 쓰나요시(德川綱吉)의 이야기다. 그는 '동물을 보호해 덕을 쌓으면 아들을 낳는다'라는 스님의 조언에 따라 개, 고양이, 소, 돼지 등의 가축과 야생동물, 심시어

9) 애완동물을 판매하는 가게와 관련 용품을 판매하는 곳을 말한다. 가게는 분양 숍으로 불리며 주로 반려동물 경매장에서 데려온 개와 고양이를 판매하고, 관련 용품은 애완용품점, 반려용품점으로 불리며 애완동물 용품 및 사료를 주로 판매한다.

10) 반려견은 1999년부터, 반려묘는 2012년부터 법적 등록하도록 했다.

곤충까지도 죽이거나 먹어서는 안 된다는 내용을 담은 「동물보호법」을 1685년 공표했다. 당시 일본은 이 법에 따라 개 호적 대장을 만들고 개의 출생과 사망 신고도 했다. 이 과도한 동물보호법은 1709년까지 이어지다 쓰나요시가 세상을 떠나고 나서야 폐지되었다(UPI뉴스, 2018.9.11). 정책결정권자의 개인 신념이 낳은 동물보호 사례라 할 수 있다.

2 환경(E) 사례: 서울동물복지지원센터

17개 광역시도와 226개 기초시군구 중 반려동물 정책을 시행하는 곳은 200여 곳에 가까울 정도로 관심이 많다. 그 중에서도 서울시는 동물복지 정책을 선도하고 있다고 평가받고 있다. 2012년 전국 최초로 행정조직으로 동물보호과를 신설해 동물보호 및 복지수준 향상을 위한 공공의 시발점 역할을 했다. 2014년에는 전국 최초의 동물복지종합계획을 수립했다. 지방자치단체 최초의 동물복지 종합계획 수립과 동물복지위원회를 구성했다. 2020년에는 동물복지정책을 선도적으로 추진한 공로로 대한민국 동물복지 대상(국회의장상)을 받았다. 동물 관련 담당 부서는 푸른도시여가국의 동물보호과에서 맡고 있다. 기존 시민건강국 소속이었던 동물보호과는 2023년부터 업무 연계를 위해 푸른도시여가국 소속으로 변경되었다. 동물정책팀, 동물복지시설팀, 동물보건팀, 동물관리팀 등 4개 팀으로 운영하고 있다.

서울시는 2017년 7월 전국 최초 '동물복지지원센터'를 마포구 상암동 에스플렉스센터(지하 1층)에 개장하고, 유기 동물 동물병원, 동물입양센터 등을 운영(서울시, 2019)해 왔다. 도심형 동물보호시설인 2022년 말 기준으로 마포센터(마포구 상암동), 구로센터(구로구 구로동, 2020년 4월), 동대문센터(동대문구 용두동, 2023년 11월) 등 동물복지지원센터를 3곳에서 운영하고 있다. 송파구에 동물복지지원센터 설립 계획은 센터의 공간 터 주변 주민들의 민원에 의해 취소가 되기도 했다.

서울에서 발생하는 유기 동물은 한 해 약 5,900마리에 이르지만, 그 중 약 15%는 새로운 보호자를 만나지 못해 안락사되고 있다. 서울시는 '유기 동물 안락사 제로화, 입양 100%' 실현을 위하여, 유기 동물의 치료부터 입양, 교육까지 전담하는 동물보호 전문시설을 운영(서울동물복지지원센터 홈페이지)하고 있다. 서울동물복지지원센터의 역할은 입양센터 운영 및 입양 활성화 홍보, 유기 및 긴급 피학대 동물 돌봄 치료, 반려동물 관련 교육 프로그램 운영, 서울시 동물보호소 유기 동물 의료지원, 길고양이 개체수 조절을 위한 집중 TNR[11] 등이다.

반려동물과 함께하는 반려인 가구 수에 관한 수치는 자료에 따라 다르다. 유예슬 외(2023)는 우리나라 전체 가구 수의 15%에 해당하는 312만 8천 가구(통계청 인구주택총조사, 2020)이며, 이 중 도시지역에 속한 가구가 233만 1천 가구로 75%를 차지하고 있다. 반려동물 보유 가구율 조사 결과 2022년은 22.2%로 최근 5년[12] 중 가장 높게 나타났다. 서울시 자료에 따르면 2023년 초 기준 서울시 반려동물을 기르는 가구 수는 89만 8,000가구로 전체 가구 수 대비 22.2%로 나타났다. 반려동물 수는 총 114만 7,000마리로 개 85만 마리, 고양이 19만 8,000마리, 기타 9만 9,000마리로 조사[13] 되었다.

서울시는 반려동물 양육 인구 및 반려동물 수의 증가에 따른 정책 수요를 파악하여 동물복지를 위한 행정에 반영하고 있다. 반려동물 테마파크를 반려동물 복지증진과 시민 여가문화 활성화를 위한 복합시설 및 공간으로 정의하고 있다. 그러나 동물이 뛰어놀 수 있는 공간적인 측면에서 반려견 놀이터[14]와 차이가 없다는 의견이 많다. 반려견 놀이터는 2023년 6월 초 매헌시민의 숲 조성까지 11개소가 운영되고 있다.

서울시처럼 반려동물을 위한 자체 시설을 운영하는 곳도 있고, 공공기관 건물 또는 관광지 시설이나 동물 관련 기관과 결합해 운영하는 예도 있다. 후자의 경우는 대부분 반려동물이 뛰어놀 수 있는 놀이터 공간이다. 동물 관련 센터 연계 시설 중 강원도 영월군에 있는 별빛반려견 놀이터는 남면어울림센터 한마음교류마당 내에 있다. 어울림센터 내에는 농구장과 족구장, 특산물전시장, 야외무대와 반려견 놀이터가 함께 공존하는 복합문화공간 형태다. 농업기술센터 공간을 활용한 반려견 놀이터는 경기도 평택시, 충청남도 서산시와 태안군, 경상남도 양산시가 있다. 폐역이나 테마파크

11) TNR(trap-neuter-return) 길고양이 TNR(길고양이의 개체 수를 적절하게 유지하기 위해서 길고양이를 인도적인 방법으로 포획하여 중성화수술 후 원래 포획한 장소에 풀어주는 활동).

12) 반려동물 보유가구율: 2018년(20.0%), 2019년(20.1%), 2020년(20.0%), 2021년(19.6%), 2022년(22.2%)

13) 서울시의회 회의록, 제319회 서울특별시의회(정례회) 본회의 회의록 제2호, 서울특별시의회 사무처, 2023.6.13.

14) 반려견 놀이터는 반려 목적으로 기르는 개가 소유자와 함께 목줄 없이 뛰어놀 수 있도록 일정한 공간에 울타리를 둘러 만든 시설을 말한다.

표 1-3 시설결합형 반려동물 공공 공간 사례[15)]

구분	명칭	연계 시설	위치
동물 관련 센터	연제구 반려동물놀이터	경상대 반려동물교육문화센터	부산 연제구
	해운대구 반려동물놀이터	유기동물 입양센터	부산 해운대구
	대전 반려동물공원	동물보호센터(공동 운영)	대전 유성구
	애니언파크	반려동물문화센터(공동 운영)	울산 북구
	별빛반려견 놀이터	별빛어울림센터(복합문화공간)	강원 영월
	춘천시 반려견 놀이터	동물보호센터	강원 춘천
	강릉시 반려동물 놀이터	동물사랑센터	강원 강릉
	아산시 반려동물 놀이터	동물복지지원센터	충남 아산
	젠틀펫 파라다이스	문경새재 반려동물 힐링문화센터	경북 문경
공공 청사	모두마루 반려견 놀이터	평택농업기술센터	경기 평택
	서산시 반려견 놀이터	서산시농업기술센터	충남 서산
	태안군 반려동물 놀이터	로컬푸드 직매장 부지	충남 태안
	양산 반려동물 지원센터	농업기술센터	경남 양산
관광 시설	경강 반려견 놀이터	경강역(폐역) 관광지	강원 춘천
	오수의견 반려견 놀이터	오수의견 관광지	전북 임실
	분성산 반려동물 테마파크	가야 테마파크	경남 김해

등 기존 관광시설을 활용한 반려견 놀이터 운영은 강원도 춘천시, 전라북도 임실군, 경상남도 김해시가 있다.

서울시는 2023년 10월, 반려동물 테마파크 정의 및 맹견 피해 방지 조항 신설 등을 위해 「서울특별시 동물보호 조례」를 개정했다. 반려동물 테마파크에 대한 정의를 신설, 등록 대상 동물의 등록 이행에 따른 지원에 대한 사항을 규정, 맹견의 출입 금지 등 조항상 다수인의 피해 방지 조항을 신설했다. 동물보호 업무의 지원 등에 있어 반려동물 전문인력 양성에 관한 사항을 추가, 반려동물 테마파크의 설치 및 운영에 대한 사항도 신설했다. 서울시의 경우는 수질오염 문제로 기존에는 하천변에 반려견 놀이터 설치가 어려웠으나, 2023년 7월 법 개정을 통해 하천변에 반려견 놀이터를 설치할 수 있게 되었다. 매헌시민의숲에 이어 난지한강공원, 중랑천에 설치하고 있다.

15) 건축도시공간연구소(유예슬 · 손은신, 2023), 반려동물 양육 인구증가에 따른 공공 공간 조성 현황과 이슈, p.74. 서울특별시 동물보호 조례 일부 개정 조례안 검토 보고, 2023.10.23, 재인용.

서울시에는 개와 고양이 사육시설이 없다. 서울시는 2019년 10월 1일부터 개 도축을 중단시키고, 26일에 '개 도축 제로 도시 서울'을 선언했다. 위생 문제 및 소비자 비선호 등의 사유로 시민들의 외면을 받으면서 자연 퇴출당하였다. 반려동물 인구의 동물복지에 공감하는 인구의 증가도 영향을 미친 것으로 풀이된다. 반려동물과의 공생은 인간의 정신적 건강을 증진, 생명 존중의 문화확산은 물론 관련 산업의 성장에 의한 경제 활성화 등 사회 전반에 걸쳐 긍정적인 영향을 미칠 수 있다.

동물복지지원센터 운영 확대로 반려·유기 동물복지를 강화하고 있다. 세 군데 동물복지지원센터는 유기되었거나 학대받은 동물들을 입양하고 있다. 성숙한 반려동물 문화를 함양하기 위해서 서울시는 시민교육이나 돌봄 지원을 강화하고 있다. 2023년도에 반려동물 시민학교 1,700명, 동물보호 교육 4,900명 실시했다. 25개 자치구 반려동물 교육사업 지원이나 반려인 능력 시험을 개최하도록 했다. 우리 동네 동물병원, 펫돌보미, 펫위탁소 등을 운영해서 취약계층의 돌봄을 지원[16]했다. 또한 캣맘 등 시민단체와 협력으로 8개 공원 46개소에 길고양이 공원급식소도 운영하고 있다.

국내에선 보호소에 들어온 유기견은 새 반려인을 찾아서 입양을 가거나 보호소에 남거나, 상태가 안 좋은 경우 안락사하는 경우가 있다. 소위 '반려동물의 천국'이라 불리는 독일은 유기 동물 안락사가 법적으로 금지되어 있다. 독일은 '티어하임'[17]으로 불리는 동물보호소가 약 500곳 있다. 1901년 베를린에 설립된 티어하임은 유럽에서 가장 큰 보호소로 18.5ha(5만 6,000평) 규모에서 1,000마리가 넘는 동물을 보호한다. 독일은 펫숍에서 반려동물을 사는 행위가 금지되어 대부분 티어하임을 통해 입양한다. 티어하임을 운영하는 데 한 해 100억 원 이상 드는데, 이는 대부분 기부금으로 채워진다(농민신문, 2023.12.4).

유기 동물은 도로, 공원 등의 공공장소에서 나돌아 다니거나 내버려진 동물을 말한다. 유기 동물을 포획하거나 구조한 이후 법적으로 보호기간은 10일이다. 그 안에서 주인을 찾아주는 데 집중하고 이후에는 입양 등 다양한 관리를 한다. 서울시의 경우는 유기 동물을 최대 1달까지 보호하는 경우가 많다.

서울시의 반려동물 정책 중 환경(E)과 관련한 내용은 위생 문제 등을 근거로 개 도축시설을 전면 금지, 원인 자체를 없앴다는 점이다. 대도시 지역이라는 요소가 개

16) 서울특별시 2023년도 행정사무감사 환경수자원위원회 회의록, 서울특별시의회사무처, 2023.11.6.
17) 티어하임(Tierheim): 동물의 집(tier: 동물/heim: 집).

사육시설을 할 수 없는 분위기 조성과 행정 집행에 적극적이었다는 점은 긍정적이라 할 수 있다. 도축된 반려견 등 판매 자체를 하지 못하도록 지속적인 관리를 하는 서울특별시의 반려동물 정책은 지방자치단체의 모범사례라 할 수 있다.

제3절 사회(S) 관점의 정책과 사례

1 반려동물의 사회 요인

ESG 진단평가 항목 중 사회(Social) 관련 항목은 고객 안전 보건(직장 내 안전관리), 다양성 및 양성평등(포용성), 인권(평가), 인적자원관리, 존중, 지역사회 발전 참여(기여), 사회공헌, 행정과 지역사회의 관계(커뮤니티), 다양성과 기회균등(사회적 차별금지), 근로(관행), 고용(열악한 고용 조건), ESG 관련 교육(훈련) 및 홍보, 정보보호(개인이나 단체), 아동 및 강제노동(노동권 보장) 등이다. 반려동물의 경우 동물보호지원센터의 직장 내 안전시설, 고용 및 노동환경, 보호동물의 관리 시스템 등을 검토할 수 있다.

「동물보호법」 제87조에서는 동물보호센터의 장, 보호시설 운영자, 도축장 운영자, 동물전시업, 동물위탁관리업, 동물미용업, 동물운송업을 하는 자는 동물 학대 방지 등을 위하여 「개인정보 보호법」 제2조 제7호에 따른 고정형 영상정보처리기기를 설치해야 한다. 다만, 녹음 기능을 사용하지 않는 조건으로 소위 CCTV를 설치하도록 했다. ESG의 인권을 중시한 사회(S) 영역을 포함하고 있다.

2025년부터는 '동물보호의 날'도 시행한다. 동물의 생명 보호 및 복지증진의 가치를 널리 알리고 사람과 동물이 조화롭게 공존하는 문화를 조성하기 위함이다. 「동물보호법」은 동물의 생명 보호, 안전 보장 및 복지증진을 꾀하고 건전하고 책임 있는 사육 문화를 조성함으로써, 생명 존중의 국민 정서를 기르고 사람과 동물의 조화로운 공존에 이바지함을 목적으로 하고 있다. 법 제4조의2(동물보호의 날)는 "동물의 생명 보호 및 복지증진의 가치를 널리 알리고 사람과 동물이 조화롭게 공존하는 문화를 조성하기 위하여 매년 10월 4일을 동물보호의 날로 한다"로 정하고 국가와 지방자치단체가 취지에 맞는 행사, 교육, 홍보를 할 수 있도록 했다.

「동물보호법 시행규칙」[18] 반려동물의 안전조치 의무 강화에 따라, 외출할 시 반려견 등의 목줄이나 가슴줄은 2m 이내의 길이로 유지하거나 이동장치를 사용해야 한다. 다중주택, 다가구주택, 공동주택 건물 내부의 공용공간(복도, 계단, 엘리베이터 등)에서는 반려견을 직접 안거나 목줄의 목덜미 부분 또는 가슴줄의 손잡이 부분을 잡는 등 반려견이 이동할 수 없도록 안전조치를 취해야 한다. 반려견과 사람 간 연결된 줄의 길이가 2m를 넘는 경우 「동물보호법」 제16조 제2항 제1호[19]에 따른 안전조치를 하지 아니한 소유자에게 50만 원 이하의 과태료가 부과될 수 있다. 단, 3개월 미만의 강아지는 안고 외출하면 목줄 착용이 필요 없다.

맹견[20]에 의한 안전사고를 방지하기 위한 규정이 강화되었다. 생후 3개월 이상의 맹견과 함께 외출하면 가슴줄이 아닌 목줄과 입마개를 착용해야 한다. 반려인은 매년 3시간 이상 안전교육을 이수해야 한다. 맹견으로 인해 사람이 사망하면 3년 이하의 징역이나 3,000만 원 이하의 벌금이 부과된다. 2021년 2월 12일부터 맹견을 소유한 반려인은 책임보험에 의무적으로 가입해야 한다. 맹견보험은 연 2만 원 미만이다. 보상수준은 가스 사고 배상책임보험이나 승강기 시설소유 배상책임보험 등 다른 의무보험과 유사한 수준이다. 사고가 날 때 보험으로 다 해결하기에 한계가 있어 반려인의 주의가 가장 필요하다.

반려동물의 인권 문제에 관한 논란이 많다. 그 중에서도 반려동물의 의지와 상관없이 중성화수술을 하는 것에 부정적 시각을 보이는 반려인도 있다. 실내에서 양육하는 반려동물의 경우 반려인의 의지에 따라 조정이 가능하다. 그러나 농촌지역의 실외에서 키우는 개의 무분별한 번식 및 유실·유기된 후 야생화되어 사람과 가축의 안

---

18) 제11조(안전조치) 법 제16조 제2항 제1호에 따른 "농림축산식품부령으로 정하는 기준"이란 다음 각 호의 기준을 말한다. 1. 길이가 2미터 이하인 목줄 또는 가슴줄을 하거나 이동장치(등록대상동물이 탈출할 수 없도록 잠금장치를 갖춘 것을 말한다)를 사용할 것. 다만, 소유자등이 월령 3개월 미만인 등록대상동물을 직접 안아서 외출하는 경우에는 목줄, 가슴줄 또는 이동장치를 하지 않을 수 있다.

19) 제16조(등록대상동물의 관리 등) 1. 농림축산식품부령으로 정하는 기준에 맞는 목줄 착용 등 사람 또는 동물에 대한 위해를 예방하기 위한 안전조치를 할 것.

20) 「동물보호법 시행규칙」 제2조(맹견의 범위) 「동물보호법」(이하 "법"이라 한다) 제2조 제5호 가목에 따른 "농림축산식품부령으로 정하는 개"란 다음 각 호를 말한다. 1. 도사견과 그 잡종의 개, 2. 핏불테리어(아메리칸 핏불테리어를 포함한다)와 그 잡종의 개, 3. 아메리칸 스태퍼드셔 테리어와 그 잡종의 개, 4. 스태퍼드셔 불 테리어와 그 잡종의 개, 5. 로트와일러와 그 잡종의 개.

전을 위협하는 등의 사회문제가 발생한다. 이에 동물의 적정한 개체수 관리와 안전대책이 사회적 논란거리가 되었다. 동물의 중성화수술비는 국비 20%, 지방비 70%, 자부담 10% 수준에서 이뤄지고 있다. 자부담은 반려인의 형편 및 환경을 고려하여 지방비로 대체할 수 있다. 농촌지역에 거주하는 5개월령 이상의 실외 사육견을 기르는 사람이라면 누구나 관할 읍 · 면 · 동 주민센터에서 중성화수술과 동물등록을 신청할 수 있다.

매년 2월 마지막 주 화요일은 '세계 중성화의 날(World Spay Day)'로, 1995년 미국에서 처음 시작되었다. 미국은 유기 동물 발생과 무분별한 번식을 줄이려고 중성화 정책을 적극 펼쳐왔다. 적절한 돌봄을 받지 못하는 강아지와 고양이의 증가를 막기 위함이다. 일부 주에서는 중성화수술을 무료로 진행하고, 캘리포니아주는 4개월 이상된 개와 고양이에게 중성화수술을 시키는 걸 법으로 의무화했다. 그 결과 유기 동물 수가 많이 감소했다. 1970년대 미국에선 매해 유기 동물 1,000만 마리가 안락사되었을 것으로 짐작되는데 현재는 이 수치가 150만 마리로 줄어들었다(농민신문, 2023.12.4).

일본의 경우는 2014년 '사람과 동물이 행복하게 사는 사회 실현 프로젝트'를 시작하며 안락사되는 유기 동물 수를 '0'으로 만들겠다는 계획을 세웠다. 1989년 일본에서 살처분된 개와 고양이의 수가 100만 마리에 이를 정도로 유기 동물을 죽이는 게 당연시 되어왔다. 일본 정부는 사람들의 인식을 바꾸려고 입양을 촉진하고 유기를 방지하는 교육을 진행했다. 특히 '반려동물의 평생을 책임져야 한다'라는 인식을 심고 있다. 또 지방자치단체와 민간 보호소가 함께 힘을 모아 수용 능력을 높이고 입양을 활성화하고자 애쓰는 것도 주목할 만하다(농민신문, 2023.12.4).

2 사회(S) 사례: 대전반려동물공원

대전광역시의 대전반려동물공원은 반려동물들의 천국이라 불린다. 2022년 6월, 대전광역시 유성구 금고동에 대전반려동물공원이 문을 열었다. 반려동물을 위한 종합 테마파크다. 지역 이기주의를 넘어선 반려동물공원이 사람과 동물이 함께 공존하는 상생의 문화 공간으로 거듭났다. 3만m^2 부지에 반려동물 문화센터, 잔디광장, 산책로, 야외훈련장, 대형견, 중형견, 소형견 동물 놀이터 시설 등이 갖춰져 있다.

2층으로 되어 있는 문화센터는 애견 카페와 실내 놀이터가 마련되어 있다. 동물등록 대상으로 등록하지 않은 반려동물은 입장을 제한하고 있다. 문화센터 건물 입장 시에는 반드시 매너 밴드를 착용해야 한다. 개 장애물 넘기(도그 어질리티) 체험교육 등 반려동물에 대한 이해를 높이는 체험 프로그램을 운영하고 있다. 야외훈련장에서도 어질리티 훈련을 할 수 있다. 센터에서는 유료 이용 시 반려동물의 목욕과 건조실과 드라이 사용을 할 수 있다. 반려인을 위한 예절 교육 등 양육 상담이 가능하다. 반려동물은 공원 전체를 이용할 수 있다. 반려동물 문화축제는 2015년부터 매년 개최되고 있지만, 2018년도 동물보호 문화축제 예산 1억 원을 축제 행사 대신에, 동물보호센터에 투자를 검토해달라는 시의회 요구도 있었다. 반려동물 문화축제를 바라보는 시각이 다르다는 것을 보여주는 내용이다.

동물공원 내에서는 외부의 음식을 반입해 먹을 수 없도록 하고 있다. 동물공원 측은 안내문과 방송 등을 통해 이러한 내용을 알렸지만, 일부 견주들은 아랑곳하지 않고 돗자리를 펴고 앉아 음식물을 섭취해 이용객들의 눈살을 찌푸리게 했다. 몇몇 견주는 개정된 동물보호법 시행규칙에 따라 2m 이내 목줄을 사용해야 하지만 여전히 3~4m에 달하는 목줄을 사용하기도 했다(충청투데이, 2022.4.13). 이러한 내용이 보도되는 것이 자연스러울지 모른다. 그만큼 반려동물을 좋아하지만 어떻게 어떤 방식으로 좋아하고 양육하는 반려인의 태도에 대해서는 교육이 부족했다. 따라서 반려동물 관련 제도와 준수해야 할 내용을 시민들에게 홍보하고 반려인들을 대상으로 하는 교육이 필요하다.

2023년 여름에는 반려동물을 위한 무료 물놀이장을 운영하기도 했다. 물놀이 풀은 중·소형견용과 대형견용으로 구분되어 $10m^2$ 규모로 1개씩 설치된다. 월요일을 제외한 매일 오전 10시, 11시 30분, 오후 1시 30분, 3시, 4시 30분부터 90분씩 운영된다. 매회 중·소형견은 10마리, 대형견은 5마리가 이용할 수 있다. 반려동물 샤워용품과 수건, 물놀이용품은 따로 준비해야 한다(연합뉴스, 2023.7.7). 물놀이장을 이용하기 위해서는 '대전OK예약서비스'에서 예약한 반려인이 반려견과 함께 물놀이장을 이용하는 방식이다.

현재 대전엔 대전반려동물공원 놀이터(유성구), 신탄진휴게소 동물놀이터(대덕구) 등 2곳이 운영 중이다. 내선반려동물공원 놀이터엔 평일 평균 96명(72마리), 토·일·공휴일 평균 441명(272마리)의 시민이 방문하고 있다. 대전시는 민선 8기 100대 핵심과제인 반려동물 놀이터 조성을 위해 우송정보대 반려동물 훈련장 운동장 부지(동구, 2천m^2), (주)CNCITY에너지 본사 유휴부지(중구, 1천m^2), 도안 친수구역 갑천 생태공원 조성지(서구, 1,386m^2) 등 반려동물 놀이터가 없는 자치구 3곳에 부지를 확보했다. 이를 위해 공원, 시유지, 완충지, 하천 등 국·공유재산 6,700여 개 부지를 검토하고 반려동물 양육자 3,800여 명을 대상으로 수요 조사를 진행했다. 2024년에 2곳, 갑천생태공원은 2025년 조성을 목표로 하고 있다(충남일보, 2024.2.15).

반려동물보호센터 기능을 포함한 대전반려동물공원 건립을 위한 국내 벤치마킹 대상이 없어 외국 사례를 참고(대전광역시의회 산업건설위원회, 2019.1.21)했다. 대전반려동물공원은 2015년 2월, 반려동물공원 테마파크 계획을 수립한 이후 도시관리계획 등 행정절차를 진행하고 7년 만에 개장했다. 반려동물공원 조성이 2020년 하반기 개장을 목표로 했지만, 반려동물복지센터와 동시 개장 등의 이유로 2021년으로 연장되었다가 최종적으로 2022년 6월에 개장된 것이다.

대전광역시의회 제242회 제4차 본회의에서는 도시관리계획(반려동물공원)결정 의견 청취가 있었다. 반려동물에 대한 올바른 문화 조성과 시민 삶의 질 향상을 위해 반려동물공원을 조성하고자 「국토의 계획 및 이용에 관한 법률」 제25조[21]의 규정에 따라 도시관리계획을 입안하기 위한(대전광역시의회 본회의, 2019.4.10) 안건으로 상정되었다. 도시관리계획 결정에 따른 별다른 문제점이 없어 시장이 제출한 원안대로 결정을 하였다.

「대전광역시 반려동물공원 및 동물보호센터 운영 조례」는 사람과 동물이 함께 여가와 문화를 즐길 수 있는 반려동물공원과 유실·유기 동물의 적절한 보호를 위한 동물보호센터의 운영에 필요한 사항을 규정하려는 목적에서 제정했다. 대전반려동물

---

21) 제25조(도시·군관리계획의 입안) ① 도시·군관리계획은 광역도시계획과 도시·군기본계획(제19조의2에 따른 생활권계획을 포함한다)에 부합되어야 한다. ② 국토교통부장관(제40조에 따른 수산자원보호구역의 경우 해양수산부장관을 말한다), 시·도지사, 시장 또는 군수는 도시·군관리계획을 입안할 때에는 대통령령으로 정하는 바에 따라 도시·군관리계획도서(계획도와 계획조서를 말한다)와 이를 보조하는 계획설명서(기초조사결과·재원조달방안 및 경관계획 등을 포함한다)를 작성하여야 한다. ③ 도시·군관리계획은 계획의 상세 정도, 도시·군관리계획으로 결정하여야 하는 기반시설의 종류 등에 대하여 도시 및 농·산·어촌 지역의 인구밀도, 토지 이용의 특성 및 주변 환경 등을 종합적으로 고려하여 차등을 두어 입안하여야 한다. ④ 도시·군관리계획의 수립기준, 도시·군관리계획도서 및 계획설명서의 작성기준·작성방법 등은 대통령령으로 정하는 바에 따라 국토교통부장관이 정한다.

표 1-4 대전시 반려동물공원 추진 행정절차[22]

일자	대전반려동물공원 추진 현황 내용
2015.2	반려동물공원 테마파크 계획 수립
2015.9	동물보호 문화축제 개최(매년)
2015.12	시유지 관리전환(자원순환과 → 농생명정책과)(금고동 10필지 22,895m^2)
2016.3	동물보호센터 개발제한구역 내 신축 가능토록 개발제한구역 특별법 시행령 개정
2016.7	타당성 연구용역 완료
2016.8	대전광역시 도시공원 및 녹지 조례상 주제공원에 반려동물공원 추가
2017.11	반려동물공원 도시관리계획 용역 착수
2018.2	지방재정 투자심사 완료
2018.9.5	국토교통부 사전 심사
2018.11.14	국토교통부 사전 심사(재심시)
2018.11.19	국토교통부 사전 심사 승인
2018.12.14	도시관리계획(반려동물공원) 입안 검토방침
2018.12.14~2018.12.28	관계기관(부서) 협의, 7개 기관(부서) 47건 의견제출
2018.12.17~2019.1.7	주민열람
2019.4	대전광역시 도시계획위원회 심의
2019.5	도시관리계획 결정 고시
2019.2	공원조성 기본 및 실시설계, 공원조성계획결정고시
2020.5	도시계획시설(공원, 도로)사업 실시계획인가, 보상 후 공사 착수
2021.10	공원조성완료 준공(예정)
2022.1.20	대전광역시 반려동물공원 및 동물보호센터 운영 조례안 제정
2021.10.15~11.4	조례 입법 예고, 접수의견 없음
2022.6	대전반려동물공원 개장

복지센터의 반려동물 수용 능력은 약 300마리지만, 연간 발생하는 유기 동물이 5천여 마리나. 수용할 수 있는 동물 숫자의 한계로 인해 다 관리하지 못하는 상황이다. 실제로 2019년도 상반기에 자연사 731마리, 안락사 534마리(대전광역시의회 산업건설위원회, 2019.7.17)로 보고되었다.

대전반려동물공원이 소재한 지역인 유성구 금고동은 자원순환단지 지역이다.

22) 제242회 대전광역시의회 임시회, 도시관리계획(반려동물공원) 결정 의견청취의 건 심사보고서, 제2차 산업건설위원회, 상정, 심사, 원안가결, 2019.3.29.

2025년에 원천동 대전하수처리장과 오정동 위생처리장까지 이전할 계획을 하고 있다. 기존에 환경기초시설의 이전 및 제2 매립장 확충 등과 관련해 지역주민들과 행정의 협의가 원활하지 못한 것으로 알려졌다. 여기에 추가로 하수처리장과 위생처리장이 건립된다고 하는 상황에 지역주민들의 상대적인 박탈감으로 인한 갈등도 있다.

1996년 유성구 금고동에 제1 위생매립장이 조성된 이후 이 지역에 제2 위생매립장, 생활폐기물 전처리시설, 일종의 소각로인 고형연료 전용 보일러, 하수슬러지 처리시설, 음식물 및 음폐수 에너지시설이 자원 순환을 목적으로 금고동에 들어선 이후에 폐기물을 매립, 건조 및 소각 과정에서 발생하는 악취와 대기오염물질로 인한 민원이 끊이지 않고 있다(대전광역시의회, 2020.9.11).

반려동물공원이 들어서는 지역의 한 정치인은 "공원 없는 동네도 많은데, 개만도 못한 인간"(대전광역시의회, 2019.11.25)이라고 욕을 먹고 있다고 불평을 이야기할 정도였다. 또한 "사람이 먼저다, 사람이 우선 아닙니까? 사람이 우선이 아니라 동물이 우선이에요, 반려동물이"(대전광역시의회, 2019.12.11) 원도심에 제대로 된 공원이 없음을 강조했다. 행정은 반려동물을 양육하는 반려인의 행정수요에 대응하기 위해 반려동물공원과 반려동물 놀이터를 마련하는 것으로 답변했다. 이렇듯 대전반려동물공원은 하루아침에 건립된 것은 아니다. 초기 계획된 예산은 약 800억 원이었다가 매년 예산이 축소되었다.

반려동물을 소유하고 있는 시민의 펫에티켓이 부족할 경우 발생 되는 시민 간의 갈등에 대한 교육의 필요성이 제기되었다. 대전반려동물공원이 들어설 장소에 반려동물 화장장 건립을 검토해달라는 의견도 있었다. 반려동물의 사체는 「폐기물관리법」의 적용을 받고 있고 쓰레기봉투에 넣어서 처리(대전광역시의회, 2020.11.9)하게 되어 있다. 반려동물의 사체 처리는 지방자치단체의 책임 하에 처리하게 되어 있다. 동물보호소에 들어와서 사체가 발생하면 「폐기물관리법」에 따라서 병원을 통해서 처리하고 있다.

대전광역시 62만 가구 수 중 약 20만 가구에서 반려동물을 기르고 있다. 이 중 반려견이 14만 가구, 반려묘가 6만 가구 정도다. 사람과 동물의 공존을 위한 대전시의 정책은 반려동물공원과 동물보호센터를 통해 반려동물 문화가 정착되고 확산할 수 있도록 노력하며, 반려동물 에티켓에 대한 교육, 반려동물 등록제 확대를 하고 있다.

반려인 생활 도우미 인식 개선은 주민참여예산제에 의해서 공모된 사업(대전광역시의회, 2020.12.1)이다. 반려동물을 관리하는 동물 주인들이 예의를 지키도록 하는 캠페인을 목적으로 하고 있다. 반려견과 함께 산책하는 반려인이 규정된 목줄을 안 하거나 맹견의 경우 입마개를 안 쓰거나 반려견의 배변을 처리하지 않는다거나 하는 문제점 개선을 하기 위함이다. 이런 문제를 시민 캠페인을 통해서 개선을 유도하기 위한 일환으로 주민들의 의견이 반영된 정책이다.

동물 사체가 발생하면 매장 행위는 불법이므로 의료폐기물이나 음식물 쓰레기봉투에 처리해야 한다. 하지만 오랜 세월 동안 가족으로 생각했던 반려동물을 쓰레기봉투에 담아 버리는 경우는 극히 드물다. 대부분 반려동물 화장장을 통해 처리하는 추세다. 정부에서도 장묘업을 권장하는 분위기다. 대전광역시의 경우 60%가 넘는 개발제한구역이 많고 도심지역으로 반려동물 화장업이 들어서기 어렵다. 따라서 인근 지역의 지방자치단체 중 반려동물 화장장 업체와의 업무협약을 맺고 대전시민들에게 10% 할인 혜택을 주고 있다. 동물 장묘업을 하는 화장시설이 전국적으로 53개 있고, 1개만 공영에서 운영하고, 52개소는 민간 시설이다. 전라북도 임실군이 유일하게 공공에서 운영하고 있다.

제4절 거버넌스(G) 관점의 정책과 사례

1 반려동물의 거버넌스 요인

ESG 진단평가 항목 중 거버넌스(Governance) 관련 항목은 ESG 위원회(리더십) 구성 및 활동, 회계보고 투명성 및 정보공개(보고), 감사 기구(제도) 운용, 법/조례 위반(부패 및 뇌물 등), ESG 인센티브(디스인센티브), 혁신적 행정관리 방식 등이다. 일례로, 반려동물의 경우 민관동물보호위원회, 운영위원회 설립과 활동에 관한 내용, 홈페이지 등 관리 동물 정보공개 등을 검토할 수 있다.

「동물보호법」 제35조 제6항 "동물보호센터 운영의 공정성과 투명성을 확보하기 위하여 농림축산식품부령으로 정하는 일정 규모 이상의 동물보호센터는 농림축산식품부령으로 정하는 바에 따라 운영위원회를 구성・운영하여야 한다. 다만, 시도 또는 시군구에 운영위원회와 성격 및 기능이 유사한 위원회가 설치되어 있는 경우 해당 시도 또는 시군구의 조례로 정하는 바에 따라 그 위원회가 운영위원회의 기능을 대신할 수 있다"로 되어 있다. ESG 맥락에서 연계한다면 동물보호센터의 거버넌스(G) 기능을 강조하고 있다.

동물등록제는 2014년 1월 1일부터 전국에서 의무적으로 시행 중이다. 등록대상동물의 소유자는 동물의 보호와 유실 · 유기 방지 등을 위하여 가까운 시 · 군 · 구청에 동물등록을 해야 하며, 등록하지 않으면 과태료가 부과된다. 다만, 도서 또는 동물등록 업무를 대행하게 할 수 있는 자가 없는 읍 · 면 중 시도의 조례로 정하는 지역에서는 소유자의 선택에 따라 등록하지 않을 수 있다(국가동물보호정보시스템). 즉, 동물등록제는 반려인이 자기 반려동물의 보호와 유실 및 유기를 방지하기 위한 것이다. 「동물보호법」 제2조 제8항 "등록대상동물"이란 동물의 보호, 유실 · 유기(遺棄) 방지, 질병의 관리, 공중 위생상의 위해 방지 등을 위하여 등록이 필요하다고 인정하여 대통령령으로 정하는 동물[23]을 말한다.

등록 대상은 2개월 이상 된 개로 2개월령이 되는 날부터 30일 이내와 지방자치단체에 등록하며, 동물병원, 동물보호센터 또는 동물보호단체(등록대행기관)에서도 가능하다. 동물등록 시 동물의 목덜미에 쌀알 크기의 무선전자개체식별장치(RFID 칩)를 삽입하는 내장형과 동물에게 RFID 칩이 삽입된 목걸이를 부착하는 외장형 방식을 선택할 수 있다. 등록하지 않으면 100만 원 이하, 변경 신고를 하지 않으면 50만 원 이하의 과태료가 부과된다.

법 제15조에 따라 등록대상동물의 소유자는 등록 동물을 잃어버리면 10일 이내 신고를 해야 한다. 등록대상동물의 등록 사항 및 방법 · 절차, 변경 신고 절차, 등록 말소 절차, 동물등록대행자 준수사항 등에 관한 사항은 대통령령[24]으로 정하며, 그

---

23) 「동물보호법 시행령」 제4조(등록대상동물의 범위) 법 제2조 제8호에서 "대통령령으로 정하는 동물"이란 다음 각 호의 어느 하나에 해당하는 월령(月齡) 2개월 이상인 개를 말한다. 1. 「주택법」 제2조 제1호에 따른 주택 및 같은 조 제4호에 따른 준주택에서 기르는 개, 2. 제1호에 따른 주택 및 준주택 외의 장소에서 반려(伴侶) 목적으로 기르는 개.

24) 「동물보호법 시행령」 제10조(등록대상동물의 등록사항 및 방법 등) ① 등록대상동물의 소유자는 법 제15조 제1항 본문에 따라 등록대상동물을 등록하려는 경우에는 해당 동물의 소유권을 취득한 날 또는 소유한 동물이 제4조 각 호 외의 부분에 따른 등록대상 월령이 된 날부터 30일 이내에 농림축산식품부령으로 정하는 동물등록 신청서를 특별자치시장 · 특별자치도지사 · 시장 · 군수 · 구청장에게 제출해야 한다. ③ 제1항에 따라 동물등록 신청을 받은 특별자치시장 · 특별자치도지

밖에 등록에 필요한 사항은 시 · 도의 조례로 정한다. 법 제16조 제2항에서는 반려동물을 동반하고 외출할 시 준수해야 할 사항을 정하고 있다. 목줄 착용 등 안전조치와 이름과 연락처가 적혀 있는 인식표를 반려견에게 걸게 하고, 배설물 수거에 대한 규정이다.

2022년 2월부터 반려묘의 보호 및 유실유기 방지를 위해 반려견과 동일한 등록을 할 수 있도록 했다. 반려견 등록은 내장형 또는 외장형 방식을 선택할 수 있으나 반려묘 등록은 내장형 방식으로만 가능하다. 반려묘 등록 시범사업은 반려견 등록제도와 달리, 소유자의 자율적인 참여로 이뤄지며 등록을 희망하는 경우 언제든지 등록할 수 있다.

광역시도의 경우는 시 · 도 단위의 동물복지계획의 수립, 동물의 적정한 보호 · 관리 및 동물복지에 관한 정책을 종합 · 조정하기 위하여 시 · 도 동물복지위원회를 설치 · 운영할 수 있다. 다만, 시 · 도에 동물복지위원회와 성격 및 기능이 유사한 위원회가 설치되어 있는 경우 해당 시 · 도의 조례로 정하는 비에 따라 그 위원회가 동물복지위원회의 기능을 대신할 수 있다.

2018년부터 농림식품축산부는 '동물보호복지 온라인'을 통해 반려동물 관련업 종사자와 맹견소유자 등에게 의무교육을 제공해 왔다. 동물사랑배움터[25]에는 수의사와 훈련사가 참여하는 반려견 입양 전 교육과 초등학생에게 생명 존중의 의미를 가르치는 인성교육 프로그램이 신설되었다. 아울러 동물병원, 동물약국, 미용업소, 위탁관리업소, 동물보호센터의 위치정보를 제공해 내 주변에서 이용할 수 있는 시설을 검색할 수 있는 편의 기능도 제공하고 있다(대한민국 정책브리핑).

2 거버넌스(G) 사례: 경기도동물보호복지플랫폼

경기도는 2021년 '사람과 동물이 함께 행복한 경기도'라는 슬로건을 제시하며 4대

사 · 시장 · 군수 · 구청장은 별표 1에 따라 동물등록번호를 부여받은 등록대상동물에 무선전자개체식별장치를 장착한 후 신청인에게 농림축산식품부령으로 정하는 동물등록증(전자적 방식을 포함한다)을 발급하고, 법 제95조 제2항에 따른 국가동물보호정보시스템을 통하여 등록사항을 기록 · 유지 · 관리해야 한다.

25) 동물사랑배움터, https://apms.epis.or.kr

표 1-5 경기도 동물복지 정책 내용

2021년 경기도 동물 복지 정책	유기 동물 발생 예방 및 체계적인 동물보호 관리체계 구축	유실·유기 동물 관리 수준 개선, 동물등록제 비용 지원, 마당 개 중성화 수술비 지원, 동물보호·복지 플랫폼 구축
		도우미견나눔센터, 반려동물입양센터, 야생동물구조센터 등 경기도가 운영하는 동물보호 관련 시설에 대한 이용 정보를 효율적으로 통합 제공하는 온라인 '동물보호·복지 플랫폼 구축'을 추진
	유실·유기 동물의 안락사 최소화를 위한 입양문화 조성	반려동물 테마파크 조성
		유실·유기 동물 임시보호제, 반려동물 입양 활성화, 반려동물 입양문화센터 운영·조성(도심지 유기 동물 입양문화 확산 거점 '반려동물 입양센터' 추가 확대 설치)
	사람과 동물이 공존하는 문화 정착	길고양이 중성화수술비 지원, 반려견 놀이터 조성
		돌봄 취약 가구 반려동물 의료서비스 등 지원: 사회·경제적 취약가구 대상 예방접종과 구충, 중성화수술, 위탁 돌봄 등을 지원
		'재난·긴급 상황 동물구조·관리' 사업: 코로나19, 산불, 수해, 지진 등 예상치 못한 재난 상황이나 동물 학대 현장에서 동물을 신속히 구조할 수 있도록 총 1억 원의 긴급구호비 운용
		길고양이 서식 현황 및 관리 기준 수립 연구용역, 위탁 동물병원 선정, 관리·감독 강화 등 길고양이 중성화수술 관련 문제의 해결 방안을 모색
	야생동물구조센터 운영을 통한 야생동물 구조·치료·교육	야생동물 생태관찰원 조성, 경기 북부 야생동물 보전 학습장 조성
		야생 동물구조 인프라를 활용한 도민 대상 생태교육을 시행
2023년 경기도 동물 복지 정책	유실·유기 동물 구조 및 보호	동물구조·보호 등 전문역량 강화: 실외사육견 중성화수술을 통한 유실·유기 동물 발생을 예방하고 동물등록 향상을 통한 유기 동물 방지 및 반려동물 보호책임을 강화
		유기 동물 구조·보호 여건을 개선하기 위해 민간 및 직영 동물보호센터의 환경을 개선하고 유실·유기 동물 구조인력을 고용하여 동물보호 기능을 강화
		동물의 학대 방지 등 동물보호를 위한 지도, 단속을 위해 동물보호명예감시원을 위촉, 효율적인 동물보호 감시 체제를 구축
	올바른 입양문화의 정착	유기 동물 입양 및 입양센터를 강화 운영
		유기·유실 동물입양비 지원을 통한 적극적인 입양 추진
		도우미견 나눔센터 및 반려동물 입양센터 운영 강화
		유기 동물 입양 활성화 프로그램 운영을 통한 반려동물 입양문화 활성화 대책 추진
		반려동물 문화 교실 운영 확대
		동물보호 및 복지 플랫폼인 '경기도동물보호복지플랫폼'을 운영, 동물보호 정보와 서비스, 반려동물과의 공존문화 확산

	·	반려문화 공간 확보를 위한 놀이공간 조성을 통한 반려동물 문화시설 확충(23년 9월 기준, 23개소의 반려동물 문화시설 운영 중)
	사람과 동물이 공존하는 문화 정착	길고양이 관리 대책으로 길고양이 중성화수술을 통해 적정 개체 수를 조절하고 길고양이 급식소를 운영 및 확대하여 안전하고 위생적인 밥자리 제공
		권역별 야생동물구조관리센터 주관으로 구조 활동을 강화하고 야생동물 생태교육 프로그램 및 야생동물 생명 존중 교육을 강화, 실시
	동물복지서비스 강화 및 반려동물 관련 산업 관리 · 육성	동물보호 및 복지 전문성을 제고하기 위해 '동물복지위원회'를 운영하고 돌봄 취약 가구를 위해 반려동물 의료서비스 지원
		반려동물 관련 영업장 지도 및 단속을 강화, 매년 1회 이상 점검 실시
		반려동물 산업 창업자를 위한 지원사업 추진

분야 33개 사업을 추진하고 있다. 2023년도에도 4대 분야 사업을 추진했다. 2023년에는 동물복지서비스 강화와 반려동물 관련 산업의 관리와 육성에 치중했다.

경기도의회 제348회 제3차 농정해양위원회 자료에 따르면, 경기도는 반려동물 입양문화센터 조성 지원, 동물보호복지 플랫폼 구축, 동물보호센터 설치 지원, 반려동물 테마파크 조성 및 진입로 개설, 반려동물 문화 조성을 위하여 도우미견 나눔센터 운영, 반려동물 입양문화센터 운영, 야생동물 보호 관리를 위하여 야생동물 생태관찰원(경기도의회, 2020.11.24) 등 반려견, 반려묘 등 반려동물뿐만 아니라 야생동물에까지 예산을 편성하고 있다. 이는 본 사례의 서울특별시와 대전광역시가 도시 지역인 데 반해, 경기도는 도농복합 도시 형태를 갖추고 있기 때문이다.

경기도의회에서 "유기 동물과 행복한 가족 만들기 홈페이지의 사후 관리가 미흡하며 예산 투입 대비 성과 등 면밀한 평가가 필요하다"라는 지적 사항 및 "반려동물 입양 문화의 날 사업의 연속성을 높일 수 있는 방안을 마련하기 바란다"는 요구사항이 있었다. 이에 경기도는 동물보호 관련 시설, 유기 동물입양 · 반려동물 문화행사 등 각종 정보를 제공할 수 있는 동물보호복지 플랫폼을 구축, 통합 · 관리할 계획(경기도의회, 2021.2.18)이라 밝혔다.

2021년도 경기도의회 농정해양위원회 행정사무감사 자료에 따르면 경기도는 책임감 있는 반려동물 돌봄 문화와 올바른 반려 문화 정착을 위해 수원시 등 18개 시군에 반려동물 문화 교실을 비대면으로 운영하고, 비취학아동 대상 동물보호 교육 프로그램을 개발하여 어린이집과 유치원에 보급한다고 밝혔다. 또한 동물복지위원회 운영

(경기도의회, 2021.11.9)과 동물보호 홍보 등을 강화하여 내실 있는 정책을 추진해 나가겠다고 보고했다. 또한 경기도 직영 동물보호시설의 정보를 통합 관리하기 위한 동물보호복지 플랫폼을 개발했다. 유기 동물보호 및 반려동물과 함께하는 문화 공간 조성을 위하여 여주시 상거동 일원 16만m^2 규모에 498억 원을 투자하여 반려동물 테마파크를 조성했다. 2021년 9월부터는 연천군에 북부야생동물구조센터를 운영 중이다. 야생동물에 대한 생명 존중 의식을 체험할 수 있는 학습공간 조성을 위해 평택시에 야생동물생태관찰원도 준공했다.

동물보호복지 플랫폼 운영은 경기도 동물보호과의 신규사업(경기도의회, 2022.11.21)이었다. 동물보호복지 관련한 운영위원회 설치(경기도의회, 2023.2.9)에 대한 보고도 있었다. 특히 2023년은 반려인구 증가에 따른 책임감 있는 반려동물 양육 문화 조성을 확대하며, 반려동물 산업육성 및 지원을 강화한다고 보고했다.

2022년 기준 경기도 반려동물은 약 200만 마리이며, 개가 145만 마리, 고양이 55만 마리다. 동물등록제는 반려견과 반려묘만 해당한다. 경기도 동물등록제 자료에 따르면 내장형과 외장형 합해서 93만 마리가 등록되어 있다. 경기도 내에 연간 2만 4,000 마리가 유기 동물이 발생한다. 그 중에 입양이 35%, 안락사 비율은 20%로 약 5,500마리가 안락사되고 있다. 유기 동물을 보호하는 동물보호소 등에서 중성화수술을 한다. 마당 개[26] 위주로 해서 중성화수술을 지원하고, 고양이의 경우는 들고양이 위주로 중성화수술을 한다. 유기견이 되는 이유 중의 하나는 반려인의 경제적 상태에 의해 발생하는 경우가 많다.

길고양이 급식소 설치에 대해서는 주민들의 찬반 논쟁이 많이 발생하며, 주민 간 갈등의 확대되기도 한다. 길고양이가 번식기에 예민한 소리를 내기 때문에 주민들의 민원이 발생한다. 급식소가 대부분 주택가 주변에 설치되고 길고양이가 찾아와서 밥을 먹는 과정에서 소음이 발생한다. 고양이 소리에 민감한 주민들이 길고양이 급식소 설치하지 말라는 민원을 제기하게 되는 것이다. 그래서 개체수 감소를 위해 중성화 시술의 필요성에 의해 진행하고 있다.

경기도 반려동물 중 약 26%는 미등록된 상태에 있다. 경기도 반려동물과는 2023년 하반기에 신설되었다. 경기도의회 제369회 제3차 본회의(2023.6.15)에서 반려동물

26) 1m 내외의 짧은 목줄로 마당에 묶여 생활하는 개를 '마당 개'라고 한다. 공장에서 경비용으로 묶어서 기르는 개를 뜻하는 '공장 개'라는 표현도 있다(경북매일, https://www.kbmaeil.com).

과 관련된 산업에 대한 질의가 있었다. 경기도 직영 반려동물 입양센터, 권역별 반려동물 테마파크 조성에 관한 질문이다. 경기도 반려동물산업에 관한 조례[27]가 제정되고, 반려동물 인구는 134만 가구(경기도의회, 2023.6.15)다. 2023년도 농정해양위원회 행정사무감사 자료에 의하면 경기도 31개 시군의 31개 동물보호소 시설의 열악함과 유실·유기 동물이 가장 많다. 여주에 건립된 반려동물 테마파크 반려마루가 나무 등에 가려져 시설이 보이지 않는다(경기도의회, 2023.11.22)는 지적이 있었다.

경기도동물보호복지플랫폼은 1인 가구, 고령화 등으로 반려동물 양육 가구 증가로 동물복지에 대한 주민의 기대치에 부응한 동물복지 정책으로 전환이 필요했다. 이에 유실 및 유기 동물의 지속적인 발생 및 끊임없는 길고양이 관련 민원 해결을 위하여 사후 관리보다는 근본적인 예방과 체계적 관리 시스템이 요구되었다. 또한 반려동물로 인한 사회적 갈등 증가로 서로를 이해하고 배려하는 '반려동물 공존문화' 정착을 위한 교육과 홍보 콘텐츠의 강화도 필요했다. 동물보호, 동물입양, 시설 정보, 참여소통 등 네 가지 분야로 구분하고 서비스를 제공하고 있다. 동물보호는 동물보호 추진사업, 동물보호 정책, 유기 유실 동물, 동물보호센터 업무를 한다. 동물입양은 입양동물, 입양 안내, 입양과 임시 보호 신청, 센터 아이들 일상을 보여준다. 시설 정보는 입양센터, 반려견 놀이터, 야생동물구조센터, 야생동물 학교, 반려마루 내용을 소개하고 있다. 참여 소통은 홍보자료, 행사 정보, 교육 신청, 자원봉사 신청, 견학 신청, 설문조사에 이르기까지 다양한 온라인 서비스를 제공하고 있다.

경기도는 행정2부지사 산하 축산동물복지국 축산정책과, 동물방역위생과, 동물복지과, 반려동물과 등 4개 과에서 동물 업무를 수행하고 있다. 반려동물과 관련해서는 반려동물과와 동물복지과가 행정서비스 영역별로 나눠 진행하고 있다. 반려동물과는 통합관리시스템 운영, 문화시설 조성 및 교육, 전문가 양성, 도우미견 나눔센터 운영, 입양센터, 테마파크 조성 및 운영관리를 하고 있다. 특히 다 시방사지단체에서 찾아보기 힘든 행정서비스 중의 하나는 '홀로 사는 노인 등의 반려동물 입양 및 양육지원'이다. 이와 관련된 「경기도 홀로 사는 노인 등의 반려동물 입양 및 양육지원 조례」가 있다.

27) 3. 경기도 반려동물산업 육성 및 지원 조례 [시행 2016.7.19] [조례 제5282호, 2016.7.19., 제정].

제5절 결론

1 소결

지방자치단체의 반려동물 정책은 계속 확대되고 있고 동물복지서비스 영역도 다양해지고 있다. 반려동물에 관한 행정의 관심사는 근거 법률 또는 관련 조례 제정에 있다고 해도 과언이 아니다. 지방자치단체의 경우 「동물보호법」 토대로 한 조례는 기본적으로 갖추고 있다. 여기서 한 걸음 더 나아가 반려동물 관련 조례 제정은 지역별로 차이가 크다. 반려동물 조례 제정 여부만으로 해당 지방자치단체가 반려동물에 관해 관심이 많다거나 적극적인 행정을 구현한다고 보기는 어렵다. 그런데도 동물보호 조례 이외 반려동물 조례를 제정했다는 의미는 해당 지역주민들의 반려동물 행정수요에 대한 서비스에 충실한 증거라 할 수 있다.

243개 지방자치단체 반려동물 관련 조례는 2024년 2월 20일 기준 총 130건으로 집계되었다. 이 숫자는 1곳의 지방자치단체가 2개 이상 반려동물 관련 조례를 제정한 숫자를 합한 것이다. 광역시도와 기초시군구의 숫자만으로는 102개 지방자치단체가 반려동물 조례를 제정했다. 구체적으로는 17개 광역시도 중 14곳(82.4%), 226개 시군구 중 88곳(38.9%)이다. 17개 광역시도에서 반려동물 관련 2개 이상의 조례를 제정한 곳은 부산광역시, 대전광역시, 울산광역시, 경기도, 강원도다. 226개 기초시군구에서는 서울(노원구), 대전(동구, 서구, 유성구). 울산(중구), 경기(여주시, 오산시), 강원(원주시), 충북(충주시), 전남(나주시, 순천시, 여수시), 경북(경주시)이다. 조례에 이어 시행규칙까지 제정한 지방자치단체는 울산광역시, 충북 청주시, 경북 의성군으로 확인되었다. 제주특별자치도가 유일하게 동물보호 관련 조례나 반려동물 관련 조례가 없다.

243개 지방자치단체에서 반려동물 관련 조례를 제정한 곳의 조례 명칭은 다양하다. 「반려동물 보호 및 학대 방지 조례」가 가장 많다. 「보호 및 문화 조성」, 「입양 및 양육지원」, 「테마파크 설치 및 운영」, 「반려 · 유기 동물보호 및 동물보호센터」, 「힐링센터 관리 및 운영」, 「문화센터 설치 및 운영」, 「진료비 표시 및 지원」, 「(사회적 약자, 중증장애인) 의료비 지원」 등이다.

반려동물 조례와 관련해 독거노인, 도시 만들기, 동반 여행, 방지의 날, 전용 공원, 동행 문화를 키워드로 제정한 조례도 있다. 「경기도 홀로 사는 노인 등의 반려동물 입양 및 양육지원 조례」, 「군포시 사람과 반려동물이 함께 행복한 도시 만들기 조례」, 「부산광역시 사하구 반려동물 동반 여행 활성화 조례」, 「순천시 반려동물 유실·유기 방지의 날 지정에 관한 조례」, 「울산광역시 중구 반려동물 전용 공원 운영 조례」, 「용인시 동물보호 및 사람과 동물의 행복한 동행을 위한 반려 문화 조성 지원 조례」다.

표 1-6 지방자치단체 반려동물 관련 조례 제정 현황

광역시도 조례		기초시군구 조례 제정 현황(2024.2.20 기준)								
서울	1	노원2	동작	성동	영등포					
부산	2	동구	동래	북구	사하	영도				
대전	2	대덕	동구2	서구2	유성2	중구				
대구	0	달서								
광주	1	광산	남구	동구	북구	서구				
인천	1	계양	동구	부평	서구	중구				
울산*	2	남구	동구	울주	중구2					
세종	1									
경기	4	군포	김포	남양주	수원	시흥	안산	안양	양주	
		여주2	오산2	용인	의정부	이천	파주	하남	화성	
강원	4	동해	삼척	속초	양구	양양	원주3	춘천	태백	화천
충북	0	옥천	청주*	충주3						
충남	1	계룡	부여	서산						
전북	1	군산	남원	순창	익산	임실	정읍			
전남	0	광양	나주3	목포	무안	순천4	여수2	영광	장성	
경북	1	경주2	구미	문경2	봉화	안동	의성*			
경남	1	김해	사천	양산	진주	창원2	통영	함안	합천	
제주	0									

참고: 지방자치단체 뒤 숫자는 관련 조례 2개 이상인 곳만 표시, * 표시는 시행규칙도 제정한 지역임.

반려동물의 직접 관련된 내용 이외 「반려동물산업 육성 및 지원 조례」를 제정한 곳도 12곳[28]이나 된다. 반려동물산업은 반려동물 관련 재화를 생산하거나 서비스를 제공하는 산업 등을 말하며, 반려동물사업자는 반려동물산업과 관련된 경제활동을 영위하는 사업자를 말한다. 반려동물은 인간과 함께 동고동락하는 가족의 범위에 포함되고, 관련 산업의 활성화로 지역경제에도 도움을 주는 영역으로 성장하고 있다.

표 1-7 지방자치단체 반려동물 산업 관련 조례 현황

	지역 구분	반려동물 산업 관련 조례	제정일
1	강원	강원특별자치도 반려동물산업 육성 및 지원 조례	2021.7.30
2	경기	경기도 반려동물산업 육성 및 지원 조례	2016.7.19
3	경북	경상북도 반려동물산업 육성 및 지원 조례	2022.4.25
4	부산	부산광역시 반려동물 관련 산업 육성 및 지원 조례	2021.12.29
5	경기 여주	여주시 반려동물산업 육성 및 지원에 관한 조례	2022.4.20
6	충북 옥천	옥천군 반려동물산업 육성 및 지원 조례	2023.10.30
7	강원 원주	원주시 반려동물산업 육성 및 지원에 관한 조례	2023.10.4
8	경기 이천	이천시 반려동물산업 육성 및 지원 조례	2023.8.14
9	전남	전라남도 반려동물산업 육성 및 지원 조례	2023.6.1
10	강원 춘천	춘천시 반려동물산업 육성 및 지원 조례	2020.11.5
11	충북 충주	충주시 반려동물산업 육성 및 지원 조례	2023.3.10
12	충남	충청남도 반려동물산업 육성 및 지원 조례	2022.2.10

반려동물 행정사례로 거론한 서울특별시, 대전광역시, 경기도의 반려동물 관련 조례명은 다음과 같다. 서울특별시는 동물보호 조례 이외 반려동물을 명시한 조례는 「서울특별시 반려동물 진료비 표시제 지원에 관한 조례」다. 대전광역시는 「대전광역시 반려동물 보호 및 문화 조성 조례」, 「대전광역시 반려동물공원 및 동물보호센터 운영 조례」다. 경기도는 「경기도 반려동물 보호 및 문화 조성에 관한 조례」, 「경기도 반려동물 테마파크 설치 및 운영에 관한 조례」, 「경기도 반려동물산업 육성 및 지원 조례」, 「경기도 홀로 사는 노인 등의 반려동물 입양 및 양육지원 조례」다.

28) 강원특별자치도, 경기도, 충청남도, 전라남도, 경상북도, 부산광역시, 원주시, 춘천시, 여주시, 이천시, 충주시, 옥천군.

2 정책 제언

KB금융지주 경영연구소가 발표한 '2021 한국 반려동물보고서'에 따르면 지난해 반려동물을 키우는 사람은 국내에만 1,448만 명(604만 가구)으로 집계(여성소비자신문, 2023.5.12)되었다. 한국의 전체 가구 중 29.7%를 차지한다(그 중 반려견 가구는 80.7%, 반려묘 가구는 25.7%를 기록했다).

지방자치단체가 시행하는 반려동물 보호 정책은 반려견 등을 키우는 시민과 선호하지 않는 시민의 작은 갈등이 발생하는 것도 사실이다. 진주시는 2022년부터 올바른 반려동물 문화를 정착시키고 좋은 환경에서 치유·관리할 수 있는 반려동물지원센터와 동물보호센터 기능을 더한 반려동물 종합지원센터 건립을 추진하고 있다. 장소는 진양호 동물원이 이전한 장소로 시민의 접근성을 이유로 추진하고 있지만 해당 지역 주민 일부가 반대해 난항을 겪고 있다. 진주시의회에서 반려동물 지원센터 장소를 재검토(KBS, 2023.3.20)해달라는 요구도 있었다. 진주시는 환경오염을 이유로 반대하는 주민 50여 명과 함께 반려동물지원센터와 함께 운영되는 대전반려동물공원을 방문했다. 이러한 선진지 견학 등을 통해 동물보호센터에 대한 선입견을 없애고, 반려동물공원의 시설을 이해하고 체험하는 데 중점을 두고 진행했다고 밝히고 있다. 진주시는 반려동물 종합지원센터 건립을 위해 주민 설득을 위한 공청회, 주민설명회 등을 지속해서 진행하고 있다.

서울특별시는 '반려동물' 조례에 이어 '반려식물' 조례[29]도 제정했다. 반려식물에 관한 용어의 해석이 지방자치단체마다 조금씩 차이가 있지만 전체 맥락은 궤를 같이하고 있다. 조례에 따른 반려식물이란 사람이 정서적으로 안정감을 얻고자 가까이에 두고 기르는 식물, 사람이 애착을 갖고 키우며 교감하는 식물, 식용을 주목적으로 하지 않으며, 사람이 정서적인 교감을 통해 안정감을 얻고자 가까이에 두고 기르는 식물, 가정 및 회사 등 실내·외에서 쉽게 기를 수 있고, 식용을 주목적으로 하지 않으며, 인간과 짝이 되어 교감을 통해 정서적으로 안정감을 얻고자 기르는 식물 등을 말한다.

반려식물 문화는 반려식물을 키우는 것과 관련된 유·무형의 문화적 활동, 반려

29) 『서울특별시 반려식물산업 육성 및 지원 조례』, 2023.5.22. 제정.

식물을 키우며 자발적이거나 일상적으로 참여하고 행하는 유·무형의 문화적 활동, 정서적인 교감을 목적으로 반려식물을 키우며 자발적이거나 일상적으로 참여하고 행하는 유·무형의 문화적 활동을 말한다. 반려식물 관련 조례를 제정한 곳은 서울특별시, 경기도, 충청남도, 전라북도, 전라남도, 서울 도봉구와 마포구, 울산 울주군과 중구, 경기 성남시와 용인시 충남 천안시, 전남 나주시와 화순군 등 14곳이다. 이렇게 지방자치단체는 반려동물뿐만 아니라 반려식물까지 조례를 제정하고 환경, 사회, 거버넌스를 실천하는 ESG 행정에 집중하고 있다.

반려동물과 함께하려는 지방자치단체가 꾸준히 증가하고 있다. 2021년 1월 서울시 중부공원녹지사업소는 남산공원 야외식물원, 용산가족공원 화장실 앞에 반려동물 목줄 거치대를 설치했고, 강북구청도 이후 같은 시설을 관내에 설치하고 있다(공공디자인 종합정보시스템, 2023.3). 주거지를 벗어난 길은 반려견과 반려인이 타인과 마주하는 첫 번째 공적 영역이다. 서로를 향한 배려와 이해가 더욱 요구되는 장소인 만큼 세심한 안내시설물이 필요하다.

서울특별시 서대문구는 2023년 말 도심 둘레길로 유명한 안산 자락길에 반려견과 반려인이 함께 보행할 수 있는 산책길을 조성했다. 원점 회귀하는 순환형 둘레길로 길이 2km, 폭 1.5m에 쉼터 3곳이 있다. 반려견 놀이터는 서대문독립공원 쪽 안산 자락길 인근(영천동 5-644 일대)에 조성했다. 음수대와 놀이시설 등을 설치했으며 이곳 역시 대형견과 중소형견을 위한 공간을 구분해 놓았다(한국경제, 2023.12.1). 쉼터에는 반려견을 위한 음수대와 배변봉투함을 설치해 편의성과 둘레길 환경을 고려했다. 반려동물과 함께하는 인구수의 증가는 자연스럽게 관련 행정요구의 확대로 이어진다. 행정수요가 많은 영역에 행정의 관심과 예산의 투입 등에 따른 결과물이 나타나는 것은 당연한 현상이다.

일본 동물보호법은 동물을 키우고 보호하는 반려인뿐만 아니라 국가와 사회의 책임을 강조한다(UPI뉴스, 2018.9.11). 반려동물을 인간과 더불어 살아가는 가족의 구성원으로 인정한다는 것을 발견할 수 있다. 동물의 기본권을 존중하고, 동물과 인간의 공존을 모색해야 하는 시대가 되었다. 반려동물 양육 과정에서 환경의 소중함을 알게 되고, 목줄 착용 등 안전조치와 동물 인권에 대해 고민하게 되고, 인식표 등 반려견 등록을 통해 반려인의 투명성을 제고하는 ESG의 내재화가 이루어진다. 최근 반려동물 관련 사회문제가 되는 것 중의 하나는 유기되거나 유실된 동물의 처리다. 내장형

칩이 있는 경우는 칩 확인을 통해 반려인을 찾아주는 일이 가능하지만 그렇지 않을 경우는 최종적으로는 안락사로 이어질 가능성이 크다. 따라서 반려동물의 외장형 인식표가 아닌 내장형 무선 전자 개체식별 장치(RFID 칩)의 의무화로 반려인의 인식도 변할 수 있도록 견인해야 한다. 사랑하고 예뻐하는 만큼 책임지고 보호하고 관리할 수 있는 반려인의 문화가 확산할 수 있도록 해야 한다. 이제 반려동물은 도시와 농산어촌 지역을 구분하지 않는다. 사람이 사는 곳이면 반려동물이 존재하고 그에 따른 행정요구가 있다. 지방자치단체의 반려동물 정책의 중요성은 더욱 확대될 것이다.

참고문헌

양세훈 · 김현정 · 김성균 · 고광용 · 마희정 · 지선진 · 김연 · 안수지 · 박금옥 · 박연숙 · 박명분(2023). 『(11개의 키워드로 알아보는) 지방정부 ESG』. 파주: 이담북스(한국학술정보).

유예슬 · 손은신(2023). 『반려동물 양육인구 증가에 따른 공공공간 조성 현황과 이슈』. 건축도시공간연구소.

이상돈(2008). 『야생동식물보호법에 대한 고찰』. 법학 논문집 제32장 제2호: 141-160. 중앙대학교 법학연구소.

홍형득 · 박보식 · 사득환 · 양세훈 · 오수길(2024). 『공공부문 ESG 전략』. 고양: 대영문화사.

경기도동물보호복지플랫폼, https://animal.gg.go.kr

경기도 반려동물 입양센터, https://cafe.naver.com/ggpetadoptioncenter

공공디자인 종합정보시스템, “반려동물과 함께 사는 도시”, 공공디자인 소식지 제28호(2023. 3), 한국공예디자인문화진흥원, 2023.2.20, https://publicdesign.kr/

국가동물보호정보시스템, 농림축산검역본부, https://www.animal.go.kr

국립국어원 표준국어대사전, https://stdict.korean.go.kr

농민신문, https://www.nongmin.com

농림축산식품부, https://www.mafra.go.kr

대한민국 정책브리핑, https://www.korea.kr/news

법제처, 세계법제정보센터, 세계 각국의 동물학대 처벌 규정, https://world.moleg.go.kr 2023. 2.17.

서울동물복지센터, https://animal.seoul.go.kr/index

일본 전자정부 법령검색, https://elaws.e-gov.go.jp

경남미디어, http://www.mediagn.co.kr, 2024.2.15.
서울경제, '비둘기 1마리' 치어 죽인 택시 기사 … '동물 학대'에 엄격한 日 반응은, https://www.sedaily.com, 2023.12.8.
여성소비자신문, http://www.wsobi.com, 2023.5.12.
연합뉴스, https://www.yna.co.kr, 2023.7.7.
충남일보, http://www.chungnamilbo.co.kr, 2024.2.15.
충청투데이, https://www.cctoday.co.kr
한국경제, https://www.hankyung.com, 2023.12.1.
한국반려동물신문, 솜방망이 처벌에 증가하는 동물학대, 선진국 처벌 규정은, https://www.pet-news.or.kr, 2022.10.5.
한국반려동물신문, "37억 유산, 내 옆 지켜준 댕냥이에게" … 유언장 고쳐 쓴 중국 노부인, https://www.petnews.or.kr, 2024.1.26.
일본의 개정 동물보호법 3가지, https://www.sedaily.com
UPI뉴스, https://www.upinews.kr
KBS뉴스, "진주시의회 반려동물 지원센터 재검토 촉구", https://news.kbs.co.kr, 2022.3.20.

CHAPTER 02

사회복지와 ESG

오수길

제1절 서론

유토피아적인 색채에도 불구하고 포괄적인 연대가 인류를 불안정이나 빈곤에서 벗어나게 해주고 사회의 균열을 극복하는 데 기여할 수 있다는 생각이 복지국가의 발전으로 이어졌다. 시장 기능도 인류의 목적에 부합되게 하고 인류가 추구하는 공통의 목표에서 크게 어긋나지 않게 한다는 의미에서 복지국가를 '특이한 정치적 발명'이라고 한다(프랑수아-자비에 메랭, 2000: 142-143). 복지국가 모델은 각국의 역사적 경로에 따라 다를 수 있지만, 경제적 · 재정적 도전에도 여전히 발전해 가고 있다.

같은 맥락에서 사회복지기관의 활동에서 ESG는 전혀 새롭거나 이질적이지 않다(ESG와 사회복지실천연구팀, 2022: 4). 사회적(S) 가치를 추구하는 활동은 기본이고, 환경(E) 측면은 사회적 가치 중의 하나로 볼 수도 있을 뿐 아니라 사회 취약계층은 환경문제나 기후위기에도 취약하기 때문이다. 더욱이 사회복지기관의 활동은 정부,

지방자치단체, 기업, 시민사회단체, 지역 내 주민단체 등 다양한 기관 및 단체와의 연계 속에서 이뤄지기에 거버넌스(G) 측면을 항상 고려할 필요도 있기 때문일 것이다. 정원오(2021: 152-153)는 어느 때보다도 도시의 혁신, 개방, 포용이 중요해진 현시기에 '개인의 복지, 안전, 보건, 보육, 교육 문제를 보살피는 시스템'을 강화하여 시민들이 '내 삶의 문제를 해결할 수 있는 여건'을 조성해야 하고, 도시를 운영하는 지방자치단체가 이를 가장 잘 수행할 수 있다고 주장했다.

김성우(2022: 17)에 따르면, 사회복지 개념이 형성되기 이전에도 종교적인 가르침에 따라 자발적인 애덕실천이 있었고, 사회복지기관들이 체계적으로 자리잡기 전부터 시대적 요구에 따라 민간 영역의 시설들이 성장했다고 한다. 사회복지기관에서 ESG가 낯설지 않게 수용될 수 있는 또 다른 지점이라 할 수 있다. 그가 인용한 독일 민간사회복지연방협회(Bundesarbeitsgemeinschaft der Freien Wohlfahrtspflege: BAGFW)의 민간사회복지기관 목적 달성을 위한 일곱 가지 사명은 이를 분명히 해준다(김성우, 2022: 24).

첫째, 사회복지의 새로운 영역에 대한 발굴과 조정의 역할
둘째, (사회복지 관련 법률제정을 위한) 정치세력과 정당대표들과의 협력
셋째, 지자체, 광역단체, 중앙정부와의 협업
넷째, 다양한 사회복지 분야의 원활한 사업 진행을 위한 조정의 역할
다섯째, 지역사회 안에서 사회복지기관들의 정보 공유
여섯째, 국민들의 사회적 책임에 대한 보호와 강화
일곱째, 공공 영역 안에서 민간사회복지기관의 위상 정립

ESG와 사회복지실천연구팀은 사회복지관에서 ESG를 도입해야 하는 이유를 다음과 같이 제시한다(인천광역시사회 서비스원, 2022: 12-13). 첫째, 사회복지 실천 현장에서 시스템으로 운영되는 새로운 복지경영방식을 통해 기존 운영방식으로 대응하는데 어려움을 겪고 있는 다양하고 그간 경험하지 못한 위기에 대응할 수 있어야 한다는 것이다. 둘째, 코로나19 이후 급변하는 사회환경과 비만, 초고령화, 기후위기와 같은 사회문제에 적실성 있게 대응할 수 있어야 한다는 것이다. 셋째, 비영리기관으로서 기업의 ESG 가치와 적절히 연계될 수 있는 가치를 갖고 있는 사회복지관이 ESG 경영에 나선 기업과의 파트너십을 강화하여 적절한 자원을 연계할 수 있어야 한다는

것이다. 넷째, 사회복지관에 ESG를 적용함으로써 사회복지관 운영의 투명성과 합리성을 제고하며 신뢰성도 높일 수 있다는 것이다. 다섯째, 사회복지관 운영과 관련된 내외 위기에 능동적으로 대처할 수 있는 다양한 위기관리를 가능하게 해준다는 것이다.

이 글은 지역의 사회복지관 사례들을 중심으로 ESG 요소들이 사회복지와 어떻게 접목되고 있는지를 분석하는 데 목적이 있다. 이를 위해 E 영역에서는 강원도 원주시 명륜종합사회복지관 사례를, S 영역에서는 인천광역시 부평구 갈산종합사회복지관 사례를, G 영역에서는 대구광역시 수성구 범물종합사회복지관 사례를 분석 대상으로 한다. 이들 사례는 ESG 전략의 지향점 내지는 준거틀을 2015년 유엔 193개 회원국 만장일치로 합의하여 수립한 지속가능발전목표(Sustainable Development Goals: SDGs)로 설정한 것이 특징이라 할 수 있다. SDGs를 지속가능발전의 목표와 가치로, ESG를 지속가능발전의 실현 또는 SDGs의 이행수단으로 삼고 있다는 점에서 이들 사례는 지역정책에 중요한 시사점을 줄 것으로 기대된다.[1]

명륜종합사회복지관 사례와 범물종합사회복지관 사례의 경우 2023년 대한민국지속가능발전대회의 제25회 지속가능발전 공모전에서 각각 지속가능발전 대상과 우수상을 수상한 사례이다. 갈산종합사회복지관의 경우 2011년부터 지속가능발전 행정체제를 구축해 온 인천광역시 부평구에서 지역사회의 사회적 지속가능성 제고에 힘쓰고 있는 기관으로 S 영역에서 적절한 함의를 줄 것으로 판단했다. 각 사례에 대한 분석은 ESG 개별 영역에 초점을 맞추고 있지만, 실제로는 각 복지관이 ESG 전략 전반을 고려하고 있음에 유의할 필요가 있다.

1 사회복지 분야의 ESG 연계

인천광역시에서 운영되는 20개 사회복지관을 대상으로 한 설문조사 결과 사회복지관의 사업은 ESG 요소를 이미 상당 부분 포함하고 있는 것으로 나타났다(ESG와 사회복지실천연구팀, 2022). 사회복지관에서 운영하는 E 영역 관련 사업으로는 환경 캠페인, 환경 모임, 환경 교육, 환경 모금, 환경 이벤트, 환경 축제, 환경 홍보, 기후위기 취약계층 지원 등의 범주로 나눌 수 있었다. S 영역 관련 사업으로는 전문적 · 선도적

1) SDGs와 ESG의 관계에 대해서는 오수길(2024) 참조.

복지 사업(문화・교육・행사 지원, 식생활 지원, 정서 지원, 복지대상자 발굴 및 지원, 돌봄서비스, 건강관리 지원, 경제 지원, 일상생활 지원, 여가 지원, 진로 지원, 위생방역, 모금 활동), 네트워크(돌봄 네트워크 및 지역 연계 강화), 당사자 역량 강화(자조모임 지원, 주민역량 강화), 공유복지(공간 지원, 홍보・캠페인, 연구출판), 종사자 역량 강화(직원역량 강화), 인권(인권・소진 예방) 등의 범주로 나눌 수 있었다.

그리고 G 영역 관련 사업으로는 이용자 권리(욕구조사, 주민 의견 청취 및 반영), 협력적 파트너십(유관기관과의 네트워크, 자원봉사자나 후원단체의 개발연계, 지역주민 조직 및 연대 등), 소통과 존중(홍보, 출판, SNS 소통 및 기타 다양한 주민과의 소통), 공정한 조직 운영(각종 위원회 등 공식적인 의사결정과 조직 운영 관련 회의 구조), 윤리경영(직원 인권 및 고충 처리, 직원 청렴 관련 사업) 등의 범주로 나눌 수 있었다.

일반적으로 사회복지 대상이라 할 수 있는 사회적 약자는 인구학적 약자(연령, 성, 신체 상태), 사회경제적 취약자(소득, 주거, 교육, 고용, 의료・보건, 에너지, 환경, SOC, 산업・상업, 안전 등), 소수자(인종・민족, 문화・가치관) 등 유형별로 구분할 수 있다(추장민 외, 2013: 19). 반면 "모든 사람이 건강하고 쾌적한 환경에서 생활하도록 환경자원과 서비스 이용 혜택을 동등하게 누리고, 환경오염으로부터 동등하게 보호받으며, 정책과정 참여 기회와 정책결과의 배분이 공평하게 이루어져 보다 나은 삶의 질을 보장받는 것"(고재경 외, 2013)은 환경복지라 할 수 있다.

사회적 약자에게 인간다운 삶을 영위할 최소한의 조건을 제공한다는 의미로 보면, 환경 피해, 환경 혜택, 환경 책임 등의 측면에서 불평등 양상을 보일 수밖에 없는 사회적 약자가 환경복지의 대상이 될 수 있다. 모든 사회적 약자가 환경 약자에 포함되는 것은 아니지만, 기후위기나 환경문제로 환경 약자가 될 잠재적 가능성을 고려할 때 대부분의 사회적 약자는 환경 약자에 포함될 수밖에 없을 것이다(추장민 외, 2013: 30-31). 이 때문에 ESG의 각 영역은 상호 배타적인 것이 아니라 상호 연계를 통해서만 실현될 수 있는 것이다. 17개 목표로 구성된 SDGs는 이러한 연계를 위한 접근방법(nexus approach)과 정합성을 갖고 있다.

17개 SDGs의 연계 접근방법을 적극적으로 검토한 카케이 유스케(2023)는 가령 사회복지와 관련하게 모든 사람의 건강과 복지(SDGs 3번 목표)를 위해서는 초고령사회, 건강 수명, 사회보장비, 돌봄 인력 부족, 치매, 생활 습관병, 의사・간호사 부족,

표 2-1 환경 불평등 유형별 환경복지 정책 대상으로서의 사회적 약자

불평등 유형	불평등 양상	사회적 약자(환경복지 대상)
환경 피해	• 연령, 교육, 성, 건강 등 사회·인구학적 요인에 의한 환경오염 피해 • 소득, 고용, 교육, 주거 수준에 따른 경제적 배제에 따른 낮은 사회경제적 능력으로 환경오염 피해 • 대규모 개발 사업으로 인한 환경변화의 부정적 영향 • 환경오염시설 밀집 지역의 오염 피해	• 아동, 노인, 여성, 임산부, 환경 민감 질환자 등 인구학적 약자 • 저소득층, 고용취약계층 • 환경취약지역 주민 • 환경 인프라 주변지역 주민 • 산업단지 주변지역 거주 주민
환경 혜택	• 공간적 고립으로 공공부문에서 제공되는 환경자원 및 환경서비스의 단절/접근성 제한 • 환경재 및 환경서비스 이용 비용의 낮은 지불능력으로 인한 물, 에너지 접근의 기본권 제한/박탈 • 낮은 정치적 영향력으로 인한 환경 개선 정책 및 개선 효과의 소외	• 농촌, 산촌, 어촌, 도서 지역 거주 주민 • 도시지역 저소득층 밀집 거주 지역 거주 주민 • 저소득층, 고용취약계층
환경 책임	• 환경규제로 인한 재산권 행사 제약 • 환경자원 보호 및 이용비용 집중 • 환경부전 및 개선비용의 소득 역진 효과 또는 집중	• 환경규제지역 주민 • 환경 인프라 주변지역 주민 • 저소득층

출처: 추장민 외(2013: 29-30).

정신질환, 자살, 고독사와 같은 문제를 통합적으로 고려해야 한다고 지적한다. 또한 '계속 살아갈 수 있는 마을 만들기(SDGs 11번 목표)'를 위해서는 인프라 노후화, 쇼핑 약자, 빈집, 1인 가구화, 지진 재해 등을 고려해야 한다.

[그림 2-1]과 [그림 2-2]는 생활 곤란과 환경 파괴 문제의 피드백 루프로 연계 접근방법의 필요성을 보여준다. [그림 2-1]은 인구감소가 대중교통 감소로 이어지고, 근린 상점이 폐업하여 쇼핑 난민이 증가하며, 지역활동과 교류가 줄어 커뮤니티가 악화, 고령자 비율 증가, 사회보장 비용 증가, 재정 악화, 의료 및 보건 악화, 그리고 인구감소 심화로 이어지는 피드백 루프이다. [그림 2-2]는 지역산업의 쇠퇴로 삼림 환경의 악화, 온실가스 증가, 기후변화, 이상 기온과 자연재해 증가로 이어지는 피드백 루프이다. 사회복지관이 이들 피드백 루프를 이해하고, 대응하며 ESG 전략을 통해 지역사회의 문제 해결에서 핵심적인 역할을 수행할 수 있을 것으로 기대할 수 있는 것이다.

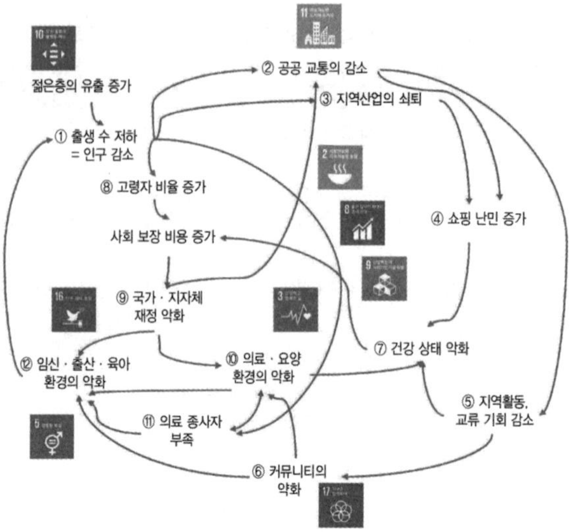

출처: 카케이 유스케(2023: 145).

그림 2-1 생활 곤란 루프

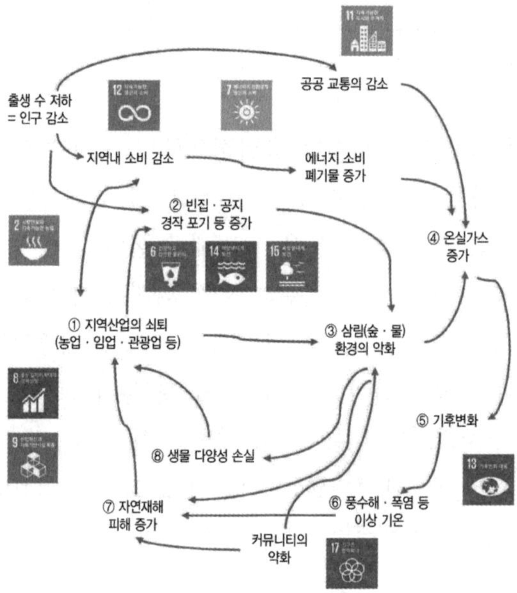

출처: 카케이 유스케(2023: 151).

그림 2-2 환경 파괴 루프

제2절 환경(E) 사례: 명륜종합사회복지관(강원도 원주시)

강원특별자치도 원주시 예술관길(명륜동)에 있는 명륜종합사회복지관은 1992년 10월 개관하여 명륜은빛노인학교(현 명륜행복드림학교), 방과후교실, 명륜어린이집, 부설 재가복지봉사센터(현 명륜노인복지센터), 명륜주간보호센터, 청소년공부방, 은하수공부방(아동야간보호프로그램), 명륜가정보사원파견센터, 이동목욕봉사센터, 통일부 지정 강원서부원주하나센터(현 강원남부하나센터), 다담cafe 등을 운영하는 복지관이다. 명륜 1, 2동과 단구동, 무실동, 흥업면, 귀래면 등 6개 지역이 담당 지역이며, 명륜 1, 2동과 개운동, 흥업면, 귀래면 등 5개 지역에서는 노인맞춤돌봄을 맡고

Mission
미션

소통과 나눔으로 이웃과 함께하는 따뜻한 세상을 만들어가겠습니다

Vision
비전

건강한 가족, 건강한 지역사회, 행동하는 실천가

Core Value
핵심가치

성장, 통합 혁신

행동규범
(인재상)

• 인권기반 실천 • 열린사고, 다양성 인정 • 강점기반 실천	• 팀워크를 중시하고 더불어 일할 줄 아는 동료	• 환경변화에 대한 유연한 대처 • 창의적 미래인재
• 단정한 용모와 따뜻한 미소로 고객응대 • 적절한 호칭과 경어 사용하기 • 주민중심의 사고를 통해 지역주민의 의견을 존중하고 소통하기 • 주민의 요청에 빠르게 대응하기	• 팀별 협력사업에 적극적으로 참여하기 • 지역사회와 적극적으로 관계 맺고 협력하기	• 과거의 경험에 안주하지 않고 고객에 새롭게 차별화된 가치 제공 • 최근 사회복지 동향 파악 • 자기개발계획을 수립하고 실행하기 • 연 1회 사업을 연구하여 제안하기

출처: https://www.mlwfc.or.kr/page/view.php/1sub2

그림 2-3 명륜종합사회복지관 비전 체계

있다. 설립 목적은 "자비구현의 실천이념을 바탕으로 사회변화에 따른 지역주민의 욕구를 수렴하여 전문적인 사회복지서비스를 제공하고, 이웃과 함께하는 따뜻한 세상을 만들어 가는 종합복지센터"라고 제시한다. 명륜종합사회복지관의 비전 체계는 [그림 2-3]과 같다.

명륜종합사회복지관은 "지속가능한 지역사회를 위해 3S-SDGs(명륜지속가능발전목표) 이행을 위해 ESG 복지경영을 실천"한다는 취지로 '지속가능실천과'를 두고 〈표 2-2〉와 같은 사업들을 추진하고 있다.[2] 이 가운데 '온기동행'은 '지속가능한 온마을 기후위기대응 동행 프로젝트'로 진행하는 것으로, 빈곤층과 취약계층의 복지증진과 관련하여 극한적인 기후위기에 대한 회복력을 구축하고, 경제 · 사회 · 환경적인 충격이나 재난에 대한 노출 및 취약성을 감소시킨다는 목적을 두고 있다.

강원 지역의 자연재해 관련 피해액은, 예컨대 2019년 전국 시도별 자연재해 피해액 중 비율로 볼 때 강원 지역이 경북 지역 54%에 이어 15%로 두 번째인 것으로 나타나 타 지역에 비해 상대적으로 높은 수준이었다. 그러므로 자연재해에 대한 예방도 중요하지만, 기후위기와 같은 난제(wicked problems)로 인한 피해를 최소화하면서도 신속히 일상으로 복귀할 수 있는 회복력이 점차 핵심적인 정책이 될 필요가 있다 할 것이다. 기후위기가 취약계층에 더 큰 영향을 미칠 수 있다면, 사회복지기관으로서 지역사회 기후위기 공동 대응에 적극적으로 나서야 한다는 것이 '온기동행'의 취지인 것이다. 즉, 통합돌봄의 관점에서 지속가능한 지역사회를 위해 기후위기에 대응한 사회적 돌봄망 구축이 필요하다는 것이며, 이에 대한 인식 부족과 사회복지 프로그램이 부족하다는 현실에 비춰 근본적인 개선책과 세부 실행 과제 발굴이 요구된다는 것이다.

명륜종합사회복지관은 2022년 4월 '온마을 기후위기대응 동행 프로젝트(온기동행)'로 공개모집을 통해 구성된 지역사회 내 단체, 기업, 대학 등 12개 기관과 연대사

---

2) 명륜종합사회복지관은 ESG 복지경영을 실천하고자 지속가능한(Sustainable), 사회(복지)(Social), 연대(Solidarity)의 머리글자를 따 명륜종합사회복지관의 지속가능발전목표, 즉 '3S-SDGs'를 수립했다. Sustainable에는 SDGs 7번(모두를 위한 깨끗한 에너지), 8번(양질의 일자리와 경제성장), 9번(산업, 혁신, 사회기반 시설), 11번(지속가능한 도시와 공동체), 12번(지속가능한 생산과 소비), 13번(기후변화와 대응), 14번(해양생태계 보존), 15번(육상생태계 보존) 목표가 포함되고, Social에는 1번(빈곤 퇴치), 2번(기아 종식), 3번(건강과 웰빙). 4번(양질의 교육), 5번(성평등), 6번(깨끗한 물과 위생), 10번(모든 종류의 불평등 해소) 목표가 포함되며, Solidarity에는 16번(정의, 평화, 효과적인 제도), 17번(지구촌 협력) 목표가 포함된다.

업을 시작했으며, 2023년에는 25개 기관과 연대하여 산하기관을 포함하면 101개 기관 및 단체와 함께 '온기동행' 프로젝트를 수행하고 있다. 특히 '온기동행' 프로젝트는 유엔 지속가능발전목표(Sustainable Development Goals: SDGs) 17개 목표 분야와 연계하여 ESG 행동을 추진하고 있다. '온기동행'에서 SDGs와 연계하여 해결하고자 한 지역사회의 문제는 〈표 2-3〉과 같이 정리할 수 있다.

표 2-2 명륜종합사회복지관 지속가능실천과의 사업

사업 구분	설명	
온마을 기후위기대응 동행	사업설명	ESG 복지경영의 일환으로 기후위기 돌봄공동체를 구축하기 위해 지역사회와 연대합니다.
	참여대상	온기동행 협약기관 25곳(2023년 기준 101개 산하기관)
	사업내용	온기동행 선포식, 공모전, 기후위기 돌봄이웃 발굴, 임직원 ESG 실천, ESG 협업
	신청방법	매년 공개모집
해피수다	사업설명	주민이 주인이 되어 마을문제를 스스로 해결하려는 주민참여 역량을 강화하여 지역사회와 소통하는 마을공동체를 만들어갑니다.
	참여대상	명륜 2동 지역주민 누구나
	사업내용	복지사각지대 발굴 및 주민 자치 정기회의
	신청방법	전화 및 방문 신청
해피그린데이	사업설명	지속가능한 지역사회를 위해 탄소중립에 기여하는 다양한 활동을 실천합니다.
	참여대상	해피수다 활동가 및 지역주민
	사업내용	월 1회 줍깅, 공유131, 감탄위크(탄소를 저감하는 일주일) 등 정기적인 탄소저감 활동
	신청방법	전화 및 방문 신청
환경동아리	사업설명	이웃과 서로 관계하고 마을환경을 돌보며 서로돌봄마을을 만들어갑니다.
	참여대상	지역주민 누구나
	사업내용	지구온(환경동아리)/수확한미팅(텃밭동아리)/온수난(뜨개동아리)
	신청방법	연초 동아리 참가신청 접수, 전화 및 방문 신청
온마을 쉼터	사업설명	주민-마을-지역기반 복합커뮤니티 온마을쉼터를 통해 지역주민 이웃관계망을 강화합니다.
	참여대상	지역주민 누구나
	사업내용	주민편의시설 운영, 온마을마켓, 건강활동 지원(에핑코치, 요리치테이블, 쉼터오픈데이, 스미다체험존)
	신청방법	월~금 9시~18시, 방문 이용(기관 사정에 따라 이용시간 변경)

학교 협력프로그램 '도담도담'	사업설명	지역 내 학교와 협력하여 재학 중인 중·고등학생 대상으로 교육 프로그램 운영합니다.
	참여대상	지역 중·고등학생
	사업내용	협력 교육 사업 및 사회봉사활동(징계프로그램)
	신청방법	3월 이후 희망 학교 사전 논의 후 공문 신청
푸른소나무	사업설명	경증 발달장애 청소년의 사회참여 및 일상생활 능력 향상을 위해 대학생 멘토와 멘토링활동을 진행합니다.
	참여대상	장애청소년(멘티) 10명, 대학생 멘토 10명
	사업내용	멘토와 멘티가 일상생활 수행 능력 향상을 위한 개별 및 집단 멘토링 진행
	신청방법	전화 및 내방 신청
온마을 학교	사업설명	정신질환으로 어려움을 겪는 이웃의 지역사회 적응과 사회 복귀를 돕습니다.
	참여대상	정신질환으로 지역사회 적응이 필요한 LH임대아파트 입주민 및 주민
	사업내용	사례관리, 자립역량 강화, 정착 지원 체계 구축
	신청방법	상담 및 신청서 작성
푸른에너지 나눔사업	사업설명	에너지 불평등 해소 및 안전사고를 줄이기 위해 에너지 빈곤가구를 지원합니다.
	참여대상	지역 내 가스레인지 교체가 필요한 취약계층 세대
	사업내용	노후 가스레인지 지원
	신청방법	상담 → 사례회의 → 선정여부 결정

출처: https://www.mlwfc.or.kr/page/view.php/2sub9

표 2-3 온기동행의 SDGs와 지역사회 문제의 연계

구분	관련 SDGs 목표	현안	대응
기후위기 문제에 따른 지역사회 연대 부족		기후위기와 코로나19 등으로부터 발생되는 다양한 사회문제에 대해 개별적으로 대응	기후위기 관련 각계 현장 실태 공유와 다각적인 측면에서의 대안 모색을 위해 지역사회 내 연대 필요
지역사회 내 기후위기 취약계층에 대한 정의 모호 및 복지사각지대 문제 발견		기후위기 취약계층에 대해 복지대상인 사회경제적 취약계층과 상당 부분 중첩되지만, 개념을 규정하지 못한 실정	생물학적, 사회경제적, 지리적 요소 등의 요소에서 복합적인 중첩 현황을 검토해 대상자의 기준을 정립하고, 우선순위를 마련

2040 탄소중립을 선언한 원주시와 시민 간 온도차 확인		시민의 주도성이 중요함에도 원주시 탄소중립 관련 계획에 비교적 낮은 이해도	2040년을 목표로 한 원주시의 탄소중립 기본계획 수립에서 민간의 상향식 제안
사회복지 영역에서 기후위기 사회문제 접근에 대한 근거 미약	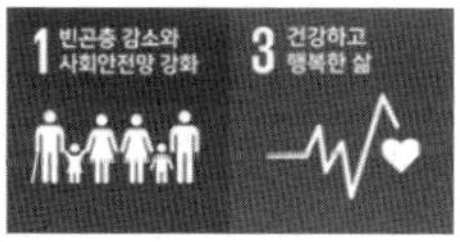	이러한 성격의 프로젝트 선례가 없고, 기후위기와 취약계층의 상관관계에 대한 연구자료도 충분치 않음	지속가능한 기후위기 돌봄공동체 구축을 위한 연대와 협업 모색

출처: 전국지속가능발전협의회(2023) 재구성.

'온기동행' 프로젝트 추진 과정은 관심 단계(지역 기반 공동체 간 자원 연결), 참여 단계(연대의 실험), 연대 단계(공동행동), 확장 단계(SDGs 정책화 시도)로 구분할 수 있다(〈표 2-4〉 참조). 이 과정에서 명륜종합사회복지관은 '온기동행' 프로젝트를 기획하여 지역사회에 제안하면서 공개모집을 통해 참여기관들의 자발성과 주체성을 확보하고자 하였다. 또한 다양한 참여기관들과 신포식, 워크숍, 자문위원회 등을 통해 SDGs 목표를 공유하고 지역사회의 자원을 연계하고자 했다. 나아가 기후위기 돌봄공동체 구축 필요성을 제기하고, 관련 조사연구사업을 실시하여 지방자치단체, 기업, 공공기관의 ESG 경영에 대한 책무를 사회복지 현장 및 기후위기 취약층과 연결시켜 원주시 SDGs 목표 이행을 위한 상향식 정책화를 주도했다(전국지속가능발전협의회, 2023).

표 2-4 온기동행 프로젝트의 추진 과정

단계	일시	활동
관심 단계 지역 기반 공동체 간 자원 연결	2022.2 2022.3~4 2022.5	기후위기와 돌봄이웃 간 상관관계 문제 제기 지역 유관기관 개별 미팅을 통해 기후위기 공동대응 필요성 및 연대 제안 '온기동행' 프로젝트 참여기관 공개모집 및 선정
참여 단계 연대의 실험	2022.6 2022.7 2022.8 2022.9	'온기동행' 참여기관(12곳) 공동협약 및 선포식 참여기관 실무자 워크숍('관심, 참여, 연대' 핵심가치 도출) '기후위기연대, 관심갖고 참여하는 나로부터' 기후위기 달력으로 슬로건 홍보 '온기동행' 자문위원회 개최, 실무자 TF 결성 탄소지갑 일주일 '김탄위크' 시민 설문(432명) 원주지속가능발전협의회 20주년 '모두의 대화'에서 사회복지 실천사례 발제

	2022.10~11	ESG 주거환경개선 공동기획사업 단열재(뽁뽁이) 제작 및 배포(약 1만 5천 장 3천 세대)
	2022.11	2023 아름다운 가게 '아름다운 희망나누기 지원사업 선정'(조사연구사업)
	2022.12	'온기동행 실천기록의 장' 발간 및 성과보고회
	2023.2	'온기동행' 공개모집 실무자 회의
	2023.3	지역 언론사와의 협약을 통한 공개모집 및 선정
	2023.3~7	아름다운 희망나누기 지원사업 조사연구(650명)
연대 단계 공동행동	2023.4	'온기동행' 프로젝트 참여기관(25곳) 공동협약 및 선포식 SK C&C 탄소저감 실천 앱 도입 및 '온기동행', '참여자', '감탄위크' 시작(427명) 원주지속가능발전협의회 '지구야 사랑해' 시민부스
	2023.5	'온기동행' 실무자 1차 간담회 ESG 협업) 원주지속가능발전협의회와 탄소저감 앱 실천 이벤트 '위대한 탄생' 진행
	2023.6	ESG 협업) 퀸비스토어, 지구온 환경동아리와 '비커밍 프로젝트' 및 네이버 펀딩(251%)
	2023.7	ESG 협업) 원주신용협동조합과 에코형 정수기 배포지원사업
확장 단계 SDGs 정책화 시도	2023.3~6	'온기대응' 공동대응을 위한 사회복지현장 실태 및 욕구조사(FGI 23명, 설문 650명)
	2023.7	조사연구사업 보고서 발간 '기후위기 돌봄공동체 구축을 위한 ESG 복지경영 동행' 심포지엄

출처: 전국지속가능발전협의회(2023) 재구성.

제3절 사회(S) 사례: 갈산종합사회복지관(인천광역시 부평구)

인천광역시 부평구 주부토로(갈산 2동)에 있는 갈산종합사회복지관은 사회복지법인 인천가톨릭사회복지회가 운영하는 복지관이다. 갈산종합사회복지관은 1993년 7월 7일 개관했고, 인천가톨릭사회복지회가 2016년 12월부터 위탁받아 운영하는 지역사회복지관이다. 부평구 갈산 1, 2동과 청천 1, 2동 지역주민의 복지를 증진하고 삶의 질을 향상하기 위해 지역사회 자원을 활용하여 사회복지서비스를 제공하고, 나아가 지역사회 문제 예방과 해결을 위해 노력하는 전문사회복지기관이다. 갈산종합사회복지관의 비전 체계는 [그림 2-4]와 같다.

Mission
미션

모두가 행복한 마을을 디자인하는 갈산종합사회복지관

Vision
비전

따뜻한 환대와 신뢰로 사람 중심의 복지를 실현합니다.

Value
핵심가치

애덕 소외된 이웃을 위하여 그들의 주인된 삶을 지향하고 지원한다.
신뢰 정직과 존중으로 주민과 지역사회로부터 인정과 신뢰를 받는다.
성장 비전을 향한 직원들의 성장과 전문성을 확보한다.

출처: https://www.galsan.or.kr/bbs/board.php?bo_table=0103

그림 2-4 갈산종합사회복지관 비전 체계

갈산종합사회복지관은 2023년 ESG 경영 컨설팅을 통해 [그림 2-5]와 같은 ESG 경영 전략체계를 구축하고, 도입기(2023~2024), 성장기(2025~2026), 성숙기(2027)라는 중장기 로드맵도 수립했다. 이를 위해 관장(ESG 경영 총괄, ESG 경영위원회 구성 및 운영), 부장(ESG 경영 실무책임, ESG 경영위원회 간사), 나눔복지과장(ESG 경영

미션	모두가 행복한 마을을 디자인하는 갈산종합사회복지관
비전	따뜻한 환대와 신뢰로 사람 중심의 복지를 실현합니다.

ESG 경영전략 방향

전략 방향	E 친환경 복지 실천	S 신뢰와 존중의 문화 형성	G 투명하고 열린 경영
전략과제	탄소중립 실현 환경복지의 생활화	지속가능한 일터 조성 안전한 사회복지 현장 구축 서로 존중 문화 형성	ESG 의사결정 체계 구축 윤리경영 고도화

출처: 갈산종합사회복지관(2023).

그림 2-5 갈산종합사회복지관 ESG 경영전략체계

전략체계 구축, 관련 사업 계획 및 진행), 마을복지과장(ESG 경영 실무책임 대행, ESG 경영 전략체계 구축, 관련 사업 계획 및 진행)의 ESG 경영 업무분장을 통해 ESG 경영 운영체계를 마련했다.

2023년에는 총 여섯 차례에 걸친 인천사회서비스원 지원 컨설팅, 전 직원 교육, 관리자들의 복지기관 ESG 경영을 위한 실무과정 수료 및 ESG 전문가자격 취득을 통해 기반을 다졌고, 팀장 연수와 사업담당자들의 참여로 2024년 사업 계획을 수립했다. 2024년에는 전 직원 ESG 경영 계획 공유, ESG 경영위원회 구성에 이어 ESG 경영 이행과제를 실행에 나섰다. 〈표 2-5〉는 ESG 경영전략과 과제를 정리한 것이다.

앞서 밝혔듯이 갈산종합사회복지관이 있는 인천광역시 부평구는 2011년부터 '지속가능발전 전략 및 이행계획'을 수립하여 지속가능발전 행정 체계를 통해 지속가능

표 2-5 갈산종합사회복지관 ESG 경영전략별 실천 과제

전략	전략과제	이행과제
G 투명하고 열린 경영	G1. ESG 경영 의사결정체계 구축	G1-1. ESG 전략수립
		G1-2. ESG 경영위원회 운영
		G1-3. ESG 경영 성과 공개
	G2. 윤리경영 고도화	G2-1. 운영위원회 역할 강화
		G2-2. 건전한 재정 운영
E 친환경 복지 실천	E1. 탄소중립 실현	E1-1. 친환경 정책 보유
		E1-2. 물 · 에너지 · 폐기물 매년 3% 감축
		E1-3. 친환경/재생에너지 제품 사용 확대
	E2. 환경복지의 생활화	E2-1. 종사자 · 이용자 대상 환경교육
		E2-2. 기후위기 프로그램 운영
		E2-3. 에너지 절약 캠페인 상시 실시
S 신뢰와 존중의 문화 형성	S1. 지속가능한 일터 조성	S1-1. 공정한 노동 관행 확립
		S1-2. 종사자 성장 및 복지 지원 확대
	S2. 안전한 사회복지 현장 구축	S2-1. 산업재해, 중대재해 ZERO
		S2-2. 안전보건관리체계 고도화
	S3. 서로 존중 문화 형성	S3-1. 인권 · 청렴 부정 이슈 ZERO
		S3-2. 이용자 편의 · 권리 증진 노력
		S3-3. 이용자 만족도 80점 이상 유지

출처: 갈산종합사회복지관(2023).

부평 지속가능발전목표 SDGs

사업명	건강지원서비스

갈산종합사회복지관 SDGs 체크표(중복체크 가능)

갈산종합사회복지관 SDGs	사업 구분
■ 사회안전망 확보	□ 경제적 빈곤 퇴치 □ 복지사각지대 발굴 ■ 취약계층 지원
□ 안심 급식	□ 영양 및 급식 지원
■ 건강한 생활을 영위하는 삶	■ 신체·정서적 건강과 회복 □ 생활체육 프로그램 ■ 보건의료서비스
□ 품격있는 평생교육	□ 평생학습 프로그램 □ 교육 및 자립역량 강화 □ 도서관 이용 □ 적정기술과 정보기술 격차 해소
□ 양성평등	□ 여성 권리 증진 □ 보육환경 조성 □ 가족관계 증진
□ 친환경 및 녹색 생태계 보전	□ 모두를 위한 깨끗한 에너지 □ 에너지 절약 □ 기후변화와 대응 □ 해양생태계 보존 □ 육상생태계 보호 □ 지속가능한 지역사회 인프라 구축
■ 활기찬 경제생태계	□ 자활 및 공공일자리 ■ 노인인력 배치 □ 장애인 일자리
■ 불평등 감소	■ 사회적 배제 감소와 불평등 완화 □ 사회적 약자의 권리 증진
□ 희망찬 미래도시	□ 문화예술공연 기회제공 □ 문화예술단체 연계 및 네트워크 구축
□ 책임있는 소비와 생산	□ 친환경 자원순환 □ 사회적경제 및 배려기업 제품구매 □ 음식물류 폐기물 절감
□ 주민에게 신뢰받는 복지관	□ 인권 및 청렴운영 □ 직원 교육 및 슈퍼비전
■ 주민과 같이 만들어가는 복지관	□ 주민의견 수렴 ■ 주민참여 □ 자원봉사 □ 후원

출처: 갈산종합사회복지관(2024).

그림 2-6 갈산종합사회복지관 SDGs 체크표 예시

발전 거버넌스를 구축해 왔다. 이러한 지속가능발전 거버넌스에 적극적으로 참여해 온 갈산종합사회복지관은 부평구 SDGs의 달성에 기여하기 위한 갈산종합사회복지관 SDGs를 수립했으며, 복지관에서 추진하고 있는 모든 사업에 대해 [그림 2-6]의 예시와 같이 '갈산종합사회복지관 SDGs 체크표'를 마련해 놓고 있다.

갈산종합사회복지관의 2023년 특색사업은 「마을에서 건강하게 살아가기」, 「착한 업사이클링, 폐지가 작품으로 '페이퍼캔버스아트'」, 「신통방통TV」 등 사업명에서도 알 수 있는 바와 같이 지역주민의 공동체 의식 함양과 마을만들기에 초점을 두고 수행되었다. 「마을에서 건강하게 살아가기」는 지역주민의 질병 예방 및 건강관리를 위한 건강프로그램 지원사업이고, 「착한 업사이클링, 폐지가 작품으로 '페이퍼캔버스아트'」는 지역사회 내 기업과의 협력을 통해 지역사회 문제에 대한 인식을 공유하고 업사이클링 캔버스아트 작품을 통해 선순환복지라는 가치를 확산하는 사업이며, 「신통방통TV」는 임대아파트 단지 내 방송송출 시스템을 구축하여 지역사회의 협력을 통해 주민제작단이 콘텐츠를 제작하여 영상상영회를 수행하는 사업이다.

「마을에서 건강하게 살아가기」 사업의 경우 "지역주민의 질병 및 건강 악화를 예방하고 관리할 수 있도록 지원함으로써 지역에서 건강한 삶을 살아갈 수 있도록 돕는다"라는 목적을 설정했다. 이를 위해 복지관 내에 '더 편한 건강존'을 설치하여 지역주민 누구나 건강관리를 생활화할 수 있게 했고, 치매 예방 프로그램인 '뇌힘+'를 통해 치매안심센터의 인적・물적 자원을 연계했으며, 만성질환 관리 프로그램인 '백세건강교실'을 통해 참여자 스스로 만성질환을 관리할 수 있게 했다. 이러한 프로그램은 참여자 스스로 건강을 관리할 수 있도록 함으로써 만족도를 높였을 뿐 아니라 이를 통해 장기요양서비스 대상으로 가는 시간을 지연시키고 지역사회에서 오래 살아갈 수 있게 하면서 잠재적으로 의료비 증가 요인도 경감시킨 것으로 평가된다.

「착한 업사이클링, 폐지가 작품으로 '페이퍼캔버스아트'」 사업은 지역사회 내 사회적기업인 (주)러블리페이퍼와의 협력을 통해 폐지 수집 어르신들(자원 재생 활동가)이 수거한 폐지를 가공해 만든 업사이클링 캔버스를 후원받아 지역주민들의 동아리인 '갈산스마일아르떼' 참여자들의 재능기부로 '페이퍼캔버스아트' 작품을 제작하는 것이다. 작품은 기념식 때의 전시회나 복지관 내 이동식 전시회를 통해 지역주민들이 관람할 수 있게 하며, 다시 (주)러블리페이퍼에 전달되어 온라인에서 판매됨으로써 수익금은 폐지 수집 어르신들을 지원하는 데 활용되는 등 선순환복지를 만들어낸다.

「신통방통TV」 사업은 영구임대아파트 주민들이 TV 미디어를 통해 소통하며 주민력을 키우는 데 기여하고, 미디어공동체를 형성하여 정보 소외와 지역주민의 관계 단절 문제를 극복하고자 하는 사업이다. 이를 위해 관리소와 방송송출 시스템을 구축하여 관리하고, 지역사회 협력체계를 구축했다. 단지 내 주민과 지역아동센터 아동 등 주민제작단을 모집하여 월 1회 지역주민이 참여하는 영상물을 제작하고, 분기별 1회 마을 활동 콘텐츠 영상물을 제작하는 한편, 단지 내 특설무대에서 성과발표를 위한 야외 영상상영회도 개최했다.

제4절 거버넌스(G) 사례: 범물종합사회복지관(대구광역시 수성구)

사회복지법인 진명복지재단이 운영하는 범물종합사회복지관은 대구시 수성구 범안로에서 1992년 9월 인가를 받은 종합사회복지관으로, 그해 11월 복지관을 개관하고 노인 무료급식 사업과 지역주민 욕구조사로 활동을 시작했다. 1993년에는 재가복지봉사센터를 개설하였고, 어린이집을 개원했다. 1998년에는 범물무료급식소를 설치했고, 2000년에는 장애인을 위한 '한사랑의집'을 개소했으며, 2009년부터는 평생학습관을 운영했다. 범물종합사회복지관의 비전 체계는 [그림 2-7]과 같다.

범물종합사회복지관은 지속가능발전목표(SDGs)의 실천 행동을 사회복지와 연계하는 것을 새로운 패러다임으로 상정하며 복지관이 SDGs의 교육, 홍보, 이행의 플랫폼이 될 수 있다고 보았다. 특히 모든 지역주민이 SDGs를 이해하고 실천할 수 있도록 임파워먼트 역량을 키워나가는 데 초점을 맞췄다. 이를 위해 사례관리, 서비스 제공, 지역조직화 등 사회복지관의 3대 기능을 SDGs에 연계하며, 지역사회복지관을 중심으로 지역 내 여러 주체와 함께 SDGs를 달성하는 데 기여하고자 했다. 2022년 9월 범물종합사회복지관을 진명복지재단이 새롭게 위탁받으면서 〈표 2-6〉과 같은 17개 목표와 31개 세부목표로 이뤄진 B-SDGs를 수립하고, 이를 이행하고자 노력해 온 것이다.

Goal
목적

지역주민의 복지와 건강한 범물공동체

Vision
비전

주민과의 소통을 중시하며 사회복지 전문성 실현을 선도하는
지역 중심의 복지관

Core Value
핵심가치

1. 서비스의 전문성 2. 통합상생의 연대
3. 고객감동의 신뢰성 4. 소통하는 접근성

Objective
운영목표

1. 주민복지 안전망 구축 및 복지참여 활성화 조성
2. 행복하고 안정된 노인생활 및 문화공동체 조성
3. 수요자 중심의 맞춤 서비스를 통한 복지서비스의 전문화
4. 직원의 역량 강화
5. 시설의 쾌적화

출처: https://beommul.or.kr/?page_id=7040

그림 2-7 범물종합사회복지관의 비전 체계

표 2-6 B-SDGs

목표	사업	내용
1 빈곤층 감소와 사회안전망 강화	1. 지정결연사업 2. 긴급지원사업 3. 안부확인사업 4. 사례관리	• 금전이나 현물 직접 지원 • 안전망 강화 • 통합적인 서비스 제공
2 식량안보와 지속가능한 농업	1. 노인, 장애인 무료급식 지원 2. 도시락 지원 3. 밑반찬 지원	• 무료급식소 운영 • 도시락 지원 서비스 • 균형 잡힌 식사 지원
3 건강하고 행복한 삶	1. 건강지원서비스 2. 정신장애인 프로그램 3. 취약계층 정서 지원 4. 지역주민 여가생활 지원	• 무료진료, 의료기관 연계 • 정신건강 증진, 정서 지원 • 문화프로그램

4 모두를 위한 양질의 교육	1. 성인문해교실 2. 아동방과후교실 3. 아동멘토링사업 4. 꿈디자이너사업	• 교육 기회 제공 • 진로 발견 • 맞춤형 온라인학습
5 성평등 보장	1. 저소득층 여아 위생용품 지원 2. 성폭력피해 여성 사례관리 3. 경력단절 여성 역량 강화	• 저소득 여아의 가정 지원 • 회복 지원 • 취업 훈련
6 건강하고 안전한 물관리	1. 지역 저수지 환경 정화 플로깅 2. 진밭골 EM공 던지기	• 환경운동가들과 동행 • 저수지 환경보전
7 에너지의 친환경적 생산과 소비	1. 에너지 효율 등급이 높은 제품 사용 2. 재생에너지 시스템 설치 3. 단열재 배부 4. 정부 에너지 바우처 수급 세대 발굴	• 에너지 효율 향상 • 겨울철 에너지 절약 • 취약층 에너지 접근성
8 좋은 일자리 확대와 경제성장	1. 노인 일자리 2. 장애인 일자리 3. NEET청년 지원 4. 직업훈련실 운영	• 취약층 일자리 참여 기회 • 직업 교육과 훈련
9 산업혁신과 사회기반시설 확충	1. 어린이 IT교실 2. 키오스크 교육 3. 스마트 기기 지원 4. 어린이도서관 운영	• 디지털 정보화 격차 감소 • 민간단체 지원을 통해 사회기반시설로 운영
10 모든 종류의 불평등 해소	1. 장애인 편의시설 설치 2. 장애인 여가활동 지원 3. 정신장애인 자조모임 및 봉사활동 4. 재활증진대회 개최	• 이동권 보장 • 여가 및 봉사활동 지원 • 자립 및 생활개선을 위한 의견수렴
11 지속가능한 도시와 주거지	1. 지역생태 환경 조성 2. 마을벽화그리기 3. 목욕탕 운영 4. 마을 카페 운영	• 주민공동체를 통한 아름다운 생활환경 조성 • 저소득층 삶의 질 향상
12 지속가능한 생산과 소비	1. 재활용품 공예 2. 우유팩 자원순환 3. 친환경 제품 사용 촉진 4. 친환경 실천 가게 지도 제작	• 새활용 촉진과 자원순환 인식 제고 • 자원순환 캠페인
13 기후변화 대응	1. 환경위기를 알리는 캠페인 2. 환경 사진전 3. 환경 활동가 교육 4. 주민 환경 동아리 운영	• 환경보전에 대한 경각심 • 지역주민 스스로의 기후변화 대응과 환경 실천 유도

14 해양생태계 보전 15 육상생태계 보전	1. 친환경 세제 만들기 2. 친환경 제품 사용 3. 자연보호 플로깅 4. 분리수거 및 재활용 교육 5. 버드피어(겨울철새먹이)	• 친환경 세제 만들기 및 지역주민과 나누기 • 플라스틱 줄이기, 친환경 제품 사용, 자연보호 활동 및 교육
16 인권·정의·평화	1. 아동권리 캠페인 2. 지역사회 욕구조사 3. 프로그램 개발 4. 정책 및 사업 제안	• 아동총회 개최로 자신의 권리 주장 기회 제공 • 취약층 삶의 질 향상을 위한 프로그램 개발 및 사회문제 해결 정책 및 사업 제안
17 지구촌 협력확대	1. SDGs 교육 2. 자원봉사자 파트너십 3. 공공 및 민간기관 협약을 통한 파트너십 구축	• 사회복지관의 SDGs 실천 촉진 • 자원봉사 단체 및 시민단체들과 SDGs 달성 노력

출처: 전국지속가능발전협의회(2023) 재구성.

범물종합사회복지관이 있는 범물동 지역은 대구광역시 수성구를 기준으로 노인인구가 17%, 기초생활수급세대가 20%에 이르고, 장애인 인구도 16%에 달한다. 또한 대구 지역에서 두 번째로 큰 영구임대아파트단지이기도 하다. 이러한 특성 속에서 범물종합사회복지관은 SDGs를 적극적으로 활용함으로써 지역주민이 SDGs 이행에 참여하는 과정을 통해 사회복지의 수혜자로서만이 아니라 변화의 주체가 될 수 있는 계기를 마련하고자 하였다. 자발적 자조모임인 '생동감 넘치는 우리마을 만들기-SDGs 탐험단'의 활동이 대표적이다. 탐험단에 참여한 지역주민들은 SDGs에 관한 기본 교육을 이수하고, 취약계층 식료품 및 생필품 나눔 캠페인, 베리어프리 지도 만들기, 친환경 제품 만들기, 나눔 캠페인, 지역축제에서 부스 운영 등을 추진했다. 그리고 〈표 2-7〉과 같이 지역사회 기관 및 단체와의 파트너십 구축을 통해 자원을 연계하였고, 국제적인 포럼과 세계 대회에도 적극 참여함으로써 참여 주체들의 역량 강화에 기여하였다(전국지속가능발전협의회, 2023).

표 2-7 범물종합사회복지관의 파트너십 구축과 역량 강화 활동

사례	내용
DGB금융그룹, 대구도시개발공사와 SDGs 벽화 그리기 사업	• 용지아파트의 노후화된 벽화를 SDGs 17개 목표로 표현 • 지역주민의 SDGs에 대한 인식 제고 • 벽화를 통해 SDGs 접근성을 높이며 캠페인을 진행 • 노후화된 벽화를 단장함으로써 지역의 활력과 생기 부여
대구국제개발협력센터 MOU 체결	• 지역의 지속가능발전 지원을 공동 진행 또는 상호 지원 • 지역주민, 청소년의 교육 및 실천 활동에 대한 자문 등 기관의 자원 교류와 협력 • SDGs 탐험단의 기본 교육을 대구국제개발협력센터에서 담당
국제 포럼 및 대회에서 SDGs 실천 지역복지 사례 발표	• 유럽과 아시아 사회복지사 교류의 장인 유라시아포럼에 참여: 한국을 대표하여 지역복지관의 SDGs 이행 사례 발표 • 케냐에서 주최하는 국제컨퍼런스에서도 지역사회의 SDGs 이행 모델 발표 • 2024년 파나마에서 개최되는 세계사회복지대회에서도 한국 사회복지의 강점 및 SDGs 실천모델 발표

출처: 전국지속가능발전협의회(2023) 재구성.

제5절 결론

이 글은 복지국가가 여러 도전 속에서도 시장 기능을 보완하며 발전해 오면서 사회문제를 해결하고 사회의 균열을 극복해 왔듯이 사회복지기관의 활동이 ESG 전략과 정합성을 갖고 있다는 문제의식을 두었다. 이에 따라 강원도 원주시 명륜종합사회복지관, 인천광역시 부평구 갈산종합사회복지관, 대구광역시 수성구 범물종합사회복지관 등 세 개 사례를 통해 ESG 각 영역에 초점을 맞춰 사회복지와 ESG 전략을 분석해 보고자 했다.

각 사회복지관 사례는 특히 유엔 SDGs 체계에 맞춰 ESG 전략을 적용하였는데, SDGs 17개 목표를 지향하면서 복지관의 ESG 활동이 이들 목표 달성에 기여하는 데 초점을 둔 것이 특징적이었다. 명륜종합사회복지관의 '온기동행' 사례는 기후위기 대응을 중심으로 지역사회의 여러 문제를 극복하기 위한 노력이 SDGs의 어떤 목표를 달성하는 데 기여할 수 있는지를 보여주었다. 갈산종합사회복지관은 복지관이 있는 지방자치단체의 SDGs를 달성하는 데 복지관의 ESG 활동이 어떻게 기여할 수 있을지

를 고민하면서 자체 SDGs를 설정하였고, 복지관의 각 사업이 복지관의 SDGs에 어떤 지점에서 기여할 수 있을지를 항상 점검할 수 있는 체크리스트를 만들었다. 범물종합사회복지관은 SDGs 17개 목표체계에 복지관의 모든 사업을 연계하여 ESG 활동의 준거틀을 마련하고자 했다.

서론에서도 언급한 바와 같이 각 복지관의 사례는 ESG 전략 중 어느 한 영역에만 초점을 맞춘 것이 아니라는 점에 다시금 유의할 필요가 있다. ESG 경영이 어느 한 영역을 특별히 강조하거나 업무와 관련하여 어느 한 영역에서 강점 또는 약점이 더 부각될 수는 있겠지만, ESG 전략이 성공하려면 각 영역을 연결하는 연계 접근방법이 대단히 중요하기 때문이다.

가령 '온기동행' 프로젝트에는 원주지속가능발전협의회, 국민건강보험공단, 퀸비스토어, 아름다운가게 강원본부, 원주신용협동조합, 한라대학교, 강릉원주대학교, (사)강원특별자치도농아인협회 원주시 지부, 상지대학교, 원주소비자생활협동조합, 원주투데이, (주)도서출판이음, 탑마트, 강원특별자치도청년자립지원센터, 강원도자연학습원, 굿네이버스 강원본부, 길터사회적협동조합, 두울천사들의 집, 천사들의 집, 연세대학교 미래캠퍼스, 원주시지역아동센터연합회, 주택관리공단 강원지사, 친환경유역통합관리센터, 원주종합사회복지관, 한국숲유치원협회 원주분회 등 25개 기관과 단체가 결합했다. 이 기관과 단체들의 산하기관까지 포함하면 101곳이나 되어 ESG의 G 영역에 특히 중점을 두었다는 것이 잘 드러난다.

갈산종합사회복지관의 경우 지역주민 스스로의 일상적인 삶과 지역사회 및 마을을 적극적으로 연계하고자 노력하면서 S 영역이 특히 강조된 사업들을 제시했지만, 이러한 활동 속에 E 영역과 G 영역에 대한 고민이 늘 녹아 들어가 있음을 보여주었다. 가령 「착한 업사이클링, 폐지가 작품으로 '페이퍼캔버스아트'」 사업에서는 지역 내 사회적기업과 협력하면서 순환경제에 대한 인식도 심어주고자 노력했던 것이다. 갈산종합사회복지관이 수행하고 있는 또 다른 사업인 「휴(休) 클래스: 함께 그린(Green) 마을 만들기」가 친환경 실천 도시농업이나 마을 환경 개선 활동을 수행하는 E 영역의 사업인 듯하지만, 지역주민들이 공동의 관심사를 공유하며 서로 돕는 가치관 형성을 통해 마을공동체의 기반을 조성하는 S 영역의 사업이기도 한 것이다.

범물종합사회복지관 역시 지역사회 내 기관 및 단체와의 협력이나 해외에서의 네트워킹을 통해 복지관의 사명을 더욱 확장하려는 노력을 보여왔는데, 범물종합사회복지관 지속가능발전목표(B-SDGs)의 각 목표에 배열된 사업은 ESG 각 영역에 해당되는 사업이 고루 있을 뿐만 아니라 각 목표가 해당 사업들로 적절히 연계되고 있음을 알 수 있다.

결국 ESG 전략은 사회복지관의 기존 비전 체계를 좀 더 효과적으로 이해하고 적용하는 데 도움이 될 수 있다. 복지관의 미션과 비전에 따른 목표나 전략 방향을 ESG 각 영역의 가치나 지표를 통해 개별 사업이나 업무를 효과적으로 수행하면서도 성과의 질적 제고에 기여할 수도 있다. 더욱이 사회복지관의 비전 체계를 SDGs에 맞춰 이해할 수 있다면, 복지관과 구성원들의 지향이나 성과의 가치가 한층 더 높아질 수 있을 것이다. 그 과정에서 사회복지의 사회적 가치가 환경복지의 환경적 가치, 그리고 지역주민과 지역 내 기업 또는 기관과 단체들의 협력체계가 적절히 결합될 수 있을 것이다.

참고문헌

갈산종합사회복지관(2023). 갈산종합사회복지관 ESG 경영 체계 구축 계획서. 내부자료.

고재경 외(2013). 『경기도 생활환경복지 지표개발연구』. 경기개발연구원.

김성우(2022). 사회복지사와 사회복지기관의 사명과 보수교육의 필요성. 한국종교계사회복지협의회 편, 『사회복지사의 사명과 교육』, 9-29. 서울: 에디아.

오수길(2024). SDGS와 ESG: 목표체계의 전환. 홍형득 외, 『공공부문 ESG 전략』, 43-79. 고양: 대영문화사.

전국지속가능발전협의회(2023). 『제25회 지속가능발전 공모전 자료집』.

정원오(2021). 『지속가능도시-ESG』, 서울: 라이스메이커.

추장민 외(2013). 『환경성평가에 있어 사회적 약자 배려방안 연구』, 한국환경정책·평가연구원.

카케이 유스케(2023). 『지속가능한 지역 만들기』, 조지영 역, 서울: 차밍시티.

프랑수아-자비에 메랭(2000). 『복지국가』, 심창학·강봉화 역, 서울: 한길사.

ESG와 사회복지실천연구팀(2022). 『ESG를 기반으로 한 사회복지조직 운영에 관한 연구: 인천시 사회복지관을 중심으로』. 인천: 인천광역시사회서비스원.

갈산종합사회복지관, www.galsan.or.kr

명륜종합사회복지관, www.mlwfc.or.kr

범물종합사회복지관, www.beommul.or.kr

CHAPTER 03

산림복지와 ESG

마희정

제1절 서론

1 산림복지의 필요성

현대사회는 다양한 스트레스로 인한 질병이 확대되고 있다. 과거에도 전염병, 기아로 인한 굶주림, 전쟁 등이 인간을 괴롭히는 원인으로 작용했고, 전염병과 전쟁은 현재도 진행형이다. 특히 물질만능주의 사회가 가져온 다양한 질병들로 인한 피해는 매년 늘어나는 추세다. 스트레스, 트라우마, 마약, 노인 우울증, 알코올중독, 게임중독, 산후우울증, 조울증, 조현병, 분노조절장애, ADHD, 화병 등이 초저출산과 초고자살을 불러오고 있다. 이런 병의 근저에는 불면증을 시작으로 예민, 우울, 불안, 분노, 억울, 폭력, 자해 등이 있다. 이러한 현상을 치유하기 위한 치료는 의학적 치료에 치중했었다. 의약의 신기술은 육체적 질병뿐만 아니라 정신건강을 치유하는 수준에 이르렀다. 하지만 정신적 건강에 대해서는 의학 기술보다는 자연에 기댄 치료 방법이 관심을 받고 있다. 의약의 부작용이 없는 산림을 활용한 숲 치유라는 관점이 시작되었다. 숲의 이야기를 들려주는 다양한 전문가들이 등장하고, 그에 따른 산림복지라는 개념도 적용되고 있다. 숲이 주는 효능감이 다양해지고 있다고 해도 과언이 아니다.

1969년 UN은 "한국의 산림은 황폐화가 계속되어 복구하기 어려울 것"이라고 전망했다. 전 국토 면적 중 산림면적 순으로 보면 OECD 국가 중 일본, 핀란드, 스웨덴 다음 4위로 나타났다. 대한민국 곳곳이 울창하고 푸른 숲으로 가득하다. 숲을 주제로 하는 직업군이 활발하다. 2024년 3월 기준 전국의 숲해설가, 유아숲지도사, 숲길등산지도사, 산림치유지도사 등 산림청의 산림복지전문가는 약 3만 4천 명이 되었다. 이러한 숲을 배경으로 산림치유, 교육, 휴양, 문화, 레포츠 등 국민 일상생활의 활력소가 되고 있다.

도시 생활에 지친 현대인들에게 각종 건강식품의 섭취보다 더 좋은 약이 나무가 가득한 숲속에서 힐링이라 할 수 있다. 모 방송의 〈나는 자연인이다〉라는 프로그램이 30~40대 남성들에 가장 인기가 있다는 것만 봐도 알 수 있다. 우리나라는 산림이 국토 면적의 약 64%를 차지하고 있지만 효율적인 활용을 하지 못하고 있다는 비판이 있다. 산림 선진국이라 불리는 유럽이나 일본 등은 가파른 산도 초지로 개발해 목장 등 다양한 용도로 사용하고 있다.

제79회 식목일 기념행사는 2024년 4월 5일 부산광역시 강서구 명지근린공원에서 개최되었다. 윤 대통령은 기념사에서 "불과 반세기 전만 해도 우리 국토는 헐벗은 황무지에 가까웠으나 지난 50년 간 산림녹화를 통해 나무의 양이 약 15배 증가했고, 전 국토 면적 대비 산림면적 규모가 OECD 국가 중 네 번째가 되는 등 대한민국이 명실상부한 산림 강국으로 발돋움했다"고 평가했다.[1] 또한 도시숲을 대폭 확대하고, 향후 150개 유아숲체험원을 조성하고, 2023년부터 시범 개통한 국토의 동서를 연결하는 849km 동서트레일 숲길 완료, 산불 진화를 위해 매년 500km 이상 임도를 만들겠다는 약속을 했다.

건강, 삶의 질에 대한 국민적 관심이 높아지면서 치유농업, 산림휴양과 산림치유 등에 대한 국민적 수요가 증가하고 있다. 2022년 기준 산림복지를 이용한 인원이 약

1) 파이낸스투데이, 윤석열 대통령, "산림면적 OECD 국가 네 번째 … 대한민국 명실상부한 산림강국 발돋움", 2024.4.5, https://www.fntoday.co.kr

2,345만 명으로 집계[2]되었다. 도시민의 귀농과 귀촌의 움직임이 지속적으로 확대되는 것은 농산어촌이 정주 공간으로서 역할을 하고 있다는 반증일 것이다. 동시에 경제활동 장소로서도 의미가 있음을 나타낸다. 실제로 농산어촌 소재 농식품 분야 사업체는 2010년 3,296개에서 2020년에는 7,477개로 약 두 배 이상이 되었다. 회색빛의 도시에서의 삶이 자연 친화적인 숲속 마을로 옮겨가고 있다.

2 산림복지 정책 현황

산림복지를 주제로 하는 법률이 제정되었다. 「산림복지 진흥에 관한 법률」의 목적은 산림복지의 진흥에 필요한 사항을 정하여 산림을 기반으로 체계적인 산림복지 서비스를 제공함으로써 국민의 건강 증진, 삶의 질 향상 및 행복 추구에 이바지함에 있다. 이 법의 제2조(정의)에 따르면 "산림복지"란 국민에게 산림을 기반으로 하는 산림복지서비스를 제공함으로써 국민의 복리 증진에 기여하기 위한 경제적 · 사회적 · 정서적 지원을 말한다. "산림복지서비스"란 산림문화 · 휴양, 산림교육 및 치유 등 산림을 기반으로 하여 제공하는 서비스를 말한다. "산림복지소외자"란 「국민기초생활보장법」 제2조 제2호에 따른 수급자, 그 밖에 소득수준이 낮은 저소득층 등 대통령령으로 정하는 자를 말한다.

제2조 제6항의 산림복지전문가는 「산림교육의 활성화에 관한 법률」 에 따른 숲해설가, 유아숲지도사, 숲길등산지도사, 「산림문화 · 휴양에 관한 법률」에 따른 산림치유지도사, 산림레포츠지도사를 말한다. 최근 지방자치단체가 앞다퉈 시설을 건립하고 있는 산림복지시설도 법으로 내용을 정하고 있다. 「산림문화 · 휴양에 관한 법률」에 따른 자연휴양림, 산림욕장, 치유의 숲, 숲길, 「산림교육의 활성화에 관한 법률」에 따른 유아숲체험원 또는 산림교육센터 등이다. 이러한 산림복지시설을 운영하기 위한 조건의 하나로 법 제19조에서는 지역주민의 우선 고용을 명시하고 있다. 시설 조성과 운영에 있어 이주자와 지역주민을 우선하여 고용하고, 비정규직 근로자일 경우 정규직 근로자로 전환될 수 있도록 노력해야 함을 강조하고 있다.

'산림복지'는 산림을 국민복리 증진에 적극 활용하기 위해 도입된 새로운 정책적

2) 산림청, 『제2차 산림복지 진흥계획(2023~2027)』. 2023.5, p.22.

개념이다. 산림복지의 정의[3]를 좁은 의미와 넓은 의미로 구분할 수 있다. 먼저 산림을 기반으로 산림문화・휴양, 산림치유 및 교육 등의 서비스를 창출・제공함으로써 국민의 복리 증진에 기여하기 위한 경제적・사회적・정서적 지원과 관련된 활동, 출생부터 사망까지 전 생애주기에 걸쳐 숲을 통해 숲태교, 유아숲체험, 산악레포츠, 산림치유 등 다양한 혜택을 국민에게 제공하는 것은 협의라 할 수 있다. 반면 큰 틀에서의 산림복지는 지속가능한 산림경영을 기반으로 국민의 안녕과 복리 증진을 위해 산림의 직・간접적 편익을 창출・수급하는 활동, 조림・숲 가꾸기를 통해 맑은 물 공급, 대기 정화 등 산림의 공익적 편익 증진을 위하는 것이다.

국내 산림복지 정책화 과정이 본격화된 것은 불과 10여 년 사이이다. 1980년대 초반 산림욕을 시작으로 숲은 시민의 여가 활동과 야외 휴양장소로 역할을 했다. 2000년대 초반까지 자연휴양림을 중심으로 산림휴양이라는 차원이 산림복지 정책이 이어졌다. 그러나 산림에 대한 수요자 욕구의 다양성으로 새로운 정책적 개념이 필요했고, 산림복지적 접근이 시작되었다. 2013년 산림청이 「산림복지종합계획」을 발표, 2015년 「산림복지 진흥에 관한 법률」이 제정되었다. 이 법에 근거해 2016년 산림복지서비스 제공의 공공주체로서 한국산림복지진흥원이 설립되었고, 산림복지서비스 제공을 위한 전달체계가 마련되었다.

표 3-1 생애주기별 산림복지서비스와 기대 효과

생애주기	프로그램	기대 효과
출생기	숲태교	임신부의 스트레스 완화, 태아와의 친밀감 증가, 긍정적 호르몬 분비
유아기	유아숲체험원	체지방 감소, 창조력, 상상력, 운동력, 학습 참여도, 면역력 증가, 사회성 증가, 정서발달
청소년기	산림교육	학업 스트레스 감소, 운동 부족 완화, 사회적, 심리적, 도덕적, 신체적 능력 향상
청년기	숲길・레포츠	건강 증진, 건전한 여가문화 조성
중・장년기	자연휴양림	정서적 안정, 휴양과, 피로 회복, 스트레스 감소
노년기	치유의 숲	스트레스 지수 감소, 쾌적감 상승 및 피로 회복
회년기	수목장	수목장림을 통해 작은 장례 및 자연 친화적 문화 확산

출처: 한국산림복지진흥원 홈페이지 자료를 정리, https://www.fowi.or.kr

3) 한국산림복지진흥원 홈페이지, https://www.fowi.or.kr

임신부터 노후까지 생애주기에 따라 필요한 복지서비스를 적절하게 제공받을 수 있는 인간의 생애주기별 욕구에 따른 발달 이론에서 가져온 생애주기별 산림복지가 있다. 즉, 산림복지의 혜택을 체계적으로 누릴 수 있도록 제공하는 것이다. 생애주기별 산림복지는 출생기, 유아기, 청소년기, 청년기, 중・장년기, 노년기, 회년기로 구분한다. 각 시기에 맞춰 산림복지서비스를 제공하는 형태로 진행된다.

정부뿐만 아니라 지방자치단체의 숲 관련 산림복지서비스 관심과 정책서비스는 다양한 형태로 펼쳐지고 있다. 이에 서비스를 구현하고 있는 지방자치단체의 산림정책을 ESG 관점에서 살펴보고자 한다. 산림복지서비스를 구현하고 있는 지방자치단체 중 환경(E) 사례는 전라남도 광양시의 백운산 휴양림 태교 숲교실 등을 다뤘다. 사회(S) 사례는 인천광역시 남동구의 무장애 나눔길이다. 거버넌스(G) 사례는 충청남도 금산군의 기후대응 도시숲을 주제로 정리했다.

탄소중립 실천을 위하고 이산화탄소 배출을 가장 효율적으로 방지하고 탄소를 저장하는 산림자원은 ESG 정책에 있어 '약방의 감초' 역할을 한다. 특히 환경 부문에서의 실천 전략의 단골 주제로 등장한다. 산을 주제로 다양한 산림복지서비스를 제공하고 둘레길을 장애인도 함께 걸을 수 있도록 나무데크 등을 설치하고, 공장 등 미세먼지 등을 제거하기 위해 도시의 숲을 차단막 역할을 할 수 있도록 하는 내용이다.

제2절 환경(E) 관점의 정책과 사례

1 산림복지의 환경 요인

산림복지서비스에 있어 환경(E) 관점의 요인은 기후변화에 대응한 지방자치단체의 나무 심기, 숲 가꾸기, 공원 관리를 통한 생태 자원을 얼마나 잘 보호하고 유지하고 관리하느냐에 있을 것이다. 숲길과 둘레길 조성에 있어 태양광을 이용한 가로등 설치, 최대한 자연을 훼손하지 않는 설계와 시공, 쓰레기 배출을 방지하고 수거 관리하는 노력이 있다. 휴양림 등 시설이 건립되는 과정과 운영 과정에서 물, 용수 등 수자원 관리를 어떻게 하는지도 대상이다. 그에 따른 폐수 처리와 폐기물 처리는 물론 산림자원의 오염을 방지하기 위한 다양한 노력도 포함된다.

산림복지서비스는 산림교육센터, 유아숲체험원, 숲태교, 학교숲(명상숲), 자연휴양림, 숲속 야영장, 산림욕장, 숲길, 수목원, 치유의 숲, 수목장림 등 다양한 형태로 제공되고 있다. 이러한 시설과 휴양림 등의 조성에는 주변 환경을 훼손하지 않거나 최대한 친환경 원자재를 사용하거나 탄소배출 제로를 위한 노력이 필요하다. 시설 건립 전후의 하드웨어 측면의 환경적 요소 이외 시설 활용을 하는 소프트웨어 측면에서도 환경적 요인은 중요하다. 자연 그대로 보여주는 학습도 필요하지만 찾아오는 수요자들에게 숲과 환경 관련 교육을 통한 학습 동기부여도 중요하다. 그 역할은 서비스를 제공하는 시설 및 장소에서 활동하는 숲해설가, 유아숲지도사, 숲길등산지도사, 산림치유지도사 등 산림복지전문가들이 있다. 숲을 찾고 시설을 이용하는 시민에게 가장 직접적으로 영향을 미칠 수 있는 사람들이다. 이들의 역할 여부에 따라 산림복지서비스를 체험하는 수요자의 관심과 호응이 달라진다.

숲해설가는 자연휴양림, 수목원, 도시숲 등에서 국민에게 숲에서 살아가는 다양한 생물의 살아가는 이야기, 나무나 식물에 대한 지식, 숲에 얽힌 역사, 숲과 인간과의 관계 등의 지식을 제공한다. 유아숲지도사는 유아숲체험원에서 숲을 통해 유아의 정서 함양 및 전인적 성장을 할 수 있도록 교육한다. 숲길등산지도사는 국민이 안전하고 쾌적하게 등산 또는 트레킹을 할 수 있도록 도와주며 건전한 등산 문화 정착을 위한 다양한 등산 서비스를 제공한다. 산림치유지도사는 치유의 숲, 자연휴양림 등 산림을 활용하여 대상별 맞춤형 산림치유 프로그램을 기획·개발하여 산림치유 활동을 효율적으로 할 수 있도록 지원한다.

표 3-2 산림복지서비스 유형

유형	산림복지서비스 내용
숲태교	임신부가 태아의 건강 증진 등을 위하여 명상, 산책 등 정서적·신체적 활동을 할 수 있도록 숲에서 운영하는 태교 프로그램
유아숲체험원	유아가 산림의 다양한 기능을 체험함으로써 정서를 함양하고 전인적 성장을 할 수 있도록 지도·교육하는 시설
산림교육센터	산림교육 프로그램 개발 및 보급, 산림 분야 연수 등의 사업 수행
학교숲 (명상숲)	학교와 그 주변 지역에서 국민에게 쾌적한 생활환경과 아름다운 경관의 제공 및 자연학습 교육 등을 위하여 조성·관리하는 산림 및 수목

숲길	지역의 오랜 생활 활동으로 생겨난 자연발생적인 길에 지역의 다양한 가치(역사 · 문화적 가치, 자연생태적 가치, 심미적 가치 등)를 연계하여 지역주민과 외부 이용객이 가치를 음미하며 걸을 수 있는 여러 형태의 길
자연휴양림	산림자원의 지속가능한 경영을 도모하면서 숙박시설 편의시설 등 기본적인 휴양시설을 설치하여 국민의 보건 휴양, 정서함양, 산림교육 등을 위한 야외 휴양공간을 제공함과 동시에 산림소유자의 소득향상에 이바지하기 위한 산림
숲속 야영장	1990년대를 전후로 하여 국립 자연휴양림을 중심으로 발달한 숲속 야영장은 2016년 1월 숲속 야영장 조성에 대한 법적 근거가 마련됨
산림욕장	나무들이 뿜어내는 향기(피톤치드)를 직접 마시거나 피부에 접촉시키고, 자연경관과 어우러져 심신의 단련과 안정을 가질 수 있도록 환경을 조성한 숲
수목원	수목을 중심으로 수목 유전자원을 수집 · 증식 · 보존 · 관리 및 전시하고 그 자원화를 위한 학술적 · 산업적 연구 등을 하는 시설
치유의 숲	인체의 면역력을 높이고 건강을 증진시키기 위하여 향기, 경관 등 산림의 다양한 요소를 활용할 수 있도록 조성한 산림
수목장림	수목장이란 화장한 유골을 지정된 수목의 밑이나 뿌리 주위에 묻어줌으로써 그 나무와 함께 상생한다는 자연회귀 섭리에 근거하여 조성한 장법이며, 수목장림은 이러한 수목장이 이루어지는 산림을 말함

출처: 한국산림복지진흥원 홈페이지, https://www.fowi.or.kr

2 환경(E) 부문 사례: 광양시 휴양림 태교 숲교실

산림자원을 활용한 새로운 복지 패러다임 변화에 발맞춰 전 생애주기를 대상으로 맞춤형 산림복지서비스를 제공하고 있는 전라남도 광양시는 백운산을 중심으로 산림복지를 실천하고 있다. 백운산 휴양림 태교 숲교실은 전라남도 광양시의 「광양시 백운산자연휴양림 관리 및 운영 조례」에 근거를 두고 있다. 조례는 「산림문화 · 휴양에 관한 법률」 제21조의5 제2항에서 위임한 사항과 그 시행에 필요한 사항을 규정함을 목적으로 하고 있다. 조례에 이어 「광양시 백운산자연휴양림 관리 및 운영 조례 시행규칙」도 제정했다.

숲을 이용한 숲태교 교실은 10여 년 전부터 민간 영역에서 관심을 가지기 시작한 프로그램이다. 임신을 한 산모에게 숲에서 맑은 공기를 마시며 태교 교육을 하는 것이 효과가 좋다는 소문이 나면서 수요가 급속히 늘어났다. 지방자치단체가 이러한 숲태교 교실의 수요에 맞춰 경쟁적으로 프로그램을 개발하고 운영하고 있다.

광양시는 저출산 고령화 정책에 대응한 부서명부터 변화를 주었다. 출생보건과를 중심으로 행복한 출산 및 육아에 필요한 지식 전달과 육아에 지친 부모들에게 도움을 주는 프로그램을 운영하고 있다. 백운산휴양림 '치유의 숲'에서 지역 임산부 가족을 초청해 '태교 숲 체험'을 실시했다. 2023년의 경우 '임신 출산 준비 교실'을 주간 5회, 야간 4회, 주말 1회 총 10회 진행했다.

10회차 출산 준비 프로그램은 주중에 시간을 내기 어려운 임산부의 참여를 위해 주말에 실시하기도 했다. 직장을 다니는 임산부를 위한 배려라 할 수 있다. 프로그램에 참여한 예비 부모들을 위해 목재를 활용해 태아에게 편지를 만들어 태아와 부부가 서로 마음을 교감하는 시간도 가졌다.

이러한 '태교 숲 체험'은 음이온, 자연경관, 향기, 소리, 피톤치드 등 백운산 숲이 가진 다양한 산림치유 요소를 활용해 임산부와 태아의 정서적 안정과 건강증진, 태아에 대한 애착 증가에 도움을 주는 활동이다. 광양시가 진행하는 태교 숲 체험 프로그램은 부모 선언, 숲속의 요가 및 명상, 숲속 걷기 및 호흡법, 족욕 체험 및 유기농 차, 발 마사지, 태아에게 편지쓰기 등 다양한 실내외 활동[4]이다. 이러한 노력이 대한민국의 출산 장려 분위기 조성에 긍정적인 역할을 하고 있다는 평가다.

광양시는 숲을 이용한 태교 교실의 지역자원인 백운산의 활성화를 위해 「광양시 백운산 치유의 숲 관리 및 운영 조례」도 제정했다. 자연휴양림 조성에 이어 치유의 숲으로서의 관광 자원화를 위한 노력으로 볼 수 있다. 2024년 7월 개관하는 '백운산 산림박물관'과 2025년까지 '산림복지단지'를 조성한다. 산림박물관은 VR과 AR을 이용한 첨단 콘텐츠를 기반으로 기후변화와 숲 파괴 등으로 사라져 가는 숲에 대한 경각심을 고취시키고, 백운산의 사계절의 모습과 동식물에 대한 경험을 통해 숲에 대한 바른 생각과 태도를 길러주는 체험 공간이 설치된다.

'백운산 산림복지단지 조성'은 이미 조성된 산림문화 휴양시설 등과 연계해 산림레포츠 시설, 숲 어울림, 유아숲체험원을 추가 조성하고 생애주기별 맞춤형 산림복지 서비스를 제공한다. 식물생태숲에는 폭염 · 미세민지 저감을 위한 미스트 치유 계단, 다양한 수생식물을 관찰할 수 있는 생태연못, 소규모 야생화단지 조성, 휴게 · 놀이시설 확충을 통해 이용객들의 정서 순화와 함께 어린이들의 자연 학습 기회를 제공할 예정이다. 백운산자연휴양림에서 치유와 힐링, 레포츠 체험, 교육 등 모든 산림복지

4) 전라남도 광양시, 출생보건과 보도자료, https://gwangyang.go.kr

서비스를 받을 수 있는 관광지를 지향하고 있다.

광양시 휴양림사업소는 백운산자연휴양림에서 산림치유와 힐링, 교육, 숙박, 레포츠체험 등 모든 산림복지서비스를 받을 수 있는 명소를 지향하고 있다. 광양시는 유아부터 성인까지 생애주기별 맞춤형 산림서비스 실현과 다양한 힐링 콘텐츠 개발, 특성화된 산림휴양시설 기반 구축 등을 위한 다양한 산림복지서비스 시책과 사업을 추진한다.

숲해설가, 유아숲지도사, 산림치유지도사, 목공체험지도사 등 전문가 10여 명을 배치해 숲해설, 유아숲 체험, 산림치유, 목공예 체험 등 다양한 맞춤형 프로그램을 제공하고 있다. 산림치유 체험은 7개의 체험형 프로그램으로 운영된다. 한걸음 두걸음(한걸音 두걸音), 싸목싸목(싸木싸木), 다복다복(다福다福), 오르락내리락(오르樂내리樂), 여우야놀자(여우野놀자) 등과 4개의 맞춤형 프로그램인 행복채움, 여유드림, 햇살가득, 기쁨태교가 운영된다. '광양목재문화체험장'은 최근 트렌드를 반영해 유아부터 성인까지 체험할 수 있도록 나는 뚝딱뚝딱 요술쟁이 목공사(유아), 나는야 미래의 목공 꿈나무(초 · 중 · 고), 나는 목수다(성인, 가족) 등 연령층별로 목공 체험할 수 있는 프로그램을 운영한다.

백운산휴양림에는 북카페 '감동책방'을 설치 · 운영하여 숲에서 독서의 기회를 제공함으로써 아이들의 정서적 성장을 도모하고, 어른들에게는 대화와 소통의 장을 마련한다. 감동책방은 누구나 쉽게 접근하고 이용할 수 있도록 무인으로 운영되고 있다. 직접 방문이 어려운 사회 소외계층을 대상으로 직접 찾아가 쉽게 체험할 수 있는 목재문화체험장은 꾸미기 문패, 연필꽂이, 장난감 시계 등 7개 품목에 대한 목공 체험으로 진행한다.

2023년 5월에는 숲속 야영 활성화를 위한 목적으로 '전국 숲속 캠핑대회'를 개최했다. 이를 위해 야영데크 전원공급 공사, 이동식 화장실 추가 설치, 주변 제초 작업, 배수로 정비까지 환경을 고려한 시설을 준비했다. 주차장, 샤워장, 화장실 등 백운산자연휴양림의 시설관리 및 개선을 통해 찾아오는 시민들의 환경 의식을 고취하는 역할을 하고 있다. 광양시는 백운산을 배경으로 시민이 편하게 찾아와 힐링할 수 있도록 친환경적 시설을 활용할 수 있도록 조성했다. 자연휴양림 운영을 통해 시민이 자연을 아끼고 사랑하는 마음을 가질 수 있도록 산림복지전문가들을 배치했다. 몸으로 체험하고 눈으로 보는 차원에서 귀로 생생한 자연의 이야기를 듣고 돌아갈 수 있도록 하는 것이다. 「광양시 백운산자연휴양림 관리 및 운영 조례」에 이어 시행규칙까지 마련해 세부적인 운영이 되도록 행정의 적극적 관심이 있었다.

제3절 사회(S) 관점의 정책과 사례

1 산림복지의 사회 요인

산림복지의 사회(S) 요소는 안전, 인권, 다양성 등을 들 수 있다. 숲, 둘레길 등 산림자원의 이용에 있어 국민 누구나 제약 없이 참여할 수 있어야 한다. 특히 장애인, 어르신 등 보행 약자를 위한 시설 마련이 중요하다. 이러한 맥락에서 장애인을 배려한 무장애 데크길을 소개한다.

무장애 나눔길로도 불리는 무장애 데크길은 경사도를 10% 이하로 낮추거나, 길의 폭을 1.5m 이상으로 넓히는 방식이 대부분이다. 일반적인 숲길을 이용하기 어려운 보행약자가 장애 없이 자유롭게 숲을 이용할 수 있도록 한 길이다. 장애인, 노약자, 휠체어나 유모차 사용자가 쉽게 다닐 수 있도록 목재 데크로 만든 길이 많지만, 일반 숲길을 이용한 길도 있다.

휠체어를 타고 낮은 산 또는 구릉, 둘레길 정상까지 갈 수 있도록 하는 무장애 데크길이 확대되는 추세다. 서울특별시 서대문구 안산 둘레길, 광진구 아차산 둘레길, 도봉구 도봉산 둘레길 코스에 무장애 길이 설치되어 있다. 많은 지방자치단체가 교통약자를 위한 무장애 데크길을 설치하고 있다. 기존에는 장애인을 위한 목적이 많았지만 최근에는 걸음이 불편한 어르신과 보행기에 아이를 태우고 찾는 가족을 위한 길로 활용되고 있다. 코로나19 이후 숲을 찾는 시민이 남녀노소, 장애인과 비장애인, 아이와 어르신 등 구별하지 않고 증가하는 데 기인한 것이다.

보건복지부가 발표한 장애인 실태조사(2021)에 따르면 장애인의 절반 수준인 49.0%가 집밖 활동 시 불편함을 느끼고 있다고 조사되었다. 불편함을 느끼는 가장 주된 이유는 '장애인 관련 편의시설 부족(40.8%)'으로 나타났다. 특히 장애인의 대다수인 89.4%는 여가활동으로 'TV 시청' 위주의 실내 활동을 하고 있고 관광, 등산, 낚시,

표 3-3 2023년도 모범 도시숲 등 인증 선정 결과

부문	명칭	관리기관	면적	특징
도시숲(생활숲)	김포 모담공원	김포시청	52.6ha	기존 숲을 잘 활용하고 적절한 프로그램 개발 운영
	인천 드림파크 야생화단지	수도권매립지관리공사	46.8ha	기존 매립지를 활용한 다양한 경관 조성과 섬세한 디자인이 특징
	인천 만수산 무장애 도시숲	인천광역시 남동구청	36.2ha	초입부터 정상까지 무장애 데크길과 장애인 배려 공간과 프로그램이 특징
	인천 수인선 바람길숲	인천광역시 미추홀구청	2.68ha	도심 찬공기 유입 목적에 충실하게 선형의 숲길 조성·관리
	수원 노송숲	수원시청	5.6ha	역사문화적 테마를 활용해 기존 수목과 후계 수목 조화
	포항 해도 도시숲	포항시청	8.4ha	미세먼지 저감 목적에 충실하고 다층식생, 동선구획이 잘 조화됨
	부산 월드컵대로 바람길숲	부산광역시 연제구청	2.3km	도심 규모 있는 숲 면적과 병렬식재와 다층구조가 특징
	목포 십자형 도시숲	목포시청	10.8ha	도심 상가 밀집지역에 규모 있는 도시숲 확충
가로수	완주 명품 가로수길	완주군청	2.0km	건강한 가로수와 도심에 흐르는 작은 개울이 문화거리와 조화됨
	수원 정조로 테마 가로수길	수원시 공원녹지사업소	2.8km	수관테마형으로 가지 전정을 통해 테마 가로수길 조성
	구미 인동 가로수길	구미시청	5.0km	도시숲과 가로수가 혼합된 형태, 인동 도시숲 백서 발간 등

출처: 산림청 보도자료(2023.10.12).

하이킹 등 여행 활동을 하는 장애인은 5.4%의 매우 낮은 비율로 나타났다.[5] 가까운 둘레길을 가고 싶어도 계단 등의 문제로 불편함을 겪고 있다. "가고 싶어도 가지 못하고 걷고 싶어도 걷지 못하는" 도시 시설의 개선 목소리가 높아지고 있다. 이러한 배경을 토대로 무장애 데크길이 증가하고 있다.

무장애 데크길을 활용한 무장애 도시숲 설치와 운영으로 모범 도시숲으로 인정받는 지방자치단체가 증가하고 있다. 2021년 6월 「도시숲 등의 조성 및 관리에 관한 법

5) 스포츠동아, 복권기금, 보행 약자 배려한 '무장애 나눔길' 조성 지원, 2023.9.19, https://sports.donga.com/economy

률」 제정으로 본격 시행한 모범 도시숲 인증이 시작되었다. 인증기관인 (사)산지보전협회의 서류심사와 도시숲 등 분야별 전문가인 '모범도시숲인증위원회'와 도시숲 관련 일반인으로 구성된 '모범 도시숲 현장심사단'의 현장심사를 거쳐 선정한다. 도시숲 사업은 도심의 주요 탄소흡수원인 도시숲을 지속적으로 확충해 도시 기후 문제 해결에 기여하고, 도시숲 조성·관리 품질 향상을 위한 목적이다. 모범 도시숲은 도시에서 모범적으로 조성·관리되고 있는 도시숲을 산림청장이 인증하는 것이다. 선정된 모범 도시숲은 5년 간 그 지위를 유지할 수 있다.

2016년부터 2022년까지 전국 124곳에 109.2km 무장애 나눔길이 설치되었다. 2023년에도 복권기금 약 113억 원이 투입되어 무장애 나눔길이 조성되었다. 원광대학교병원 무장애 나눔길, 화왕산 무장애 나눔길 등 14곳의 사업대상자를 선정해 총 23.24km의 무장애 나눔길이 설치되었다. 2023년말 기준으로 전국에 약 132.5km의 무장애 나눔길이 조성된 것이다.

2 사회(S) 부문 사례: 인천 만수산 무장애 도시숲

2023년 산림청이 선정한 모범 도시숲 인증 11개소 중 인천광역시 만수산 무장애 도시숲이 지정되었다. 남동구 소재 만수산 36.2ha에 초입부터 무장애 데크길과 장애인 배려 공간과 프로그램을 운영한 것이 특징이다. 인천 만수산 무장애 나눔길은 국내 최장의 무장애길이다. 2022년 한 해 만수산 무장애길을 찾은 방문객이 180만 명을 넘어선 것으로 나타났다. 하루 평균 5천 명이 다녀간 셈이다.

인천 1호 무장애 나눔길은 2016년 만들어진 남동구 논현동 늘솔길공원 내 무장애길이다. 이후 무장애 나눔길은 매년 1~2개씩 늘어 현재 인천에는 총 9개[6]가 들어선 상태다. 지역별로 보면 남동구가 늘솔길공원·관모산·장아산·만수산으로 가장 많다. 미추홀구 수봉산, 중구 월미산, 부평구 장수산, 계양구 계양산, 옹진군 장봉도 등에 설치되어 있다.

2023년 5월 4일 제정된 「남동구 무장애 도시 조성 조례」는 남동구에 거주하는 모든 구민이 개별시설을 이용하거나 접근·이동하는 데 불편이 없도록 생활환경을

6) 인천일보, 인천 만수산 '무장애 나눔길' 문전성시, 2023.1.2, https://www.incheonilbo.com

갖추어 무장애 도시를 조성하는 데 필요한 사항을 규정함을 목적으로 하고 있다. 제2조에서 무장애 도시를 정의하고 있다. “무장애(barrier free) 도시”란 모든 남동구민(이하 “구민”이라 한다)이 개별시설에 접근·이용·이동하는 데에 불편을 느끼지 않도록 계획·설계·시공된 도시를 말한다. 또한 제2조 제2항에서 개별시설을 「장애인·노인·임산부 등의 편의증진 보장에 관한 법률」 제7조 각 호에 따른 시설과 「교통약자의 이동편의 증진법」 제2조 제2호부터 제4호 및 제7호의 시설로 규정하고 있다.

인천시 남동구는 해발 201m 만수산 일대에 누구나 쉽게 산행을 즐길 수 있는 총길이 2,751m의 무장애 나눔길을 조성했다. 이 길은 장애인, 노약자, 임산부, 영유아 등 산림 접근이 어려운 교통약자가 쉽고 안전하게 정상까지 등반할 수 있도록 조성한 계단이 없는 등산로다. 정상부까지 계단과 장애물 없이 이어진 것이다. 산 정상에는 넓은 광장과 더불어 장애물이 없는 무장애 전망대를 조성했다. 탁 트인 공간에서 일출·일몰은 물론 남동구 전역을 조망할 수 있다.

만수산 무장애 나눔길은 등산로 입구부터 정상까지 2.7km 목재형 길로 이어져 있다. 특히 전 구간은 8.3% 미만 낮은 경사도를 갖추고 있고 휠체어 이용객도 등산할 수 있도록 등산로 폭을 2m로 설계한 점이 특징이다. 방향 전환이 쉽도록 등산로 곳곳을 둔각으로 시공했다. 이 밖에도 안전난간, 추락방지턱, 점자 블록(點字 block), 핸드레일(handrail),[7] 전 구간 야간조명 등 안전시설을 설치하고, 등산 중 휴식을 취할 수 있는 휴게 광장 3곳을 조성했다. 야간 산행을 즐기는 등산·관광객도 적지 않아, 구간 내 눈부심 방지 야간조명을 설치해 안전한 산행을 돕는다. 다만 야간조명은 저녁 11시까지만 운영한다.

무장애 나눔길 조성을 위해 남동구는 녹색자금 10억 원을 지원받아 구비 포함 총 20억여 원의 예산을 투입했다. 이 과정에서 감정평가 약 120억 원 규모의 사유지(4필지, 19만 3,152m^2)를 적극적인 협상 등을 통해 약 15억 원에 매수하고, 재해 위험이 우려되는 수목을 제거해 통나무 의자로 활용하는 등 예산 절감 노력[8]도 돋보였다. 남동구는 2016년 늘솔길 편백숲 무장애 나눔길(1,019m), 2019년 장아산 무장애 나눔길(2,270m)에 이어 무장애 나눔길만 3곳이다. 남동구 전역에 조성된 무장애 나눔길의

---

7) 층계, 다리, 마루 따위의 가장자리에 일정한 높이로 막아 세우는 구조물. 사람이 떨어지는 것을 막거나 장식으로 설치한다.

8) 중도일보, 인천 만수산 무장애 나눔길 2751m 조성되었다. 2022.1.5, https://www.joongdo.co.kr

총 길이는 6,040m로, 전국에서 사례를 찾기 힘든 무장애 나눔길의 독보적인 녹색복지 도시로 평가받고 있다.

이 길은 걷는 동안에는 만수 8경을 차례로 만나볼 수 있다. 만수 1경은 길이 시작되는 곳에 자리잡은 리기다소나무 2그루다. 숲길 초입에 문지기 격의 이들 나무에는 '만수' · '무강'이라는 이름이 붙여졌다. 만수 2경은 유독 바람이 시원한 '바람의 계곡', 만수 3경은 잣나무가 군락을 이뤄 특유의 청량감을 선사하는 '잣나무 숲', 만수 4경은 참나무 줄기가 세쌍둥이처럼 뻗어난 '삼둥이 나무'로 지칭된다.

만수 5경은 만수동이 보이는 '만수동 전경', 만수 6경은 바위가 기둥 모양 구조인 주상절리 모양이라는 점에서 이름이 붙은 '만수산 주상절리', 만수 7경은 참나무 가지 두 개가 이어져 붙어 있는 '연리지 나무', 만수 8경은 무장애 전망대에서 남동구 일대의 조망이 가능한 '남동구 전경'이다.

만수산 무장애 숲길의 최대 장점은 접근성이다. 이 숲길을 품은 만수산은 약 12만 명 주민이 모여 사는 주거밀집 지역과 인접해 산책을 즐기듯 산을 찾는 주민이 적지 않다. 여기에 만수산 무장애 숲길 초입과 100m 이내의 거리에 공영주차장 3개소(88면)가 조성된 점, 만수산 입구(만부 마을)를 오가는 대중교통(버스) 12개 노선이 운행[9] 중이다.

인천 남동구 만수 2동 주민자치회는 만수산 무장애 나눔길 환경정비 및 산불 예방을 위한 '만수산지킴이' 활동을 하고 있다. 동 주민자치회는 방문객들의 쾌적한 이용을 위해 등산로 주변 쓰레기를 수거하고, 등산로 순찰 활동을 비롯한 산불 예방 캠페인을 실시하고 있다. 만수산 지킴이 활동은 2022년 4월부터 시작해 혹한기와 혹서기를 제외하고 매월 둘째 주 토요일에 연중 실시할 계획[10]이다.

그러나 만수산 무장애 나눔길 조성과 운영이 탄탄대로만은 아니었다. 나눔길 정상에 장애인을 위한 화장실 조성을 두고 인근 주민들이 반대하면서 살등을 겪기도 했다. 그동안 화장실을 가기 위해 왕복 40분이 걸리던 불편을 해소하기 위한 일환으로 민원이 제기되었고, 시의회에서 예산까지 마련되었지만 지역주민의 반대가 있었던 것이다. 무장애 나눔길은 등산로 폭을 2m로 조성해 휠체어 이용객도 산에 오르도록 했

9) 아시아경제, '만인의 발걸음을 허락한 길' 만수산 무장애 숲길, 2023.9.29, https://view.asiae.co.kr
10) 시민일보, 인천시 남동구 만수 2동 주민자치회, 만수산 지킴이 활동 펼쳐, 2024.4.21, https://www.siminilbo.co.kr

지만 화장실 설치가 문제로 등장했다.

남동구청 홈페이지 '구청장에게 바란다' 게시판에 화장실을 조성해 달라는 글이 올라왔고, 예산을 배정받았지만 냄새 등을 우려한 지역주민 반대로 진행이 늦어진 것이다. 구의회는 보행약자 불편이 없도록 화장실 설치는 반드시 필요하다는 점을 들어 주민과의 공청회 등을 통해 주민들을 설득할 예정이라고 했다. 구 관계자는 "화장실 조성사업 예산은 확보했고, 반대하는 주민들과 원만하게 협의하는 중"[11]이라며 "조속한 시일 내 화장실 조성을 마무리하도록 노력하겠다"고 했다. 남동구청이 지역주민들과 만수산 무장애 나눔길 정상에 화장실 설치를 어떻게 해결하느냐에 따라 ESG 실천의 사회(S)의 평가 항목인 갈등 조정과 장애인 등 다양성 포함, 안전을 위한 노력이 돋보인다.

제4절 거버넌스(G) 관점의 정책과 사례

1 ESG 관점의 산림복지

2024년 3월 말 기준, 지방자치단체의 산림복지 관련 조례는 광역과 기초를 포함한 전국 243곳 중 117곳의 지방자치단체가 운용하고 있다. 48%의 지방자치단체가 산림복지 관련 조례를 제정하고 있다. 조례 제정 건수로는 146개의 조례가 있다. 22곳은 산림 관련 2개 이상의 조례가 제정되었다. 전라남도가 4개, 경기도 용인시가 3개의 조례가 있다. 2개 조례를 제정한 광역시도는 대전광역시, 부산광역시, 강원특별자치도, 경기도, 충청북도, 충청남도, 경상남도, 제주특별자치도 등 8곳이다. 기초시군구는 경기도 포천시, 대구광역시 달성군, 충청북도 괴산군, 음성군, 진천군, 전북특별자치도 완주군, 장수군, 전라남도 광양시, 고흥군, 장흥군, 해남군, 화순군, 경상북도 포항시, 경상남도 구미시, 양산시, 산청군, 하동군, 함양군 등 18곳이다.

산림복지를 키워드로 조례가 제정된 곳은 부산광역시, 경기도, 충청남도, 전라남

---

11) 기호일보, 휠체어 타면 화장실도 못 가는 만수산 무장애길, 2024.2.6, https://www.kihoilbo.co.kr

도, 경상남도, 제주특별자치도, 경상남도 양산시 등 7곳이다. 「부산광역시산림복지서비스 지원에 관한 조례」, 「경기도산림복지서비스 지원에 관한 조례」, 「충청남도산림복지서비스 지원에 관한 조례」, 「전라남도산림복지서비스 지원 조례」, 「경상남도산림복지진흥 및 지원에 관한 조례」, 「제주특별자치도산림복지서비스 지원에 관한 조례」, 「양산시산림복지지설 관리 · 운영 조례」 등 산림복지서비스와 시설을 지원하는 조례다.

산림복지의 근간은 지역 내 산을 중심으로 정책이 구현된다는 점이다. 해안과 섬을 배경으로 자연휴양림을 조성하고 관리하는 조례도 있다. 2024년 3월 말 기준으로 산을 키워드로 제정한 조례는 37개로 집계되었다. 전라북도 완주군 고산, 전라남도 완도군 약산의 경우는 산 지명이 아니다. 고산과 약산 모두 행정구역을 의미한다.

광역시 단위는 대구와 울산이 각각 1개씩 조례를 제정했고, 도 단위는 경기도 6개, 충청북도 4개, 충청남도 7개, 전라북도 2개, 전라남도 7개, 경상북도 5개, 경상남도 3개다. 강원도의 경우 수많은 산이 존재하고 있지만, 조례를 제정해 관리하는 곳은 없는 것으로 나타났다. 제주도의 경우는 「제주특별자치도 한라산신제 봉행위원회 지원 등에 관한 조례」와 「한라산국립공원 시설사용료 징수 규칙」 만 있다. 주민을 대상으로 하는 산림복지 차원의 조례보다는 산신제를 위한 조례와 한라산을 이용할 시 부담해야 할 비용 관련한 시행규칙만 존재한다.

표 3-4 산을 활용한 지방자치단체 조례명 현황

번호	지방자치단체	산을 배경으로 한 조례 명	산높이 (m)
1	대구광역시 달성군	대구광역시 달성군 비슬산 치유의 숲 관리 · 운영 조례	1,084
2	울산광역시 중구	울산광역시 중구 입화산 자연휴양림 및 야영장 관리 · 운영 조례	142.7
3	경기도 가평군	가평군 칼봉산 자연휴양림 관리 · 운영 조례	900
4	경기도 안성시	안성시 서운산 자연휴양림 관리 및 운영 조례	547
5	경기도 연천군	연천군 고대산 자연휴양림 관리 및 운영 조례	832
6	경기도 의왕시	의왕시 바라산 자연휴양림 관리 및 운영 조례	427.5
7	경기도 포천시	포천시 천보산 자연휴양림 관리 및 운영에 관한 조례	337
8	경기도 화성시	화성시 무봉산 자연휴양림 관리 및 운영에 관한 조례	201
9	충청북도	충청북도 조령산 자연휴양림 운영 및 관리 조례	1,026
10	충청북도 괴산군	괴산군 성불산 치유의 숲 운영 및 관리에 관한 조례	529.9

11	충청북도 영동군	영동군 민주지산 자연휴양림과 치유의 숲 운영 관리 조례	1,242
12	충청북도 옥천군	옥천군 장령산 자연휴양림 관리·운영 조례	656
13	충청북도 증평군	증평군 좌구산 휴양랜드 관리 및 운영 조례	657
14	충청남도 계룡시	계룡시 향적산 치유의 숲 운영 및 관리 조례	574
15	충청남도 부여군	부여군 만수산 자연휴양림 관리 및 운영 조례	575
16	충청남도 보령시	보령시 성주산 자연휴양림 조성 및 입장료 등 징수 조례	680
17	충청남도 아산시	아산시 영인산 자연휴양림 입장료 및 시설사용료 징수 조례	363
18	충청남도 예산군	예산군 봉수산 자연휴양림 관리·운영 조례	483
19	충청남도 청양군	청양군 칠갑산 자연휴양림 관리·운영 조례	559
20	충청남도 홍성군	홍성군 용봉산 자연휴양림 입장료 및 시설사용료 징수 조례	381
21	전북특별자치도 무주군	무주군 무주 향로산 자연휴양림 관리 및 운영에 관한 조례	421
22	전북특별자치도 순창군	순창군 용궐산자연휴양림 관리 및 운영 조례	646.7
23	전라남도 강진군	강진군 주작산 자연휴양림 관리 및 운영 조례	475
24	전라남도 광양시	광양시 백운산 자연휴양림 관리 및 운영 조례	1,222
25	전라남도 고흥군	고흥군 팔영산 자연휴양림 관리·운영 조례	606
26	전라남도 보성군	보성군 제암산 자연휴양림 조성 및 관리·운영 조례	807
27	전라남도 여수시	여수시 봉황산 자연휴양림 운영 등에 관한 조례	460.3
28	전라남도 화순군	화순군 만연산 치유의 숲 운영 및 관리 조례	668
29	전라남도 해남군	해남군 흑석산 자연휴양림 운영 및 관리 조례	653
30	경상북도 고령군	고령군 미숭산 자연휴양림 관리·운영 조례	755
31	경상북도 경주시	경주시 토함산 자연휴양림 관리 및 운영 조례	745
32	경상북도 김천시	김천시 수도산 자연휴양림 관리 및 운영 조례	1,317
33	경상북도 영천시	영천시 운주산 승마자연휴양림 관리·운영 조례	807.3
34	경상북도 영천시	보현산 자연휴양림 관리·운영 조례	1,124
35	경상남도	경상남도 금원산 자연휴양림 및 생태수목원 관리·운영 조례	1,353
36	경상남도 창녕군	창녕군 화왕산 자연휴양림 관리·운영 조례	757
37	경상남도 합천군	합천군 오도산 자연휴양림 관리·운영 조례	1,134

출처: 법제처, 국가법령정보센터, 산 높이는 자료를 토대로 작성함, https://www.law.go.kr

37개 산은 높낮이 차이가 크다. 울산광역시 중구 소재 입화산은 142.7m로 가장 낮고, 경상남도 거창군 소재 금원산이 1,353m로 가장 높다. 금원산은 경상남도 산림환경연구원 금원산 산림자원관리소가 운영하고 있다. 거창군 지역이지만 조례는 경상남도가 제정했다.

치유의 숲을 키워드로 제정된 조례가 증가하고 있다. 전국 21곳의 지방자치단체에서 치유의 숲을 관리하거나 운영하는 목적으로 제정했다. 「대전광역시 치유의 숲 관리 및 운영 조례」, 「포천시 하늘아래 치유의 숲 관리 및 운영 조례」, 「삼척시 활기 치유의 숲 운영 및 관리 조례」, 「괴산군 성불산 치유의 숲 운영 및 관리에 관한 조례」, 「단양군 소선암 치유의 숲 관리 및 운영 조례」, 「계룡시 향적산 치유의 숲 운영 및 관리 조례」, 「진천군 생거진천 치유의 숲 관리 및 운영 조례」, 「서천군 서천 치유의 숲 관리 및 운영에 관한 조례」, 「장수군 치유의 숲 운영 및 관리 조례」, 「전라남도 빛가람 치유의 숲 관리 및 운영 조례」, 「고흥군 팔영산 편백 치유의 숲 관리 및 운영에 관한 조례」, 「광양시 백운산 치유의 숲 관리 및 운영 조례」, 「무안군 물맞이 치유의 숲 관리 및 운영 조례」, 「완도군 약산 해안 치유의 숲 관리 및 운영에 관한 조례」, 「해남군 흑석산 치유의 숲 운영 및 관리 조례」, 「화순군 만연산 치유의 숲 운영 및 관리 조례」, 「경산시 치유의 숲 관리 및 운영 조례」, 「포항시 치유의 숲 관리 및 운영 조례」, 「산청군 치유의 숲 운영 및 관리에 관한 조례」, 「창원 편백 치유의 숲 운영 및 관리 조례」, 「하동군 치유의 숲 운영 및 관리 조례」가 운용되고 있다. 전라남도 지역이 치유의 숲을 활용한 조례가 가장 많다.

인천광역시 강화군은 「강화군 석모도자연휴양림 관리 및 운영 조례」를 통해 석모도 섬을 대상으로 운영중이다. 전라남도 신안군은 다도해자연휴양림을 대상으로 조례가 있다. 편백나무를 활용한 치유의 숲 또는 자연휴양림을 운영하는 곳은 전라남도 고흥군, 장흥군이다. 지리산을 대상으로 한 조례는 함양군의 지리산둘레길 함양센터 운영과 구례군의 지리산정원이 있다. 구례군은 산수유자연휴양림 조례도 제정, 지역의 특성을 활용했다. 강원특별자치도 양양군은 송이밸리 자연휴양림, 경상남도 산청군은 한방자연휴양림을 조성・운영 중이다.

산림교육센터 관련 조례를 제정한 곳은 부산광역시, 충청북도, 경기도 용인시, 전북특별자치도 완주군 등 4곳이다. 경기도 동두천시는 산림문화 휴양시설, 양평군은 산림문화・휴양단지, 용인시는 용인목재문화체험장, 강원도 철원군은 누루뷀 숲속문화촌, 충청북도 보은군은 산림휴양시설, 충청남도 금산군은 금산산림문화타운, 천안시는 산림문화・휴양시설, 경상북도 구미시는 구미에코랜드, 성주군은 독용산성의 관리와 운영을 목적으로 조례가 제정되었다. 이처럼 산림복지 관련 서비스를 진행하기 위한 첫 번째 순서는 관련 근거를 마련하는 것이다. 지방자치단체의 경우 조례를 제정하고 이를 근거로 정책사업을 기획하고 예산을 마련하는 것이다. 집행부와 지방의회가 협력적 거버넌스를 구축해야만 가능한 일이다.

2 거버넌스(G) 부문 사례: 충청 금산군 미세먼지 차단숲

2007년부터 시작한 녹색도시 사업은 도시숲·가로수를 생태적으로 건강하고 기능을 잘 발휘할 수 있도록 조성·관리하고 있는 우수사례를 선정해 시상함으로써 지자체 간 선의의 경쟁을 유도해 사업 품질 향상하고, 도시숲의 필요성을 널리 알리는 데 목적이 있다. 모범 도시숲 인증은 (사)산지보전협회의 서류심사와 '모범 도시숲 현장심사단'의 현장심사를 거쳐 최종 선정[12]한다.

충청남도 금산군은 2023년도 모범 도시숲 인증에 최우수사례로 선정되었다. 산림청이 선정한 녹색도시 우수사례 6곳 중 한 곳이다. 기후대응 도시숲 조성사업은 한국타이어 금산공장에 숲을 조성하는 것이다. 건설 폐자재를 적치하던 공업지를 마을, 학교와 공단 사이 완충공간으로 조성한 사례다. 기후 대응 도시숲은 산업단지, 주요 도로변 등에서 퍼지는 미세먼지를 차단하는 목적이 크다. 숲 설치를 통해 도심 열섬 완화, 탄소의 저장 등을 통한 도심 대기질 개선으로 삶의 질 향상을 도모한다.

「금산군 저탄소 녹색성장 기본 조례」 제22조에 도시숲 및 녹색길 조성을 통한 탄소 흡수원 확충, 에너지·자원 자립형 저탄소 녹색마을 조성, 지역의 폐금속자원 재활용시스템 구축을 위해 저탄소 녹색성장 시책을 마련하도록 했다. 제26조(녹색생활 운동의 촉진) 제1항에서는 기업과 민간단체 및 기구 등이 참여하는 협의체를 구성하도록 했다. 이는 주민과 기업들이 녹색생활에 친숙할 수 있도록 하는 시책에 따른 것이다. 또한 제27조에서는 기업과 주민들이 저탄소 녹색성장을 위한 정책과 활동에 자발적으로 참여하고, 일상생활에서 녹색생활 문화를 실현할 수 있도록 교육·홍보를 확대하도록 했다.

금산군은 2024년에도 녹색도시 만들기에 120억 원을 투입한다. 추진 사업은 일상 속 녹색쉼터 공원르네상스 구현, 생활권 도시숲 조성 관리, 주민의 생태휴식 공간 전환 정원 조성, 병해충 없는 산림 육성, 산림유전자원 보존 등 5개 분야 24개다. 생활권 도시숲 조성 관리는 47억 원이 투입된다. 추부면 주요 도로변과 대전통영고속도로

12) 도시숲 잘 가꿔 녹색도시 만든다, 아틀라스뉴스, 2023.10.12, www.atlasnews.co.kr

변에 3ha의 기후대응 도시숲을 조성하고 금산산업고와 진산하이텍고등학교에 학교숲을 조성한다.[13] 미세먼지를 차단하기 위한 정책수단으로 도시숲을 조성하는 것이다. 탄소배출을 방지하고 저장할 수 있는 친환경 자원인 숲을 활용하고 있다.

미세먼지 차단을 하는 도시숲 조성에 이어 금산군은 본격적으로 산림문화타운 시설 계획을 수립했다. 「금산군 금산산림문화타운 운영 및 관리에 관한 조례」를 제정했다. 주요 시설은 남이자연휴양림, 목재 문화체험장, 생태숲(생태숲학습관), 산림생태문화체험단지, 산책로 및 등산로다. 금산산림문화타운의 효율적인 운영을 위해 「금산군 금산산림문화타운 입장료 및 시설사용료 징수 조례 시행규칙」을 제정해 방문자센터와 매표소를 설치했다. 숲속의 집, 휴양관, 교육관, 객실, 야영데크 등 산림문화타운 시설의 사용 기준을 정하고, 예약금 반환과 근무일지 등에 이르기까지 구체적으로 정했다. 금산군의회의 관심과 협력은 의회 회의록에 그대로 작성되어 있다.

표 3-5 금산군의회 도시숲 관련 회의록 내용

회의 구분	회의개최일	회의 내용
제254회 제9차 산업건설위원회	2018.12.14	도시숲 조성 사업은 2억 원 사업비, 도시숲 조성 3개소, 가로수 식재 및 관리 사업
제273회 제3차 본회의	2020.7.23	도시 가로수, 벚나무 위주 속에 이팝나무와 소나무 식재 소나무 관리 소홀에 대한 개선 요구
제277회 제3차 본회의	2020.10.28	도시숲 관리원 채용으로 부정아 및 맹아 제거 등의 관리, 군민들에게 아름다운 가로환경 제공
제278회 제6차 산업건설위원회	2020.12.9	미세먼지 차단숲 조성, 설계 완료, 충청남도 지정 소나무숲에 관리, 명상숲 조성사업. 21년 학교 2개소 설치
제286회 제3차 본회의	2021.10.27	전답 등 유휴토지를 조림 시행, 산림으로의 기능을 잃은 지역에 탄소저감기능을 강화하는 산림 조성 계획
제287회 제4차 산업건설위원회	2021.12.7	2020년 6월 9일, 「도시숲 등의 조성 및 관리에 관한 법률」 제정, 2021년 6월 10일 시행, 조례 전부개정
제287회 제5차 산업건설위원회	2021.12.8	도시숲 세 가지, 학교숲은 초등학교 자녀안심 그린숲, 위생매립장에 생활환경숲, 향토숲 사업은 소나무숲 관리
제291회 제1차 산업건설위원회	2022.6.10	미세먼지 같은 경우에는 농공단지 주변과 도로변 주변의 미세먼지 방지 위한 미세먼지 차단숲과 도시숲

13) 뉴스핌, 금산군, 녹색도시 조성에 120억 원 투입…공원·도시숲 조성, 2024.1.16, https://www.newspim.com

제296회 제5차 본회의	2022.12.5	기후변화대응 도시숲 조성사업, 깻잎하우스 작물재배 주민 가로수로 그늘 문제로 민원 제기 논란
제296회 제4차 산업건설위원회	2022.12.9	도시숲 정원 관리인은 시민정원사 전문 관리인 1명과 취약계층 일반 관리인 4명, 도시숲 관리지표 측정
제302회 제1차 경제산업위원회	2023.6.12	도시숲·정원 관리인 운영 민간위탁 동의안, 14개소의 도시숲·정원 운영, 공개모집 민간에 위탁 운영 동의 안건
제302회 제1차 본회의	2023.6.12	도시숲·정원 관리인 운영 민간위탁 동의안, 제출 조례안 접수 보고
제302회 제2차 본회의	2023.6.14	부의된 안건, 도시숲·정원 관리인 운영 민간위탁 동의안(금산군수 제출), 원안대로 가결
제305회 제1차 본회의	2023.7.11	도시숲·정원 관리인 운영사업 민간위탁운영 심의위원회 위원 추천, 사전 협의에 의해 군의원 1명 추천 가결
제309회 제1차 본회의	2023.11.27	기후 대응 도시숲 조성에 30억 원, 숲가꾸기 사업에 36억 원 계획 보고

금산군의회는 제8대에 이어 제9대에도 도시숲 조성을 위한 논의를 지속적으로 하고 있다. 가로수 대부분이 벚나무이지만 이팝나무와 소나무 등 나무 품종의 다양화를 추진하고 있다. 소나무 관리 소홀 등에 관한 의회의 문제 제기와 개선 요구도 있었다. 도시숲 정원 관리인을 취약계층 지역주민으로 채용하는 등 지역사회와 밀접한 관계망을 형성하였다.

도시숲 운영 및 관리를 위한 측정평가지표를 활용했다. 이는 도시숲 현황 통계에 포함된 관할 도시숲을 조사 대상으로 하여 도시숲 등 관리지표 측정을 위한 표준지를 정했다. 설계 후 도시숲 등의 생태적 건강·활력도, 생물 다양성, 사회경제적 편익, 유지 관리 등 4개 부문에 대한 조사를 실시 했다. 금산군은 「도시숲·정원 관리인 운영 민간위탁 동의안」을 군의회에 안건으로 올렸다. 이는 금산구 소재 14개소의 도시숲·정원 운영에 대하여 「금산군 사무의 위탁 조례」의 규정에 따라 공개모집을 통해 민간에 위탁 운영하고자 동 조례 제8조에 의거 의회의 동의를 받고자 제출된 안건이다.

기후변화 대응을 위한 도시숲 사업의 일환으로 진행된 가로수로 인한 주민의 민원이 발생한 경우도 나타났다. 가로수 주변에 깻잎 농사를 짓는 농민의 입장에서는 가로수로 인한 그늘이 지면서 농사에 방해가 된다는 민원이었다. 「도시숲·정원 관리인 운영 민간위탁 동의안」에 따른 민간위탁운영 심의위원회를 구성하면서 군의회 의

원을 위원으로 추천하고 포함시켰다. 이처럼 금산군은 도시숲 정원 관리원 선정과 민간위탁을 위한 심의위원회 위원 추천에 이르기까지 군의회의 협조를 이끌어내는 방식으로 진행하고 있다. 군과 의회의 효율적인 거버넌스(G)가 이뤄지고 있다. 투명한 행정 운영이라 할 수 있다.

제5절 결론

1 소결

지방자치단체의 산림복지 정책과 서비스 형태는 다양한 방식으로 전개되고 있다. 「산림복지 진흥에 관한 법률」에 따른 "산림복지서비스"란 산림문화 · 휴양, 산림교육 및 치유 등 산림을 기반으로 하여 제공하는 서비스를 말한다. 숲 등 산림자원을 활용해 휴양시설을 갖추고 관련 교육을 통한 산림치유와 숲태교 등 방식이 많다.

도시화에 따른 물질만능주의가 가져온 역기능의 폐해는 육체는 물론이고 정신적 건강까지 영향을 미치고 있다. 화학적 결합에 의한 의약에 의존하는 단계에서 숲을 찾아 치료받는 방식으로 확대되는 추세다. 코로나19처럼 세계적 전염병을 피해서 산을 찾아 스트레스를 풀려고 하는 시민들의 숫자가 급속히 증가했다. 도심 내에서도 미세먼지의 감축 및 방지와 흡수원이 되는 숲을 조성하는 정책사업이 많아졌다. 장애인, 아이와 어르신 등 교통약자가 쉽게 접근하지 못했던 산과 둘레길에 무장애 나눔길 등이 설치되었다. 평등한 산림복지서비스 혜택을 누릴 수 있도록 행정이 앞장서고 있다. 이러한 일은 지방자치단체와 지방의회의 협력적 거버넌스가 원활히 작동되고 있기에 가능한 일이다.

환경(E) 사례인 전라남도 광양시의 백운산 자연휴양림을 활용한 태교 숲교실 등 다양한 형태의 산림복지서비스로 인한 지역을 찾는 외부인이 많아졌다. 2023년에 전국 숲속 캠핑대회를 개최하기도 했다. 저출산 시대에 신생아 탄생을 유도하기 위한 출산보건과 설치와 직장인을 위한 주말 태교 숲교실을 위한 친환경적 기반시설이 돋보였다.

사회(S) 사례인 인천광역시 남동구의 무장애 나눔길은 지역에 있는 산을 활용해 3곳이나 설치했다. 기초시군구 단위에서 무장애길을 3곳씩이나 설치한 경우는 드물다. 여기에 이 책에 사례로 거론한 만수산 무장애 나눔길은 6,040m로, 전국에서 가장 긴 무장애길이다. 정상에 장애인 화장실을 설치하기 위한 집행부와 지방의회의 노력이 주목받고 있다. 만수 2동 주민자치회의 만수산 지킴이 활동이 지역의 갈등을 줄여주는 역할을 한다.

거버넌스(G) 사례인 충청남도 금산군 기후대응 도시숲은 건설 폐자재가 있는 공단 지역과 학교와 마을 사이의 미세먼지 방지를 위해 숲을 조성해 도심 대기질 개선을 지향했다. 지방자치단체와 지방의회가 협치를 통해 도시숲을 지속적으로 확대해 나가고 있다. 도시숲 관리를 위한 민간위탁을 심사하기 위한 위원조차도 지방의회의 보고와 결정으로 진행하는 등 투명성을 강조하고 있다.

2 정책 제언

저출산 고령화 시대에 산림자원을 활용한 산림복지서비스가 관심을 받고 있다. 산림을 활용해 농산어촌 지역소멸을 반전(反轉)시키는 전략으로 활용도 가능하다. 지역 활력을 도모하는 정책수단으로 유효함은 다양한 형태로 나타나고 있다. 산림자원의 대부분은 지역에 소재한 산의 형태와 숫자에 기인하기도 한다. 도시지역의 경우 높은 산이 없다는 이유로 회피하는 경향도 있다.

산림자원을 이용한 복지서비스 공급체계는 산이 없는 도시에서도 가능하다. 필요에 의해 도심숲을 조성하고 해당 자원을 활용한 서비스가 가능하기 때문이다. 서울특별시 성동구에 위치한 '서울의 숲'의 경우가 대표적이다. 도심 공원은 물론이고 시민들이 쉬어 갈 수 있는 공간을 제공하고 있다. 2024년 3월 말 기준으로 전국 243개 지방자치단체 중 산림복지 관련 조례를 제정한 곳이 48%다. 절반에도 미치지 못하고 있다. 산림복지서비스를 위한 준비는 물론 탄소중립을 위한 실천에도 주저하고 있는 것처럼 보인다. 숲을 활용한 시민들의 삶의 만족을 제고하기 위한 정책의 일환으로 산림복지서비스 제공을 위한 조례 제정이 필요하다.

참고문헌

국립국어원 표준국어대사전, https://stdict.korean.go.kr

법제처 국가법령정부센터, https://www.law.go.kr/

산림청(2023). 『제2차 산림복지 진흥계획(2023~2027)』, https://www.forest.go.kr

전라남도 광양시. 출생보건과 보도자료, https://gwangyang.go.kr

한국산림복지진흥원, https://www.fowi.or.kr

기호일보(2024). 휠체어 타면 화장실도 못 가는 만수산 무장애길, https://www.kihoilbo.co.kr/

뉴스핌(2024). 금산군, 녹색도시 조성에 120억원 투입 … 공원 · 도시숲 조성, https://m.newspim.com

대전일보(2022). 충남도, 내년 기후 대응 도시숲 190억 투입 https://www.daejonilbo.com

시민일보(2024). 인천시 남동구 만수2동 주민자치회, 만수산 시킴이 활동, https://www.siminilbo.co.kr

스포츠동아(2023). 보행 약자 배려한 무장애 나눔길, https://sports.donga.com

아시아경제(2023). 만인의 빌걸음을 허락한 길, 문수산 무장애 숲길, https://view.asiae.co.kr

아틀라스뉴스(2023). 도시숲 잘 가꿔 녹색도시 만든다, http://www.atlasnews.co.kr

인천일보(2023). 인천 만수산 무장애 나눔길 문전성시, https://www.incheonilbo.com

중도일보(2022). 만수산 무장애 나눔딜 2,751m 조성, https://www.joongdo.co.kr

파이낸스투데이(2024). 산림면적 OECD 국가 네 번째, https://www.fntoday.co.kr

CHAPTER 04

전통주택과 ESG

박명분

제1절 서론

1 전통주택이 주목받는 이유

도시화에 따른 주거 형태는 급격히 변하고 있다. 농촌 중심 사회 주택문화는 볏짚으로 만든 초가집, 돌로 쌓은 돌담집, 나무로 제작한 나무집 등 자연에서 얻은 재료가 기본이었다. 나무의 껍질을 기와처럼 사용한 굴피나무, 모래가 섞인 논흙 등 자연 채취를 통해 기와를 만들어 집 지붕을 덮는 데 사용했다. 그러나 자연에서 채취한 친환경적인 재료의 단점은 눈과 비를 맞고 시간이 지나면 썩어버리게 되어 자주 지붕의 기와를 갈아줘야 한다. 이런 문제를 해결하기 위해 반영구적인 기와로 대체하려는 노력이 시작되었다.

자연석을 캐내어 다듬어 사용하거나, 흙을 빚어 도자기처럼 구워서 사용하는 기와, 심지어는 금속재료를 사용하기도 한다. 대부분은 흙과 시멘트를 배합해 만든 기와를 사용한다. 자주 바꿔줘야 하는 기와를 반영구적으로 사용하기 위해서는 기술적, 화학적 결합이 필요하다. 이렇게 태어난 기와 및 건축 재료 덕택에 인간이 편한 주거 공간을 가지게 되었다. 반면 편의성을 추구할수록 필요한 시멘트와 철강 생산 등으로 이산화탄소 배출은 지속적으로 증가하고 있다.

산업화에 따른 도시 과밀화는 대한민국 같은 좁은 국토에서는 토지 상승으로 기존 주거 건축방식이 더 이상 유효하지 못했다. 이후 제품 제작 과정에서 탄소배출이 많은 시멘트와 철근의 조합으로 층층이 쌓아 올린 건물이 주목을 받았다. 세찬 비바람에도 흔들리지 않는 견고함과 웅장함으로 새로운 주거문화가 형성된 것이다. 도시는 회색빛 건물과 아파트 증가로 숨막히는 풍경이 조성되었다. 편리함과 효율성을 추구한 결과가 도시의 모습을 획일화시키고 그 안에서 인간의 치열한 삶이 펼쳐진 것이다. 오랜 세월이 흐른 뒤에야 편리함만 추구한 결과에 실망한 사람들은 옛것을 그리워하고 찾기 시작했다. 귀농과 귀촌 인구가 늘어나고, 슬로시티(slowcity)를 내걸고 지역발전을 도모하는 지방자치단체가 주목을 받고 있다.

지역발전 전략에서 성공 신화를 이어가는 사업은 지역의 특성을 살린 다양한 재료 및 문화예술 등을 활용한 축제와 한옥마을 등 전통주택을 활용한 로컬 마케팅이라 할 수 있다. 특히 한옥마을을 지역 거점 및 발전 전략으로 활용한 지역의 성공사례는 많다. 서울의 북촌을 시작으로 전주시, 경주시, 안동시 등 한옥마을 조성과 홍보의 효과는 긍정적이다. 관광객 증가로 이어져 지역의 상권이 활성화된 것이다. 서울의 북촌 한옥마을 및 남산 한옥마을은 수도권 인구와 외국 관광객의 접근성 편리함이 있다. 전주 · 경주 · 안동 같은 지방소재 도시는 교통편이 좋지 않음에도 불구하고 매년 성장세를 보였다. 이런 도시의 성공모델을 검토하고 분석한 다른 지방자치단체의 한옥마을 사업도 규모와 방법론의 차이는 있지만 꾸준히 확대되고 있다.

이렇듯 도시민이 편리한 주거 형태보다 생활상 더 불편할 수 있는 한옥 등 전통주택을 찾는 이유는 무엇인가. 철근과 콘크리트 범벅이 된 공간이 아닌 친환경 재료를 사용하고 풍경이 있고 편안한 느낌을 주는 그러한 환경이 필요해서다. 도시민의 '자연으로의 회귀' 욕구와 맞물려 이산화탄소를 덜 발생시키는 방식의 주택문화가 주목을 받고 있는지도 모른다. 반영구적 건물을 유지하기 위한 탄소배출보다는 조금 귀찮더라도 친환경적인 주거를 추구하는 문화가 확대되는 양상이다. 이러한 노력이 지속가능한 지구를 보호하고 온난화를 방지하고 안락한 삶을 유지하려는 인간의 욕구와 이성과 맞물려 있다.

지속가능한 발전을 위해 UN이 SDGs(지속가능발전목표) 달성을 권고하고, 보다 실행력을 높이기 위해 ESG(환경 · 사회 · 거버넌스)를 추진하고 있다. 모든 분야에서 탄소배출을 억제하고 지구의 온도를 더 이상 상승하지 않도록 노력을 당부하고 있다. 이러한 맥락에서 한옥마을 등 전통주택이 함유하는 ESG 실제적 내용을 논하고자 한다. ESG 측면에서 이 글의 주제가 되는 전통주택, 한옥마을이 미치는 환경 요소, 사회 요소, 거버넌스 요소에 대해 살피고자 한다.

한옥마을이 왜 필요한가? 정체성을 무엇으로 설명할 수 있을까? 한옥마을 조성이 지역사회에 실질적인 도움을 주는 것이 사실인가? 관광객이 찾아옴으로 인해 지역경제가 살아나고 있는가? 한옥마을에 거주하는 주민들은 만족하는가? 그들의 주거환경에 어떠한 영향을 미치고 있는가? 삶의 질이 더 나빠지는 것은 아닌가? 한옥마을 자체가 친환경적 이미지인데 실제로 환경을 고려한 설계와 주거지역이 되었는가? ESG 측면을 고려한 한옥마을 조성 과정과 운영이 되고 있는가? 한옥마을을 계획하는 단계에서부터 지역주민의 의견은 최대한 수렴하고 협의했는가? 등등 한옥마을을 중심으로 한 전통주택이 어떤 제도와 시스템으로 육성되고 성장하고 있는지를 지방자치단체 사례를 ESG 관점에서 풀어나가고자 한다.

2 한옥마을의 정의

2000년대 초부터 전통가옥 한옥과 한옥마을에 관한 관심이 높아졌다. 일반적으로 우리가 생각하는 한옥마을은 한옥이 집단적으로 구성되어 있거나 새롭게 조성된 지역으로서 한옥이 밀집되어 전통적인 경관을 유지하는 지역을 말한다. 「한옥 등 건축자산의 진흥에 관한 법률」에 한옥마을 조성 지원사업에 대한 법률적 근거가 마련됨으로써 지방자치단체와 민간부문의 한옥마을 조성 사업이 증가하고 있다.

「한옥 등 건축자산의 진흥에 관한 법률」에서 "한옥"이란 주요 구조가 기둥 · 보 및 한식 지붕틀로 된 목구조로서 우리나라 전통 양식이 반영된 건축물 및 그 부속건축물을 말한다. "한옥건축양식"이란 한옥의 형태와 구조를 갖추거나 또는 이를 현대적인 재료와 기술을 사용하여 건축한 것을 말한다. 「한옥 등 건축자산의 진흥에 관한 법률 시행령」에서 "한옥마을은 일단(一團)의 범위 안에 한옥이 10호 이상 유기적으로 연계되어 있어야 한다"고 정의하고 있다. 한옥마을로 인정받기 위해서 최소한의 한옥 숫자를 정한 것이다. 10가구 이상의 한옥이 조성되어 있는 곳이라야 한옥마을이란 명칭이 가능하다.

지방자치단체가 한옥마을을 조성하고자 하는 경우 정부는 한옥을 신축하는 행위, 한옥마을이 새로 조성되는 지역의 도로, 전기, 상수도, 하수도 등 기반시설을 설치하는 행위에 지원할 수 있도록 했다. 지방자치단체의 한옥마을 사업은 대부분 마을환경 조성 지원사업보다는 개별적인 한옥건축물에 대한 비용을 보조하는 방식으로 지원한다. 특히 농어촌지역 전원마을 조성 사업으로는 국가가 기반시설 설치비용을 지원하기도 한다.

한옥마을이라 하면 용인의 민속마을, 안동 하회마을, 전주 한옥마을, 경주 양동마을, 북촌 한옥마을 등을 떠올리게 된다. 일부 계획적으로 조성되는 한옥마을도 나타나고 있지만, 대부분 기존부터 마을로 형성되어 있었던 지역을 보존하기 위해 한옥마을로 지정하고 있다. 한옥 조성 과정에서 단순히 지역주민이 거주하는 마을의 환경을 뛰어넘어 관광객 등이 찾아와 다양한 체험을 할 수 있는 관광을 목적으로 하는 마을로 전환되고 있다. 새롭게 조성하는 한옥마을도 주거형이나 관광형 두 가지 기능이 혼재된 마을로 조성되고 있다.

지방자치단체의 조례에서는 "한옥마을", "한옥밀집지역", "공공한옥", "한옥촉진지역", "한옥체험단지", "한옥민박시범마을", "한옥관광자원화사업", "한옥보조시범마을", "한옥마을지구단위계획구역", "안동한옥마을", "전주한옥마을" 등 다양한 명칭을 사용하고 있다.

표 4-1 한옥마을의 조례 정의

구분	조례명	조례상 한옥마을의 정의 현황
서울	한옥밀집지역 소방안전관리 및 지원에 관한 조례	"한옥밀집지역"이란 시장은 한옥을 보전 또는 진흥할 필요가 있는 지역을 위원회의 심의를 거쳐 한옥밀집지역으로 지정할 수 있다.
인천	한옥 등 건축자산의 진흥에 관한 조례	"한옥마을"이란 일단(一團)의 범위 안에 한옥이 10호 이상 유기적으로 연계되어 보존할 필요가 있는 지역을 말한다.
경기 수원	공공한옥 관리·운영 조례	"공공한옥"이란 「공유재산 및 물품 관리법」(이하 "법"이라 한다) 제5조 제2항 각 호의 적용을 받는 수원시 소유의 건물 중에서 주요 구조부가 목조구조로서 한식기와를 사용한 건축물 중 전통미를 간직하고 있는 건축물과 그 부속시설을 말한다.
	한옥 지원 조례	"한옥촉진지역"이란 한옥의 보전 및 진흥할 필요가 있는 지역으로 수원시장이 제5조에 따른 수원시 한옥위원회의 자문을 거쳐 지정·공고한 지역을 말한다.
강원 강릉	한옥마을 관리 운영 조례	"한옥마을"이란 관광객들이 편히 쉬며 생활할 수 있도록 하기 위하여 한국 한옥건축양식으로 지어진 체험시설 및 숙박시설과 그 부대시설을 말한다.
충북 단양	한옥마을 지원 조례	"한옥마을"이란 한옥을 집단적으로 건축·보존할 필요가 있는 지역으로 충청북도지사 또는 단양군수가 지정·공고한 지역을 말한다. 3. "한옥 관광자원화 사업"이란 한옥 체험형 민박사업 등 한옥을 이용한 관광객 유치 사업을 말한다.
충남 천안	한옥 지원에 관한 조례	"한옥마을"이란 한옥을 원형대로 또는 집단적으로 건축하여 보존할 필요가 있다고 인정하여 충청남도지사 또는 천안시장이 지정·공고한 지역을 말한다.
전북 전주	한옥 보전 지원 조례	"전주한옥마을"이란 전주전통문화구역 지구단위계획구역으로 지정된 전주시 완산구 풍남동·교동·전동 일원을 말한다.
전북 익산	함라 한옥체험단지 관리 운영 조례	"한옥체험단지"란 관광객들이 편히 쉬며 체험하고 생활할 수 있도록 하기 위하여 한국 전통 건축양식으로 지어진 체험관, 홍보관, 숙박시설과 그 부대시설(음식점 및 찻집 등)을 말한다.
전남 목포	한옥민박사업 활성화 지원 조례	"한옥민박시범마을"이라 함은 한옥이 집단적으로 존치되어 있는 민박지역 또는 한옥민박사업을 육성·발전시킬 필요성이 있는 지역으로 목포시장이 지정·고시한 지역을 말한다. "한옥관광자원화사업 구역"이라 함은 시장이 지정·고시하는 한옥민박시범마을과는 별도로 관광객 유치를 위한 한옥 체험형 민박사업을 할 수 있는 일정한 구역을 말한다.
전남 곡성	한옥 지원 조례	"한옥보존시범마을"이라 함은 한옥이 집단으로 존치된 지역 및 보호가 필요하다고 인정되어 전라남도지사가 지정·공고한 지역을 말한다.
경북 안동	한옥 등 건축자산의 진흥에 관한 조례	"안동 한옥마을"이란 한옥마을지구단위계획구역으로 지정·고시된 안동시 옥정동 일원을 말한다.

제2절 환경(E) 관점의 정책과 사례

1 한옥 자산의 진흥을 위한 지자체 환경

전국 226개 기초시군구 중 한옥 관련 조례 제정을 한 곳은 91개 지역으로 전체의 40%를 점한다. 조례 숫자로는 103개다. 광역시도와 달리 조례명도 다양하다. 담당부서도 광역시도가 건축과에 집중된 반면, 기초시군구는 문화관광, 관광체육, 문화예술, 허가과, 주민복지과, 민원과, 재생성장과, 기획감사실 등 다양한 부서가 맡고 있다. 해당 지역의 환경에 따라 담당부서가 달라짐을 알 수 있다.

서울 종로구는 한옥 건축자재 '재활용 은행'을 설치·운영함으로써 우리나라의 전통적인 건축문화 유산인 한옥을 보전·활용하고 미래의 건축자산으로 조성하는 목적으로 제정했다. 경기 수원특례시는 공공한옥의 효율적인 관리·운영과 활성화 및 이용자의 편의 증진을 도모하고자 한다. 강원 화천군은 한식목공 기능인 양성을 위한 직업훈련과 한옥체험 학습 운영 등을 통한 우리나라 전통한옥의 계승 발전을 위해 제정했다. 또한 화천한옥학교를 설립해 환경친화적 경관 주택의 확산·보급을 위해 노력하고 있다.

표 4-2 기초자치단체 한옥 등 건축자산의 진흥에 관한 조례 현황

지역 구분		조례명	담당부서
서울	성북구	한옥보전 및 지원에 관한 조례	건축과
	종로구	한옥 체험살이 운영 및 지원에 관한 조례	관광체육과
		한옥 건축자재 재활용은행 설치 및 운영에 관한 조례	건축과
	은평구	은평역사한옥박물관 및 한문화체험시설 운영 조례	은평한문화 박물관
부산	기장군	한옥마을 조성 지원에 관한 조례	문화체육과
광주	서구	서구 서창한옥문화관 운영 조례	체육관광과
	동구	한옥체험시설 설치 및 운영 조례	문화관광과
울산	중구	한옥 진흥 및 지원 조례	건축과
		한옥 체험시설설치 및 운영 조례	문화관광과

강원	강릉시	한옥마을 관리 운영 조례	관광개발과
	춘천시	한옥 지원 조례	건축과
	평창군	한옥 지원 조례에 관한 조례	허가과
	화천군	재단법인 화천 한옥학교 설립 및 운영에 관한 조례	주민복지과
경기	수원특례시	공공한옥 관리. 운영 조례	문화유산관리과
		한옥 지원 조례	문화유산관리과
	고양특례시	한옥 지원 조례	건축정책과
	김포시	한옥 지원 조례	건축과
	구리시	한옥 지원 조례	건축과
	고양시	한옥 지원 조례	건축정책과
	광명시	한옥 지원에 관한 조례	주택과
	광주시	한옥 등 건축자산의 진흥에 관한 조례	건축과
	남양주시	한옥 지원 조례	건축관리과
	동두천시	한옥 지원 조례	건축과
	시흥시	한옥 지원 조례	건축과
	성남시	한옥 지원에 관한 조례	건축과
	안성시	한옥 등 건축자산의 진흥에 관한 조례	건축과
	안양시	한옥 등 건축자산의 진흥에 관한 조례	건축과
	여주시	한옥 지원 조례	허가건축과
	이천시	한옥 지원 조례	주택과
	평택시	한옥 등 건축자산의 진흥에 관한 조례	건축허가과
	포천시	한옥 등 건축자산의 진흥에 관한 조례	건축과
	파주시	한옥 등 건축자산의 진흥에 관한 조례	허가총괄과
충북	단양군	한옥마을 지원 조례	민원과
	영동군	한옥 등 건축자산의 진흥에 관한 조례	도시건축과
	청주시	한옥 보전 및 진흥에 관한 조례	재생성장과
	충주시	한옥 지원 조례	건축과
충남	공주시	한옥마을 관리 운영 조례	시설관리사업소
		한옥 지원에 관한 조례	기획감사실
	논산시	논산시 예학관 및 한옥마을 관리 · 운영 조례	문화예술과
	당진시	한옥 지원에 관한 조례	건축과
	부여군	한옥 등 건축자산의 진흥에 관한 조례	도시건축과
	서산시	한옥 등 건축자산의 진흥에 관한 조례	원스톱허가과
	아산시	한옥 등 건축자산의 진흥에 관한 조례	건축과
	예산군	한옥 등 건축자산의 진흥에 관한 조례	도시건축과

	천안시	한옥 지원에 관한 조례	건축과
	홍성군	한옥 지원에 관한 조례	허가건축과
전북	전주시	한옥건축 지원 및 진흥에 관한 조례	건축과
		한옥마을 문화시설 등 셔틀버스 운영 조례	관광산업과
		한옥 보전 지원 조례	한옥마을사업소
	정읍시	한옥 지원 조례	건축과
		고택 문화 체험관 운영 조례	문화예술과
	남원시	한옥 등 지원에 관한 조례	건축과
		남원예촌 전통한옥체험시설 관리 및 운영 조례	관공시설사업소
	익산시	함라 한옥체험단지 관리 운영 조례	문화관광산업과
	고창군	한옥 및 전통옛거리 체험마을 관리·운영 조례	관광산업과
	완주군	한옥 진흥 및 지원 조례	건축허가과
		한옥 지원 조례	건축허가과
	임실군	한옥 지원 조례	주택관리팀
전남	광양시	한옥 지원 조례	건축과
	나주시	한옥 견본 주택 관리 및 운영 조례	관광과
		한옥 지원 조례	건축허가과
		나주시 영상테마파크 내 한옥 숙박체험 관리 및 운영 조례	관광과
	목포시	한옥 지원 조례	건축행정과
		한옥민박사업 활성화 지원 조례	관광과
	순천시	한옥 지원 조례	건축과
	여수시	한옥 보조금 지원 조례	건축과
	강진군	한옥 지원 조례	민원봉사과
	고흥군	한옥 보조금 지원 조례	종합민원실
	곡성군	한옥 지원 조례	민원실
	담양군	한옥 지원 조례	공간재생과
	무안군	한옥 지원 조례	지역개발과
	보성군	한옥 지원 조례	도시개발과
	신안군	한옥 지원 조례	관광진흥과
	완도군	한옥 지원 조례	민원봉사실
	영광군	한옥 지원 조례	종합민원실
	영암군	한옥 보조금 지원 조례	도시디자인과
		대한민국 한옥건축박람회 운영 및 지원에 관한 조례	도시개발과
		구림한옥체험관 위탁 운영에 관한 조례	문화예술과
	진도군	한옥 지원 조례	건설도시과

	장성군	한옥 지원 조례	민원봉사과
	장흥군	신축 한옥 지원 조례	도시개발과
	화순군	한옥 보조금 지원에 관한 조례	도시과
	해남군	한옥 지원 조례	건축허가과
	함평군	한옥 지원 조례	민원봉사과
경북	김천시	한옥 지원 조례	건축디자인과
	경주시	교촌한옥마을 조성 지원 및 운영 조례	관광컨벤션과
	문경시	한옥 지원 조례	건축과
	안동시	한옥 등 건축자산의 진흥에 관한 조례	건축과
	영주시	무섬마을 전통한옥 수련관 · 자료관 · 향토음식점 관리 및 운영 조례	문화예술과
	포항시	한옥 등 건축자산의 진흥에 관한 조례	건축디자인과
	고령군	주택개량 및 한옥형 주택의 장려를 위한 지원 조례	건축디자인과
	성주군	한옥 지원 조례	도시건축과
	예천군	한옥 지원 조례	건축과
	의성군	한옥마을 지원 조례	건축허가과
	청도군	한옥 지원 조례	민원과
	청송군	한옥 지원 조례	관광정책과
	칠곡군	한옥 지원 조례	건축디자인과
경남	거제시	한옥 지원 조례	건축과
	김해시	한옥 체험관 설치 및 관리 운영 조례	관광과
	밀양시	한옥 지원 조례	건축과
	진주시	게스트하우스 한옥스테이 관리 및 운영 조례	관광진흥과
	거창군	한옥 지원 조례	도시건축과
	창녕군	한옥 지원 조례	도시건축과
	하동군	한옥 지원 조례	도시개발과

2 환경(E) 부문 사례: 전주한옥마을

전주한옥마을은 한옥촌을 살리기 위한 도로의 환경정비, 건축법을 완화하고 관광객 유치를 위한 차 없는 거리 등을 실시해 한옥을 이용한 지역발전을 도모했다. 구도심으로 전락한 지역을 조선시대 한옥마을 이미지를 위한 친환경 시설과 콘텐츠를 접목했다. 일제 강점기인 1930년 전후로 일본식 건물에 대한 반발로 전주시 교동과 풍

남동 일대에 자연스럽게 한옥촌이 들어섰다. 해방 이후 빠른 도시화에 밀려 기존 시골스러운 이미지로 전락, 개발이 늦어진 한옥촌이 전주를 상징하는 랜드마크(landmark)가 된 것이다.

2000년대 초반 전주시는 현 한옥마을 일원을 전통문화구역 지구단위계획을 수립하고 본격적인 관광개발 정책을 실시했다. 2002년 7월 15일, 전통문화구역 약 251,239 m^2를 전통한옥지구, 전통문화지구, 향교지구, 태조로지구 등 4개 지구로 세분화하고 각 지구별로 건축행위를 제한하는 지구단위계획을 확정[1]했다. 동년 10월 16일, 그동안 전통한옥지구, 전통문화지역, 전통문화구역, 전통문화특구 등 제각각으로 불리던 이름을 최종적으로 '전주한옥마을'로 확정, 오늘에 이르게 된 것이다. 전주라는 도시와 전통의 이미지인 한옥을 결합한 전주한옥마을의 브랜드가 탄생되었고, 매년 1천만 명이 넘는 관광객이 찾아오는 관광명소가 된 것이다.

전주한옥마을 활성화를 위해 관련 조례가 3개나 제정되었다. 한옥건축 지원과 진흥을 목적으로 「한옥건축 지원 및 진흥에 관한 조례」, 「한옥마을 문화시설 등 셔틀버스 운영 조례」, 「한옥 보전 지원 조례」다. 전주시 완산구 소재 풍남동, 교동, 전농동 일원에 걸쳐서 한옥을 보전·지원하고, 건축 지원을 하며, 한옥마을의 교통환경을 위해 셔틀버스 운영을 통해 관광객의 편리함을 도모하고 있다.

전주한옥마을 관광지 조성을 위해 가장 심혈을 기울인 것은 물리적 환경의 조성이다. 전주한옥마을 간선 도로인 태조로와 은행로를 정비했다. 최명희길, 경기전길, 향교길, 어진길, 남천교 등 모든 보행길을 전면적으로 정비하고, 은행로 정자와 물길을 조성하였다. 평탄한 대지로 정돈된 느낌으로 은행로를 따라 흐르는 실개천은 여름에 시원함을 선사한다. 졸졸 흐르는 물소리와 사람들 소리가 어우러져 정겹게 느껴진다. 최명희길과 향교길은 사람들이 적어 한옥 골목을 돌아다니며 한옥이 주는 고즈넉함을 느낄 수 있다. 남천교는 전통한옥 팔작지붕을 머리에 인 대형누각인 청연루가 있다. 청연루는 한옥마을 최고의 쉼터다. 아름다운 경치가 이우러저 한옥을 우리 삶 가까이에서 즐길 기회를 쉽게 가질 수 있도록 했다.

전주한옥마을을 보호하고 관광객의 방문 접근성과 편리함을 부여하기 위해 주변 교통시설의 개선을 도모했다. 이를 위해 2015년 「한옥마을 문화시설 등 셔틀버스 운

1) 전북일보, 전주 전통문화구역 지구단위계획안 확정, 2002.7.15.

영 조례」를 제정하고 행・재정 지원에 나섰다. 한옥마을 관광객을 위한 주차장 등 편의시설 이용자와 관광 이용대상자에게 무료로 교통편의를 제공하고 있다. 이는 전주한옥마을을 차 없는 거리로 지정・운영함으로써 관광객들의 불편을 해소하고자 했다. 더 나아가서는 걸어 다니면서 보고 느끼고 체험하는 과정에서 나타나는 경제적 효과로 인한 관광 활성화와 지역의 환경보호에 기여하고 있다.

전주시가 한옥마을을 포함해 문화예술 시설, 지역축제장, 현장학습장 등을 방문하는 관광객을 위해 무료로 셔틀버스를 운행함으로써 얻은 ESG 차원에서 이익은 다음과 같다. 환경(E) 차원에서 개인차량의 운행을 자제시키고 대중교통으로 유도함으로써 기본적으로 대기오염과 온실가스 배출량을 줄이는 효과가 있다. 관광지에서 가장 불편 중의 하나가 현지에서 교통편의 어려움으로 자가용을 운행하는 경우다. 이런 문제를 해결하기 위한 수단으로 관광객을 KTX 등 열차와 버스 등 대중교통 수단으로 돌리는 효과가 있다. 이처럼 개별 운송수단을 통제함으로써 지역 내 도로 혼잡 및 교통 체증을 감소시키는 부수적인 효과가 있다. 관광지 주변의 교통 혼잡으로 진출・입에 너무 많은 시간이 소요되면 관광객의 즐거움이 반감된다.

무료 셔틀버스는 환경(E)뿐만 아니라 사회(S)와 거버넌스(G) 차원의 상쇄반응으로 이어진다. 한옥마을을 차 없는 날로 지정하여 운영함으로써 지역주민과 관광객의 사회적 연대감의 형성이 가능하다. 차 없는 날 지정을 위해 민관이 협의하고 협력하는 과정을 통해서 정책이 결정되고 시행되기 때문이다. 그러한 과정에 자연스럽게 이웃과의 교류도 확대되는 결과를 얻을 수 있다. 또한 걷도록 유도하거나 자가용 대신 자전거 등을 이용하도록 하여 신체의 활동을 늘리도록 하는 것은 건강을 증진시키는 효과도 있다.

반면 전주한옥마을이 한옥이 남아 있는 지역을 관광자원으로 활용하기 위한 수단으로 출발했으나, 기대 이상의 폭발적 성장이 낳은 역기능도 잔존하고 있는 것도 현실이다. 전통한옥을 지키면서 관광객 방문에 의한 지역경제 활성화를 생각했던 원주민의 의도와는 달리 다양한 상업시설의 증가로 인한 갈등이 발생되었다. 한옥마을의 정체성에 관한 상반된 이해관계는 보존과 개발의 양극점에서 충돌하는 경우가 많다. 한옥 중심의 전통마을을 생각하는 주민과 한옥을 수단으로 경제적 이익만을 고려하는 또 다른 주민의 생각 차이를 얼마나 좁혀나갈 수 있느냐에 따라 전주한옥마을의 지속가능성이 결정될 수 있다.

제3절 사회(S) 관점의 정책과 사례

1 한옥마을의 유형

한옥마을은 조성지역과 목적에 따라 크게 도시형과 지역형으로 구분한다. 도시형은 주로 도시 내에 조성되는 유형이다. 주요 용도에 따라 거주목적이 강한 '단지형', 상업・업무 등의 목적이 강한 '가로형', 공공시설을 중심으로 대민서비스를 제공하는 '복합커뮤니티형'으로 구분할 수 있다. 지역형은 도시형을 제외하고 각 지역의 특성에 맞게 조성되는 유형으로 크게 분양을 목적으로 하는 '전원마을형', 기존의 농어촌 주택을 개량하고자 하는 '농어촌형', 휴양 및 관광을 목적으로 하는 '휴양리조트형'으로 구분할 수 있다(국토해양부, 2008: 18-22).

표 4-3 한옥마을 유형

분류	세분류	내용	대표사례
도시형	단지형	- 기존도시에서 진행되는 마을단위의 한옥마을 정비사업 - 신도시・택지개발지구의 저밀주거단지에 시범 조성되는 한옥마을	서울 북촌마을, 전주 한옥마을, 남산 한옥마을, 경주 교촌마을, 행정중심도시 한옥시범마을
	가로형	- 저층형 상업가로를 한옥으로 조성하는 유형의 한옥마을 - 일반적인 상업가로의 경우 인접한 건축물의 저층부와 가로공간에 대한 공공디자인 등을 한옥형 디자인으로 조성하여 한옥풍 가로경관을 조성하는 유형	전주 태조로 서울 인사동거리 전주 은행로
	복합 커뮤니티형	- 도시 내 한옥으로 구성되는 다중이용 건축물(공공청사, 유치원, 학교, 문화시설 등)을 중심으로 주민들의 커뮤니티 공간을 조성하는 유형	공공청사, 남산국악 공연장, 미 대사관저, 혜화동사무소, 전주한옥마을 시설 등
지역형	전원마을형	- 전원주택단지를 계획(조성)할 때, 단지의 일부 또는 전체를 한옥마을로 조성하는 유형	안동 하회마을, 경주 양동마을 등
	농어촌형	- 농어촌의 노후와된 주택 개량 사업 시 일부를 한옥으로 조성하는 유형	전남 행복마을(기존정비형)
	휴양/리조트형	- 관광지, 골프장 등 휴양지에 휴양형 시설을 한옥으로 조성하는 유형	경주 라궁, 제주 중문 시에스호텔 등

출처: 은평한옥마을의 문화관광자원화 연구(2017: 10).

한옥마을이 조성되는 지역 및 목적, 거주자와 사용자의 특성, 마을의 환경이나 규모, 건축물 등에 따라 조성하는 형태가 달라질 수 있다. 거주형의 경우 일반적으로 농어촌지역에 새로 조성하는 한옥마을은 귀농·귀촌인들을 위해 조성되는 전원형의 경우가 대부분이다. 도시지역에 조성되는 한옥마을은 인접 지역의 거주자가 이주하는 경우가 대부분이다.

관광휴양형 한옥마을의 경우에는 기능면이나 사용자의 특성을 고려하면 농촌지역과 도시지역의 차이는 크지 않다. 농촌지역의 한옥마을은 자연환경이나 지역의 문화역사자원과 연계하여 관광자원으로 활용할 가능성이 크다. 인구밀도가 높은 도시는 마을 외부공간이나 주택의 마당을 충분히 확보하기 어려울 수 있다.

거주형 한옥마을은 주거지 개발을 목적으로 한옥주택을 중심으로 거주자 편의를 위한 공동이용시설 등을 조성하는 마을이다. 관광휴양형 한옥마을은 관광자원을 목적으로 각종 체험시설, 숙박시설, 상업시설 등을 한옥으로 집단화해 조성하는 마을이다. 전원형 한옥마을은 「국토의 계획 및 이용에 관한 법률」에 따른 용도지역이 관리지역, 녹지지역, 농림지역, 보전지역인 곳에 조성하는 한옥마을이다. 도시형 한옥마을은 용지지역이 도시지역인 곳에 조성하는 한옥마을이다.

2 사회(S) 부문 사례: 경주 교촌한옥마을

경주시 교촌한옥마을은 역사적으로 오랜 기간 많은 이야기를 남긴 곳이다. 경주시 교동 일원에 자리한 교촌한옥마을은 시대별 중요한 역사물을 탄생시킨 곳이기도 하다. 신라시대에는 국학, 고려시대에는 향학이 중심이 되었고, 조선시대에는 향교를 건립한 지역이다. 신라 신문왕 2년(682년)에 설립한 신라 최초의 국립대학이었던 국학이 향학, 향교로 이어진 것이다. 지역사회 공헌을 이야기하는 경우 빠지지 않고 등장하는 경주 최부자 이야기는 오늘날에도 많은 귀감이 될 정도로 유명하다. 최부자댁은 국가민속문화재 제27호로 지정되었다. 해방 이후 도시발달로 최부자댁과 향교, 일부 전통한옥만이 남겨져 한옥마을의 명맥을 유지하고 있었다.

2009년 경주시는 교촌한옥마을을 정책적으로 복원하기 시작했다. 한옥마을을 휘감아 도는 남천을 정비했다. 교촌한옥마을에서 생산되는 경주 교동법주는 중요무형문화재 제86호에 등록되었다. 경주시와 지역주민의 노력으로 교촌한옥마을은 전통문화를 체험할 수 있는 마을로 주목받고 있다. 마을의 이름이 교촌, 교통, 교리 등 다양한 지명으로 불리게 되는 배경에는 교육시설인 향교가 자리하고 있기 때문이다. 경주시는 교촌한옥마을을 전통적인 문화유적의 원형을 잘 보존하면서도 보고 즐기는 관광지가 될 수 있도록 지속적인 관심과 지원을 하고 있다.

경주는 『삼국유사』에 나오는 수많은 역사적인 이야기가 풍부한 곳이다. 월성, 월정교, 첨성대, 계림, 고분 등 소중한 신라유적이 있어 신라문화 속의 조선문화가 공존하는 특별한 곳으로 알려져 있다. 국내 최대 규모의 목조 교량인 월정교는 새롭게 복원되어 목조건축의 웅장함을 느낄 수 있다. 관광객을 위해 야경코스가 개발되었다. 선덕여왕이 만든 첨성대를 시작으로 김유신이 살았다고 알려진 재매정, 원효스님과 요석공주의 사랑을 이어준 문천교(蚊川橋)터, 김알지가 태어난 계림, 도화녀를 사랑한 진지왕, 월정교와 충담스님 등 크고 작은 이야기 보따리가 교촌마을과 남천을 따라 전해지고 있다.

교촌한옥마을은 ESG의 S(사회) 영역인 다양성 존중과 지역사회 공헌의 이야기가 풍부한 곳이다. 매년 개최하고 있는 교촌문화공연에 참여하는 지역의 예술인들이 참여하고 협력하는 모습, 그리고 최부자의 지역사회 공헌 이야기라 할 수 있다.

경주문화재단 주최로 선보이는 전통 유희극인 〈신라오기〉는 관객과 호흡을 함께하며 진행하는 공연이다. 2014년에 시작된 이 공연은 지역예술인의 참여 기회 확대로 지역문화예술 진흥과 경주 교촌한옥마을의 브랜드화를 목적으로 하고 있다. 경주에서 활동하는 예술인들이 공연을 하는 경주만의 특색 있는 마당놀이극이다. 지역사회에 기반을 두고 활동하는 30여 명의 예술인이 공연에 함께하고 있다. 이 공연은 공연자가 일방적으로 보여주는 공연이 아닌 관객과 함께 만들어 나가는 공연으로 성별이나 연령에 구애를 받지 않고 참여할 수 있다.

교촌한옥마을 최부자집의 지역사회 공헌 이야기는 오늘날 사회(S) 부문의 전형적인 우수사례로 소개해도 모자람이 없을 정도다. 최부자의 시조는 임진왜란과 병자호란에 공을 세운 최진립 장군 이후 경주시 내남면 이조리에서 7대가 살았고, 이후 교동으로 이전해 5대를 살아 12대에 만석꾼[2]으로 살았다. 최부자 가문은 부자로서의

2) 곡식 만 섬가량을 거두어들일 만한 논밭을 가진 큰 부자를 비유적으로 이르는 말이다.

모범을 보였고, 일제 강점기에는 독립운동을 위해 많은 재산을 내놓고, 참여하는 등 조선의 독립을 위한 수많은 기여를 했다. 그동안 최부자집이 지역 인심을 잃지 않고 부자로서 지역의 모범이 되는 집안으로서 사회적 책무를 다하는 원천이 된 것은 육연(六然)과 육훈(六訓)에서 찾아 볼 수 있다. 육연은 명나라 시대 학자 육상객(陸湘客)의 육연(六然)을 가훈으로 삼았다.

표 4-4 경주 최부자집 가문의 육연(六然)과 육훈(六訓)

육연(六然)	육훈(六訓)
자처초연(自處超然) 고요하게 혼자 있을 때는 초연하라	과거를 보되, 진사 이상은 하지 마라
대인애연(對人靄然) 사람을 만날 때는 평화로운 마음으로 만나라	재산은 만 석 이상 지니지 마라
무사징연(無事澄然) 큰일이 없을 때는 물이 맑듯 고요하고 투명해야 한다	과객을 후하게 대접하라
유사감연(有事敢然) 결정을 해야 할 때는 과감하게 실행하라	흉년기에는 땅을 사지 마라
득의담연(得意淡然) 뜻을 얻었어도 담담하게 처신하라	며느리들은 시집온 후 3년 동안 무명옷을 입어라
실의태연(失意泰然) 뜻을 잃었어도 태연하게 처신하라	사방 백리 안에 굶어죽는 사람이 없게 하라

제4절 거버넌스(G) 관점의 정책과 사례

1 한옥 관련 조례 제정 현황

2024년 3월 31일 기준으로 지방자치단체 한옥 관련 조례는 총 121개로 집계되었다. 구체적으로는 17개 광역시도 중 16개 시도가 18개 조례, 226개 기초시군구가 103개 조례를 제정했다. 광역시도 중 울산광역시만 한옥 관련 조례가 없다.

울산광역시를 제외한 16개 시도의 한옥 관련 조례 주요 내용을 살펴보았다. 특히 거버넌스 차원의 위원회, 전문(한옥)위원회 등의 설치는 16개 시도 중 서울, 대구, 광주, 전남 등 4개 시도만 규정에 담았다. 진흥구역협의체 구성의 경우 광주를 제외한 나머지 시도가 내용을 명시했다. 한옥 이외 한옥마을을 정의하고 있는지부터 건축자산 기초조사, 유지보수 사업자 지원, 우수건축 자산 등록관리, 진흥구역 지원, 진흥구역협의체 구성, 한옥(마을) 조성 지원 등에 관해 살펴보았다.

한옥 등 건축자산의 보전 및 진흥에 관한 심의 및 자문을 위하여 전문위위회를 두도록 했다. 4개 광역시도가 시행 중이며 용어는 다르다. '서울특별시 건축자산 전문위원회(서울)', '한옥위원회(대구와 전남)', '한옥 분야 전문위원회(광주)'로 사용하고 있다.

건축자산 진흥구역 내 사업의 원활한 추진을 위하여 지역주민, 시민단체, 전문가 등으로 구성된 건축자산진흥구역 협의체를 설치할 수 있다. 협의체는 시행계획 수립, 사업 추진, 사후 관리, 의견 조정 등의 기능이 요구된다. 서울시의 경우는 지역주민의 다양한 의견수렴 및 의견 전달자 역할 등의 역할 수행도 요구하고 있다. 대부분 지방자치단체의 조례상 협의체의 위원은 건축자산 진흥구역 내 지역주민, 지방의회 의원, 시민단체 전문가, 관련 공무원 등으로 구성하도록 했다.

한옥과 한옥마을의 정의를 달리해 조례에 담았다. 한옥마을 조성에 대한 지원을 받기 위한 기준으로 「한옥 등 건축자산의 진흥에 관한 법률 시행령」 제17조에 의거 "한옥마을은 일단(一團)의 범위 안에 한옥이 10호 이상 유기적으로 연계되어 있어야 한다"의 개념을 적용, 10호 이상의 한옥이 조성되어야 한옥마을이란 명칭을 사용할 수 있다. 대구광역시는 한옥보호지역, 전라남도는 한옥발전기금을 조례에 담았다.

지방자치단체 중 한옥 관련 조례가 가장 많은 곳은 전라남도 지역으로 전라남도 조례 이외 22개 시군 중 구례군을 제외한 21개 시군 모두 조례가 제정되어 있다. 나주시 3개, 영암군 3개를 포함해 총 26개의 조례를 보유 중이다. 전라남도에 이어 경기도, 경상북도, 전북특별자치도, 충청남도, 경상남도, 서울특별시, 충청북도, 강원특별자치도 순으로 많다. 서울을 제외한 농산어촌과 도농복합도시로 구성되어 있는 도 단위의 지역에서 한옥 관련 조례가 제정되었다.

표 4-5 지방자치단체 한옥 관련 조례 제정 현황

구분		지방자치단체 한옥 관련 조례 제정 현황(2024.3.31 기준)									
광역시도		기초시군구									
서울	2	성북	종로2	은평							4
부산	2	기장									1
대전	1										0
대구	1										0
광주	1	서구	동구								2
인천	1										0
울산	0	중구2									2
세종	1										0
경기	1	수원2	고양	김포	구리	광명	광주	남양주	동두천	시흥	18
		성남	안성	안양	여주	이천	평택	포천	파주		
강원	1	강릉	춘천	평창	화천						4
충북	1	단양	영동	청주	충주						4
충남	1	공주2	논산	당진	서산	아산	천안	부여	예산	홍성	10
전북	1	전주3	정읍2	남원2	익산	고창	완주2	임실			12
전남	1	광양	나주3	목포	순천	여수	강진	고흥	곡성	담양	26
		무안	보성	신안	완도	영광	영암3	진도	장성	장흥	
		화순	해남	함평							
경북	1	김천	경주	문경	안동	영주	포항	고령	성주	예천	13
		의성	청도	청송	칠곡						
경남	1	거제	김해	밀양	진주	거창	창녕	하동			7
제주	1										0
합계	18										103

참고: 지방자치단체 뒤 숫자는 관련 조례 2개 이상인 곳 표시.

국토교통부 소관 「한옥 등 건축자산의 진흥에 관한 법률」에 기초해 제정된 지방자치단체의 「한옥 등 건축자산의 진흥에 관한 조례」를 담당하는 부서는 다양하다. 건축과(대구, 인천, 세종, 강원), 건축디자인과(경기, 충북, 경북), 건축경관과(대전, 광주, 제주), 건축개발과(전남), 건축도시과(충남), 건축주택과(경남), 주택건축과(전북), 한옥정책과(서울), 창조도시과(부산) 등 건축 관련 부서가 맡고 있다. 「한옥밀집지역 소방안전관리 및 지원에 관한 조례」는 서울과 전북만 조례가 있다.

한옥밀집지역의 소방안전관리에 대해서는 소방안전관리 지침을 마련해야 하며, 화재 예방 강화지구로 지정할 수 있다. 화재 예방 강화지구로 지정된 한옥밀집지역 안의 소방대상물의 위치・구조 및 설비 등에 대한 화재안전조사는 연 1회 이상 실시하여야 한다. 또한 한옥밀집지역 안의 관계인에 대하여 소방상 필요한 훈련 및 교육을 연 1회 이상 실시하여야 한다. 동시에 예산의 범위에서 소방시설(소화기, 단독 경보형 감지기 등)의 설치 및 소방에 필요한 사업을 위하여 필요할 경우 경비의 전부 또는 일부를 지원할 수 있도록 되어 있다.

건축자산 진흥에 필요한 자료를 확보하기 위해 건축자산의 현황, 관리실태 등 기초조사를 실시하여야 한다. 건축자산의 소유자, 관리자 또는 관련 단체 등에게 자료제출을 서면으로 통보・요구할 수 있다. 기초조사 결과보고서는 해당 건축위원회에 보고하고 국토교통부장관과 문화재청장에게 제출하여야 한다. 건축자산의 유지・보수를 촉진하기 위해 관련 사업자에 대한 행정적・재정적 지원을 할 수 있다. 단, 주된 영업소재지가 지역 내에 있는 경우에 한한다. 건축자산의 체계적인 조성과 관리를 위하여 소유자의 신청을 받아 등록된 '우수건축자산'에 대하여 조세 감면 및 기술・소요비용 지원을 할 수 있다.

우수건축자산에 관하여 서울, 부산, 전북은 「조세특례제한법」 및 「지방세특례제한법」에서 정하는 바에 따라 지방세 감면 내용을 포함했다. 건축자산 진흥구역에서 도로, 교통시설, 상수도・하수도시설, 주차장, 보안・방범시설 등의 기반시설 정비와 건축물의 신축 및 개보수, 주민공동체 활성화를 위한 도서관, 마을회관 등의 문화복지시설을 지원할 수 있다.

대구시는 한옥의 보호 및 진흥을 위해 한옥밀집지역, 한옥의 보호와 진흥을 위해 필요하다고 인정하는 지역을 '한옥보호지역'으로 지정할 수 있도록 했다. 전라남도는 한옥건축과 한옥구역 조성을 촉진하기 위하여 한옥건축, 전통한옥 개보수 등을 위한 '한옥발전기금'을 실치할 수 있다. 기금은 출연금, 기금 운영 수익금, 기타 수입금의 재원으로 조성한다. 서울시는 한옥정책의 실효성을 높이고 실질적 현장 지원을 위해 '한옥 등 건축자산지원센터'를 설치하고, 관할 자치구와 한옥 장인, 국가한옥센터, 서울주택도시공사 등과 협력하도록 했다. 전라북도는 '건축자산지원센터'를 설치하고, 현장형 한옥 개・보수 상담, 점검 보수, 교육, 기술연구, 한옥박람회 등 산업화 추진 등을 통한 현장에서의 한옥 지원 거점 역할을 하도록 했다.

표 4-6 광역자치단체 한옥 관련 조례의 구성 내용 비교

구분	정의		건축자산 기초조사	유지보수 사업자 지원	우수건축 자산 등록관리 (지원)	진흥 구역 지원	진흥 구역 협의체 구성	한옥 (마을) 조성 지원	전문 (한옥) 위원회
	한옥	한옥 마을							
서울		◎		◎	◎	◎	◎	◎	◎
부산				◎	◎		◎	◎	
대전	◎		◎		◎		◎	◎	
대구				◎	◎	◎	◎	◎	◎
광주				◎	◎	◎		◎	◎
인천	◎	◎		◎	◎		◎	◎	
세종	◎	◎		◎	◎		◎	◎	
경기	◎		◎	◎	◎		◎	◎	
강원	◎	◎	◎	◎	◎		◎	◎	
충북	◎	◎	◎	◎	◎	◎	◎	◎	
충남					◎		◎	◎	
전북	◎	◎	◎	◎	◎	◎	◎	◎	
전남	◎	◎	◎	◎	◎	◎	◎	◎	◎
경북		◎	◎	◎	◎		◎	◎	
경남				◎	◎		◎	◎	
제주	◎			◎	◎		◎	◎	

2 거버넌스(G) 부문 사례: 서울 은평한옥마을

은평한옥마을은 북한산의 아름다운 자연환경과 현대식 한옥이 어우러진 은평구의 대표적 명소이다. 인근에는 은평한옥마을 8경이 있어 볼거리를 더하며, 은평역사한옥박물관, 너나들이센터, 셋이서문학관, 금암미술관 등 다양한 한문화 체험시설이 자리잡고 있어 전시, 체험, 교육 등 다양한 문화 활동을 즐길 수 있다(은평문화관광 홈페이지 자료, 2024.3.31).

서울 은평한옥마을은 2010년 도시계획 일환으로 은평구 뉴타운지구 내 단독주택 용지에 조성되기 시작했다. 이곳은 서울시가 특별건축지역으로 지정했다. 한옥 건립 과정에 규제를 완화하고 설계 비용을 일부 지원하는 등 행정의 전폭적인 지원이 이루

어졌다. 다른 지역의 한옥마을이 기존부터 형성되어 발전된 반면, 은평한옥마을은 행정 주도 하에 계획적으로 조성된 곳이라 할 수 있다. 친환경 주거에 대한 관심과 한옥 활성화 정책에 따라 건축된 현대한옥이다. 전통한옥의 형태를 유지하면서도 신공법을 도입했다. 획일적인 전통주택에서 벗어나 다양하고 개성 있는 주거의 형태를 지향하고 있다.

서울 도심지역에서 조금 벗어난 지역이란 점에서 빠른 한옥마을 조성이 이루어진 측면도 있다. 또한 마을 전체를 배경으로 하고 있는 북한산이 펼쳐져 있다. 인근에는 삼천사, 진관사, 금성당 등 역사적으로 중요한 문화 자원들이 모여 있다. 이러한 이유로 '한(韓) 문화 체험 특구'로 지정되었다. 서울 시내에 조성된 남산 한옥마을, 북촌 한옥마을 등의 모습과는 다르다. 건립된 한옥단지로는 최대 규모다. 전통한옥의 모습과 신기술을 도입·적용한 신한옥이라는 가능성을 보여주고 있다.

은평한옥마을은 「은평역사한옥박물관 및 한문화체험시설 운영 조례」에 기반하고 있다. 「박물관 및 미술관 진흥법」 제12조에 따라 설립한 은평역사한옥박물관, 「문화예술진흥법」 제5조 제1항에 따라 설립한 한문화체험시설을 운영함에 있어 필요한 사항을 규정하고 있다. 한문화체험시설은 너나들이센터, 삼각산금암미술관, 셋이서문학관이 있다. 박물관과 체험시설은 은평구 역사 및 한옥 등에 관한 전시 및 유물 수집, 한문화에 대한 전시 및 각종 교육프로그램 운영, 지역 문화예술진흥 등의 기능을 수행하고 있다.

은평한옥마을을 나타내는 여덟 가지 볼거리가 있다. 소위 '은평한옥마을 8경'이라 지칭한다. 제1경은 숙용심씨 묘표(서울기념물 제25호)다. 왜병들에 의해 임진왜란에 일본으로 건너가 400년 간 일본에 있다가 2001년 후손들이 국내로 반환해 온 돌로 만든 비석이다. 제2경은 서울 근교의 4대 사찰로 소문 난 진관사다. 거란의 침입을 막아내고 국력을 수호한 고려 제8대 현종(顯宗)이 1011년에 진관대사(津寬大師)를 위해 창건했다. 진관사 내 독서당은 세종대왕이 한글 창제에 반대하는 사람들의 눈을 피해 한글을 연구했던 비밀연구소로 활용되었다는 이야기가 전해지고 있다.

제3경 삼천사는 원효대사가 창건했다. 한때는 3천 명의 스님이 기거했다 해서 붙여진 삼천사다. 진관사처럼 소실되었다가 복원했다. 1994년에는 사회복지법인을 설립하여, 노인복지와 어린이 보육, 지역복지에 힘쓰고 있다. 제4경은 진관사 옆으로 흐르는 계곡의 풍경이다. 울창한 산림과 어우러져 장관을 이루고 있는 계곡들이 많다. 북한산 등산코스 중 등산객이 많이 찾는 곳이다. 제5경은 태극기(등록문화재 제458호) 비(碑)다. 진관사의 칠성각 해체 보수 과정에서 내부 불단과 벽체 사이에 있던 태극기와 독립 신문류 등 6종 21점의 유물이 발견되었다.

제6경은 은평한옥마을 느티나무(서울시 지정 보호수 12-1, 12-2, 12-15, 12-16)다. 수명이 최소 120년에서 최대 220년으로 추정하고 있다. 자연 휴식장소로 활용되고 마을을 지키는 수호신으로 기능을 하고 있다. 제7경은 맹꽁이 서식지로 야생동물 보호구역으로 지정되었다. 환경보전 관련 자연체험 교육의 장으로 활용할 예정이다. 제8경은 북한산과 은평뉴타운을 연결하는 은평한옥마을 골목이다. 다양한 이미지의 골목으로 조성될 예정이다.

은평한옥마을 내에 있는 은평역사한옥박물관, 너나들이센터, 삼각산금암미술관, 셋이서문학관, 은평한옥마을어울림터 등 문화공간이 행정과 지역주민의 거버넌스 활성화에 도움을 주고 있다는 평가다.

은평역사한옥박물관은 다양한 기획특별전과 교육프로그램을 제공, 지역주민들의 문화 향유와 참여 기회를 높이는 데 노력하고 있다. 너나들이센터는 다양한 한문화를 관람하고, 한복 대여 및 사진 촬영이 가능한 복합문화공간이다. 한옥을 리모델링하여 미술관으로 개관한 삼각산금암미술관은 은평구민이 문화를 향유할 수 있는 공간을 마련하였다. 한옥 체험・감상 공간으로 자리매김하고 있다. 천상병, 중광, 이외수 세 작가의 문학세계를 살펴보는 셋이서문학관은 북카페 겸 전시공간이다.

특히 은평한옥마을 어울림터는 마을을 방문하는 누구라도 쉼을 제공하는 공간의 역할을 하고 있다. 기존 마을회관을 개조하여 개방하고 소통하는 공간으로 전통문화와 관련된 다양한 교육 프로그램을 진행한다. 자칫 한옥마을이 지역적, 문화적, 주거적 폐쇄공간으로 비쳐질 수 있는데, 개방하고 참여시키는 거버넌스 모습을 보여주고 있다.

제5절 결론

전통주택인 한옥은 우리 고유의 주거 전통과 공동체 문화가 담겨 있다고 해도 과언이 아니다. 구석기시대 동굴문화에서 벗어나 선사시대 움집부터 시작된 건축물이 조선시대 전통한옥에 이르기까지 다양한 모습으로 진화되었다. 현대는 편리성을 보완한 현대적 모양과 구조가 결합된 한옥으로 발전하고 있다. 1960년대에는 벽돌을 활용한 양옥이 증가, 1980년대는 철근과 시멘트 개발로 고층 아파트 문화가 확대되면서 주택시장에서 전통한옥은 뒷전에 밀려나기 시작했다. 기존 한옥형태는 문화재 또는 사찰 등에서나 볼 수 있게 되었다. 이대로 사라질 것 같았던 한옥이 다시 등장하게 된 것은 1997년 외환위기 이후라 할 수 있다.

환경보전지역 또는 군사보호시설 등의 규제로 개발이 되지 못한 한옥형태의 주거지가 한옥 보존형태의 마을로 주목을 받기 시작했다. 일예로, 서울의 북촌마을의 경우 청와대 등 국가의 주요시설이 가까울 뿐 아니라 경복궁과 창덕궁이 위치하였기 때문에 개발이 제한되어 있었다. 정부와 서울시가 한옥 경관을 보존하는 계획을 발표하면서 현재의 북촌마을이 보존된 것이다.

1980년대 획일화된 아파트 문화가 깨끗한 주거 공간과 편리함을 부여한 것은 사실이다. 하지만 소득 증가와 웰빙을 추구하는 문화는 자연스럽게 옛것을 찾는 현상으로 이어졌다. 시멘트 발굴과 제품의 생산과정, 철광석 채취와 생산으로 탄생한 철근이 탄소배출의 주범으로 인식되면서 친환경 재료를 이용한 주거 공간이 관심을 모았다. 한옥이 낙후된 주거 양식이라는 인식이 품격 있는 주거방식이라는 인식 전환이 이루어지기 시작했다.

기후변화, 기후위기, 탄소중립 달성 등 환경문제가 중요한 시대에 철근과 시멘트가 아닌 목재의 가치가 주목을 받고 있다. 탄소를 흡수하는 나무에서 벌목 후 한옥 건립의 주요 자재로서, 산업 폐기물과 이산화탄소의 배출량이 상대적으로 적다는 차원에서 관심이 모아지고 있다. 이러한 자연환경적인 배경과 친환경을 추구하는 인간의 새로운 생태 전환 인식이 자연스럽게 한옥마을 등 전통주택을 불러들인 것이라 할 수 있다.

한옥마을은 대부분 정부 등 행정의 한옥지원정책으로 진행되고 있다. 일반건축물에 비해 원자재 확보 등 건축비가 높다. 하자보수 등 관리도 쉽지 않다. 이러한 문제로 민간차원에서 한옥마을을 조성하기가 쉽지 않다. 따라서 한옥마을이 정체성을 찾고 도시민의 삶의 질 향상과 주거복지 차원에서 행정과 지역주민이 결합해서 진행하는 거버넌스가 우선이다.

지금까지 한옥마을 조성으로 실패한 사례는 쉽게 찾아보기 어렵다. 10호 이상의 한옥이 조성되면 한옥마을이란 명칭을 사용할 수 있는 내용으로 무분별하게 보일 수도 있다. 특히 일부 지역이 지역주민의 생각과 달리 숙박과 관광목적으로만 활용하려는 차원에서 진행하면서 부정적 이미지를 주는 경우도 발생한다. 따라서 양적 증가가 아닌 지역과 결합된 지역의 스토리텔링이 가능한 정체성을 살린 한옥마을 조성이 필요하다. 이상기온 등으로 지구가 몸살을 앓고 있는 시대에 한옥 건립은 중요한 의미를 부여한다. 최근에는 목재만으로도 철근콘크리드 이상의 강직성과 견고함을 더하는 기술도 개발되어 시행되고 있다.

자연재료인 나무를 활용한 한옥을 건립하고 마을을 조성하는 과정에서 ESG 적용과 활용은 다른 정책보다도 뛰어나다 할 수 있다. 친환경 재료와 건축 기술을 이용한 환경(E), 원주민과 이주민의 상생과 지역발전을 도모하는 한옥마을 운영의 사회(S), 행정과 지역주민이 공동 대응하고 협력하는 모델방식인 거버넌스(G) 실행력이 우수하다. 또한 후세대들과 관광객, 외국인에게 한국만의 전통가옥을 보여줄 수 있는 문화유산이라는 측면도 강하다. 한국인만의 전통 생활방식을 체험하고픈 외국 관광객 증가로 한옥스테이가 빠르게 확대되고 있다. 기존 사찰의 시설을 활용한 템플스테이를 뛰어넘고 있다는 평가다. 한옥마을에서 대한민국 전통을 찾고 현대인의 취향에 부합하는 차별된 서비스가 더 필요할 것이다.

참고문헌

국가한옥센터(2021). 『2021년 한옥정책 · 제도 · 사업 안내서』. 건축공간연구원.

권영상 · 조민선(2011). 『한옥마을 지원정책을 통한 역사문화가로경관 조성방안』. 건축도시연구소.

김영수(2023). [Issue 1. 한옥-마을과 정책] 지역가능한 주거유형으로서 한옥의 미래. 『한국주거학회지』, 제18권. 한국주거학회.

김은혜 외(2023). Student Reporters news: 한옥마을 기행. 『건축』, 67(5). 대한건축학회.

김해리(2019). 2019 한옥체험업 동향. 『한옥정책 브리프』. NO.58. 건축공간연구원.

박현구(2023). [Issue 3. 한옥-디자인과 스테이] 한옥스테이의 현황과 방향성. 『한국주거학회지』, 제18권 한국주거학회.

송여정 · 김연희(2017). 은평한옥마을의 문화관광자원화 연구. 『지역과문화』, 4(4). 한국지역문화학회
신치후(2017a). 「한옥 등 건축자산의 진흥에 관한 법률」 개정에 따른 하위규정 개선방안. 『한옥정책 브리프』, NO.47. 건축공간연구원.
신치후(2017b). 신규 한옥마을 조성사업의 현황과 개선방안. 『한옥정책 브리프』, NO.49. 건축공간연구원
신치후(2023). [Issue 1. 한옥-마을과 정책] 한옥마을 관련 정책현황과 시사점. 『한국주거학회지』, 제18권. 한국주거학회.
신치후 · 진태승(2016). 『한옥마을 조성사업의 문제점과 개선방향 연구』. 건축공간연구원.
이종민(2019). 언론 및 SNS를 통해 본 한옥마을 인식 및 주요 이슈. 『한옥정책 브리프』, NO.57. 건축공간연구원.
전봉희(2022). 한옥의 미래. 『건축』, 66(9). 대한건축학회.
전주문화재단(2013). 『전주한옥마을 "오늘"』, 창간호.
진양영숙 · 문보람(2014). 주거지에서 관광지로: 전주한옥마을 관광지화의 명암. 『지방사와 지방문화』, 17(1). 역사문화학회.
최원진 외(2015). 친환경적 한옥 체험환경교육 프로그램의 개발. 『대한지리학회 학술대회논문집』. 대한지리학회.
한국문화관광연구원(2014). 『문화정책논총』, 28(2).

교촌마을, gyeongju.go.kr
네이버, https://www.naver.com
오피니언뉴스, http://www.opinionnews.co.kr
https://www.hanok.jeonju.go.kr
https://www.hanokdb.kr
https://www.www.gukjenews.comnews
https://www.enewstoday.co.kr
https://www.google.co.kr
은평문화관광 홈페이지(2024.3.31)
법제처-국가법령정보센터
기초자치단체 자치법규

CHAPTER 05

지역소멸과 ESG

박금옥

제1절 서론

1 지역소멸 정의 및 원인

1) 지역소멸의 정의

최근 ESG 경영 개념이 지방자치단체에서도 활발하게 도입되고 있다. 2024년 4월 25일 기준 법제처 국가법령정보센터의 '자치법규'[1]에 등록된 'ESG 활성화 관련 조례'는 총 80개다. ESG는 환경(Environmental), 사회(Social), 거버넌스(Governance)에 대한 책임경영을 의미하며, 기업의 지속가능한 성장과 사회적 책임을 동시에 달성하기 위한 경영 방식이다. 경기도 안양시의 '하수처리시설 공원화', 충북 진천군의 '원목 가

1) 국가법령정보센터(법제처).

열로 수소가스 발전소 설립계획' 등 많은 지방자치단체에서 ESG 경영을 적용하여 지역 발전과 지속가능성을 도모하고 있다.

현재 '지역소멸(地域消滅)'은 한국이 직면한 심각한 위기다. 정부는 2022년 「인구감소 지역지원특별법」과 2023년 「지방 자치분권 및 지역 균형 발전에 관한 특별법」 제정을 통해 대응을 모색하고 있으나 그리 녹록지 않은 상황이다. 지역소멸은 단순히 인구감소만의 문제가 아니다. 그로 인한 지역경제 소비시장 위축 및 노동력 부족은 기업 유출로 이어지고 기업이 사라진 자리엔 지역주민의 실업과 빈곤이 남는다. 일자리를 잃은 주민은 하나둘 지역을 떠나고 학교, 병원, 교통 등 공공서비스는 이용자 감소로 질적 저하를 일으킨다. 또한 지역문화 쇠퇴, 사회적 고립 등 다양한 사회문제는 복합적으로 긴밀하게 연쇄 작용하여 지역주민의 삶의 질을 떨어뜨린다.

'지역소멸'이란 지역사회의 인구가 감소하여 기반 및 생활 서비스 공급, 생활의 애로 등으로 인해 공동체가 제대로 기능하기 어려운 상태를 지칭한다. '지방소멸(地方消滅)'보다는 확대된 개념으로 지방뿐만 아니라 수도권, 광역시까지도 포함한다. '지방소멸'이란 일본의 정치인 마스다 히로야(増田寛也)가 2014년 출간한 『지방소멸』에서 시작된 단어로 "지역의 급격하고 지속적인 인구감소를 뜻하며 이를 정확히 측정하는 수단은 존재하지 않는다"라고 언급했다(마스다 히로야, 2018).

2024년 2월 OECD에서 발간한 『한국의 지역정책 발전 방향(*Adapting Regional Policy in Korea*)』에 따르면 한국은 2020년 이후 꾸준한 인구감소 현상을 보이고 있으며 특히 청년층을 비롯한 생산가능인구(15~64세)의 감소가 두드러지는 상황이라고 보고했다.[2] 이어 2020년에서 2067년 사이에 1,200만 명(현재 인구 5,100만 명)이 감소할 것이며, 생산가능인구는 1,900만 명 감소할 것으로 내다봤다. 또한 대도시의 인구감소 폭이 매우 클 것이며, 2017년 대비 2047년의 인구감소가 가장 큰 지역으로는 서울(−145만 명)로 꼽았다. 이어 부산(−74만 명), 대구(−46만 명)가 뒤를 따랐다. 〈표 5-1〉은 2023년 3월 한국고용정보원에서 발행한 『통계로 본 지역 고용보고서』[3]에 따른 지방소멸 위험지역을 나타낸 것이다.

---

2) 인구소멸은 지방문제, 2024년 서울인구 전망에 충격, 중앙일보(2023.2.7).
3) 한국고용정보원(2023). 지방소멸 위험지수 원시자료.

표 5-1 지방소멸 위험지역 현황

	전국	부산	대구	인천	경기	강원	충북	충남	전북	전남	경북	경남
전체 시군구	228	16	8	10	31	18	11	15	14	22	23	18
소멸위험진입	67	7	2	2	6	12	3	7	6	7	10	5
소멸고위험	51			1		4	5	5	7	11	10	8
소멸위험지역	118	7	2	3	6	16	8	12	13	18	20	13
비중	51.8	43.8	25	30	19.4	88.9	72.7	80.0	92.9	81.8	87.0	72.2

출처: 한국고용정보원(2023).

'지방소멸 위험지수'[4)]란 20~39세 여성인구 수를 65세 이상의 인구수로 나눈 값으로 지수가 낮을수록 지역이 사라질 가능성이 높다는 의미이며, 소멸 위험지수가 0.5 미만인 지역을 인구소멸 위험지역으로 분류한다. 즉, 고령자의 인구가 가임 여성인구보다 두 배 이상 많으면 인구감소로 인해 지역이 사라질 수 있다는 뜻이다.

위 자료에 의하면 우리나라에 안전한 곳이 별로 없다. 전체 226개 시 · 군 · 구 중 소멸 위험지역은 총 118개로 52%를 차지하고 있다. 소멸 위험 비중이 가장 높은 곳은 전북(92.9%)이다. 전북은 전체 14개 시 · 군 · 구 중 13곳이 소멸 위험지역이다. 다음으로 강원(88.0%), 경북(87.0%), 전남 (81.8%), 충남(80.0%) 순이며, 전국 시 · 군의 80% 이상이 소멸 위험지역으로 확인됐다.

인구감소가 비수도권 단위 지역뿐만이 아니라 수도권, 광역시로 확산하면서 '지방소멸(地方消滅)'에서 '지역소멸(地域消滅)'로 변화하고 있음을 알 수 있다.

2) 지역소멸의 원인

'지역소멸'은 저출산, 고령화, 그리고 더 나은 환경을 위해 지역을 떠난 자리에 더 이상 새로운 주민이 오지 않아 지역이 쇠퇴하는 현상이다. 원인은 매우 다양하고 복합적이지만 크게 두 가지를 들 수 있다.

첫째, 지역의 인구 유출과 수도권 집중화 현상이다. 지역소멸 지역은 대도시에 비해 일자리 기회가 부족하고 낮은 임금 등의 경제적 취약점을 가지고 있다.

이는 〈표 5-2〉 '2021년 기준 한국 대기업, 중소기업 지역별 분포 비율'에서도 잘

4) 한국고용정보원(지역산업과 고용 2023 봄호).

나타난다. 통상 좋은 일자리로 분류되는 대기업은 66%가 수도권에 집중해 있다. 중소기업 역시 47%가 수도권에 몰려있어 지역경제 불균형의 심각성을 나타내고 있다. 임금 격차도 2021년 국가통계포털(KOSIS) 자료에 따르면 대기업 근로자 평균 월 소득은 563만 원으로 중소기업 266만 원의 약 2.1배로 집계되었다. 그뿐만 아니라 연차가 쌓일수록 소득 격차는 더욱 커져 50대엔 2.5배까지 벌어지는 것으로 나타나 대기업과 중소기업의 근로소득 양극화도 갈수록 심화하고 있다.

표 5-2 2021년 기준 한국 대기업, 중소기업 지역별 분포

지역	서울	경기	부산	대구	인천	대전	광주	울산	기타
대기업 분포(%)	수도권(66%)		지방(34%)						
	47	20	4	2	3	1	2	2	19
중소기업 분포(%)	수도권(47%)		지방(53%)						
	21	26	6	4	5	3	3	2	30

출처: KOSIS, 중소기업 기본통계, 중소벤처기업부.

그뿐만 아니라 교육 양극화 현상도 뚜렷하다. 4년제 대학교의 40%가량이 비수도권에 있음에도 대학에 재학 중인 학생의 60% 이상은 수도권 대학이 차지하고 있으며, 스타트업도 서울, 경기에 80.1%가 몰려있는 것으로 나타났다. 이처럼 양질의 교육을 위해 유출된 지역인재들은 졸업 이후 더 많은 기회가 있는 도시에서 돌아오지 않아 지역사회는 점점 동력이 떨어져 약화하고 있다.

지난 2024년 3월 김영록 전남도지사는 KBC 대기획 〈새로운 대한민국, 지방자치가 답이다〉에 출연해 "구례군의 경우 작년에 신생아 출산이 55명, 사망자는 400명이 넘었으며, 청년들은 매년 약 8천 명 정도 외부로 나가고 있어 문제가 심각하다"[5]라고 말해 전남 지역의 인구감소에 대한 우려를 나타냈다.

다음 〈표 5-3〉은 2019년부터 2023년까지의 우리나라 총인구 수와 수도권 인구 수를 비교한 표이다. 총인구가 감소세로 전환된 2020년 이후에도 여전히 수도권 인구는 증가하고 있으며, 2023년 수도권 인구는 26,014,265명으로 전체 인구의 50.7%가 몰려

5) '지방소멸 넘어 국가소멸 걱정해야, 수도권 집중 덜피 득난 대책 필요' 김영록 전남도지사(KBC, 2024.3.7).

표 5-3 우리나라 총인구 수와 수도권 인구 수(2019~2023)

연도	2019	2020	2021	2022	2023
전체	51,489,861	51,829,023	51,638,809	51,439,038	51,325,329
서울	9,729,107	9,668,465	9,509,458	9,428,372	9,386,034
인천	2,957,026	2,942,828	2,948,375	2,967,314	2,997,410
경기	13,239,666	13,427,014	13,565,450	13,589,432	13,630,821
수도권 소계	25,925,799	26,038,307	26,023,283	25,985,118	26,014,265
수도권 비중	50.4%	50.2%	50.4%	50.5%	50.7%

출처: 통계청.

있다. 국토 면적의 약 1/10 안에 인구의 절반 이상이 거주하고 있어 OECD국의 평균 30.2%에 비교해도 월등히 높은 인구밀도를 가지고 있다.

이와 같은 수도권 집중화는 지방 도시의 인구감소와 지역경제 위축, 불평등, 지역 간의 갈등을 유발하고 수도권은 인구폭증으로 인한 주거난, 교통체증, 환경오염 등 막대한 사회적 비용을 발생시킨다. 이를 해소하기 위한 해결책은 국토 균형 발전을 통한 지방 도시의 활성화가 절대적이다. 산업육성, 투자유치, 인재 확보, 지역특화산업 육성 등의 범국가적인 정책을 통해 청년들이 지역에 머물 수 있는 환경을 조성해야 한다.

둘째, 저출산과 고령화 문제이다. 한국은 2023년 합계 출산율 0.72명으로 OECD국 중 최저 수준이다. 고령화의 진행 속도 또한 세계에서 가장 빠르게 진행되고 있다. 저출산과 기대수명 증가에 따른 급격한 고령인구 증가는 1983년 고령화 사회(65세 이상 인구 비율 7%)가 된 이후 2025년도 고령사회(65세 이상 인구 비율 20%), 2050년도 초고령사회(65세 이상 인구 비율 30%) 진입을 앞두고 있다. 이는 지역사회를 쇠퇴시키고 지역소멸의 원인으로 작용한다. 영국 옥스퍼드 대학의 인구문제연구소가 '한국은 지구상에서 가장 먼저 소멸하는 국가'로 지목할 정도로 한국의 저출산 문제는 '재앙'이라고 할 만큼 심각한 사회문제로 대두되고 있다.

〈표 5-4〉는 우리나라 합계 출산율 자료다.[6] 통계청의 '장래인구추계(2022~2072년)'에 의하면 합계 출산율이 2023년 0.72명을 기록한 뒤 올해 0.7명 선이 무너지고

6) 통계청.

표 5-4 출생아 수 및 합계 출산율(2012~2023)

(단위: 천 명, 가임여자 1명당 명)

	2014	2015	2016	2017	2018	2019	2020	2021	2022	2023
출생아 수	435.4	438.4	406.2	357.8	326.8	302.7	272.3	260.6	249.0	233.8
합계 출산율	1.21	1.24	1.17	1.05	0.98	0.92	0.84	0.81	0.78	0.72

출처: 통계청.

(0.68명), 2025년에는 0.65명까지 떨어질 것으로 전망했다. 이처럼 한국은 OECD국 중 매년 저출산율 감소 기록을 갈아 치우며 최하위권을 고수하고 있다.

정부는 2005년 「저출산 고령사회기본법」 제정 이후 출산율 제고를 위해 그간 380조 원의 예산을 쏟아부었다. 그러나 더욱 심각한 문제는 2006년 출산율이 1.13명에서 2023년 0.72명으로 오히려 하락하고 있으며, 전국 17개 광역시 · 도 가운데 합계 출산율이 1.0을 넘긴 지방자치단체는 단 한 곳도 없다는 것이다.[7]

출산율 반등을 위해 신혼부부나 사녀 출생 가구를 위한 주택 지원, 난임 지원, 임산부 지원, 부모급여 지급, 아동수당 지원, 육아휴직 인식개선 등의 정책을 봇물처럼 쏟아내고 있지만 좀처럼 출산율 증가로 이어지지 않고 있어 그동안의 예산지원 정책을 무색하게 만들고 있다. 윤석열 대통령은 지난 2024년 2월 "저출산 문제, 최우선 국정과제"를 제1차 정책목표로 설정하고, 다가올 인구재앙 극복을 위한 문제 해결 의지를 강하게 밝혔다. 관련 사업 예산 또한 지난해 총 14조 원에서 올해 25.7%가 늘어난 17조 6,000억 원으로 편성했다. 예산 증가는 출산율 제고를 위해 중요한 요소이지만 단순히 자금을 늘리는 것만이 답은 아닐 것이다. 효과적이고 효율적인 정책 실현을 위한 다각적 노력이 선행되어야 할 것으로 보인다.

2 ESG 관점에서 지방자치단체의 지역소멸 대응

정부의 지역소멸 대응을 위한 대표적인 법령은 2023년 제정된 「인구감소지역 지원 특별법」과 「지방자치분권 및 지역균형발전에 관한 특별법」을 들 수 있다. 「인구감

7) 380조 원 쏟았는데 '출산율 쇼크' 심화, 진단부터 다시해야(뉴스1, 2024.2.29).

소지역 지원 특별법」은 "인구감소 위기 대응을 위한 지방자치단체의 자율적 · 주도적 지역발전과 국가 차원의 지역 맞춤형 종합지원 체계를 구축하고, 지방자치단체 간, 국가와 지방자치단체 간 연계 · 협력 활성화 방안과 인구감소 지역에 대한 특례 등을 규정함으로써 인구감소 지역의 정주 여건을 개선하고 지역의 활력을 도모하여 국가 균형발전에 기여하는 것을 목적으로 한다"라고 규정하고 이를 지원하기 위한 법적 근거를 마련하였다.

「지방자치분권 및 지역균형발전에 관한 특별법」은 현 윤석열 정부가 지난 2023년 7월 '국가균형발전 특별법'과 '지방분권법'을 통합하여 제정한 법령으로 지역 간 불균형을 해소하고 지역이 주도적으로 지역 특성에 맞는 지역균형발전을 추진함으로써 어디에 살든 균등한 기회를 누리는 지방시대를 구현하는 것이 목적이다. 주요 내용으로는 지역균형발전을 위한 생활기반시설 조성, 인구감소 지역에 대한 시책추진 및 지원을 포함하고 있다.

표 5-5 지역소멸 대응을 위한 법령 현황

관련 법령	제정시기	지역소멸 관련 내용
인구감소지역 지원 특별법	2022	인구감소 지역 지정 및 지원
지방자치분권 및 지역균형발전에 관한 특별법	2023	지역 간 불균형 해소/지역균형발전 추진

출처: 국가법령정보센터.

행정안전부는 2024년부터 지방자치단체에서 수립한 투자계획을 평가해 연간 1조 원 규모의 '지방소멸대응기금'을 차등 지원하고, 인구감소 지역에 대한 특례도 확대한다. 여기에 지역 일자리 창출을 통해 지역의 자생력을 키울 수 있도록 다양한 지역기업 육성 · 지원방안을 관계부처와 함께 마련한다.

1) 지방소멸대응기금

정부는 5년마다 인구감소 지역을 지정하고 각종 세제 혜택, 국고보조사업 혜택 등을 부여한다. 뿐만 아니라 '지방소멸대응기금'을 확보하여 지역이 주도적으로 지방소멸 대응 사업을 추진할 수 있도록 지원한다. 지원금은 일자리 창출, 저출생 극복, 정주 여건 개선, 청년 유입을 위한 정책, 생활 인구 확대 등 다양한 인구 활력 증진 사업에 활용할 수 있다. 지원 규모는 연간 1조 원(광역 25%, 기초 75%)으로 2022~2031년까지 총 10년 간이며, 기초자치단체는 투자계획을 평가하여 우수한 지역에 과감하게 투자하는 차등 지원 방식으로, 광역자치단체는 인구감소 지수, 재정 상태, 인구 여건 등을 고려하여 배분한다. 이번 첫 '지방소멸대응기금' 지원 대상은 총 122개 지자체로 인구감소 지역 89개, 관심 지역 18개, 광역 15개이다. 예산의 95%는 인구감소 지역에 집중하여 지원하고, 나머지 5%는 관심 지역에 지원한다. 특히 이번에 배분되는 '지방소멸대응기금'은 중앙부처 하향식 지원이 아닌 지역 주도로 설계되어 있어 지역의 특성을 고려한 전략과 투자계획으로 효과적으로 대응할 수 있기를 기대한다.

표 5-6 지방소멸대응기금 배분 계획

구분	인구감소 지역	관심 지역
대상 지역	인구감소 지수를 기준으로 지정, 고시(21.10.19)한 지역(89개)	인구감소 지수가 인구감소 지역 다음으로 높은 지역(18개)
배분규모	95%	5%

출처: 행정안전부.

선정된 122개 지역은 2022년 7월 지방소멸기금 활용을 위한 투자계획을 제출했으며, 투자계획은 2022년은 총 811건, 2023년 880건으로 문화·관광, 산업·일자리, 주거 등 3개 분야가 70% 이상 비중을 차지했다.

표 5-7 분야별 기금사업 계획

구분		계	문화 관광	산업 일자리	주거	교육	노인 의료	보육	교통	기타
사업 건수	2022	811	226	190	167	84	47	43	24	30
	2023	880	232	221	193	85	44	47	24	34

출처: 행정안전부.

2) 생활인구 시행

앞으로 '지역주민'의 개념이 달라질 것으로 보인다. 지역소멸 대응을 위해 정부가 정주 인구뿐만 아니라 지역에 체류하면서 지역의 활력을 높이는 사람까지 지역의 인구로 보는 새로운 인구 개념인 '생활인구'를 본격 추진한다.[8] 즉, 현재는 주민등록지에 따라 지역주민으로 산정하지만, 앞으로는 지역에서 머무는 기준에 따라 주민의 자격이 부여된다. '생활인구' 개념을 도입하면서 지방소멸 위기를 맞은 지방자치단체들이 생활인구 유치에 안간힘을 쓰고 있다. 제주도의 경우 지난 2023년 지역에 거주하거나 체류하면서 생활하는 '생활인구' 유치를 위한 시설 구축 지원사업인 '2023년도 읍면동 지역균형발전' 공모를 시행한 바 있으며, 구미시도 '구미시 인구정책 종합대책 보고회'를 열고 모든 시책을 정주 여건 개선, 일자리 창출 등 인구증가 정책으로 개편해 나갈 것을 밝혔다.

행정안전부는 「인구감소지역 지원 특별법」 및 동법 시행령의 위임에 따라 생활인구의 개념을 구체화하기 위한 세부 요건 등에 관한 규정을 제정 · 시행한다.

첫째, 「주민등록법」에 따라 주민으로 등록한 사람, 둘째, 통근 · 통학 · 관광 등의 목적으로 주민등록지 이외의 지역을 방문해 하루 3시간 이상 머무는 횟수가 월 1회 이상인 사람, 그리고 셋째, 「출입국관리법」에 따라 외국인등록을 하거나 「재외동포의 출입국과 법적 지위에 관한 법률」에 따라 국내거소신고를 한 사람이다.

지난 2023년 인구소멸 지역 7곳을 시범적으로 운영하였고, 올해(2024년)부터 본격적으로 인구감소 지역 89곳으로 확대해 시행한다. 정부는 생활인구 산정을 위해 주민등록 정보나 외국인등록, 국내거소신고 정보, 이동통신 데이터 등을 활용할 예정이며, 생활인구가 많거나 늘려 가는 지자체에 대해서는 행정 · 재정 지원을 확대하고 지방소멸대응기금 같은 국가 재정 지원 기준에 생활인구를 반영하는 등 생활인구 제도의 실효성을 확보하기 위해 다양한 방안을 검토 중이다.

[그림 5-1]은 2023년 생활인구 시범 시행 첫 조사 결과를 나타낸 것이다. 인구감소 지역 7곳 모두 '등록인구'에 비해 '생활인구'가 월등히 많게 나타났다. 적게는 경남 거창군의 경우 2배 이상을, 많게는 충북 단양이 8배가 넘었다. 생활인구의 증가 요인을 살펴보면 단양, 보령시의 경우는 관광객 유입이 크게 작용했으며, 고창, 영암은 외

8) 대한민국 정책브리핑, 행정안전부.

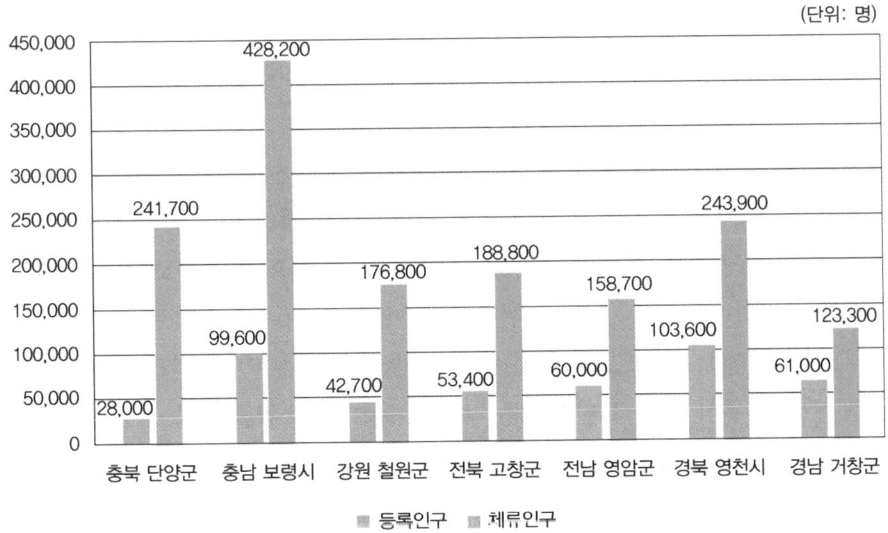

출처: 행정안전부.

그림 5-1 인구감소 지역 7곳 유형별 인구 수

국인 근로자 증가에 따른 것으로 나타나,[9] 지역 특성에 따라 생활인구 유형도 달라져 지역 특성을 반영한 맞춤형 인구정책이 요구된다.

제2절 환경(E) 관점의 정책과 사례

1 지역소멸과 환경(E) 요인

ESG(Environmental, Social, Governance) 실천은 기업뿐만 아니라 시민사회, 정부 등 모두가 노력해야 할 지속가능한 미래를 위한 약속이다. 환경 영역에는 기후변화 대응을 위한 온실가스 배출량 감소, 재생에너지 사용, 에너지 효율 개선 등이 있으며,

9) 거주인구 줄어도 '생활인구' 많은 곳엔 정부 지원(동아일보, 2024.1.2).

환경오염 방지를 위해 대기, 수질, 토양 오염 방지, 폐기물 감소, 자원 보존 및 생물다양성 보호 등 환경을 위한 노력이 포함된다. 인구감소와 고령화에 따른 지역소멸을 가장 확실하게 나타내는 것은 빈집의 증가이며 환경(E)적 접근 이슈의 대표적인 사례다. "빈집이란" 특별자치시장 · 특별자치도지사, 시장 · 군수 등이 거주 또는 사용 여부를 확인한 날로부터 1년 이상 아무도 거주 또는 사용하지 않는 주택을 의미한다.[10]

장기 방치된 빈집은 주변의 경관을 훼손하며 지역사회의 흉물로 자리를 잡아 마을을 더욱 쇠락하게 만드는 원인이 된다. 그럴 뿐만 아니라 노후화로 인한 붕괴 위험과 방치된 전기 배선, 가스통 등은 화재에 취약하여 지역주민의 안전을 위협한다. 또한 무단 쓰레기 투척 등으로 발생하는 악취, 곰팡이와 오염물질 증가, 폐가에 버려진 폐슬레이트 및 환경오염 물질은 토양과 수질 오염을 유발하여 주민의 건강을 해치는 요인으로 작용한다. 이것이 끝이 아니다. 범죄, 청소년 탈선의 온상지가 되기도 한다.

2023년 6월 남양주시 재개발 지역 내 빈집에서 숨진 채 발견된 3명의 여고생 시신 사건이나 2019년 발생한 충북 청주시 폐건물 화재 사건으로 인한 사망사고, 흉가를 체험하는 BJ, 유튜버들 다수의 시신 발견 신고 등은 빈집이 범죄의 온상으로 악용되고 있음을 시사한다.[11] 이렇듯 빈집은 기초자치단체들의 골칫거리로 전락하고 있어 발생 원인과 그에 대한 해법을 찾기 위한 지방자치단체의 고민이 깊어지고 있다.

빈집 발생 요인은 매우 다양하다. 산업구조 변화로 인한 도시쇠퇴, 인구 유출, 고령화, 교육여건 등이 상호연계 작용하여 도시쇠퇴와 함께 순환구조를 가지며 양산된다. 2022년 기준 우리나라 빈집은 총 13만 가구가 훌쩍 넘었다. 빈집이 가장 많은 곳은 전남으로 약 2만 8천 가구다. 이어 경북이 2만 1천, 전북이 1만 9천, 경남이 1만 4천 가구 순이다. 다음 〈표 5-8〉에서도 나타나듯 빈집 문제는 특정 지역에 국한된 것이 아니라 수도권을 포함한 전국적인 차원임을 알 수 있다.

농림축산식품부는 지난 2023년 4월 '농촌 빈집 정비 활성화 대책'을 발표하였다. '빈집 정비'란 빈집을 효율적으로 관리하고 활용하기 위해 수리 또는 철거하는 사업으로 방치된 빈집으로 인해 발생하는 다양한 문제를 해소하여 지역주민 삶의 질 향상과 지역 활성화를 위함이다. 이를 위해 현재 6만 6천 곳에 달하는 농촌지역의 빈집을 2027년까지 지금의 절반 수준으로 줄이는 것을 목표로, 기존 연평균 7,500채의 빈집

10) 빈집법 제2조 제1호 동법 시행령 제2조.
11) '빈집'과의 전쟁(충청투데이, 2023.12.13).

표 5-8 전국 빈집 현황(2022년 기준)

구분	총계	도시지역	농촌지역	어촌지역
계	131,358	42,356	65,357	540
서울	2,859	2,859	–	–
인천	3,995	2,985	470	540
대전	3,264	3,247	17	–
대구	2,518	1,990	528	–
부산	4,933	4,897	21	15
광주	1,492	1,492	–	–
울산	1,691	946	743	2
경기	4,154	1,650	2,481	23
강원	8,344	2,567	3,886	1,891
충북	7,052	146	3,446	3,460
충남	5,638	622	3,901	1,115
전북	19,104	8,056	9,904	1,144
전남	28,019	3,711	16,310	7,998
경북	21,963	4,248	13,886	3,829
경남	14,455	2,219	9,106	3,130
제주	1,257	74	658	525
세종	647	647		–

출처: 관계부처 합동 보도자료(정책브리핑: 2023.6.8).

※ 도시지역은 「소규모주택정비법」, 농촌지역은 「농어촌정비법」에 따라 조사되어 도농 복합지역, 반농반어 지역 등 일부 지역 중복으로 조사된 통계임.

정비대상을 15,000곳으로 대폭 확대한다.12)

그뿐만 아니라 체계적인 빈집 정책 수립을 위해 농림축산식품부, 국토교통부, 해양수산부 등 세 부처가 힘을 모았다. 그간 빈집 위치에 따라 도심 지역은 국토교통부가, 농촌은 농림축산식품부, 어촌은 해양수산부에서 이뤄지는 등 소관 부처가 다르고 빈집 기준 또한 제각각이어서 많은 혼선이 있었으며, 법령 역시 농림축산식품부와 해양수산부는 농어촌 중심의 「농어촌정비법」을, 국토교통부는 「빈집 및 소규모주택 정비에 관한 특례법」을 주관하고 있어 종합적인 정책 수립의 어려움이 있었다.

12) '빈집 되살려야 농촌도 산다' 팔 걷어붙인 농림축산식품부(한국경제, 2024.2.27).

세 부처는 공동으로 '빈집 관리체계 개편을 위한 제도개선'('22.7~'23.4) 연구 결과를 바탕으로 그동안 제각각이었던 빈집 기준과 평가 항목을 통일하고, 2024년 2월부터 정확한 실태를 파악하기 위해 지방자치단체와 함께 국비 및 지방비 총 50억 원을 투입해 빈집 실태조사에 착수했다. 조사 결과는 전국의 빈집 정보를 확인할 수 있는 '전국 빈집 정보 플랫폼(빈집 정보 알림e)'에 순차적으로 공개되며, '빈집은행' 구축을 통해 시골 빈집을 활용하거나 매매할 수 있도록 플랫폼을 연계하여 빈집 정보와 빈집 거래가 활성화하도록 지원한다.

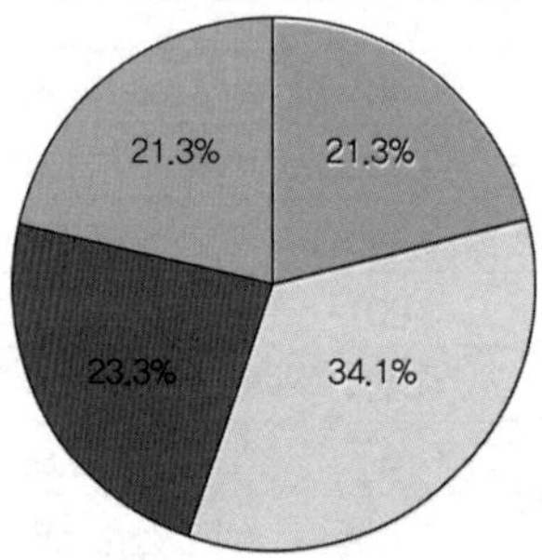

등급	활용성	비율(%)
1등급	활용 대상	21.3
2등급	관리 대상	34.1
3등급	정비 대상	23.3
4등급	철거 대상	21.3

출처: 소규모 & 빈집 정보 알림e.

그림 5-2 빈집 등급 현황

빈집은 집의 상태, 관리 정도, 주변 환경 등을 고려하여 수선이나 리모델링을 통해 재사용 여부를 결정하기 위한 등급 분류를 시행하고 있다. 1등급은 가벼운 수선으로 즉시 사용할 수 있는 집, 2등급은 수선해 사용할 수 있는 집, 3등급은 거주환경이 불량하고 위해 요소가 있어 대수선, 리모델링을 해야 사용할 수 있는 집, 4등급은 건물의 주요 구조 및 외관이 심히 불량해 철거해야 하는 집 등으로 분류하여 효율적으로 관리한다. 2022년 기준 빈집 현황 자료에 의하면 1등급 21.3%, 2등급 34.1%, 3등급 23.3%, 4등급이 21.3%를 차지한 것으로 나타나, 4등급 '철거 대상'을 제외하면 수선이나 리모델링을 통해 재활용할 수 있는 곳은 78.7%로 나타났다.[13]

13) 소규모 & 빈집 정보 알림e.

국토교통부는 체계적인 빈집 정비를 위해 2017년 2월 「빈집 및 소규모주택 정비에 관한 특례법」을 제정하여 제도적 근거를 마련하고 있으며, 현재 시행 중인 가로주택정비사업 등도 이 법으로 이관하여 사업절차를 간소화하고 건축규제 완화, 정비·기술 지원에 관한 규정도 담고 있다. 김준영 전주대 건축학과 교수는 “인구절벽과 지방소멸 문제와도 직결된 빈집은 앞으로도 계속 늘어날 전망으로 지속적인 개발과 관리를 위한 제도적 장치가 마련되어야 한다”라며, “이를 위해서는 우선 현황 파악이 정량적이고 정밀하게 이뤄져야 하며 이를 꾸준히 취합해 줄 수 있는 연구기관 확보가 필요하다”라고 제언했다.[14)]

표 5-9 빈집 대응 관련 법령

법령명	재개정 연도	내용	소관 부처
도시재생 활성화 및 지원에 관한 특별법	2018	• 도시재생 • 도시의 자생적 성장 기반 확충	국토교통부
빈집 및 소규모주택 정비에 관한 특례법	2018	• 빈집 정비사업 • 소규모주택 정비사업	국토교통부
건축법	2019	• 빈집 정비/철거	국토교통부
농어촌정비법	2019	• 정의/빈집 정비/ 철거 • 특정 빈집 제도 마련	농림축산식품부 해양수산부

출처: 국가법령정보센터.

정부는 지방자치단체, 소유자와 협업해 빈집을 철거하고 공원이나 주차장 등의 공공으로 활용하거나 공모를 통해 예산을 지원하는 등 공공 주도의 정책을 추진하고 있다. 그러나 정부 주도 사업은 지역 특성을 고려하지 않거나 복잡한 행정절차, 전문성 부족 등의 한계가 존재한다. 이를 극복하기 위한 민간 참여 사업도 시도되고 있다. 바로 「민·관 합동 빈집 재생 프로젝트」 사업이다. 2023년 7월 처음으로 시도된 이 사업은 빈집 소유자, 정부, 기업이 함께 참여하여 농촌 빈집을 귀농 귀촌 대상자에게 임대하거나 어린이, 청소년 공간, 마을 호텔 등 새 용도로 리모델링 하는 게 프로젝트의 목적이다. 그 첫 사례로 인구감소의 대표 지역인 전남 해남군이 선정되었다. 농림축산식품부는 이마트와 대중 소기업 농어업 협력 재단, 전라남도 해남군과 MOU를

14) 전북 빈집 수두룩 실태조사 ‘중구난방’(전북일보, 2024.2.26).

체결하고 본격적인 「민 · 관 합동 빈집 재생 프로젝트」 시범사업에 돌입했다.

과거 해남군은 2021년 작은 학교 살리기 사업으로 빈집 8곳을 고쳐 전학생 가족이 거주할 수 있는 주택을 제공했다.[15] 이후 이 사업은 가족 유입과 인구증가로 이어져 2024년 현재 전남 최대 규모인 빈집 108곳을 리모델링 후 임대하고 추가로 빈집 부지에 임대주택 14곳을 신축하는 효과를 거두었다. 군은 「민 · 관 합동 빈집 재생 프로젝트」 사업 추진을 통해 작은 학교 살리기 연계형 임대주택 10곳과 관광객 유치를 위한 마을 호텔 10곳을 조성할 계획이다.

2 환경(E) 부문 사례: 빈집 재생 프로젝트

많은 지방자치단체는 빈집 활용 방안 마련, 빈집 재개발, 리모델링 지원 등 빈집 문제 해결과 환경(E)을 위한 다각적인 노력 및 정부예산 확보에 열을 올리고 있다. 이를 반영하듯 전국 226개 기초자치단체 중 204개 단체가 빈집 관련 조례가 제정되어 있다(2024년 3월 기준). 이 중 제주특별자치도는 빈집 문제 해결을 위해 다양한 정책을 추진하고 있다.

제주특별자치도(제주도) '북촌포구 집' 사업이 지역경제 활성화의 성공적인 모델로 회자되고 있다. 과거 해녀가 살던 1980년대 지어진 빈집을 리모델링해 복고풍 감성이 물씬 묻어나는 고급 감성 숙소로 변신시켜, 2021년 1월부터 일반고객, 회원제 및 워케이션 장소로 활용되고 있다. 이를 통해 지역주민의 일자리는 물론 숙박객에게 제공하는 웰컴키트, 간식 등을 지역업체 제품으로 연결하여 지역 상생을 도모하며 지역경제 활성화에 기여하고 있다. 특히 제주도, 정부, 지역주민, 하나투어, LG전자, 노루표페인트, 일룸 등이 함께 협력하여 무분별한 자연훼손을 방지하고 재활용을 통해 자원 순환 경제, 지역경제 활성화를 실천하는 모범사례라 할 수 있다.

2023년 12월 빈집을 활용한 숙박시설 현장을 방문한 이상민 행정안전부 장관은 "빈집은 경관을 해치고 안전 · 환경 · 위생 문제뿐 아니라 우범지역으로 방치되고 있다"라면서, "북촌포구 집처럼 빈집을 잘 활용하면 경관은 물론 지역경제 활성화에도 많은 도움이 되는 우수한 모범사례"라고 강조했다.

15) '임대주택, 마을 호텔, 창업 공간까지, 해남 빈집 변신 눈길(연합뉴스, 2024.2.25).

제주도의 '빈집 재생 프로젝트' 사업은 스타트업 '주식회사 다자요'의 역할이 컸다. '다자요'는 '농촌형 에어비앤비'를 표방한 새로운 농어촌 빈집 숙박 모델이다. 10년 간 무상으로 임대한 빈집을 고쳐 숙박시설로 이용한 뒤 주인에게 반환하는 방식이다. 그러나 농어촌 민박은 「농어촌정비법」상 주인이 거주하는 경우에만 가능하여 빈집 숙박은 '농어촌 민박 거주 요건'에 위반된다. 이에 정부는 2020년 9월부터 농어촌 빈집을 활용한 숙박업의 규제 샌드박스 실증 특례 시범사업을 2년 간 시행하였으며, 이를 토대로 농촌 지역사회에 미치는 영향 등을 종합적으로 고려해 기존 민박과는 다른 '별도 제도를 신설'하는 방향으로 법・제도의 정비를 검토할 계획이며, 제주 외 지역에 관한 실증사례 부족을 들어 규제 샌드박스 실증 특례를 2026년 1월까지 2년 더 연장하기로 하여 '농촌 빈집 숙박 활용' 사업은 많은 지방자치단체로 확산할 것으로 보인다.

규제 샌드박스(regulatory sandbox)[16]란 아이들이 자유롭게 뛰어노는 모래 놀이터처럼 신기술, 신산업 분야에서 새로운 제품, 서비스를 내놓을 때 일정 기간에 또는 일정 지역 내에서 기존의 규제를 면제 또는 유예해 주는 제도이며, 실증 특례란 규제 샌드박스의 핵심 요소로 기업이 신규 서비스나 제품을 시장에 출시하기 전에 일정 기간 규제를 완화하거나 면제해 주는 것을 의미한다.

이외에도 제주도는 '2026년 제주 워케이션 인구 10만 명'을 목표로 본격적인 워케이션 활성화 사업을 추진한다. 이를 위해 '오피스나 여가 프로그램 바우처' 사업을 실시 중이며 최대 30만 원까지 지원한다. 연구용역 결과에 따르면 워케이션 인구 10만 명이 지역경제에 미치는 파급력은 직접 효과 344억 원, 생산 유발 약 4,300억 원, 고용 유발 약 2,600명에 이를 것으로 추산된다고 한다. 이는 정부의 '생활인구' 개념에 따라 '지역인구' 확대에 크게 이바지할 것으로 기대된다.

제주도는 지난 2023년 국비 30억 7천만 원의 지방소멸대응기금을 지원받아 원도심과 서귀포시, 함덕리 해안 도로변 등 총 3곳에 워케이션 공공 오피스를 조성 중이다. 빈집, 유휴건물 활용 등을 통한 기반 조성은 지역을 다시 소생시키며 활력을 불어넣을 것으로 기대된다. 이외에도 충청남도에서는 빈집 리모델링 후 귀농・귀촌인, 청년, 신혼부부, 고령자, 장애인, 외국인 근로자 등에게 4년 간 무상 임대 월 1만 원 임대 등의 지원사업을 통해 빈집 문제 해결과 인구 유입 정책을 추진하고 있다.

---

16) 중소벤처기업부.

제3절 사회(S) 관점의 정책과 사례

1 지역소멸과 사회(S) 요인

ESG 평가지표 중 사회(S)에 관련된 항목은 인권, 안전, 사회공헌, 부패 방지, 양성평등, 다양성과 기회균등 등을 포함하고 있다. 수도권 과집중, 저출산, 고령화로 인해 야기된 지역소멸은 지역사회 경제침체로 인한 소득감소, 열악한 생활환경과 교통, 교육, 의료, 돌봄 등의 서비스 질 저하 등의 다양한 사회(S) 요인이 발생한다. 특히 농어촌지역의 고령화는 일손 부족으로 인한 휴경농경지 확대, 농업 생산성 저하와 농산물 가격 상승으로 이어지며 종국엔 식량안보를 위협하고 있다.

정부는 이러한 농번기 농어촌 일손 부족 해소를 위해 '외국인 계절근로자 프로그램'을 운영하고 있다. 단기간 일손이 필요한 농어촌에 합법적으로 외국인을 고용하는 제도로 입국하여 8개월 간 머물며 일을 하게 된다. 올해 배정 규모는 45,600명으로 전년(2023) 35,600명 대비 1만 명이 늘어난다.[17] 이외도 국내 인력으로 해소하지 못한 농어촌, 중소기업 등에 외국인을 고용할 수 있도록 고용허가제 취업비자(E-9)를 발급받아 국내 산업현장에서 일할 수 있는 근로자 규모도 2021년 5만 2천 명에서 2024년 역대 최대 규모인 16만 5천 명으로 확대된다.

이처럼 저출산, 고령화로 인한 일손 부족은 이주노동자 없이 생산이 이루어지지 않는 만큼 인력 수요가 매년 크게 늘고 있다. 이는 강제노동, 불이익, 불법체류, 인권침해 등의 다양한 사회문제를 내재하고 있다. 다음 〈표 5-10〉은 2022년 기준 외국인

표 5-10 2022년 기준 외국인 주민 현황

(단위: 천 명)

총계	외국인 근로자	결혼 이민자	유학생	외국 국적동포	기타 외국인	국적취득	외국인 주민자녀
2,258	403	175	189	397	586	223	282

출처: 행정안전부 보도자료(2023.11.8).

17) 계절근로 1만 명 늘어, 부족한 농번기 일손 숨통 트이나(한국영농신문, 2024.4.9).

주민 현황을 나타낸 것으로 총 226만 명이 국내에 체류 중이다. 이는 역대 최대 규모로 총인구 대비 4.4%에 해당한다.

국내 외국인 주민은 외국인 근로자와 결혼이민자(국적취득 포함)가 가장 큰 비율을 차지하고 있다.[18] 외국인 근로자는 주로 농어촌, 중소기업, 서비스업 등에서 일하며 낮은 임금과 열악한 노동환경, 소통의 어려움, 차별과 임금 체불 등에 취약하다. 결혼이민자의 경우 주로 농촌지역에서 생활하며 가정 내・외에서 언어장벽과 문화적 갈등, 감정적 고충 등을 겪기도 한다.

우리나라는 더 이상 외국인 노동자 없이는 구동되지 않는 사회라고 해도 과언이 아니다. 농어촌, 소규모 자영업자나 중소기업은 노동력 부족, 3D업종[19] 기피 등으로 외국인 체류 근로자는 해마다 최고치를 경신하며 확대하고 있다. 그러나 외국인의 임금 체불, 인종 차별, 착취 편견 등의 문제는 꾸준한 사회문제로 제기되고 있어 ESG 사회(S) 이슈인 인권, 다양성, 포용성, 차별, 평등 등에 대한 문제 해결에 주목해야 할 것으로 보인다.

지난 2023년 3월 '세계 인종 차별 철폐의 날'을 맞아 이주노동자들이 "국내 이주노동자들에 대한 차별을 철폐하라"고 촉구했다. 이날 기념대회에 참석한 이주노동자와 시민 200여 명은 '강제노동, 고용허가제 폐지', '인간 사냥 단속 중단'이라고 쓰인 팻말을 들고 "이주민의 평등・자유・안전을 보장하라", "차별금지법을 제정하라"고 요구했다.[20]

인구소멸 지역 지방자치단체는 정부가 '생활인구' 범위에 체류 외국인을 포함함에 따라 5년 이상 장기 체류할 수 있는 지역특화 체류비자(F-2-R)를 경쟁적으로 도입하고 있다. 즉, 체류 외국인도 지역공동체 구성원으로서의 외국인 주민의 법적 지위를 마련하고 지역사회 주민으로서 권리와 의무를 다할 수 있는 사회가 된다는 의미이다. 그러나 아직 '외국인 주민'이 정의가 지방자치단체에 따라 기준과 범위도 제각각이어서 같은 외국인이더라도 어디에서는 '주민'이지만 다른 지역에서는 제외될 수도 있다. '생활인구'가 지역소멸 극복의 효과적인 방안으로 자리를 잡기 위해서는 다양하고 지속가능한 정책 개발과 명확한 기준, 지원 정책 등이 필요해 보인다.

---

18) 통계청, 시군구별 외국인 주민 현황(2024.1.26).
19) Difficult(어렵고), Dirty(더럽고), Dangerous(위험한)로 기피하는 직업군(나무위키).
20) 인구감소의 시대, 이주민 증가에 따른 제도 마련 필요(이데일리, 2024.4.4).

2023년 4월 여성가족부는 '제4차 다문화 가족정책 기본계획(2023~2027)'을 발표했다. '누구 하나 소외되지 않는 가족, 모두가 함께하는 사회 구현'이라는 윤석열 정부의 국정과제 추진을 위함이다. 발표에 따르면 우리나라 다문화 가구원 수는 2018년 100만 명에서 2021년 112만 명으로 증가했으며, 다문화 아동 · 청소년도 2018년 23만 7천 명에서 2021년 29만 명으로 지속적인 증가세를 보였다.

그러나 학령기 자녀의 학교생활 부적응 및 학력 격차는 동일 연령대에 비해 현저히 높게 나타나 '2024년 다문화 아동 · 청소년 맞춤형 지원 예산'을 전년(222억 원) 대비 159% 늘어난 568억 원을 편성하여 교육 기회 확대에 집중 지원을 한다고 밝혔다. 또한 다문화가족의 유형도 장기 거주 결혼이민자가 증가하고, 다문화 한부모가족, 본국 귀환 다문화가족 등 다변화하고 있어 이를 반영한 정책을 추진할 계획이다.21)

[그림 5-3]에서 나타나듯 우리나라 학령 인구는 저출산으로 인해 지속해서 감소하고 있으나 국제결혼 증가 등으로 다문화가정 학령 인구는 가파르게 증가하고 있다. 특히 '국내 출생' 다문화 학생 비율이 71.7%로 매우 높다는 것은 시사하는 바가 크다.22)

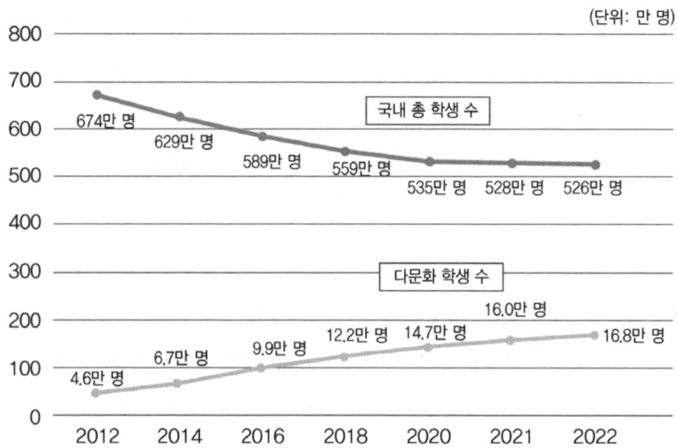

출처: 여성가족부.

그림 5-3 국내 다문화가정 학생 수 현황

21) 제4차 다문화 가족정책 기본계획 발표(정책브리핑, 2023.4.27).
22) 다문화학생 2만 시대 국내출생 많아 내국인 관점 정책필요(연합뉴스, 2024.1.1).

우리나라는 2023년 12월 기준 외국인 주민 228만 명으로 역대 최고치를 기록 중이다. 이는 총인구의 4%에 해당하는 수치이며 앞으로 큰 이변이 없는 한 더욱 증가할 것으로 보인다. 이렇듯 외국인 주민의 증가는 이제는 피할 수 없는 지역소멸의 대안으로 떠오르고 있다. 실제 정부는 지난 2023년 12월 저출산, 고령화로 인한 인구절벽 대응을 위해 '이민정책'이라는 카드를 들었다. 불법체류를 근절하고 유능한 생산연령 인구의 지속적인 확보를 위해 외국인 유치와 이민정책을 총괄하는 '출입국 · 이민관리청(이민청)'을 설립한다는 것이다. 즉, 국경관리와 체류 질서를 통해 인구구조 변화, 이민자 유입에 따른 갈등 등 사회적 문제에 총체적으로 대응하기 위함이다. 아직 구체화도 되지 않은 '이민청' 설립 이슈에 벌써 전국 여러 지방자치단체가 '이민청' 유치전으로 뜨겁다. 지역의 일자리 창출과 경제적 효과를 통해 지역경제 활성화에 크게 이바지할 것을 기대하며 '이민청' 유치에 사활을 걸고 있다.

이와는 반대로 외국인 노동자는 증가하는데 이들을 지원하던 '외국인노동자 지원센터(전국 총 44개소)'가 예산 전면 삭감으로 2024년부터 업무를 종료했다.[23] 지원센터는 지난 2004년 개소를 시작으로 20년 간 외국인 근로자의 소통 어려움, 고충 상담, 갈등 중재, 교육과 생활법률 및 정보 제공 등 한국 생활을 지원해 왔다. 역행하는 정부정책으로 인해 현장의 혼란과 이에 대한 우려의 목소리가 높다.

우리는 인구구조의 대변화를 맞이하고 있다. 그러나 아직도 우리 사회 저변에는 '한민족', '단일민족'에 대한 자긍심과 고정관념이 팽배하다. 이는 현대사회에서 추구하는 다양성, 포용성의 가치를 저해하는 요인으로 작용한다. 다양한 문화에 대한 이해와 존중을 바탕으로 함께 성장할 때 미래 사회발전을 위한 동력이 될 수 있을 것이다.

2 사회(S) 부문 사례: 「다문화가족 지원사업

2023년 9월 8일 충남 부여문화원 소강당에서 '충남 인구감소 위기와 지역소멸 대응'을 위한 열린 토론회가 열렸다. 민 · 관 · 정이 함께 '지역소멸' 해법 찾기에 나선 것이다.[24] 2023년 6월 1일 통계청 기준에 따르면 태안 · 청양 · 부여 · 서천 · 금산은

23) 외국인 노동자 느는데 지원센터 20년만에 폐지 예산 71억 원→0원(연합뉴스, 2023.9.14).

인구소멸 '고위험', 당진 · 서산 · 보령 · 공주 · 논산 · 홍성 · 예산은 '위험' 지역으로 충남의 대부분 시 · 군은 '인구소멸 위험'에 처해있는 상황이다. 도는 귀농 · 귀촌, 생활인구 확대 등을 통해 인구소멸 대응에 나서고 있으며, 이를 위해 지방소멸기금, 균형발전사업기금, 전국 공모사업 등의 예산을 활용하여 시너지를 낼 계획을 발표했다. 조길연 충남도의회 의장은 "충남에서는 인구감소와 지역소멸을 총체적으로 해결할 수 있는 종합적인 전략을 수립하고 있으며, 도의회에서도 절박한 마음으로 지역의 인구감소 위기와 지방소멸문제 대응을 위해 최선을 다하겠다"라고 말했다.

도의 인구감소 대응 키워드는 '청년', '외국인'이다. 기존 출산율 제고 정책에서 벗어나 청년 유출을 막고 외국인 유입을 확대하여 지역소멸을 막겠다는 것이다. 이를 위해 도는 2023년 외국인 유입 정책인 '지역특화형 비자 시범사업'에 참여하여 150명의 외국인 모집을 달성한 바 있으며 앞으로 확대 운영할 계획이다.[25] '지역특화형 비자 사업'이란 적극적인 지역소멸 대응을 위해 국내 체류 외국인이 인구감소 지역 정착에 정착할 수 있도록 유도하여 지방자치단체의 생활인구 확대를 통한 경제 활성화를 촉진하기 위한 사업으로 2024년부터 본격 가동된다.

충남도는 총인구는 2,175천 명(2021.11. 기준)이며 이 중 외국인 주민은 124천 명으로 지역주민의 5.70%를 차지하고 있다.[26] 이는 전국 외국인 비율 4.37%에 비해 월등히 높은 수치로 수도권을 제외한 지방자치단체 가운데 외국인 수가 가장 많은 지역이다.

도는 2007년부터 일찍이 '거주외국인 지원 조례'를 제정하여 도내 체류 외국인 지원에 관한 근거를 마련하였으며, 2009년 '다문화가정 지원 조례'로 전부 개정하여 지역 내 수요자 중심의 맞춤형 복지서비스 등 다민족 · 다문화 가정 지원 등의 체계를 구축했다. 현재 시행 중인 '외국인주민 및 다문화가족 지원 조례'는 2012년 기존 '다문화가정 지원 조례'를 개정하여 나날이 증가하는 외국인 주민을 위해 지원 대상 범위를 확대하고 근로자의 인권과 권익 보호, 외국인 주민 자녀에 대한 지원도 구체화했다.

충남의 외국인 정책 집행 금액은 2021년 기준 총 8,221백만 원으로 나타났다. 세부 집행 현황으로는 공통과제 37건에 2,974백만 원, 자체 과제 64건, 5,247백만 원을

---

24) 충남 민 · 관 · 정 인구감소 지역소멸 해법 찾기 나섰다(디트NEWS24, 2023.9.8).
25) 충남 인구감소 대응 키워드 '청년 · 외국인(디트NEWS24, 2023.5.30).
26) 통계청, 충청남도 외국인 주민 현황.

표 5-11 충청남도 외국인 주민 관련 지원 조례

연번	조례명	시행일	주목적
1	외국인노동자 보호 및 지원에 관한 조례	21.9.30	– 외국인노동자 보호, 지원 – 노동환경개선, 복지증진 등
2	외국인 유치센터 설치 및 운영에 관한 조례	23.7.10	– 외국인 유치를 위한 센터 설립, 운영
3	외국인주민 및 다문화가족 지원 조례	12.12.31	– 거주 외국인 주민 및 다문화가족의 안정 및 지역사회 정착 지원

출처: 통계청.

집행하여 총 101건의 과제를 수행한 것으로 나타나 국내 체류하는 외국인 및 다문화 가족이 지역사회의 구성원으로서 함께 참여하고, 동반성장할 수 있는 환경을 조성하고 있음을 알 수 있다.27)

표 5-12 2021 충청남도 외국인 정책 시행계획 과제 및 예산

구분	추진과제	과제 수	예산
공통 과제	국민이 공감하는 질서있는 개방	1	303
	이민자의 자립과 참여로 통합되는 사회	27	2,107
	국민과 이민자가 함께 만들어 가는 안전한 사회	2	90
	인권과 다양성이 존중되는 정의로운 사회	6	470
	협력에 바탕한 미래 지향적 거버넌스	1	4
소계		**37**	**2,974**
자체 과제	국민이 공감하는 질서 있는 개방	3	919
	이민자의 자립과 참여로 통합되는 사회	42	3,713
	국민과 이민자가 함께 만들어 가는 안전한 사회	4	70
	인권과 다양성이 존중되는 정의로운 사회	15	545
	협력에 바탕한 미래 지향적 거버넌스	0	–
소계		**64**	**5,247**

출처: 이성순(2023). 충청남도 다문화정책에 관한 연구.

충남 아산시는 전국 최초로 '찾아가는 이동 언어 교실 톡톡 카(Talk Talk Car)' 사

27) 이성순(2023). 충청남도 다문화정책에 관한 연구: 2021 지방자치단체 외국인정책 시행계획을 중심으로.

업 운영으로 2022년 행정안전부 지역혁신 우수사례로 선정되었다. 이용 접근성과 의사소통이 어려운 언어 사각지대 다문화 외국인 가정 자녀를 대상으로 이동 치료 차량 '톡톡 카'가 직접 방문하여 언어치료, 놀이, 또래 관계, 학습 능력 향상을 위한 맞춤형 프로그램 등을 통해 외국인 주민 자녀들이 언어로 차별받지 않고 학교생활에 잘 적응하여, 지역사회에 안정적으로 정착할 수 있도록 지원하고 있다.[28)]

교육 기회균등 관련 충남 태안군의 사례도 있다. 지난 2023년 11월 충남 다문화가족 거점센터 주관 성과보고회에서 태안군의 '드론에 꿈을 담다' 프로그램이 다문화가족 지원 우수사례로 뽑혀 화재가 되고 있다.[29)] 특히 태안의 지역자원인 국내 최대 드론 테마파크인 UV랜드를 적극 활용한 드론 활용 교육은 다문화 자녀들에게 다양한 체험 기회와 미래 역량을 키워주는 데 기여할 것으로 보인다.

제4절 거버넌스(G) 관점의 정책과 사례

1 지역소멸 대응 거버넌스(G) 요인

ESG(Environmental, Social, Governance) 경영의 중요성이 높아짐에 따라 지방자치단체의 거버넌스(Governance: G)는 투명성, 책임성, 효율성을 통해 주민들의 삶의 질을 높이고 지속가능한 발전을 이루는 데 매우 중요하게 인식되고 있다. 지역을 위한 지방자치, 지역균형발전 정책 등이 과거 정부 중심의 하향식 경향이 강했다면 요즘은 주민들의 의견을 수렴하는 주민공청회, 사전 협의, 정책자문위원회, 정책 콘퍼런스 등의 참여가 확산하고 있어 시민들의 의견 제안을 반영하고 있다. 대표적인 예로 '주민자치회'와 '주민참여 예산제'를 들 수 있다. '주민자치회'가 지역주민을 대표하는 공식 기관으로 지역주민의 의사를 반영하여 결정하고 실천하는 역할을 하고 있다고 하면 '주민참여 예산제'는 예산편성에 관여한다.

지방자치단체, 지역사회, 시민사회 등 다양한 이해관계자들이 참여하는 거버넌스

28) '찾아가는 이동 언어교실 톡톡카' 주민생활 혁신사례 선정(아산신문, 2022.11.11).
29) 충남 다문화가족 지원사업 4년 연속 수상 등(뉴시스, 2023.11.3).

구축은 현재 지역소멸이라는 위기에 대응하고 지속가능한 발전을 위해 가장 중요한 요소라 할 수 있다. 그리고 무엇보다 거버넌스 활성화를 위해서는 적극적인 주민참여가 우선되어야 한다. 양덕순(2008)은 "주민참여는 정책의 의사결정과정과 집행과정에 관여함으로써 이를 통해 지방 행정서비스의 질을 향상 시키고 나아가 거버넌스를 발현한다"라고 설명한 바 있다.

지난 2024년 1월 국토교통부는 지방소멸 위기 대응을 위해 민간이 주도하고 공공이 지원하는 '민·관 협력 지역 상생 협약 사업'을 시행한다고 밝혔다. 예산 규모는 총 9개(사업당 50억 원 이내)이다.[30] 지방자치단체와 민간이 함께 제도의 유연성과 다양성을 활용하여 지역 상생, 일자리 창출, 지역 간 연계 등 지역이 희망하는 다채로운 사업을 자율적으로 시행할 수 있다. 특히 지역 특성과 여건을 고려하여 지방자치단체, 지역주민과 민간 기업이 함께 협력하여 추진하는 맞춤형 사업으로 빈집 등 지역자원을 활용해 워케이션, 취미, 체험 공간 조성, 지역 대학, 기업이 참여하는 취·창업 지원, 인접 도시와 연계한 관광, 숙박, 먹거리 등의 특화시설 조성 등의 사업 추진으로 지역 방문을 유도하여 지역경제 활성화에 도움이 될 것으로 기대된다.

2023년부터 가동을 시작한 '고향사랑기부제'는 정부, 지방자치단체, 지역주민, 민간 기업, 시민 등 다양한 이해관계자들의 협력을 기반으로 운영되는 제도다. '고향사랑기부제'란 개인이 고향[31]에 기부하고 지방자치단체는 이를 모아서 주민 복리에 사용하는 제도로 자발적 기부를 통한 지방재정 확충 방안이다. 이는 지역 간 재정 격차를 완화하고 지역 특산품 등을 답례품으로 제공하여 지역경제의 활력을 도모한다. 개인은 주소지를 제외한 지방자치단체에 1인당 연간 500만 원을 기부할 수 있으며, 기부금의 30% 이내의 답례품과 세액공제 등의 혜택을 받을 수 있다.

관계 인구 확대와 다양한 이해관계자가 참여하는 '고향사랑기부제'는 지방자치단체가 자율적으로 재원을 마련하여 지역이 안고 있는 사회문제를 스스로의 힘으로 해결하는 것이 목적이기 때문에 주체별 역할은 매우 중요하다. 첫째, 지방자치단체는 답례품을 정하고 이를 제공할 사업자를 선정하며 기부자들이 공감할 기금 활용계획 수립 및 모금 전략과 홍보 등 지방소멸 대응을 위한 방안을 총괄한다. 둘째, 기부자는

30) 사업당 국비 50억 원, 지방소멸 위기대응 위한 민관협력 지역상생협약 사업(국토교통부 보도자료, 2024.1.17)

31) 고향: 기부자 본인의 주민등록등본상 거주지를 제외한 지역자치단체를 의미함.

지역을 사랑하고 지역문제 해결을 위한 관심과 기부금을, 셋째, 지역 답례품 생산자는 우수한 품질의 제품 생산으로 지역을 홍보하고 지역경제 활성화를 위해 노력해야 한다. 넷째, 지역주민의 역할은 지역문제에 깊은 관심과 지역소멸 극복을 위한 적극적인 참여다. 다섯째, 정부는 정책을 설계하고 관리하는 역할을 해야 하며 원활한 안착을 위해 노력해야 한다. 이렇듯 다양한 이해관계자의 참여와 협력적 거버넌스는 성공적인 정책 실현을 위한 필수적 요소라 할 수 있다.

표 5-13 고향사랑기부제 이해관계자

구분	역할
지방자치단체	답례품 선정 및 제공, 홍보, 결과공개, 기부금 활용계획(정책발굴)
기부자	기부, 답례품 선택, 기부금 사용처 선택
답례품 생산자	품질보장, 투명성, 지역홍보, 지역경제 활성화
지역주민	지역소멸 극복을 위한 지역발전 참여, 주민참여
중앙정부	정책설계, 관리 및 제도개선

출처: 행전안전부 참고.

전국의 고향사랑기부금 관련 조례는 현재 총 246개(2024.4. 기준)가 제정되어 있으며, 지방의 자치단체들은 기부 유치를 위해 민 · 관 공동 대응에 나서고 있다. 지역 특산품, 상품권, 테마 여행권 등의 답례품 제공을 홍보하고, SNS, 유튜브, 블로그 등을 활용한 맞춤형 홍보 및 마케팅 전략, 각종 축제와 이벤트를 통해 기부자들의 참여를 유도하여 지역발전을 위한 노력에 힘을 쏟고 있다.

2024년 1월, 행정안전부는 지난해 처음 시행한 '고향사랑기부제' 기금 성과를 발표했다. 발표에 따르면 243개 자치단체에서 약 650억 2,000만 원을 모금했으며 기부 건수는 총 52만 5천 건으로 나타났다.[32] 특히 인구감소 지역 자치단체의 모금이 활발하게 이뤄져 열악한 지방재정에 도움이 될 것으로 보인다. 지역별로 보면 전라남도가 143억 3,000만 원으로 가장 많았으며, 다음으로 경상북도가 89억 9,000만 원, 전라북도가 84억 7,000만 원 순으로 재정자립도가 낮은 농어촌지역에서 많이 모금된 것으로 나타났다. 답례품과 세액감면을 통한 기부자 편익은 최대 500억 원으로 추산되며, 주

32) 고향사랑기부제 '650억 원 모금', '지방재정 확충 지역활력 높여'(행정안전부, 2024.1.10).

로 농·어촌민과 중소기업의 답례품 제공은 지역의 생산자와 전국의 기부자를 연계해 지역경제 활성화에 이바지하는 등 제도의 취지대로 지역문제 해결과 지역경제 발전에 도움이 된다고 밝혀 긍정적인 평가를 내놓았다.

모금된 기금은 지역경제 생태계 향상, 공공서비스 확충을 통한 지역의 복리 증진 등 지역균형발전에 보탬이 될 것으로 보이며, 기부와 답례가 지역 방문, 거주 체험 등 선순환으로 이어져 실질적인 지역 활력에 도움이 되길 기대한다.

2 거버넌스(G) 부문 사례: 고향사랑기부제

충북 증평군은 기초자치단체 가운데 가장 작은 1읍 1면의 행정구역을 가지고 있으며 인구 37,486명(2023.12. 기준)이다. 면적 또한 울릉군을 제외하면 전국 군 단위 자치단체 가운데 가장 작다. 지난 2003년 8월 괴산군에서 1읍 1면을 분리해 탄생한 '소멸 지역 1순위' 지역이었지만 20년이 지난 오늘날 오히려 인구가 증가하고 있어 지역소멸 위기 상황에 세간의 주목을 받고 있다. 특히 증평군의 청년인구(19~39세) 비율은 25.3%로 전국 군 단위 평균 청년인구 비율 18.2%보다 월등히 높고, 출생아도 2023년 221명으로 지난해에 비해 38.8%나 증가하여 도내에서 가장 높다.[33)]

이와 같은 인구 증가는 편리한 교통망과 좋은 입지 여건 등으로 인한 기업체의 증가, 도시개발 증가, 군부대 군인 유입 등을 들 수 있다. 그러나 무엇보다 증평군의 적극적인 정책 효과라는 분석이 지배적이다. 2018년 정책 우수사례 프로젝트 '아고라 광장 프로젝트'와 '디자인으로 물들인 하천' 등은 창의적인 아이디어로 2023년 지방자치단체 생산성 최우수상 수상 기록을 세우기도 했다. 이외에도 '행복 돌봄', '청년 임대주택', '청년 플랫폼' 사업 등 어린이와 청년을 위한 촘촘한 복지정책도 한몫한 것으로 보인다

'고향사랑기부제' 운영에서도 두각을 나타내고 있다 충북에서 첫 번째로 기부금 모금액 1억 원 돌파를 이뤄낸 기초 자치단체다. 지난 2023년 5월 고향사랑기부제 성공모델로 우수사례 발표에 나선 이재영 증평군수는 "적은 인구, 1읍 1면의 특수성에도 불구하고 이러한 성과를 낸 것은 관계 인구 형성과 홍보 방식의 다변화를 통해 가

33) 청년 많은 증평군, 강소도시 '증가포르' 꿈이 영근다(한국일보, 2023.10.28).

능했다"라고 말했다.[34)]

증평군은 발달한 교통망으로 인해 인근 지방자치단체에서 출퇴근하는 직장인, 인근 시·군 지역주민 등의 '생활인구'가 지속해서 증가하고 있다. 군은 이들에게 관내 공공시설 이용 시 군민과 같은 혜택을 부여하고 있으며, '고향사랑기부제' 참여를 적극 독려하고 있다. 이뿐만 아니라 기업체 대상 설명회 개최, 도로에 홍보 현수막 게시와 홍보 광고지를 배포하고 있으며, 그 외에도 기부를 유도할 수 있는 각종 이벤트 활동, 기부금 1억 원 돌파 기념콘서트, 홍보대사인 인기 강사 김미경, 가수 박군, 배우 박보영이 출연한 홍보 동영상 제작 등을 통한 기부금 유치 활동을 벌이고 있는 등 지방자치단체의 역할이 적지 않다.

조례 개정을 통한 기부자 예우도 추가했다. 기부자에게 '증평사랑군민증'을 발급하고 좌구산휴양림 등 공공시설 이용료를 군민과 동일하게 감면해 준다. 이처럼 끊임없는 지방자치단체의 관심과 노력은 독특한 아이디어와 맞춤형 홍보 전략의 성공적인 사례로 나타나기에 충분했다. 증평군의 2023년 총기부금 모금 현황은 1,129건으로 2억 8백만 원이다. 모금된 기부금은 저출산 문제 대응을 위한 공공돌봄 지원 '쓰담쓰담 돌봄 나눔 운영' 사업과 보행기 및 휠체어 이용자의 보행 안전을 위한 '보건복지타운 이용자 보행 안전 개선' 사업에 쓰일 계획이다.[35)] 이른 시일 안에 증평군의 숙원사업이 성공적으로 이루어져 행복한 지역사회가 되길 바란다.

표 5-14 증평군 고향사랑기금 사업 소개

분야	대상	내용	소요예산
아동, 보육 분야	초등 100여 명	공공돌봄 서비스 제공	연간 3억 원
노인, 장애인 분야	노인, 장애인	철도 하부 통로 개축(보행안전개선)	300억 원

출처: 고향사랑e음 기금사업 소개.

34) 고향사랑기부제 성공 모델 증평군, 우수사례 발표(뉴스핌, 2023.5.11).
35) 고향사랑 e음 기금사업 소개.

제5절 결론

1 소결

'지역소멸(地域消滅)'은 저출산, 고령화, 수도권 집중화 등의 요인에 의해 발현하며 단순한 인구감소를 넘어 지역경제 위축, 생활 인프라 부족, 문화 쇠퇴 등 복합적인 사회문제 발생으로 지역공동체가 제대로 기능하지 못하는 상태를 의미한다. "한국은 지구상에서 가장 먼저 사라지는 나라가 될 것이다"라고 영국 옥스퍼드대 인구문제 연구소의 콜먼(R. E. Coleman) 교수가 경고할 만큼 우리나라는 심각한 위기 상황에 놓여있다.

이러한 위기 극복을 위해 정부는 「인구감소지역 지원특별법」, 「지방자치분권 및 지역균형발전에 관한 특별법」 등의 제정을 통해 국가 차원의 지역소멸 대응을 위한 종합지원 체계를 구축하여 국가균형발전, 각종 세제 혜택, 국고보조사업 지원 등 다각적인 지원 정책을 추진하고 있다. 인구감소 지역의 지방자치단체는 '지방소멸대응기금'을 확보하여 기업 유치, 투자 유치, 생활인프라 조성, 정주여건 개선 등을 통해 청년인구 및 생활인구 확대를 위한 다양한 인구 활력 증진 사업을 추진하여 지역소멸 문제 해결을 위해 노력하고 있다.

지역소멸 문제 해결은 한국사회가 직면한 심각한 과제이며 정부, 지방자치단체, 기업, 시민단체 등 다양한 이해관계자들의 적극적인 대응과 협력이 필요한 시점이다. 협력과 연대를 통해 지역의 문제를 함께 고민하고 참여할 때 지속가능한 지역사회 발전을 이룰 수 있으며, 이러한 정책 추진의 핵심 동력은 지방자치단체의 역할이다. 이에 지역소멸 대응을 위한 지방자치단체의 정책과 사례를 ESG 관점으로 분석하여 지방자치단체의 ESG 적용 전략을 촉진하고자 한다.

첫째, 환경(E) 관점의 주요 정책과 사례이다. 인구감소와 고령화에 따른 지역소멸로 가장 먼저 나타나는 것은 빈집의 증가이다. 장기 방치된 빈집은 환경오염, 자원고갈, 범죄 발생, 안전 문제 등을 일으키며 지역을 쇠락시킨다. 정부는 「농어촌정비법」, 「빈집 및 소규모주택 정비에 관한 특례법」 등의 법령을 근거로 체계적인 빈집 정책 수립과 지원사업을 추진하고 있으며, 지방자치단체는 빈집 재개발, 빈집 리모델링을 통해 귀농·귀촌 대상자에게 임대하거나 어린이, 청소년 공간, 마을 호텔 등 지역 인구 유입을 위한 다양한 빈집 활용 방안 마련을 위해 고심하고 있다.

빈집 활용 사례로 제주특별자치도의 '북촌포구 집' 사업은 과거 해녀가 살던 빈집을 리모델링 해 고급 감성 숙소로 탈바꿈했다. 일반인, 휴가지 원격근무 장소로 활용되고 있는 이 숙소는 환경보존, 지역경제 활성화, 문화 체험 등 지역발전의 성공적인 사례로 평가받고 있다. 무엇보다 기존의 '농촌 빈집 숙박' 사업이 '농어촌 민박 거주요건'[36] 위반이라는 한계를 규제특례 적용을 통해 돌파구를 찾았다는 것이다. 이는 '농어촌 빈집 활용'이 전국적으로 확산할 수 있는 기반을 마련한 것으로 농어촌지역에 활력을 불어넣을 것으로 기대된다.

둘째, 사회(S) 관점의 정책과 사례이다. 저출산, 고령화로 인한 인력 부족 문제 해결을 위해 정부는 외국인 계절근로자 프로그램 운영과 고용허가제 취업비자(E-9) 발급을 확대하고 있다. 또한 지방자치단체는 '지역특화형 비자' 사업의 적극적인 추진을 통해 생활인구 확산에 힘을 쏟고 있어 외국인 주민의 수는 해마다 최고치 기록을 경신 중이다.

그러나 여전히 외국인 주민, 다문화가족 등에 대한 인권, 다양성, 포용성, 차별 등은 꾸준히 사회문제로 제기되고 있어 지역소멸 대응을 위한 외국인 유입 정책이 단순한 숫자 늘리기에 급급한 게 아니냐는 비판이 있다. 큰 이변이 없는 한 외국인 근로자 증가 추세는 불 보듯 뻔한 일인데, 그들을 일시적인 체류자로 인식하는 정책은 급변하는 인구구조 변화에 역행하는 것이다. 국내에 거주하는 외국인 주민 수는 226만 명으로 총인구 대비 4.4%에 달하며, 사회 곳곳에서 우리의 이웃으로 자리잡아 가고 있다. 국가 미래 발전을 위해서는 지역공동체 구성원으로서 그들을 받아들이고 다양한 문화에 대한 이해와 존중을 바탕으로 포용적인 사회 인식과 사회통합이 우선되어야 한다.

충청남도는 수도권을 제외한 지방자치단체 가운데 외국인 수가 가장 많은 지역이다. 도는 증가하는 외국인 주민을 위해 2012년 12월 기존의 「다문화가정 지원 조례」를 「외국인주민 및 다문화가족 지원 조례」로 개정하여 지원 대상을 확대하고, 근로자의 인권과 권익 보호, 외국인 주민 자녀에 대한 지원의 구체화 등, 체류하는 외국인

36) 농어촌 민박은 「농어촌정비법」 제2조에 따른 농어촌지역의 주민이 해당 시·군·구에 6개월 이상 거주하고 있는 본인 소유 단독주택, 임차의 경우 3년 이상 거주 등의 요건.

및 다문화 가족이 지역사회 구성원으로서 동반 성장할 수 있는 환경을 조성하고 있다. 대표적인 사례로 아산시의 '찾아가는 이동 언어 교실 톡톡 카(Talk Talk Car)' 사업은 이용 접근성과 의사소통의 어려움을 겪고 있는 언어 사각지대의 다문화 가정, 외국인 가정 어린이를 직접 찾아가서 서비스를 제공하고 있으며, 태안군은 학령기 다문화 가정 자녀를 대상으로 하는 드론 교육 '드론에 꿈을 담다' 프로그램을 운영하여 우수사례로 소개되고 있다.

셋째, 거버넌스(G) 관점의 주요 정책과 사례이다. 지역소멸 문제 위기에 대응하고 지역사회의 균형 잡힌 발전을 위해서는 다양한 이해관계자들의 참여와 협력을 기반으로 한 효과적인 거버넌스 구축은 필수적이다. 지역소멸 문제는 단순한 정부 차원의 노력으로 해결될 수 없는 복합적인 문제로 정부, 지방자치단체, 지역주민, 기업, 시민사회 등 다양한 이해관계자의 참여 확대를 통한 의견수렴과 반영으로 지역사회의 요구에 부응하는 정책을 추진해야 한다.

2023년 1월부터 시행되고 있는 '고향사랑기부제'는 정부, 지방자치단체, 지역주민, 민간 기업, 시민 등 다양한 이해관계자들의 협력을 기반으로 운영되는 사업으로 각각의 역할과 참여가 중요한 성공 요인이다. 정부는 정책을 설계하고 제도개선 등을 통해 정책이 성공적으로 안착할 수 있도록 해야 하며, 지방자치단체는 기부금 모금, 활용계획, 홍보, 지역주민 참여를 유도하여 지역의 현안 해결, 기금의 투명한 공개 등의 총체적 역할을 해야 한다. 그리고 지역주민과 기부자의 적극적인 참여와 관심, 답례품 제공자의 신뢰를 기반한 제품 생산 등의 노력도 필요하다.

충북 증평군은 전국에서 가장 작은 기초자치단체지만 적극적인 홍보 전략과 다양한 우대 조치를 통해 고향사랑기부제 참여를 유도하여 충북에서는 가장 먼저 기부금 1억 원 돌파를 이뤄냈다. 모금된 기부금은 '공공돌봄', '노인, 장애인의 보행 안전 개선 사업'에 쓰일 계획이며, 이는 지역발전에 이바지하는 사례로 주목받고 있다.

'고향사랑기부제'는 건전한 기부문화 확산과 소멸 위기의 지역경제를 활성화하기 위해 시행된 제도로 아직은 갈 길이 멀어 보인다. 법인 참여, 지역 내 기부, 소득공제나 기부금 상한제 등 풀어야 할 숙제도 많다. '고향사랑기부제'가 혁신적인 제도개선을 통해 지역소멸 위기 대응을 위한 대안으로 모든 지방자치단체에 성공적으로 뿌리내릴 수 있기를 기대한다

2 제언

'지역소멸'은 특정 지역의 문제가 아니라 대한민국의 미래에 지속가능한 발전을 위협하는 심각한 문제이다. 정부, 지방자치단체는 이를 위해 다양한 해결 방안을 내놓고 추진하고 있지만 실효성이 미비한 실정이다. 지난 20년 간 공공기관들을 지방 각지로 이전하는 등 지역균형발전을 위해 160조 원이 넘는 예산을 투입했으나 오히려 수도권 집중은 더 심각해졌다. 정권이 바뀔 때마다 새로운 정책들이 도입되고 이전 정부의 정책은 변경되거나 폐지되는 경우가 허다하다. 정권교체와 정책변화는 필연적인 과정이지만 지역소멸은 국가의 생존이 걸려 있는 만큼 정권교체를 넘어서는 장기적인 비전과 전문성을 바탕으로 정책을 추진해야 한다. 지역소멸의 해결책은 "사람이 살고 싶은 곳"을 만드는 일이다.

참고문헌

강원도민일보, http://www.kado.net
고향사랑 e음 기금사업 소개, https://ilovegohyang.go.kr
국가법령정보센터(법제처), https://www.law.go.kr
국토교통부 보도자료, https://blog.naver.com, 2024.1.17.
뉴스1, https://www.news1.kr, 2024.2.29.
뉴스핌, https://www.newspim.com, 2023.5.11.
뉴시스, https://www.newsis.com, 2023.11.3.
동아일보, https://www.donga.com, 2024.1.2.
디트NEWS24, https://www.dtnews24.com, 2023.5.30.
디트NEWS24, https://www.dtnews24.com, 2023.9.8.
소규모 & 빈집 정보 알림e, https://binzib.reb.or.kr
아산신문, http://www.assinmun.kr, 2022.11.11.
연합뉴스, https://www.fnnews.com, 2024.2.25.
연합뉴스, https://www.koreancenter.or.kr, 2024.1.1.
연합뉴스, https://www.yna.co.kr, 2023.9.14.
이데일리, https://www.edaily.co.kr, 2024.4.4.

이성순(2021). 『2021 충청남도 다문화정책에 관한 연구: 2021 지방자치단체 외국인 정책 시행계획을 중심으로』, 154.
전북일보, https://www.jjan.kr/article/, 2024.2.26.
정책브리핑, https://korea.kr, 2023.4.27.
중소벤처기업, http://rfz.go.kr
중앙일보, https://www.joongang.co.kr, 2023.2.7.
충청투데이, https://www.cctoday.co.kr, 2023.12.13.
통계청, https://kostat.go.kr
한국경제, https://www.hankyung.com, 2024.2.27.
한국고용정보원, https://www.keis.or.kr
한국영농신문, http://www.youngnong.co.kr, 2024.4.9.
한국일보, https://www.hankookilbo.com, 2023.10.28.
행정안전부, https://www.gov.kr, 2024.1.10.
행정안전부, https://www.mois.go.kr, 2023.2.17.
KBC, https://news.ikbc.co.kr, 2024.3.7.

CHAPTER 06

지방공기업과 ESG

홍형득

제1절 서론

1 ESG 개념과 정부지원정책

ESG는 환경(Environment), 사회적 책임(Social responsibility), 거버넌스(Governance)의 영문 첫 글자를 조합한 단어로, '지속가능한 발전'에서 기업의 지속적인 성장 및 생존과 직결되는 핵심가치들로 기업경영에서 지속가능성을 달성하기 위한 세 가지 핵심 요소들이다(홍형득 외, 2024: 22). 투자 의사결정 요인이자, 기업의 가치에 영향을 미치는 환경(E) · 사회(S) · 지배구조(G) 등 비재무적 요소를 적극 고려하는 흐름을 통칭하는 개념이다(관계부처 합동, 2022: 5).

ESG 투자는 사회책임투자 등을 포괄하지만 지속가능한 장기수익성을 강조하는 것이 최근의 경향이다. ESG는 일반적으로 윤리경영과 사회적으로 책임있는 경영관리 역량 및 비재무적 성과 등의 요소로 구성되어 있으며, 세 가지 핵심요소별 구성요소와 주요 내용은 〈표 6-1〉에서 보는 바와 같다.

표 6-1 ESG 개념과 구성요소

	환경 Environment	사회 Social	거버넌스 Governance
개념	기후변화 대응, 탄소배출 저감, 자원 절약, 재활용 촉진, 청정 기술 개발, 그린 빌딩/스마트 성장, 환경오염 및 유독물질 배출, 천연자원/농업, 공해, 자원고갈, 삼림파괴 등	근로조건, 근로자 관계, 노동환경 개선, 사회적 약자 보호, 인권 존중, 고용 평등 및 다양성 지향	투명한 기업 운영, 고용 평등, 법과 윤리 준수, 반부패 및 공정성 강화, 이사회, 임원 보수, 정치 후원, 기타 지배구조 등

출처: 홍형득 외(2024: 23). 수정 보완.

이처럼 ESG는 경제적 가치 외에 환경·사회적 가치를 적극 고려·창출함으로써 기업의 명성과 가치를 높이는 활동을 통칭하는 것이며, ESG 경영은 ESG 관점에서 경영 전략을 수립하는 것과 경영활동을 통해 창출한 ESG 성과를 공개하는 ESG 공시로

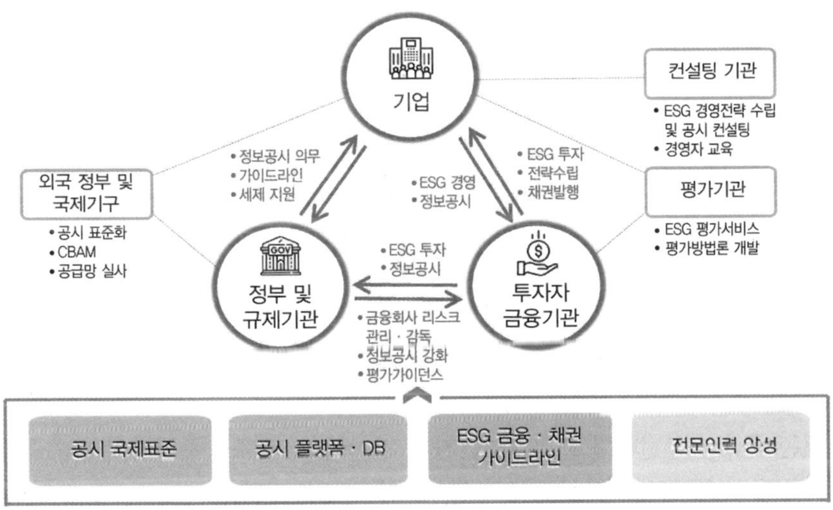

출처: 관계부처 합동(2022: 5).

그림 6-1 ESG 생태계

구분된다. ESG 생태계는 [그림 6-1]에서 보는 바와 같이 기업, 정부 및 공공기관, 투자자 및 금융기관, 국제기구와 평가기관 등 복합적인 주체들로 구성되며, 공시 표준과 플랫폼, 금융 및 전문인력 양성 등의 인프라의 기반이 전제되어야 한다.

코로나19를 겪으면서 사회적 양극화 문제의 확대 및 기후위기와 그 심각성에 대한 인식이 증대되면서 최근 국제기구, EU 등의 글로벌 ESG 제도화 움직임이 빠르게 확산하고 있다. 기업 및 투자기관의 환경·사회적 책임을 강조하는 글로벌 기업 ESG 경영도입 등 민간 중심으로 확산되고 있으며, 국제기구와 정부도 ESG 인프라 지원정책을 본격적으로 추진하고 있다.

한국 기업의 ESG 성과는 일반적으로 지속가능경영 보고서를 통해 대외적으로 공개된다. ESG 관련 공시는 현재 의무가 아니지만 단계적으로 의무화될 예정이다. ESG 투자는 2019년 11월 국민연금의 ESG 투자 확대선언 이후, 주요 투자기관들의 ESG 투자가 급증하였다. 국민연금은 ESG 투자 확대, ESG 통합전략 가이드라인 마련 등 적극적으로 주도하고 있다. 대기업의 경우 삼성, SK 등 주요 기업을 중심으로 ESG 경영전략 수립·공급망 관리 등 적극적인 ESG 경영을 추진 중이다. 다만, 중소기업의 경우는 아직 ESG 경영 필요성은 인식하고 있으나, 전문인력 부족·비용부담 등으로 ESG 준비는 부족한 상태인 것으로 조사되었다(대한상공회의소, 2021).

ESG 글로벌 논의 확산에 따라 한국 정부도 2022년 새 정부의 국정과제로 ESG를 포함하고, 국내 민간의 체계적 대응을 지원하기 위한 ESG 인프라를 구축하기 위해 ESG 인프라 확충방안을 마련하였다(관계부처 합동, 2021).

첫째는 ESG 경영공시제도 정비이다. 글로벌 공시기준 및 국내 상황 등을 고려해서 ESG 정보공개 가이던스, 자본시장법령 등 개편 등 국내 ESG 공시제도 정비방안을 마련하여 추진한다는 것이다. 아울러 ESG 공시제도와 각 부처 공개제도 간 내용이 유사·중복인 항목에 대해 명칭일원화 등을 통해 기업의 ESG 공시 부담 완화를 병행 추진한다는 계획이다.

둘째는 중소·중견기업 ESG 경영 지원 강화이다. 중소·중견기업의 자율적 ESG 경영 확산을 위한 인센티브를 강화하되, 수출·협력기업에는 공급망 실사 대비 맞춤형을 지원 제공한다는 계획이다. 기업의 ESG 경영 지원을 위해 마련한 K-ESG 가이드라인을 규모별·업종별 특성을 반영해 구체화할 계획이다.

셋째는 ESG 투자 활성화이다. 민간 ESG 채권·투자 활성화를 위해 ESG 채권 가이드라인 등 개선하고, IOSCO(국제증권관리위원회기구) 권고안을 기초로 산업계 · 전문가 의견수렴 등을 통해 ESG 평가의 최소 자율기준인 ESG 평가기관 가이던스를 마련한다.

넷째는 ESG 정보 · 인력 지원체계 구축이다. ESG 정보이용자의 활용도 · 편의성 등 제고를 위해 ESG 정보 플랫폼 구축하여 ESG 경영 정보를 종합 제공 및 민간 ESG 확산 지원을 위해 전문인력을 양싱한다.

다섯째는 공공부문 ESG 경영 및 투자 선도이다. 공공기관 · 연기금 등 공공부문의 ESG 경영 · 투자 선도로 민간 ESG 자발적 확산을 유도한다는 계획이다. 공공기관의 ESG 경영 촉진하기 위해 ESG 위원회 구성(공기업 · 준정부기관), ESG 공시항목 확대 및 경영평가 반영 · 환류를 통해 공공기관의 ESG 경영 역량을 강화할 계획이다.

여섯째는 (가칭) 민관합동 ESG 협의회 설치이다. 부처별 ESG 관련 정책 협의 · 조정하고, 기업계 · 금융계 등 민간 의견을 수렴할 계획이다.

이제는 민간 기업은 물론이고 공공기관에게도 ESG 경영에 대한 부담이 커지고 있다. 우리나라의 경우도 특히 2023년 2월, 정부가 공공기관 통합 공시 개편안을 발표하면서 많은 공공기관들에게 ESG 경영은 선언이 아니라 이제 실행에 옮겨야 할 주요 사업 중 하나가 되었다.

2 지방공기업 ESG 추진 현황

공공기관이란 정부의 투자 · 출자 또는 정부의 재정지원 등으로 설립 · 운영되는 기관으로서 공공기관의 운영에 관한 법률(이하 공공기관운영법) 제4조 제1항 각 호의 요건에 해당하여 기획재정부 장관이 지정한 기관을 의미한다. 2023년 공공기관 지정 현황은 다음 〈표 6-2〉와 같다.

표 6-2 공공기관 지정 현황

공공기관 지정(2023) 347개	공기업 32개	시장형 13개, 준시장형 19개
	준정부기관 55개	기금관리형 11개, 위탁집행형 44개
	기타공공기관 260개	

공공기관의 ESG 경영을 선도하기 위해 경영공시에서 ESG 관련 항목을 순차적으로 확대한다는 방침 하에 공공기관 및 지방공기업 경영평가에서 사회적 가치 배점 확대를 추진하였다(기획재정부, 2021). ESG 공시 의무화 시기는 당초 ESG 공시는 2025년부터 국내에서 시행될 예정이었으나, 주요국 ESG 공시 일정을 고려해 2026년 이후로 미루기로 하였다. 구체적인 도입 시기는 관계부처 협의 등을 거쳐 추후 확정할 계획이다.

지방공공기관은 「지방공기업법」에 따라 지방자치단체가 직접 설치·경영하거나 법인을 설립하여 경영하는 기업으로서 지방직영기업과 지방공사, 지방공단으로 구분된다. 지방출자기관은 「지방출자출연기관의 운영에 관한 법률」에 따라 설치·운영되며, 지방출연기관의 경우 「민법」 또는 「공익법인의 설립·운영에 관한 법률」에 따라 운영되고 있다. 지방공공기관은 2023년도 279개가 경영평가 대상이었으며, 행정안전부 평가 166개, 기초자치단체 평가 113개(상수도)로서 매년 숫자는 증가하는 추세에 있다(홍형득 외, 2024: 279).

지방공기업은 국가(지방자치단체)의 투자로 만들어진 기업으로, 국민의 수요에 부응하고 사회적으로 기여할 수 있는 업무체계 및 문화정립·확산이 무엇보다 중요하다. 특히 공익을 추구하는 목적 하의 업무에서 다양한 이해관계자가 존재하고, 다각적인 관계가 형성되는 것이 특징이다. 지방공기업의 유형과 특징은 〈표 6-3〉에서 보는 바와 같이 경영형태에 따라 직접경영과 간접경영형태로 구분되고, 직접경영은 직접직영기업, 간접경영은 지방공단과 지방공사로 구분되고, 지방공사는 다시 전액출자와 제3섹터 형태로 구분된다.

표 6-3 지방공기업의 유형 및 특징

<table>
<tr><th>경영형태</th><th colspan="2">지방공기업 유형</th><th>지방자치단체 비율</th><th>특성</th></tr>
<tr><td>직접경영</td><td colspan="2">지방직영기업</td><td>100%</td><td>정부조직형태</td></tr>
<tr><td rowspan="3">간접경영</td><td colspan="2">지방공단</td><td>100%</td><td>- 일종의 공공업무 대행기관
- 특정사업의 수탁(한정성)
- 수탁금으로 경영</td></tr>
<tr><td rowspan="2">지방공사</td><td>전액출자</td><td>100%</td><td rowspan="2">- 일종의 회사
- 단독사업 경영(융통성)
- 판매수입으로 경영</td></tr>
<tr><td>제3섹터</td><td>50% 이상</td></tr>
</table>

출처: 김세훈(2021).

표 6-4 지방공기업의 ESG 경영 준비 정도

분류	계획 없음	계획 수립 및 도입 진행 중	도입 완료
도시철도(%)	0	60	40
도시개발(%)	0	62.5	37.5
관광률(%)	0	83.33	16.67
환경(%)	0	80	20
시설관리(%)	4.88	60.98	34.15
기타(%)	0	87.5	12.5
전체(%)	0.81	72.38	26.80

출처: 김세훈 외(2022).

최근 지방공기업평가원에서 조사한 지방공기업 유형별 ESG 도입 수준 및 경영내응 실태조사(2022) 결과에서 지방공기업의 ESG 경영 현황과 준비 정도를 파악할 수 있다. 〈표 6-4〉에서 보는 바와 같이 지방공기업의 ESG 준비 정도는 도입이 완료되었다는 비율은 전체 26%, 계획수립 및 도입진행 중이라는 기업은 73%로 대부분의 기업들이 계획수립 중이거나 도입진행 중인 것으로 나타났다. 도입이 완료된 기업은 도시철도 분야가 가장 높은 40%이고, 그 다음으로 도시개발 분야 지방공기업이 37%로 나타났다. 관광분야 지방공기업은 83%가 계획수립 중이거나 도입진행 중인 것으로 나타났다. 조사에 따르면 지방공기업들은 ESG 경영 준비가 필요하다고 응답한 기관이 전체의 97.6%로 지배적인 수준인 것으로 나타나, 대부분의 기관들이 ESG 경영의 필요성을 강하게 인식하고 있는 것으로 나타났다.

민간부문에서는 그간 성장 중심의 경영대원칙이 지속가능한 경영으로 이동하고 있으며, 코로나19 위기상황으로 인한 전례없는 혼란은 모든 조직에게 불확실성 시대를 맞는 새로운 경영전략을 요구하고 있다. 2023년 지방공기업 평가에서 사회적 가치 관련 지표를 대폭 확대하기로 한 점도 향후 지방공기업들이 ESG 경영 강화를 촉진하게 한 계기로 작용할 것으로 예상된다. 그러나 지방공기업이 ESG 경영을 활성화하기 위해서는 ESG 경영 체계를 확립하고, 스스로 운영할 수 있는 내부 역량이 갖추어져야 하나 아직은 초기 단계라고 할 수 있다.

〈표 6-5〉에서 보는 바와 같이 지방공기업의 ESG 경영 도입을 위해 추진한 사항이 무엇인지에 대하여 복수응답(해당사항 모두 기입)을 받은 결과 ESG 경영전략 수

립 및 공표에 다수 기관이 응답한 반면, KPI 운영을 통한 ESG 경영 정보 공시는 상대적으로 지방공기업들의 ESG 경영 도입 현황을 알 수 있다. 가장 많은 지방공기업들은 ESG 경영전략 수립 및 공표 단계에 있는 것으로 나타났다.

표 6-5 지방공기업의 ESG 경영 도입 관련 추진사항(복수응답)

분류	자가진단 및 지표 확정	부서별 ESG 관련 KPI운영	ESG 경영전략 수립 · 공표	ESG 경영 비전 선포	ESG 경영 정보 공시
도시철도(%)	60	40	80	20	20
도시개발(%)	13.33	26.67	66.67	60	20
관광률(%)	20	40	60	40	0
환경(%)	0	0	75	25	0
시설관리(%)	12.12	12.12	81.82	39.39	15.15
기타(%)	14.29	14.29	42.86	14.29	14.29
전체(%)	19.95	22.18	67.72	33.11	11.57

출처: 김세훈 외(2022).

아울러 지방공기업들의 ESG 경영을 도입 및 운영에 있어 애로사항이 무엇인지에 대한 질문에 대해 대응 전문인력 부족, 경영전략과 연계의 어려움, 가이드라인의 부재, 예산의 부담 등으로 응답하였다(김세훈 외, 2022).

다음은 ESG 구성요소인 E(환경), S(사회), G(거버넌스)의 각 영역에서 한국 지방공기업들의 도입경향과 대표적인 적용사례를 살펴보고자 한다.

제2절 환경(E) 관점의 도입경향과 사례

1 지방공기업 ESG 환경 관점

환경(E) 관점은 기본적으로 기후변화 대응을 위한 '탄소중립'이 대표적이며 에너지 효율, 재생에너지 사용 등이 포함된다(홍형득 외, 2024: 154). 기업들에게 탄소배출량 관리를 넘어서 중장기적인 탄소중립이나 제로 등의 목표 아래 구체적인 감축량의 비율이나 목표치를 설정하고 이행하도록 요구하고 있다. 특히 자원 사용 및 오염물질 배출의 최소화를 통해 기업이 환경에 미치는 영향을 줄이는 것이다. 아울러 친환경 상품 및 제품의 포트폴리오 확대를 위한 R&D에 대한 투자 및 신시장 진출 시에도 선제적으로 환경 및 기후 경영을 활용하여 ESG 경영전략을 적극적으로 내재화해야 한다.

자원 사용 관련 사항은 에너지 사용량, 수자원 사용량, 재생에너지 사용 등이 핵심이다. 오염물질 배출은 온실가스, 대기오염물질 배출량과 폐기물 배출량, 폐기물 재활용 비율이 주요 고려요소들이다. 환경과 관련된 평가요소는 대상 기업의 에너지 효율 정책, 자원소비 감축, 배출량 감축 목표제 등 제도 도입 여부가 중요한 사항이다.

2018년부터 금융사 지배구조 영역을 분리하여 ESG 평가체계를 구축한 한국ESG 기준원의 환경(E) 평가모형에 사용하는 평가지표는 ① 리더십과 거버넌스(거버넌스, 전략 및 목표, 환경경영 내재화), ② 위험관리(위험관리), ③ 운영 및 성과(기후변화, 자원순환, 물/토양/생물다양성, 오염물질/화학물질, 친환경공급망, 친환경제품 및 서비스), ④ 이해관계자 소통(이해관계자 대응, 환경정보 공개)로 구성되어 있다.

2021년 관계부처 합동으로 정부가 마련한 K-ESG 가이드라인에는 기업이 우선적

표 6-6 K-ESG 가이드라인 환경(E) 영역 진단항목

범주	진단항목
환경경영 목표	환경경영 목표 수립, 환경경영 추진체계
원부자재	원부자재 사용량, 재생 원부자재 비율
온실가스	온실가스 배출량(Scope 1 & Scope 2) 온실가스 배출량(Scope 3) 온실가스 배출량 검증
에너지	에너지 사용량, 재생에너지 사용 비율
용수	용수 사용량, 재사용 용수 비율
폐기물	폐기물 배출량, 폐기물 재활용 비율
오염물질	대기오염물질 배출량, 수질오염물질 배출량
환경 법/규제 위반	환경 법/규제 위반
환경 라벨링	친환경 인증 제품 및 서비스 비율

출처: 관계부처 합동(2023: 26).

으로 고려해야 하는 ESG 경영요소와 국내・외 주요 평가지표와 공시기준 등을 분석하여 공통적이고 핵심적인 61개 사항을 마련했다. K-ESG 가이드라인 진단항목 체계에서 환경(E) 영역은 〈표 6-6〉에서 보는 바와 같이 9개 범주에 17개 문항으로 구성되어 있다.

2 환경 부문 사례: 서울시설공단과 서울교통공사

1) 서울시설공단 사례

서울시설공단은 ESG 경영목표를 탄소중립 및 그린생태계 조성(환경), 안전과 포용의 사회적 가치, 책임경영기반구축(사회), 시민눈높이 윤리, 청렴으로 지속경영추구(거버넌스)로 설정하였다(서울시설공단, 2023).

표 6-7 서울시설공단 ESG 전략체계

분야	환경	사회	거버넌스
경영목표	탄소중립 및 그린생태계 조성	안전과 포용의 사회적 가치, 책임경영기반구축	시민눈높이 윤리, 청렴으로 지속경영추구
전략과제	친환경 생태조성 녹생경영 확대강화 탄소중립 활동강화	재난안전관리 약자와의 동행 동반성장 생태계 조성 지역사회 상생 기여	투명윤리경영 소통참여 거버넌스 구축 이사회 운영 강화

출처: 서울시설공단(2023).

서울시설공단의 환경 분야 ESG 경영 실적으로 첫째는 친환경 생태 조성이다.[1] ① 친환경 인프라 구축을 위해 전기차 충전소 확대와 에너지 저장장치(ESS) 지속 운영이 이루어졌다. ② 민간협력 생태계 조성으로 비영리 공익법인(풀무원 재단)과 협업으로 '어린이 ESG 캠페인'을 추진하였다.

둘째는 녹색경영의 확대 및 강화이다. ① 친환경 모빌리티 따릉이 확충을 위해 인프라 확충, 운영개선 및 홍보 측면의 활동이 이루어졌다. 인프라 확충을 위해 자전거

1) 서울시설공단의 2022년도 공단 ESG 경영 추진실적 및 향후계획 보고서를 정리한 것이다.

및 대여소를 확대 구축하였다. 운영개선으로 시민 중심 대여환경 조성을 위한 따릉이 거치대를 배치 조정을 하였다. 홍보를 위해 전시 부스 운영 및 따릉이 메타월드 고도화, 따릉이 메타월드 내 미술관 조성 및 안전사진 공모전 수상작 전시 등의 활동이 이루어졌다. ② 친환경 자연장 활성화 과제는 시립묘지 분묘 사용자 대상 묘지 개장·화장비용 지원금 지급(총 500기)으로 개장·화장비용 지원을 통한 묘지 개장 독려 및 신규 자연장지 공급 여건을 마련하였다. 자연장 시설 적극 안내·홍보를 통해 인지도 개선 및 안치 유도 노력, 자연장 시설 정비를 통한 쾌적한 추모환경 조성으로 능선형 자연장 관련 노후 휴게공간 정비를 통한 안전사고 방지 및 휴게편의를 제공하였다. ③ 도심 속 녹지조성 확대실적은 자동차전용도로 꽃길조성, 올림픽대로 협소녹지 폐국화 식재로 유휴공간 내 꽃길 조성으로 도심 환경을 개선하였다.

셋째는 탄소중립활동 실천이다. ① 온실가스 감축 실적으로 온실가스·에너지 기준연도[2007~2009, 44,439(ton CO_2eq)] 내비 34.39% 절감하였다. ② 녹색제품 구매 강화 성과목표(31억 원) 대비 80%(25억 원) 달성하고 녹색제품 구매 중요성에 대한 직원 인식 강화를 위한 노력, 녹색제품 정보 수시·정기 노출을 통한 구매 활성화 노력과 녹색제품 구매실적 내부평가기준 및 배점 강화운영으로 경각심 제고 등의 활동이 이루어졌다. ③ 친환경 차량 운영은 친환경차 구매와 친환경차 보유 비율 26.0% 달성하였다.

2) 서울교통공사 사례

서울교통공사는 2022년 5월 ESG 경영을 선포하고 지속가능사회 구현에 이바지하는 ESG 경영 비전·전략 체계를 수립하고, 실효성있는 ESG 경영전략을 수행하기 위한 노력을 하고 있다. 이를 바탕으로 실효성 있는 ESG 경영전략을 수행하고자 ESG 경영위원회를 설치·운영해 혁신에 나설 계획이다. ESG 경영위원회는 학계와 시민단체, 법조계 등 ESG 분야별로 전문가 2인씩을 위원으로 하며, 서울교통공사 경영 전반에 대한 점도와 자문을 수행한다(서울 Public News, 2023.3.10).

공사는 앞으로 지속가능경영 관련 이슈 중 집중 관리가 필요한 이슈를 선정해 중대성 평가를 거친 후 내년도 경영 실행계획에 반영할 예정이다. 또 체계적인 ESG 경영 업무 수행을 위한 전담조직을 구성해 ESG 활동에 나설 계획이다(신아일보,

2022.2.2). 공사는 실내 공기질 관리와 고객 안전·서비스 강화 등 ESG 전략과제 12개와 실행과제 27개를 추진하였다. 세부적으로 법적 기준보다 두 배 강화된 50㎍/m³를 목표로 공기질을 지속해서 관리하고 교통약자 이동 편의 증진 대책을 추진하였다. 이와 함께 우수기관 벤치마킹과 외부전문가 초빙 임직원 역량 강화 교육을 통해 ESG 경영에 대한 모든 직원의 전반적인 이해를 높이고 있다. 공사는 앞으로도 꾸준한 임직원 교육과 타 기관 우수사례 분석 및 활용으로 조직의 ESG 역량을 높여갈 계획이다. ESG 경영위원회가 공사의 지속가능경영을 선도하고 시민이 희망하는 ESG 경영 방향을 제시할 것으로 기대하고 있다.

서울교통공사의 ESG 경영은 특히 환경과 사회 부문의 성과뿐 아니라 고객 안전과 서비스 강화도 적극적으로 추진하고 있다. 2022년 서울교통공사의 ESG 경영 성과는 환경 부문에서 에너지 절감과 온실가스를 감축해 기후변화 대응을 강화했고, 시설물 개량으로 전동차나 역사의 공기질도 개선했다. 친환경 녹색제품 구매액 및 친환경 업무용 차량 비율은 전년보다 증가했다. 또 사회 부문에서는 인권 존중 기업문화 조성을 위해 맞춤형 교육을 실시했고 중간관리자까지 인권존중 실천 서약에 참여하도록 하여 확대했다. 중대재해 예방 관리체계의 구축으로 중대재해가 발생되지 않았다. 경영 환경이 어려운 가운데도 사회공헌 활동 등 공공의 역할도 충실히 이어갔다. 나눔 문화 확산을 위한 지원과 사회적 약자 채용 등 좋은 일자리 창출에도 노력을 기울이고 있다. 2년 연속 공공기관 종합청렴도 우수기관, 서울시 주관 반부패 및 청렴 최우수기관 등에 선정되기도 하였다.

서울교통공사는 공공서비스 혁신을 위해 지하철 역사 내 공실 상가 등 유휴공간을 활용해 생활 물류 서비스 사업모델을 개발하고 생활물류센터를 조성했다. 기존 '물품 보관과 전달함 운영' 외에 '여행객 캐리어 보관과 배송', '물품 장기보관 셀프스토리지' 등의 서비스를 제공하고, 여기에 온라인과 오프라인 연결 기반의 O2O 물류 플랫폼을 개발 추진했다(더 데일리임팩트, 2022.2.15).

그동안 지하철 역사와 함께 지역의 유휴공간 활용한 다양한 공간활용 시도들이 있었다. 예술가와 시민들을 위한 문화예술공간, 청년과 사회적기업들의 창업을 위한 입주공간으로도 활용된 바 있다. 짐 없는 여행으로 시민들의 생활편의서비스를 제공하겠다는 서울교통공사의 사례는 지하철 통행데이터와 역사 상권을 토대로 각 역사의 지역적 특성을 검토하고, 외국인과 관광 통행 비중이 가장 높은 지하철 2호선 홍대입구역을 시범 사업지로 선택했다. 이는 지속가능성과 활용도를 고려한 사업모델로 유휴공간의 운영이 핵심 사항이다.

한편 서울교통공사는 자체 애플리케이션을 개발해 고객 편의와 관리 효율을 향상시킴으로써 예산을 절감하고 지역경제 활성화에 기여했다. 내·외국인 관광객의 편의를 높이기 위해 도입한 지하철 역사 인근 캐리어 보관사업은 지역사회에 긍정적인 영향을 가져왔다. 유휴공간의 활성화, 공실 상가의 환경개선, 지역경제 활성화, 취약계층의 일자리 창출 등 혁신적인 생태계 조성을 통한 지속가능한 사업모델로 발전하고 있다.

제3절 사회(S) 관점의 도입경향과 사례

1 지방공기업 ESG 사회(S) 관점

코로나19 이후 기업경영에 있어서 사회(S) 영역의 중요성이 증대되었기 때문에 기업에서는 이해관계자들을 대상으로 사회(S) 영역에 대한 투자를 강화하고 있다. ESG 사회(S) 관점에 대한 정의 역시 일반적으로 정의하기가 어렵다. 홍형득 외(2024)는 "기업이 주주, 직원 및 협력업체, 고객, 지역사회 등에 대한 사회적 책임을 다하는 것"으로 정의하고 있다.

사회(S) 관점 영역의 경우 근로자들의 환경과 건강 및 안전이 가장 큰 이슈로 부각되었고, 인사(HR) 정책과 제도를 통한 인재 확보가 중요한 화두이다. 예를 들어, 제조 및 생산, 유통 기반의 기업들은 임직원들의 안정된 고용과 건강한 노동 환경에 우선 순위를 두고 ESG 경영을 해야 함을 의미한다. 그러나 사회(S) 관점 영역의 범위 및 측정방법이 불분명하고, 사회(S)를 측정할 때 신뢰할 만한 데이터가 없어 측정에 한계가 있다.

사회(S) 관점 영역의 주요 지표를 한국ESG기준원, 산업통상자원부 K-ESG 지표를 중심으로 살펴보면 한국ESG기준원의 평가지표에서 사회(S) 영역 평가는 리더십과 거버넌스, 비재무 위험 관리, 운영 및 성과, 이해관계자 소통으로 구분하고 있다. 산업통상자원부 K-ESG 가이드라인은 상장 대기업을 대상으로 하면서 강제성이 없는 가이드라인 성격으로 개발되었다. 진단항목으로는 61개 문항으로 구성되어 있다. 이 중에서 사회(S) 관점은 목표, 노동, 다양성 및 양성평등, 산업안전, 인권, 동반성장, 지역사회, 정보보호, 사회법/규제 위반 범주로 나뉘어 각각의 진단항목을 제시하고 있다(홍형득 외, 2024: 189).

2 사회 부문 사례: 인천시설관리공단과 경북개발공사

1) 인천시설관리공단 사례

인천시설관리공단은 지방공기업이 사회적 가치를 실현하기 위해 '협치'를 기반으로 실질적인 협치와 혁신의 멀고도 험한 과정을 추진해가고 있다. 공단은 지속가능한 경영을 위해 시설물을 하드웨어적으로 단순 '관리' 차원을 넘어 소프트웨어적으로 시설을 '스마트한 운영' 단계까지 나아갈 수 있어야 한다는 전제로 혁신을 도모하였다. 이를 위해 시민 요구의 다양화 및 시민 수준 향상에 부응하여 시설이라는 공간의 관점을 바꾸고 시민과 함께 공간을 조성해 나가고 있다. 제4차 산업혁명과 사회 경제적 변화에 따른 공공기관의 역할과 서비스 질도 변화되어야 하며, 더욱 다양한 시민주도의 혁신정책으로 시민들의 만족도 제고를 위한 노력을 해오고 있다. 혁신과 시민참여 활성화를 위한 커뮤니티센터 모델을 도입하여 구현하고 있다.

인천시설공단의 시민참여 경영혁신 플랫폼 트리플아이(Triple I)는 시민의 의견 반영(Idea), 시민과 함께 개선(Improve), 시민참여 예산(Invest)을 의미한다. 과거에 없던 '커뮤니티센터' 개념과 '시민에게 공간을 돌려주어야 한다'는 신념을 공단 전 직원과 공유하고, '300시민자문단'을 활용하여 지역사회가 안고 있는 현안문제를 발굴하고 공동으로 대응방안을 마련하는 리빙랩으로 발전했다.

공사의 시민참여형 경영혁신 플랫폼은 하나의 단위 사업이라기보다는 하나의 거대한 시스템 속에서 다양한 사업들이 유기적으로 작동하도록 하여 '인천가족공원 온라인 성묘 시스템을 최초로 도입'하였고, '청라 · 영종 공원을 힐링 공간으로 조성'하였으며, '지역사회 문제를 발굴 · 해결하는 시민 커뮤니티 플랫폼(커뮤니티센터)' 운영으로 거대한 시스템에서 사업들 간의 연계 시너지효과 등의 성과가 나타나고 있다.

이처럼 인천시설관리공단이 시도하고 있는 공공-민간-시민이 함께 참여하는 민관협력거버넌스는 변화의 폭이 넓고 깊은 다층적인 사회문제에 대해 하나의 유기체처럼 움직여 사회적 영향을 극대화하고자 하고 있다.

김영분 외(2020)는 인천시설공단의 공공-민간-시민 혁신 네트워크(Public-Private-People Partnership)의 질적 성장을 위한 방안으로 시설관리공단 유형의 지방공기업에 적용할 수 있는 리빙랩을 활성화할 수 있는 모델 제시하여 혁신을 실제로 구현할 수 있는 구체적인 방안을 제시하기도 하였다.

2) 경북개발공사 사례

경북개발공사는 2021년 'WITH GBDC 동반성장협력 상생펀드'를 조성하고 IBK기업은행과 상생협약을 통하여 공사가 조성한 상생펀드로 코로나19로 피해가 큰 소규모 기업들에게 저금리 대출 혜택을 주었다(지방공기업, 2023 겨울호: 53). 2022년에는 경북에 소재한 ESG 우수기업에 우선으로 대출을 지원하는 'WITH GBDC ESG 동반성장 상생펀드'에 20억 원을 추가 조성하여 137개 지역내 기업이 대출 지원을 받았다. 2023년에는 30억 원의 상생자금을 추가 조성하여 도내 농식품 제조·가공 및 유통기업들에 대한 대출 지원을 확대하였다. 경영악화로 위축된 기업들을 실질적으로 지원함으로써 기업자립을 이끌었고, 기업 내 ESG 가치를 독려하며 동반성장의 길을 모색했다.

아울러 공사는 협력하고 소통하는 23개 시·군 상생협력 플랫폼 '두레마당'을 운영하고 있다. 공사의 상생협력 플랫폼인 '두레마당'은 23개 시·군과 연구기관 등을 연결한 상호협력 네트워크로, 상시 지역문제 공동해결을 위한 협업시스템이 구축되어 있다. 공사와 23개 시·군이 두레마당을 통해 지방소멸을 막고 지역의 숙원사업을 해결하기 위해 협력을 하고 있다. 청년 레지던스 플랫폼인 '지음' 사업은 두레마당에서 시작하여 청도군의 인구감소 해결 및 청년 유입을 목표로, 일자리·교육·돌봄·의료 등의 서비스를 결합하여 복합공간을 조성하고 있다. 공사는 청년들의 지역 정착을 유도하는 미래공간 '지음'사업을 통해 창업을 지원하고, 주거환경과 기반시설을 지속적으로 확대해 나갈 계획이다.

제4절 거버넌스(G) 관점의 도입경향과 사례

1 지방공기업 ESG 거버넌스(G) 관점

ESG 경영 거버넌스(G) 측면은 독립성과 투명성을 원칙으로 기관 대내·외 이해관계자들과의 소통을 포함한 포괄적인 경영관리의 과정과 시스템을 의미한다. 구체적으로 거버넌스(G) 영역의 핵심은 CEO와 최고 의사결정구조 등 거버넌스의 투명성, 독립성과 내부 통제, 감사의 선진화, 이사회 구조, 위원회의 구성과 운영 등에 대한 명확한 체계를 정립하는 것이다. ESG 거버넌스(G)의 진단 항목은 시행하는 기관마다 관점이 매우 다르다.

공공기관이나 지방공기업에 특화된 ESG 거버넌스(G) 요소에 대한 별도의 일반적인 정의는 찾아보기 어렵지만 주요 ESG 평가기관의 지배구조(G) 관련 평가항목이나 공공기관 경영평가항목 등을 보면, 지방공기업이 지배구조(G) 측면에서 고려해야 할 요소들을 파악할 수 있다. 먼저 국내·외 주요 평가기관의 ESG 평가항목 중 지배구조(G)에 관한 부분을 보면 〈표 6-8〉과 같다. ESG 거버넌스(G) 주요 항목은 이사회 활동, 감사기구 운영, 공시, 윤리경영, 안전, 그리고 이해관계자 관리로 볼 수 있다. 한국기업지배구조원은 거버넌스 측면에서 크게 주주, 이사회, 감사기구, 이해관계자, 시장에 의한 경영 감시를 평가하며 총 18개의 중분류 항목에 대해 다수의 평가지표를

표 6-8 공공기관의 ESG 지배구조(G) 측면의 주요 요소

주요 항목	중점 관리 사항
이사회 활동	이사회 기능/구성/운영, 사외이사, 이사회 내 위원회 등
감사기구 운영	감사기구의 독립성/전문성, 외부감사인 활용 등
공시	공공기관 경영정보 통합 ALIO 공시, 공공데이터 개방 및 활용
윤리경영	준법성, 반부패 청렴, 인권경영, 이해충돌방지 등
안전	재난관리시스템 구축 및 운영, 시설물 안전, 근로자 안전, 정보보안 등
이해관계자	이해관계자 보호, 서비스의 공공성 등

출처: 손수득 외(2021: 165).

활용하고 있다.

2 거버넌스 부문 사례: 울산시설공단과 서울시평생교육진흥원

1) 울산시설공단 사례

울산시설공단의 ESG 전략체계는 〈표 6-9〉에서 보는 바와 같이 분야별 전략 방향과 전략과제 및 주관부서를 지정하는 등 체계적으로 추진하고 있다. 특히 공단 고유의 U-ESGi 지수체계 개발을 통한 ESG 경영을 적극적으로 추진하고, 중장기 경영전략 정합성 제고, 혁신 가이드라인에 따른 유사·중복기능 정비로 조직 슬림화 추진 등으로 지방공기업 경영평가에서 우수한 평가를 받았다.

아울러 대외적으로도 울산시설공단은 2023년 경영혁신을 통한 ESG 분야 대외 수상 등의 우수 성과 달성실적이 있다. 환경부 공공부문 온실가스 목표 관리 운영성과 우수기관으로 선정되었고, 행정안전부 재해경감 우수기업 인증 및 장관 표창 수상,

표 6-9 울산시설공단 ESG 전략체계

ESG 비전	다함께 지속가능한 ESG 경영			
ESG분야	다함께	환경	사회	거버넌스
전략방향	에버그린투게더	친환경 경영 강화로 시설운영 탄소중립 선도	상생, 포용의 사회적 책임 기반 강화	투명성·신뢰성 제고의 윤리경영체계 구축
전략과제	– 친환경시설운영 문화정착 – 양질의 일자리 창출 강화 – 체계적인 반부패윤리 청렴관리시스템 운영	– 2030년까지 온실가스 50%절감 – 친환경 경영관리 체계구축	– 사회공헌활동을 통한 사회적 책임지속 강화 – 사회적경제 구축을 통한 동반성장 추진 – 인권문화 확산을 위한 제도 활성화 – 안전보건관리 체계고도화	– 적극행정 문화확산을 통한 지속가능경영 강화 – 대국민정보공개 확대 및 개인정보보호 강화 – 노동이사참여로 이사회 활성화
주관부서	기술지원팀, 조직인사팀, 감사팀	기술지원팀	민원홍보파트, 재무회계팀, 조직인사팀, 안전보건팀	감사팀, 기획총무팀, 평가정보팀

출처: 울산시설공단 홈페이지(https://www.uic.or.kr/management/man07.do).

(상생협력 생태계 구축) 혁신조달 경진대회 조달청장상 수상, 국민권익위원회 종합청렴도 평가 우수등급 달성(3년 연속 우수), 행정안전부 공공데이터 품질관리 수준평가 최고 등급(3년 연속), 행정안전부 정보공개 종합평가 최우수기관 선정 및 장관상 수상 등의 수상실적이 있다.

2022년 환경측면 공단의 추진성과는[2] 2030년까지 온실가스 50% 절감, 친환경시설운영 문화정착 노력을 목표로 ① 에너지이용 합리화 이행으로 에너지의 날 행사 추진, 에너지절감 아이디어 공모전 개최 등 활동을 해왔다. ② 1회용품 줄이기 운동 전개를 추진하고, 사용실태 부서 점검 및 1회용품 줄이기 운동을 실시하였다. ③ 친환경시설 조성 및 운영으로 LED 보급률・태양광발전설비・전기차 충전소 확대 및 저녹스 보일러 교체 등 활동을 추진하였다. ④ 친환경 자동차 운영으로 노후 경유차 폐차, 전기차 구입 3대, 친환경 차량 33대 운영, 공공차량 2부제 실시 등의 활동을 하였다(울산시설공단, 2022).

한편 ESG 경영의 사회측면에서 사회공헌활동을 통한 사회적 가치 지속 강화를 위한 다양한 노력이 이루어졌다. 첫째는 사회공헌활동 추진이다. ① 공단 역량 및 자원을 기반으로 한 사회공헌활동 추진이다. 국가유공자 등 집수리 봉사활동, 어린이보호시설 어린이날 행사 물품 지원, 관내 취약계층 어린이 초청행사를 진행하고, 세이브더칠드런 국제어린이마라톤 협찬 후원 및 후원사 등재, 지역업체와 함께하는 취약계층 어린이 의류 지원 등의 활동이 이루어졌다. ② 지역사회 협업을 통한 사회공헌활동 추진이다. 추석맞이 취약계층 행복 꾸러미 나눔 행사 실시, 시니어 활동을 위한 울산 시니어 영상제작단 지원, 공공기관 봉사활동 프로그램 참여, 지역사회 청소년의 건강한 성장을 위한 희망 케이크만들기 행사 등의 활동이 이루어졌다.

둘째는 양질의 일자리 창출 강화이다. 사회적 취업취약계층(장애인) 채용 목표 달성, 사회형평적 신규 채용, 시니어 일자리 창출 등의 노력이 이루어졌다.

셋째는 안전관리체계 고도화이다. 안전보건경영위원회 운영, 위험성평가 실시 확행을 통한 ESG 경영 강화, 안전보건경영시스템 인증, 사회적경제 구축을 통한 동반성장 추진 등의 활동이 이루어졌다.

넷째는 공정계약 등 모범거래모델 이행이다. 대금지연 지급 건수 혹은 계약 관련

2) 울산시설공단의 2022년도 ESG 경영 추진성과 보고서를 정리한 것이다.

갑질 신고 사례 없이 공정계약 이행추진을 위한 노력이 이루어졌다. 성과공유제 추진(울산하늘공원 자연장지 안장 홀 커버 개선 등), 사회적 약자 제품 우선구매 기준 달성하였다. 아울러 혁신지향 조달성과 창출과 혁신제품 판로지원 성과로 기획재정부(조달청) 주관 혁신조달 경진대회 조달청장상을 수상하였다.

ESG 경영의 거버넌스 측면에서 윤리인권문화 확산을 위한 제도 활성화, 체계적인 반부패 청렴관리시스템 운영, 노동이사 참여로 이사회 활성화 등의 노력이 특징이다. ① 윤리인권문화 확산을 위한 제도 활성화를 위하여 UIC형「상호 존중의 날」캠페인 운영, 인권도서 독서 이벤트 실시, 신입직원 및 청년인턴 인권경영 실천선언 서명 및 낭독 등을 통한 인권경영을 강화하였고, 성희롱 및 성인지 감수성 설문조사를 통한 성평등 조직문화 수준 파악 및 개선하였다. ② 체계적인 반부패 청렴관리시스템 운영으로 (부패행위 ZERO) 지속적인 청렴체계 강화 및 인식 전환으로 최근 5년 간 부패행위자 0건, (선제적 제도개선) 이해충돌방지 제도 정비 및 확산으로 안정적 정착에 기여, 이해충돌방지담당관 지정, 신고채널 구축 등, 불공정 사례 개선 인사규정 등 6건, (반부패 경쟁력 제고) 반부패청렴시스템 운영 정착으로 권익위원회 청렴도 평가 우수기관 선정 등의 활동이 이루어졌다. ③ 노동이사 참여로 이사회 활성화로 노동이사 성공적인 정착이다. 노동이사의 이사회 참여를 통한 노사 간 가교 역할 수행 및 불필요한 갈등 최소화로 경영의 투명성 및 공익성 강화노력이 이루어졌다.

2) 서울시평생교육진흥원 사례

서울시평생교육진흥원은 민관협력을 통해 조성한 새로운 운동장, '모두의 운동장'을 구축하였다(구종원, 2023: 45). 행정안전부가 주최한 지방공공기관의 우수한 혁신사례공모에서 민관협력 강화 최우수사례로 선정되어 행정안전부 장관상을 받았다. 특히 국내 최초로 민관이 협력해 새활용 소재를 사용해 운동장을 조성한 사업으로 기업의 ESG 경영 사례로서 높은 평가를 받았다(서울시평생교육진흥원 보도자료, 2023. 9.25).

모두의 운동장이 있는 모두의 학교는 45년 간 중학교였던 건물을 학생 수의 감소로 평생학습센터로 리모델링한 시설이며, 인문학부터 취미교양까지 다양한 프로그램을 운영하고 있다. 특히 시민이 주도적으로 만들어가는 평생학습 문화를 구축하기 위한 다양한 사업들을 운영하고 있다. 특히 '모두의 운동장'은 청소년과 중장년의 생활체육 활동부터 주민 행사에 이르기까지 전 세대의 평생학습의 장 역할을 하고 있다.

모두의 운동장 조성 사업 추진 배경은 인프라가 부족한 지역적 환경과 생활체육 프로그램 운영이 부적절한 노후화된 모래 운동장 등의 환경적 요인의 극복이 크다. 구체적으로 모두의 학교가 있는 서울시 금천구 독산동 일대는 자유롭게 운동 등 야외 활동을 할 수 있는 인프라가 부족한 다세대 주택이 밀집되어 있는 지역이다.

기존의 학교 운동장 시설은 노후화되고 모래 운동장으로 생활체육 프로그램 운영하기에는 적절하지 못했다. 지역주민들이 운동시설에 대한 보강과 효율적인 생활체육 프로그램 운영에 대한 요구를 지속적으로 제기하였다. 그후 지역에서는 지속적으로 학교 운동장의 활용 방안을 논의하였고, 2022년부터 스포츠브랜드인 나이키 코리아와 아동복지전문기관인 초록우산 어린이재단이 추진하고 있는 아동의 신체활동 증진 프로그램을 여러 차례 시범운영하면서 전 세대의 신체활동을 위한 공간으로서의 '모두의 운동장' 조성에 대한 논의가 본격적으로 시작되었다.

서울시평생교육진흥원과 나이키 코리아, 초록우산 어린이 재단은 3자 MOU를 체결하여, 전 세대를 아우르는 신체활동 공간 구축 및 문화 확산을 위한 '모두의 운동장'을 조성하였다. '모두의 운동장'은 다양한 시민의 요구사항을 반영하여 조성된 운동장이란 점에서 그 의미가 깊다. 미취학 아동부터 80대 노년층까지 다양한 연령대의 지역주민과 3사 관계자가 함께 모여 워크숍을 통해 기존 모두의 학교 모래 운동장 시설의 문제점을 분석하고, 지역주민이 희망하는 운동장의 모습을 함께 구상하였다. 그 결과 기존의 운동 공간의 틀을 깨는 창의적인 형태의 구장으로 조성하였다.

'모두의 운동장'은 형태뿐만 아니라 주황색과 파란색 등 밝은 색상의 트랙과 비정형 도형으로 조성하여 이용 시민이 창의적인 신체활동을 즐길 수 있도록 하였고, 나이키 코리아의 환경 캠페인을 통해 소비자로부터 기부받은 헌 옷과 신발을 활용한 소재를 사용하여 조성되었다. 신발의 고무창은 운동장 우레탄의 하부칩으로 활용되었으며, 의류의 경우 기자재 사물함으로 재탄생되었다. '모두의 운동장'은 다양한 신체 능력을 가진 모두가 이용할 수 있도록 설계해 3개의 골대가 설치된 풋살장, 골대의 높낮이가 다른 농구장 등 전 세대가 함께 이용하는 맞춤형 생활체육 공간으로 조성되었다. 현재 '모두의 운동장'에서 신체적 약자를 위한 다양한 평생교육 프로그램을 운영하고 있다.

'모두의 운동장'은 개관 이후 지역주민이 상시 이용할 수 있는 공간으로 자리잡았다. 지역아동센터, 유치원 등 기관에 활용하도록 하여 지역사회에 시설을 환원하였다. 풋살장과 산책 트랙 등 모든 세대가 함께 이용할 수 있어서 운동장 조성 전과 비교하여 이용객 수가 54% 이상 증가했다. 4050 여성을 대상으로 축구를 통해 신체활동의 가능성을 확인하는 "골 때리는 4050 언니들: 축구편"을 운영하고, 인근 중학교의 자유학기제와 연계한 여성 청소년 대상 "[주인공학교] 볼 때리는 걸스"를 진행하는 등 다양한 프로그램을 운영하고 있다.

이외에도 모두의 운동장은 시민 광장의 역할과 물물교환 장터를 통한 기부 행사 운영 등 다양한 지역사회의 행사를 하고 있다. 이번 모두의 운동장 조성 사업은 지방공공기관과 민간의 상호 협력 및 지원을 통해 이룩한 모범적인 사례로서 역할을 하고 있다. 신체적 약자를 포함한 시민 모두가 생활체육을 일상화할 수 있는 공간으로 확대하고, 신체활동 프로그램 모델 개발 등 고도화할 계획이다. 뿐만 아니라 시범적인 ESG 프로그램을 지속적으로 개발하고 다양한 기업과 협업할 수 있도록 협력체제를 구축해 나갈 계획이다.

이처럼 모두의 운동장은 Environmental(친환경) 측면에서 나이키 '무브 투 제로(Move to Zero)' 사업을 통해 소비자들이 기부한 의류와 신발을 활용한 친환경 운동장 구축하였으며, Social(사회공헌) 측면에서 서울시민의 편의성 도모 및 신체건강 증진을 위한 기업-민간의 운동장 개선 지원하였다. 아울러 Governance(민관협력) 관점에서 공공-기업-민간 새로운 협업체계 거버넌스 구축한 기업의 ESG 경영 우수사례로 인정되고 있다.

제5절 소결 및 정책 제언

지금까지 살펴본 바와 같이 지방공기업의 ESG 경영은 초기 단계이며, 많은 기관들이 도입하고 있으나 대부분들의 기관들이 도입준비 단계에 있는 것으로 나타났다. ESG의 세 영역으로 구분하여 사례들을 살펴보았으나 대부분의 기업들은 전체적인 틀 속에서 ESG 경영을 하고 있어 중복적인 측면이 있다. 한편 ESG 경영을 도입・운영에 있어 애로사항이 있는지에 대해 복수응답 방식으로 조사한 결과, 대응 전문인력 부족(52.11%), 경영전략과 연계의 어려움(51.04%), 가이드라인의 부재(49.87%), 비용(예산)의 부담(40.89%) 등의 순서로 나타났다(김세훈 외, 2022).

지방공기업 유형별로 제시한 ESG 경영 추진에 애로사항들은 도시철도는 가이드라인의 부재 외에 비용(예산)의 부담과 대응 전문인력 부족을, 그리고 도시개발은 경영전략과 연계의 어려움, 가이드라인 부재, 대응 전문인력 부족을 지적했다. 관광 분야는 경영전략과 연계의 어려움, 대응 전문인력 부족과 함께 비용(예산) 부담을, 환경 분야는 경영전략과 연계의 어려움 외에 비용 및 가이드라인 부족 등을 어려움으로 인식하고 있었다. 이처럼 전문인력의 부족과 비용부담 및 가이드라인 부재 등을 가장 많은 애로사항으로 느끼고 있는 것으로 나타나 정부와 지방자치단체에서 지원할 필요가 있다. 지방공기업의 설문결과 구체적으로 지원이 필요한 사항은, 진단・컨설팅 지원(61.8%), 가이드라인 등 정보 제공(50.4%), 비용(예산) 지원 순서의 응답이 나타났다.

정부는 공공기관부터 ESG 경영에 나서도록 할 계획이다. 2019년 경영평가에서 안전과 환경 부문 배점을 늘리는 방식으로 사회적 가치의 비중을 늘렸고, 2020년에는 경영 전반에 사회적 가치를 얼마나 내재화했는지, 성공사례가 무엇인지를 묻는 형식으로 구체화하였다. 2021년에는 윤리경영 배점이 늘어나고 사회적경제 기업과의 협력과 해외 동반진출 등을 평가대상으로 선정했다. 공공기관 평가에 ESG란 용어를 포함하고, 사회적 가치와 함께 다뤄지고 있다.

2022년부터 공공기관 및 지방공기업은 특성에 따라 ESG 경영 중점 목표 및 추진과제를 선정해 실행계획을 수립토록 했다(데일리임팩트, 2022.2.8). 공공기관별 혁신계획 수립 시에는 ESG 요소를 강화해 주무부처가 이행상황을 점검토록 했다. 공공기관의 혁신 가이드라인에는 탄소중립 등 ESG 과제가 추가된다. 지방공기업은 '사회적 가치 실현 실행계획'을 'ESG 실행계획'으로 확대・개편하고 경영평가에 반영해 ESG 이행력을 높이도록 했다. ESG 실행계획 수립 여부, 추진성과 등 'ESG 실행 노력과 성과'에 대한 가점이 신설됐다. 경영평가에는 이미 ESG 요소가 추가되었다. 지방공기업의 경우, 특히 윤리경영, 지역상생 발전 등 '사회적 가치' 배점을 확대하였다. 이처럼 공공기관에 대한 경영평가와 ESG 관련 항목의 일치로 공공기관의 ESG 경영은 기관 운영전반에 핵심이슈로 깊숙이 자리잡아가고 있다.

참고문헌

관계부처 합동(2022). 『ESG 인프라 고도화 방안』.

구종원(2023). 민관협력 거버넌스로 조성한 모두의 운동장. 『지방공기업』, 가을호. 43: 44-47.

김성수(2023). 환경안전윤리경영 생태계조성. 『지방공기업』, 봄호. 4: 61-63.

김세훈(2021). 한국판 뉴딜 정책실현을 위한 지방공공기관의 역할과 과제. 지방공기업평가원 연구보고서.

김세훈 외(2022). 『지방공기업 유형별 ESG 도입 수준 및 경영대응 실태조사』. 지방공기업평가원.

김영분 외(2020). 지방공기업 커뮤니티센터 표준 모델 연구: 인천시설공단의 도입 사례를 중심으로. 『한국지방공기업학회보』, 16(1): 69-96.

서울시설공단(2023). 2022년 공단 ESG 경영 추진실적 및 향후계획.

손수득 외(2021). 공공기관의 ESG 지배구조(G) 추진전략: 대한무역투자진흥공사 사례를 중심으로. 『서비스경영학회지』, 22(5): 159-182.

울산시설공단(2022). 『2022년도 ESG 경영 추진성과』.

홍형득 · 박보식 · 사득환 · 양세훈 · 오수길(2024). 『공공부문 ESG 전략』. 고양: 대영문화사.

황용식(2021). ESG 경영 시대와 지방공기업의 대응 방안. 『지방공기업』. 지방공기업평가원.

CHAPTER 07

지방행정과 ESG

허남식

제1절 서론

1 ESG 행정의 의의

ESG 행정이란 ESG 관점의 행정을 의미한다. 즉, ESG 관점에서 ESG 전략 · 정책 · 계획을 수립 · 집행하고 평가하며 환류함으로써 행정서비스 제공 등 행정기관의 목적을 실현하는 것을 의미한다. ESG 관점이란 행정기관의 ESG 전략 · 정책 · 계획 속에 ESG의 요소, 즉 환경적(E: Environmental) 요소, 사회적(S: Social) 요소, 그리고 거버넌스(G: Governance)[1] 요소를 바라보는 시각(point of view)이다. 지금까지는

1) 거버넌스(G: Governance) 용어는 여러 가지 견해가 있다. 처음에는 Governance를 지배구조(支配構造)로 사용해 왔다. 그동안 지배구조(支配構造) 용어가 적절하지 않거나 거북하다는 일부 의견에 따라 '협력하여 다스림', '더불어 다스림', '함께 다스림'의 뜻으로 협치(協治) 또는 공치(共治)로 바

ESG 경영이란 개념으로 많이 활용됨에 따라 고민 없이 ESG 경영이란 용어가 행정기관에서 많이 사용되고 있다. 심지어 각종 전략이나 정책, 계획서(보고서)뿐만 아니라 자치법규(조례, 규칙)에도 ESG 경영이란 용어[2]가 사용되고 있다. ESG 행정 용어를 사용한 법령은 한 곳도 없다. 이 부분은 개선해야 할 정책과제라고 본다.

ESG 관점에서의 전략·정책·계획 수립은 단기 측면과 중장기 측면으로 나눌 수 있다. 단기 측면에서는 ESG 관점에서 행정기관이 수시로 또는 매년 수립하는 연도별 업무계획과 정책 수립 시 ESG 요소를 반영하여 추진하는 것을 의미한다. 중장기 측면에서는 ESG 관점에서 행정기관이 중장기적으로 수립하는 중장기 전략, 중장기 발전계획(발전 방안) 수립 시 ESG 요소를 반영하여 추진하는 것을 의미한다. 즉, ESG 관점에서 행정기관이 전략·정책·계획 수립 시 ESG 요소를 반영하여 추진하는 것을 의미한다. 지금까지 대부분 행정기관에서는 ESG 관점과 분리하여 전략·정책·계획을 수립하여 추진해 왔다. 이 부분도 개선해야 할 정책과제이다.

2 ESG 행정의 추진 방향

ESG 행정은 두 가지 방향으로 추진할 수 있다. 행정기관이 다른 기관 등을 지원하는 ESG 행정이다. 다른 하나는 행정기관이 자체적으로 추진하는 ESG 행정이다. 지금까지는 ESG 행정이 주로 전자(前者)에 치중되었다. 최근에 조금씩 개선되고 있지만 근본적으로 개선해야 할 정책과제이다. ESG 행정 지원 방식과 ESG 행정 자체 추진 방식의 사례를 개략적으로 정리하면 〈표 7-1〉과 추진 방식을 알 수 있다.[3]

꾸어 쓰자는 의견도 제시되었다. 행정기관에서는 Governance를 '국정을 관리한다'라는 뜻에서 '국정관리' 또는 '국정을 운영한다'라는 뜻에서 '국정운영'이라는 용어로 사용하기도 하였다. Kettl(1993), Osborne & Gaebler(1992)는 Governance를 행정이나 정책의 대체어로 사용하기를 원했다. 이들 학자들은 기존의 행정이나 정책이 정부 중심의 독점과 계층제(hierachy)를 전제로 한 것이라고 비판하고, 새로운 행정이나 정책의 운영방식으로 팀워크(team work)와 참여(participation)를 강조하고 있다. Young, O, R.(1994: *International Governance: Protecting the Environment in a Stateless Society*. Ithaca, NY: cornell University Press)은 상호의존적인 개인이나 그룹을 관리하는 사회적 기능인 'Governance'와 규칙을 제정하고 시행하는 형식적인 조직인 'Government' 사이의 구분을 한다.

2) 2024.5.12. 기준으로 국가법령정보센터 자료에 따르면 83개 조례(규칙)가 있다.

3) ESG 행정 지원 방식과 ESG 행정 자체 추진 방식의 구분 기준은 ESG 관점에 따라 다를 수 있다.

표 7-1 ESG 행정 지원 방식과 자체 추진 방식 사례

ESG 행정 지원 방식(예)	ESG 행정 자체 추진 방식(예)
1. 기획재정부의 ESG 인프라 확충 방안 발표 (2021.8.26)	1. 정부의 국가지속가능발전목표(K-SDGs) 제시 (2018.12)
2. 기획재정부의 ESG 고도화 방안 발표 (2022.12.21)	2. 정부의 2050 탄소중립 선언 (2020.10.28)
3. 산업통상자원부의 K-ESG 가이드라인 발표 (2021.12.1)	3. 한국형 녹색분류체계(K-택소노미) 제시 (2021.12.30)
4. 금융위원회의 ESG 플랫폼 서비스 개시 (2021.12.20)	4. ESG 경영 지원 조례 제정과 시행 (2021.7.23)(광주광역시 전국 최초 제정)
5. 금융감독원의 ESG 펀드 공시 기준 발표 (2023.10.5)	5. ESG 요소를 반영한 조례 제정과 시행 (1986.12.27. 최초)(영덕군 환경기본조례)
6. 환경부의 환경성 평가체계 가이드라인 발표 (2022.2.18)	6. 봉화군의 ESG 행정체계 구축(전국 최초) (2022.3.23)
7. 중소벤처기업부의 ESG 지원 방안 발표 (2022.12.2)	7. 광명시의 지속가능경영보고서 (2023년 광명시 SDGs 시민평가보고서)
8. 노동부의 청년친화형 기업 ESG 지원사업 공고 (2023.1.16)	8. 서울시 기후동행카드제 (2024.1.27부터 시행)
9. ESG 경영 지원 조례 제정으로 중소기업 등 지원 (대부분 조례에서 중소기업 등 지원 근거 제시)	9. 광주광역시의 광주다음 통합돌봄제도 (2023.12.7. 국제도시혁신상 최고상 수상)

ESG 행정의 지원 방식과 자체 추진 방식을 사례를 광역시도와 기초시군구로 구분하여 정리했다. 이 책에서는 ESG 관점 중에서 광주광역시는 환경(Environmental) 관점에서, 세종특별자치시는 사회(Social) 관점에서, 대구광역시 달서구는 거버넌스(Governance) 관점에서 ESG 행정사례를 살펴보고 정리했다.

필자는 행정기관이 추진하는 ESG 행정이 다른 기관 등을 지원하는 방식인지, 아니면 행정기관이 스스로 주도적으로 추진하는 것인지를 기준으로 분석하였음을 밝혀둔다. 현재 ESG 경영 지원 조례 제정 자체는 행정기관이 스스로 주도적으로 추진하는 것이지만, 조례의 제1조(목적)와 정책(사업) 내용 관련 조항에서는 두 가지(지원 방식과 자체 추진 방식)가 혼재되어 있다.

3 광역자치단체의 ESG 행정 정책과 사례

1) 17개 광역자치단체 ESG 조례 제정 현황

2024.5.12. 기준으로 ESG 용어가 들어간 17개 광역자치단체(시도교육청과 시도의회 포함)의 자치법규(조례, 규칙)는 23개다. 유형별로 분석하면, 6개 대분류, 18개 세분류로 나눌 수 있다. 즉, ESG 활성화 조례 1개, ESG 경영 활성화 지원 조례 7개, ESG 활성화 지원 조례 1개, ESG 실천 조례 3개, ESG 경영 확산 및 지원 조례 1개, ESG 경영 지원 조례 4개, ESG 교육과 실천 조례 1개이다.

특이한 점은 대구광역시, 경기도, 전북특별자치도, 경상북도는 ESG 조례가 각각 2개다. 그리고 ESG 조례 제목에 한글과 영어를 함께 쓴 사례도 있다. 즉, 이에스지(ESG)를 사용하거나 환경·사회·투명 경영(또는 지배구조)(ESG)을 사용한 사례도 있다. 또한 ESG 실천 조례도 있다. 즉, 이에스지(ESG) 실천 조례 제정(전국 최초)(전라남도의회) 사례, 이에스지(ESG) 교육 및 실천 조례 제정(전국 최조)(전라남도교육청) 사례도 있다. 이를 정리하면 〈표 7-2〉와 같다.

표 7-2 광역자치단체 ESG 조례 제목 유형 분류

조례 제목 유형 분류		광역자치단체 (시도교육청, 시도의회 포함)
대분류 6개	세분류 18개	
ESG 활성화 조례	환경·사회·투명 경영(ESG) 활성화에 관한 조례	서울특별시
ESG 경영 활성화 지원 조례	환경·사회·지배구조(ESG) 경영 활성화 지원 조례	강원특별자치도, 강원특별자치도교육청
	ESG 경영 활성화 지원 조례	대구광역시
	기업 이에스지(ESG) 경영 활성화 지원 조례	대구광역시
	이에스지(ESG) 경영 활성화 지원 조례	전라남도, 충청남도교육청
	중소기업 ESG 경영 활성화 지원 조례	전북특별자치도
	중소기업·소상공인 ESG 경영 활성화 지원 조례	충청남도
	기업 ESG 경영 활성화 지원 조례	제주특별자치도
ESG 활성화 지원 조례	ESG 활성화 지원 조례	경기도

ESG 실천 조례	문화 · 체육 · 관광 행사 이에스지(ESG) 실천에 관한 조례	경기도
	문화 · 체육 · 관광 행사의 환경 · 사회 · 지배구조(ESG) 실천 조례	전북특별자치도
	이에스지(ESG) 실천 조례	전라남도의회
ESG 경영 확산 지원 조례	ESG 경영 확산 및 지원 조례	경상남도
ESG 경영 지원 조례	기업 ESG 경영 지원 조례	경상북도, 부산광역시, 충청북도
	공공기관 ESG 경영 지원 조례	경상북도
	ESG 경영 지원 조례	광주광역시, 울산광역시
	기업의 환경 · 사회 · 지배구조(ESG) 경영 지원 조례	세종특별자치시
ESG 교육 및 실천 조례	이에스지(ESG) 교육 및 실천 조례	전라남도교육청

2) ESG 행정 정책과 사례

17개 광역자치단체의 ESG 행정 정책과 사례를 ESG 관점에서 조사하고 분석했다. 이는 시도별 ESG 행정 정책과 사례를 비교함으로써 상호 긍정적인 시사점을 도출할 수 있을 것이다. 각 시도의 ESG 제도 도입, ESG 전략과 ESG 정책 및 ESG 계획수립을 통해 집행하고 모니터링하고 평가하며 환류하는 성과분석과 효과분석이 필요하다고 본다. ESG 조례를 제정한 광역자치단체는 17개 중 16개이다.

광역자치단체의 ESG 조례에서는 ESG 기본계획 수립, 실태조사, 기업 지원, 협력체계 구축 등 여러 가지 사업을 하도록 규정하고 있다. 그러나 현안 업무 치중, 예산 삭감 등의 이유로 실질적으로 효과가 없는 사례가 발생하고 있다. 다른 기관과 업무협약 체결 등 외견적으로 ESG 추진을 하는 것처럼 보이고 있으나, 실질적으로는 추진하지도 않고 성과가 없는 경우가 대다수다. 심지어는 ESG 실천에 역행하는 결과를 초래하는 경우가 있다. ESG 워싱(ESG Washing)[4]이 되어서는 안 된다.

각종 언론에 보도되거나 각 시도의 보도자료와 업무계획 등에 공개된 광역자치단체별 ESG 행정 정책과 사례(일부)를 살펴보았다. ESG 영역별로 구분하였지만, 사업

4) 그린워싱(Greenwashing)으로 대표되는 ESG 워싱(ESG Washing)은 제품 · 서비스 · 조직의 ESG 속성과 성과를 허위 · 과장 · 축소 · 은폐 · 생략 등의 방식을 통하여 광고 · 홍보 · 마케팅의 수단으로 경제적 · 사회적 이익을 누리는 행위이다.

에 따라서는 구분하기 어려운 내용은 종합(ESG 전부 포함)으로 분류했다. 〈표 7-3〉은 17개 광역시도의 ESG 관련 정책과 사업을 정리한 것이다.

표 7-3 광역자치단체별 ESG 행정 정책과 사례

<table>
<tr><th>광역자치단체</th><th>영역</th><th>ESG 행정 정책과 사례</th></tr>
<tr><td rowspan="4">서울특별시</td><td>종합</td><td>글로벌 전시회에도 ESG 접목, '운영 실행지침' 수립(2023)
환경·사회·투명 경영(ESG) 활성화에 관한 조례 제정(2024)</td></tr>
<tr><td>환경(E)</td><td>기후예산제 시행(2023), 기후동행카드제 시행(2024)</td></tr>
<tr><td>사회(S)</td><td>'기업의 저출생 극복 노력' 평가지표 신설(2024)</td></tr>
<tr><td>거버넌스(G)</td><td>서울시시민감사옴부즈만위원회 운영(2016~)
롯데카드, 서울시와 지역 창업·ESG 활성화 업무협약(2024)</td></tr>
<tr><td rowspan="4">부산광역시</td><td>종합</td><td>지방자치단체 최초 ESG 우수 중소·벤처기업 인증(2022)
지방자치단체 최초 벤처·창업 ESG 선도기업 선정(2023)
기업 ESG 경영 지원 조례 제정(2023)</td></tr>
<tr><td>환경(E)</td><td>희귀식물 '부산꼬리풀' 최적 발아 조건 발견(2022)
전국 최초 '온실가스 감축 기여 인증제' 시행(2023)</td></tr>
<tr><td>사회(S)</td><td>전국 최초 부산 주취자 보호시설 효과 창출(관련 사고 0건)(2023)
'전국 최초' 장애인 전용 시티투어버스 '나래 버스' 운영(2023)</td></tr>
<tr><td>거버넌스(G)</td><td>'우리 동네 ESG 센터' 구축, 민관협업(2022)
'지자체 최초 ESG 상생협력 모델' 추진(2023)</td></tr>
<tr><td rowspan="4">대구광역시</td><td>종합</td><td>ESG 경영 활성화 지원 조례 제정(2022)
대구시·대구상공회의소, 지역최초 '대구 ESG 스쿨' 개강(2023)</td></tr>
<tr><td>환경(E)</td><td>전기차 선도도시 국가브랜드 대상 2년 연속 선정(2019)
친환경 스마트 업무환경 구축, ESG 경영 실천(2022)</td></tr>
<tr><td>사회(S)</td><td>"전 생애주기별 통합서비스로 대한민국 복지 패러다임 선도"(2022)</td></tr>
<tr><td>거버넌스(G)</td><td>시민감사관 운영(2009~)
탄탄한 재정효율성 제고로 거버넌스 부문, A등급 유지(2023)</td></tr>
<tr><td rowspan="4">인천광역시</td><td>종합</td><td>중소기업 '사회가치(ESG) 경영' 지원(2023)
인천지역 공공부문 ESG 현황 점검 지표 개발(2023)
인천 공급망 ESG 지원센터 개소(2024)</td></tr>
<tr><td>환경(E)</td><td>해상풍력 발전단지 개발(2023)
세계 최대 규모의 '액화수소 플랜트' 준공(2024)
산업단지·공장 등 130곳 토양오염 실태조사 실시(2024)</td></tr>
<tr><td>사회(S)</td><td>여성 1인 가구·점포 '안심드림' 지원 확대(2024)</td></tr>
<tr><td>거버넌스(G)</td><td>시민감사관 등의 구성과 운영(2007~)
거버넌스 '취상위권'(2023)</td></tr>
</table>

광주광역시	종합	광주광역시 ESG 경영 지원 조례 제정, 전국 최초(2021) 시립수목원서 착한소비 '푸릇마켓' 운영, ESG 제품 촉진(2024)
	환경(E)	친환경 도시 광주광역시, 2회 연속 종합 A등급 '영예'(2023)
	사회(S)	기업인권경영 증진 워크숍 개최(2012) 사회적경제 종합발전계획 수립 및 비전 선표(2015) 사회적경제 활성화 사업 본격 추진(2024)
	거버넌스(G)	시민감사관 구성 및 운영 조례 제정(2015~) 협력과 공동 발전을 위해 대구, 광주 달빛동맹 강화 협약(2023)
대전광역시	종합	기업 이에스지(ESG) 경영 활성화 지원 조례 제정(2023) 대전형 ESG 경영 지원사업 추진(2022) 환경・사회・지배구조 부문, 우수 A 등급(2023)
	환경(E)	산소도시 만들기 위해 1,000개의 도시숲 조성 추진(2021)
	사회(S)	대전광역시 양성평등헌장 수정・보완에 관한 연구(2012)
	거버넌스(G)	대전시와 4개 공사・공단 '저탄소생활 실천서약식' 체결(2021)
울산광역시	종합	ESG 경영 지원 조례 제정(2021) ESG 글로벌 스타시티 울산(2021)
	환경(E)	제2차 미세먼지 계절관리제 강력 시행(2020) 기후위기・탄소중립 전략 수립, '탄소배출 1위 도시' 탈출(2023)
	사회(S)	사회공헌 협약기업 공동 프로그램 추진 10주년 기념행사(2022)
	거버넌스(G)	공공 등 5개 부문 '울산투명사회 협약' 체결(2007) '시민이 체감하는 더 크고 당당한 청렴울산' 정책 추진(2024)
세종특별 자치시	종합	기업의 환경・사회・지배구조(ESG) 경영 지원 조례(2023) ESG평가 전국 1위, A등급(2021), 2년 연속 '우수' 등급 유지(2023)
	환경(E)	2050 탄소중립 실현 목표 세종시민 의견수렴(2024)
	사회(S)	사회부문 2회 연속 1위(2023), * 별도 항목에서 상세 설명
	거버넌스(G)	종합청렴도 평가 최고 등급 달성(2023)
경기도	종합	ESG 활성화 지원 조례 제정(2022) 경기도 ESG 행정체계 구축(2023)
	환경(E)	기후위기 대응 전략 수립(2023) 온실가스 배출량 2026년까지 22% 감축(2023) 2030년까지 온실가스 40% 감축(2024)
	사회(S)	전국 최초 '한부모 가족 아동양육비' 지급 대상 확대(2024)
	거버넌스(G)	중소기업 ESG 경영 기반 도입 조성사업(2022)(경기도와 경기도경제과학진흥원과 협약)

강원특별자치도	종합	환경・사회・지배구조(ESG) 경영 활성화 지원 조례 제정(2023)
	환경(E)	2040 탄소중립 추진전략 기본계획 발표(2021) 국내 최초 지역주민 제안형 '제천 청풍호 제3호 수상태양광' 준공(2022) 구상나무 식재(130본), 강원세계산림엑스포 성공 개최(2023)
	사회(S)	인권센터 운영(인권 영화 상영회, 간담회 등)(2014~2023)
	거버넌스(G)	인구소멸 대응 추진단 민관협력(거버넌스) 회의 개최(2023)
충청북도	종합	기업 ESG 경영 지원 조례 제정(2021)
	환경(E)	산업단지 중소기업의 출퇴근 지원사업 추진(2023~2024)
	사회(S)	출산육아수당, 의료비후불제 시행(2023)(충청북도)
	거버넌스(G)	14개 기관 「자발적 온실가스・미세먼지 감축」 협약 체결(2022) 민관 거버넌스 '충북 ESG 협의회' 발족(2023)
충청남도	종합	중소기업・소상공인 ESG 경영 활성화 지원 조례 제정(2021) ESG 충청남도 정책 도입방안 마련(2021) 환경・사회・투명(ESG) 경영안정자금 신설(2023) * 충청남도교육청 이에스지(ESG) 경영 활성화 지원 조례(2023)(전국 최초)
	환경(E)	기후비상상황 선포(2019), 미래차전환 플랫폼 구축(2022) 탄소중립과 스마트농업(2023) '탄소중립 충남' 공공부문 온실가스 감축 목표 달성(2024)
	사회(S)	전국 최초 농촌형 사회적경제혁신 타운 착수(2023)
	거버넌스(G)	거버넌스 상위권 안착(2023)
전북특별자치도	종합	중소기업 ESG 경영 활성화 지원 조례 제정(2022) 문화・체육・관광 행사의 환경・사회・지배구조(ESG) 실천 조례(2024)
	환경(E)	탄소중립・녹색성장 기본계획(2024~2033)
	사회(S)	사회적경제 기본 조례 제정 시행(2018~) 취약계층을 위한 찾아가는 소비자 권익증진 행사 추진(2024)
	거버넌스(G)	'도민이 신뢰하는 청렴 전북특별자치도 실현' 비전 제시(2024)
전라남도	종합	이에스지(ESG) 경영 활성화 지원 조례 제정(2023)
	환경(E)	여수・고흥・무안 갯벌 세계자연유산 잠정목록 등재 추진(2023~) 글로벌 청정에너지 대전환 선도(2024)
	사회(S)	사회적경제육성(2024~2028) 기본계획 발표 사회적경제 이끌 우수 기업 발굴(2024)
	거버넌스(G)	SK-전라남도, 사회적경제 활성화 지원을 위한 업무협약(2023)
경상북도	종합	기업 ESG 경영 지원 조례 제정(2022) 공공기관 ESG 경영 지원 조례 제정(2023) 환경・사회・투명경영(ESG) 실천 결의(2023)
	환경(E)	저탄소 식문화 확산으로 ESG 가치 실현(2021) '모두가 행복한 산림복지로 산림르네상스 구현'(2024)

	사회(S)	고객우선 위한 사회적 가치 실현 앞장(2020) '경상북도 사회적경제지원센터' 개소(2021) 따뜻한 사회적경제 실현 위해 시동 건다(2022)
	거버넌스(G)	반도체산업 환경 · 사회 · 투명경영(ESG) 업무협약 체결(2023) 수협은행, 경북도와 ESG경영 업무협약(2024)
경상남도	종합	ESG 경영 확산 및 지원 조례 제정, ESG 확산과 공감대 조성(2023) 전국 첫 중소기업형 ESG 시범 사업 선정(2022) 경남ESG자문위원회 출범(2023)
	환경(E)	해양 · 수질 · 대기질 등 개선을 통한 쾌적한 환경 조성(2024)
	사회(S)	전국 최초 사회적기업 성장지원센터 2개소(진주 · 김해) 선정(2020)
	거버넌스(G)	E-순환거버넌스, 지속가능한 자원순환체계 협약체결(2024)
제주특별자치도	종합	기업 ESG 경영 활성화 지원 조례 제정(2023) ESG 평가 결과 중 사회, 환경 최상위권(2023)
	환경(E)	전국 최초 '전기차' 연관산업 시동(2017) 국내 최초 쓰레기미술관(2019) 국내 최초 12.5MW 그린수소 실증사업 착수(2022)
	사회(S)	사회공헌 진흥 및 지원 조례 제정(2016)
	거버넌스(G)	청렴사회 민관협의회 설치 및 운영에 관한 조례 제정(2018)

4 기초자치단체의 ESG 행정 정책과 사례

226개 기초자치단체는 17개 광역자치단체와 비교하면 ESG 정책에 집중하지 못하고 있다. 자치단체별로 차이가 크며, ESG에 진심인 곳과 그렇지 못한 경우가 혼재되어 있다고 해도 과언이 아니다. 그럼에도 불구하고 기초시군구의 ESG 행정의 도입과 실천은 다양한 방식과 형식으로 진행되고 있다. 광역자치단체와 마찬가지로 ESG 워싱(ESG Washing) 방지와 정책에 대한 성과와 효과에 관한 분석이 필요하다.

1) 기초자치단체 ESG 행정사례

ESG 정책을 구현하기 위한 계획 단계에서 사업 완료 후 성과관리, 피드백에 이르기까지 내용을 〈표 7-4〉와 같이 정리했다. 기초시군구의 ESG 행정으로 표현되는 내용을 중심으로 표시했다.

표 7-4 기초자치단체의 ESG 행정 정책사업 추진 사례

정책사업 추진 방식	기초자치단체
ESG(행정) 전략 수립	완도군, 금정구
ESG 행정 추진(이행) 체계 수립	봉화군, 양평군, 광주시, 군산시
ESG 행정체계 구축(수립)	수영구, 김해시
ESG 정책 제안	은평구
ESG (종합)계획 수립	부안군, 경주시
ESG 행정(정책) 도입	중랑구
ESG 행정협의회 구성	(여수시 · 순천시 · 광양시) 협약
증평 C+ESG정책 수립	증평군
하수도 공기업 ESG 경영전략 수립	안성시
기업 ESG 대응 지원 기본계획 수립	창원시

2) 기초자치단체의 ESG 행정 실천사례

ESG 행정전략, 정책, 계획 및 이행체계 수립 외에 ESG 행정 실천을 다양하게 운영하는 방식을 살펴보았다. 다양한 방식으로 구현되고 있다. 서울시 자치구의 참여가 상대적으로 많다. 성동형 ESG 실천 사업 공모(성동구), 아이스팩 재사용으로 ESG 행정 실천(서울시 강동구), 자양전통시장 ESG 실천(서울시 광진구), '탄소중립 시민실천 10가지 약속' 실천(노원구) 등이다.

강원특별자치도의 동해시는 ESG 실천도시와 관내 친환경 관광 가치 실천 ESG 캠페인을 전개하고 있다. ESG 실천 '업사이클링 캠페인' 전개(청주시), ESG 공동 실천 협약(충남 공주시와 아주자동차대학교와 협약)을 통한 거버넌스 방식도 있다. 군 단위의 지방자치단체의 참여도 활발해지기 시작했다. ESG 실천 청각장애인 동행 축제 진행(횡성군), 간부공무원 2024년 첫 월급 일부 'ESG 예금' 가입 등으로 ESG 가치 실현에 동참(홍성군), 환경 · 사회 · 거버넌스 경영(ESG)을 위해 전 군민 버스요금 무료 정책 실현(진천군) 등이다.

5 행정기관의 ESG 교육 사례

국가공무원인재개발원과 17개 시도공무원교육훈련기관이 수립한 2024년 교육훈련계획을 살펴보았다. ESG 교육 사례는 몇 개 기관을 제외하고는 매우 저조하였다. ESG 용어가 가장 많이 들어간 교육훈련기관은 경기인재개발원으로 나타났다. 17개 시도공무원교육훈련기관 중 7개 기관(41%)만이 ESG 용어가 들어간 교육을 하고 있

표 7-5 교육훈련기관별 ESG 교과목 운영 현황

교육훈련기관	ESG 교과목(교육과정)
국가공무원인재개발원	• '지구를 살리는 기업, 파타고니아의 ESG 경영 스토리' • '이슈 브리핑-식품업계의 ESG는?' • '[Strategy Insight] 지속가능 기업의 필수조건, ESG 경영' • '탄소중립, ESG 시대를 준비하라' • 'ESG 경영 필수 중증장애인생산품 우선구매' • '지금 이 시대에 필요한 ESG', '지속가능한 경제와 ESG'
경기인재개발원	• 'ESG 경영 내재화, 어디에서 시작할 것인가' • 'ESG X Tech: DX시대의 ESG 경영전략' • '[How to ESG] 지속가능경영을 위한 필연적인 여정' • '글로벌 경영트렌드, ESG 성공 전략' • '지구를 살리는 기업, 파타고니아의 ESG 경영 스토리' • '기후위기와 탄소중립 시대, ESG적 삶이란?' • '[경기관광축제 아카데미] 지역축제 ESG 접목(일반)'
서울시인재개발원	• '지속가능한 경제와 ESG' • '공무원이 알아야 할 ESG' • '지금 이 시대에 필요한 ESG'
전북특별자치도인재개발원	• 'ESG 경영 필수 중증장애인생산품 우선구매' • '공무원이 알아야 할 ESG' • '지금 이 시대에 필요한 ESG' • '지속가능한 경제와 ESG'
전남인재개발원	• '사회적경제와 공공 분야의 ESG 경영' • 'ESG 경영 필수 중증장애인생산품 우선구매'
충남인재개발원	• '공무원이 알아야 할 ESG'
경남인재개발원	• 'ESG 경영 필수 중증장애인생산품 우선구매' • '지금 이 시대에 필요한 ESG' • '지속가능한 경제와 ESG' • '공무원이 알아야 할 ESG 과정'
세종특별자치시	• '공무원이 알아야 할 ESG'

다. ESG 정책이 ESG 경영에 집중되어 있다. ESG 행정의 용어가 확산되어야 한다. 행정이 관심을 기울이지 않는 정책이 원활하게 진행된다고 보기 어렵다. 이를 정리하면 〈표 7-5〉는 국가공무원인재개발원을 포함한 광역시도 교육기관의 ESG 관련 교육 내용을 정리한 것이다.

제2절 환경(E) 관점의 정책과 사례

1 지방행정의 환경(E) 요인

현재 전 세계적으로 ESG 평가기관[5]이 계속 증가하고 있으며, ESG 평가지표[6]도 계속 증가하고 있다. ESG 평가지표 중 환경(Environmental) 관련 평가지표는 환경(운영) 경영 목표 및 성과, 기후변화(기후위기) 대응, 환경오염 및 쓰레기 감축 노력, 수자원 관리(용수), 친환경 에너지, 자연자본(토지, 숲, 생물 다양성 등), 이해관계자 소통, 환경분쟁 등이다. 지방행정기관은 위 평가지표가 모두 적용된다.

2 환경(E) 사례: 광주광역시

지방행정기관 243개 기관 중 광주광역시는 ESG 관련 조례를 최초로 제정했다. 2021년 7월 23일자로 「광주광역시 ESG 경영 지원 조례」가 시행되었다. 2024년 3월 25일 기준, 광주광역시의 환경 관련 내용이 포함된 자치법규(조례, 규칙)는 67개로 조사되었다. 최근에 제정한 조례는 「광주광역시 환경보건 조례」, 「광주광역시 수돗물 절약에 관한 조례」, 「광주광역시 물환경 보전활동 지원 조례」, 「광주광역시 친환경

5) 컨센서스를 활용한 기업별 ESG 분석(2020.7.6), ESG 투자 수요가 늘어남에 따라 세계적으로 125개 이상(2016년 기준)의 ESG 평가기관이 생겨났다.

6) K-ESG 가이드라인(16p), 국내・외 600여 개 이상의 평가지표가 운영되고 있으나 개별 기업에서 각각의 평가기준, 평가방식을 파악하기는 쉽지 않은 상황이다. ESG 글로벌 동향분석(2021.2.25)(2p); 국가별 지표를 포함하면 평가지표는 1,000개 이상이다.

도시조명 설치 및 운영 조례」 등이다.

환경 용어가 들어간 조례는 「광주광역시 환경교육 진흥 조례」, 「광주광역시 환경 기본 조례」, 「광주광역시 환경보건 조례」, 「광주광역시 환경분쟁조정위원회 운영 조례」, 「광주광역시 환경영향평가 조례」, 「광주광역시 환경오염행위 신고 및 포상금 지급에 관한 규칙」, 「광주광역시 환경친화적 자동차의 보급 및 이용 활성화 조례」이다.

광주광역시는 환경(Environmental) 관련 조례의 제정을 통해 제도적인 뒷받침을 하고 있다. ESG의 환경(E) 부문에서 다양한 정책을 수립하고 집행함으로써 탁월한 성과를 창출했다는 평가다. 빛고을이란 브랜드로 빛의 도시임을 보여주고 있다. 환경 관련 정책사업을 환경감시단 구성 · 운영, 녹색제품 구매, 온실가스 감축, 빛공해 방지, 2회 연속 환경(E) 부문 1위 획득의 순으로 살펴보았다.

1) 민간자율환경감시단 구성 · 운영으로 쾌적한 도심 생활환경 조성

환경부는 2004년 4월 28일자로 "민관환경감시네트워크 운영 지침"을 마련하여 4대강 유역환경청(한강, 낙동강, 금강, 영산강 유역환경청)과 지방자치단체에 보냈다. 이 지침에 따라 광주광역시는 2004년부터 민간자율환경감시단(민간단체, 지역주민, 환경기술인 등) 77명을 구성하여 운영하였다. 환경부 보도자료(2004.10)에 의하면, 광주광역시가 민간환경감시단 운영 우수사례로 선정되었다. 2005년에는 지역환경감시 활동을 전개한 실적을 인정받아 단체 대표와 공무원에게 환경부장관 표창장이 수여되었다.

광주광역시는 2023년 12월 1일부터 2024년 3월 31일까지 '제5차 미세먼지 계절관리제[7]'를 시행했다. 2019년 미세먼지 계절 관리제를 도입한 이후 초미세먼지(PM2.5) 평균농도($\mu g/m^3$)가 최근 5년 동안 최저 수준을 유지했다. 2019년 이전에는 33$\mu g/m^3$을 보였다. 계절 관리제를 실시한 2019년 21.6$\mu g/m^3$으로 하락했다. 이후 2020년 23.9$\mu g/m^3$, 2021년 23.1$\mu g/m^3$, 2022년 23.3$\mu g/m^3$, 2023년 18.7$\mu g/m^3$ 등 지속적인 관리를 하고 있다.

---

7) 미세먼지 계절관리제는 미세먼지 농도가 높은 겨울철(12월부터 이듬해 3월) 미세먼지 저감을 위해 특별 대책을 시행하는 제도이다.

2) 녹색제품 구매촉진 조례 제정과 우수성과 S등급

광주광역시는 「녹색제품 구매촉진에 관한 법률」(2004.11.30. 제정) 제11조에 따라 2007년 8월 1일 「광주광역시 녹색제품 구매촉진에 관한 조례」를 제정하여 시행하고 있다. 이 조례 제정 목적(제1조)은 녹색제품의 구매를 촉진하기 위함이다. 광주광역시는 2018년 7월부터 광주녹색구매지원센터를 개소해 녹색제품 활성화와 친환경소비문화 생활 확산을 위해 노력한 결과, 우수한 성과를 보였다. 광주녹색구매지원센터는 환경부 주관 '전국 녹색구매지원센터[8] 평가'에서 전국 1위로, 4년 연속(2019~2022년) 최상위 등급인 S등급을 획득하는 큰 성과를 창출했다.

3) 온실가스 감축 조례 제정과 추진계획 및 성과

광주광역시는 2016년 6월 1일 「광주광역시 온실가스 감축을 위한 녹색식생활 실천 및 지원 조례」를 제정했다. 이 조례의 제1조(목적)는 "온실가스 감축을 위하여 녹색 식생활을 실천하고 지원하는 데 필요한 사항을 규정함으로써 기후위기에 대응하는 것"이다. 시는 2022년 하반기부터 2023년 상반기까지 에너지 사용을 절감하거나 자동차 주행거리를 감축한 10만 8,000여 명에 대해 탄소중립포인트 인센티브 12억 2,000원을 지급했다. 탄소중립포인트제를 운영한 결과, 9만 9,110톤에 달하는 온실가스를 감축한 것이다. 이는 30년산 소나무 1,502만 그루를 심는 효과라고 할 수 있다.

특히 광주광역시는 전체 63만여 세대 중 58%가 넘는 36만여 세대가 탄소중립포인트제(에너지)에 가입되어 있다. 이런 가입률로 전국 1위를 기록하는 등 탄소중립 실현에 앞장서고 있다.[9] 시는 2024년 4월에 온실가스배출량 감축 목표를 2030년까지 2018년 대비 45%를 감축하고, 2045년까지 탄소중립을 실현하는 10개년 계획을 수립하였다. 이 계획은 국가 온실가스배출량 감축 목표(2030년 40%)보다 강화한 것이다. 정부의 탄소중립 계획보다 5% 더 감축하는 것을 목표로 진행되고 있다.

---

8) 2011년 환경부 시범사업으로 안산녹색소비자연대 녹색구매지원센터 시범운영이 최초이다. 그 후 2013년 5월 경기안산, 2013년 6월 부산, 2014년 7월 제주, 2014년 9월 충북, 2015년 6월 대전, 2017년 11월 세종, 2018년 7월 광주녹색구매지원센터, 2018년 8월 인천녹색구매지원센터의 순서로 개소하였다.

9) 광주광역시 누리집의 보도자료, https://www.gwangju.go.kr/main.do, 2023.12.12.

4) 빛공해 방지 조례 제정과 추진 성과

광주광역시는 2014년 3월 1일에 「광주광역시 빛공해 방지에 관한 조례」를 제정했다. 이 조례는 "「인공조명에 의한 빛공해 방지법」, 같은 법 시행령 및 시행규칙에서 위임된 사항과 그 시행에 필요한 사항을 규정함으로써 모든 시민이 건강하고 쾌적한 환경에서 생활할 수 있게 함"을 목적으로 하고 있다. 시는 '2023년 빛공해 방지업무 추진실적 평가'를 토대로 17개 광역자치단체 평가 중 1위에 올라 환경부장관상을 수상했다. 시는 최근 3년 연속 우수기관으로 선정되어 '빛의 도시' 광주광역시의 위상을 높였다. 이 평가는 「인공조명에 의한 빛공해 방지법」 제5조(시・도 빛공해방지계획의 수립 등)에 따라 2019년부터 시행되고 있다.

2024년 2월 23일자로 제정된 「광주광역시 친환경 도시조명 설치 및 운영 조례」는 "온실가스 및 오염물질의 발생을 최소화하기 위하여 환경친화적 에너지・자원을 이용한 도시조명의 설치 및 운영에 필요한 사항을 규정함으로써 에너지를 절약하여 기후위기에 대응하고 안전하고 환경친화적인 도시 조성에 이바지하는 것"을 목적으로 시행되고 있다.

5) ESG 평가에서 2회 연속 환경(E) 부문 1위

광주광역시는 ESG행복경제연구소가 발표한 17개 광역자치단체 ESG 평가에서 2회 연속 환경(E) 부문 1위를 차지했다. 환경(E) 부문에서 2021년 평가에서는 81.65점을, 2022년 평가에서는 82.88점을 획득하여 1위(종합 A등급)를 달성했다.[10] 종합 A등급을 받았다. 이런 자료로만 본다면 친환경 도시 광주광역시의 면모를 여실히 보여주었다는 평가를 받고 있다.

---

10) 한스경제, https://www.hansbiz.co.kr/news/articleView.html?idxno=651664, 2023.5.21.

제3절 사회[S] 관점의 정책과 사례

1 지방행정의 사회(S) 요인

ESG 평가지표 중 사회(Social) 관련 평가지표는 고객 안전보건(직장 내 안전관리), 다양성, 형평성 및 포용성(Diversity, Equity, Inclusion: DEI), 인권(평가), 인적자원관리, 존중, 지역사회 발전 참여(기여), 사회공헌, 행정과 지역사회의 관계(커뮤니티), 기회균등(사회적 차별 금지), 근로(관행), 고용(열악한 고용 조건), ESG 관련 교육(훈련)과 홍보, 정보보호(개인, 단체), 아동 및 강제노동(노동권 보장) 등이다. 이들 평가지표는 지방행정기관의 경우 대부분 적용이 가능하다.

2 사회(S) 사례: 세종특별자치시

2024년 3월 25일 기준으로 세종특별자치시의 사회(Social) 관련 자치법규(조례와 규칙)는 90개 정도다. 최근에 제정한 대표적인 자치법규는 「세종특별자치시 개인정보 보호에 관한 조례」, 「세종특별자치시 고향사랑 기부금 모금 및 운용에 관한 조례」, 「세종특별자치시 산업재해 예방 조례」, 「세종특별자치시 횡단보도 야간 보행자 안전을 위한 투광기 설치 및 관리 조례」, 「세종특별자치시 기업의 환경 · 사회 · 지배구조(ESG) 경영 지원 조례」, 「세종특별자치시 사회공헌 진흥 및 지원 조례」, 「세종특별자치시 위기가구 발굴 및 지원에 관한 조례」, 「세종특별자치시 사회적 고립청년 지원에 관한 조례」, 「세종특별자치시 안전관리자문단 구성 및 운영 조례, 「세종특별자치시 어린이 · 청소년 생명안전 보호에 관한 조례」, 「세종특별자치시 고령운전자 교통사고 예방에 관한 조례」, 「세종특별자치시 인권보장 및 증진에 관한 조례 시행규칙」 등이다. 이는 대부분 인권과 인권 관련 내용이 담긴 조례다.

1) 세종특별자치시의 사회(S) 부문 성과

세종특별자치시는 2014년부터 사회(Social) 부분에서 다양한 정책을 수립하고 집행함이 돋보인다. 2023년까지 세종시 사회(S) 부문의 추진 성과를 살펴보면 다음과 같다. 시민사회안전망 구축은 2014년과 2020년 두 번에 걸쳐 수립되었다. 2016년에는 읍면동 복지기능 강화 전국 1위, 정부3.0 국민행복민원실 우수기관 선정, 의료급여 우수지자체 평가 최우수, 근로여건 만족도 1위, 재난의료 종합훈련 대회 1위를 차지했다. 2018년에는 소방동요 경영대회에서 최우수상을 수상했다.

2020년에는 소방시설 설치율 3년 연속 전국 1위, 아동들의 삶의 질 전국 최고, 교통안전 지수 2년 연속 A등급 1위의 실적을 보였다. 교통안전 A등급은 2020년과 2021년 2년 연속 성과를 보였다. 2021년에는 나눔과 배려 복지 대상을 수상했다. 2022년에는 재난 대응 1위 차지, 안심식당 운영 우수라는 실적을 보였다. 2023년은 국제 안전 도시 선포, 건강지표 최고 수준을 달성했다. 2016년부터 2021년까지 6년 간 세종시는 정부합동 평가 6년 연속 우수와 6년 연속 심정지 환자 소생률 부문에서 상위권을 유지하면서 ESG의 S(사회) 부문의 우수한 성적을 보였다.

2) 사회(S) 부문에서 2년 연속 1위 달성

앞서 드러난 사회(S) 부문의 실적을 인정받아 민간연구소인 ESG행복경제연구소가 발표한 지방자치단체 ESG 평가에서 2년 연속 사회 영역에서 1위를 차지했다. 사회적 책임과 사회적 가치 측면에서 노력을 인정받은 것으로 이해된다.

세종시의 2021년 ESG 평가 결과는 종합 82.68점을 획득하여 A등급 1위다. 분야별로는 환경(친환경 행정) 영역이 79.84점, 사회(사회적 책임과 사회적 가치) 영역이 87.85점, 거버넌스(투명한 의사결정) 영역이 82.95점이다.[11] 2022년에도 ESG 영역 중 사회(S) 영역에서 88.95점을 획득하여 A등급을 받아 1위를 차지했다.

---

11) 세종특별자치시 누리집의 보도자료, https://www.sejong.go.kr, 2021.7.7.

제4절 거버넌스(G) 관점의 정책과 사례

1 지방행정의 거버넌스(G) 요인

거버넌스(Governance)와 관련하여 국내·외 평가기관과 지방정부 ESG 평가지표는 ESG위원회(리더십) 구성과 활동, 회계 보고 투명성과 정보공개(보고), 감사기구(제도) 운영, 법령 위반(부패와 뇌물 등), ESG 인센티브(디스인센티브), 혁신적 행정관리 방식, 동반관계(Partnership)[12] 등이다. 지방행정기관의 경우 모두 적용할 수 있다.

이 책에서는 동반관계(Partnership)의 근거를 UN SDGs에서 도출했다. 이를 바탕으로 진행된 업무협약 사례를 조사했다. 이러한 맥락에서 대구광역시 달서구가 다른 기관과 동반성장을 위해 상생협력의 동반관계를 어떻게 구축하고 진행했는지를 살펴보았다.

1) UN SDGs의 동반관계 영역과 17개 목표

2015년 9월 제70차 UN총회에서 UN SDGs가 발표되었다. 2016년부터 2030년까지 지속가능발전목표(Sustainable Development Goals: SDGs)를 달성하는 목표를 제시했다. UN SDGs란 전 세계의 빈곤 문제를 해결하기 위해(단 사람도 소외되지 않도록 하기 위해, no one will be left behind) 채택한 인류 공동의 17개 목표와 169개 세부 목표를 말한다. 이는 선진국과 개발도상국을 막론하고 모든 국가가 글로벌 동반관계를 통해 행동을 취해야 한다는 시급한 요청이다. 17개 목표는 5Ps, 즉 사람(People)·지구(Planet)·번영(Prosperity)·평화(Peace)·동반관계(Partnership)라는 5개 영역으로 나뉘어 인류가 나아갈 방향을 제시했다. 17개 각 목표를 토대로 구체적인 내용을 담은 169개 세부 목표로 구성되어 있다.

UN SDGs의 17개 목표 중 17번째 목표는 목표 달성을 위한 동반관계(Partnerships For the Goals)다. UN SDGs의 5개 영역 중 동반관계(Partnership) 영역과 17번째 목

12) 국립국어원에서 영문인 파트너십(Partnership)을 동반관계로 용어를 결정하였다. 이를 근거로 하여 여기서는 파트너십(Partnerships)은 동반관계 용어로 통일하여 사용하고자 한다.

표(Goals) 달성을 위한 동반관계는 ESG의 거버넌스(G) 부분이다. 업무협약(MOU)은 지속가능한(Sustainable) 공동의 비전(Vision)과 목적(Purpose) 및 목표(Goals)를 달성하기 위해 동반관계를 형성한다. 업무협약과 동반관계는 협약 당사자 간의 대등한 위치와 입장에서 업무협약을 체결하고 동반관계를 유지한다. 동반관계는 상호 동반성장이란 목적을 달성하기 위해 상생협력을 추구한다. 이러한 배경으로 대구광역시 달서구가 다른 기관과 체결한 업무협약(MOU)를 연계해 조사했다.

2 거버넌스(G) 사례: 대구광역시 달서구

1) 달서구 업무협약 현황

대구광역시 달서구는 다양한 공동의 비전과 목적을 달성하기 위해 관내·외 여러 기관과 업무협약(MOU)을 체결했다. 2017년부터 2024년 최근까지 맺은 사례를 정리하면 〈표 7-6〉과 같다. 동반성장 ESG 협의체를 중심으로 공공기관, 대학교, 지역 문화단체, 시민단체, 경제 관련 협회 등이다.

표 7-6 대구광역시 달서구의 업무협약 사례

연도	업무협약 사례
2017	• 대구 달서구: 이월드, '문화기부 등 상호협력 업무협약' 체결
2019	• 성주문화예술회관: 대구 달서구 아트센터와 업무협약 체결
2020	• 대구 달서구·달서구의회, 인사 운영 업무협약 체결 • 달서구, 국민연금공단 대구지역본부와 업무협약 체결 • 대구 달서구, (주)UWAY와 업무협약 체결 • 대구 달서구, 유니세프한국위원회와 업무협약 체결
2021	• 달서구, 대구디지털산업진흥원과 업무협약 체결 • 관내 7개 대학교 학생상담센터 연합 업무협약 체결 • '스마트캠퍼스 챌린지 사업' 업무협약 체결 • 대구 달서구, 영진사이버대학교와 업무협약 체결 • 대구 달서구, 한국치맥산업협회와 업무협약(MOU) 체결 • 행복얼라이언스: 대구 달서구, '행복두끼 프로젝트' 업무협약
2022	• 달서구: 대구도시공사, 청년행복주택 건립 업무협약 체결 • 대구 달서구, 명품골목상권 조성을 위한 업무협약 체결 • '3·3·3 네트워크 구축'을 위한 업무협약 체결

	• 달서구, LH 대구경북지역본부와 업무협약 체결
2023	• 결혼 · 출산 친화 사업 추진 업무협약 체결 • 대구TP와 업무협약 체결 • 달서구, 청소년 나눔문화 활성화 업무협약 체결 • 대구 달서구, 지역문화유산 보호 · 활용 업무협약 체결 • 달서구, 감천리마을관리 사회적 협동조합과 업무협약 체결 • 대구 달서구, 대구 글로벌 메세나협회 업무협약 체결 • 대구광역시달서구 등 7개 기관 '동반성장 ESG 협의체' 구축
2024	• 달서구, 대구교통공사와 용산역 광장 복합체육시설 조성 업무협약 체결 • 대구 달서구 · 한국공인중개사협회, 대구 달서구, 소상공인 경영안정자금 지원 업무협약 체결

2) 「대구광역시달서구 ESG 경영 활성화 지원 조례안」 제정

「대구광역시달서구 ESG 경영 활성화 지원 조례안」은 2023년 8월에 제정되었다. 행정 집행부와 지방의회의 검토 및 협의 등을 통해 추진되었다. ESG의 거버넌스(G)의 전형적인 모범을 보여주는 조례 제정 과정을 살펴보았다. 2023년 4월 10일에 메일을 통해 최초로 접수되었다. 이후 동년 4월 10일부터 11일까지 타 지방자치단체의 조례의 ESG 관련 조례 현황 조사를 했다. 이를 토대로 12일에 의원들의 협의가 있었다. 조례안을 마련한 다음 달서구는 조례를 제정하기 위해 동년 7월 4일자로 검토의견서[13]를 작성했다.

조례안의 주요 내용으로는 조례 제정의 목적 및 정의 규정, 구청장의 책무에 관한 사항 규정, 기본계획에 관한 사항 구정, 기본 원칙과 중점 관리 목표에 관한 사항 규정, 연구 및 지원사업에 관한 사항 규정, 협력체계 구축에 관한 사항 규정을 제시하고 있다. 또한 관계 법령으로는 「지방자치법」 제13조, 「산업발전법」 제18조와 제19조, 「중소기업기본법」 제2조를 제시하였다.

달서구의회 전문위원의 조례안 검토 의견은 다음과 같이 제시하였다. "조례안은 환경 · 사회 · 지배구조의 균형과 조화를 통한 지속가능한 발전 동력을 확보하기 위해서 ESG 경영 도입과 활성화 지원 등의 사항을 규정하기 위한 조례안이다. ESG 경영

13) 조례안 제정 이유는 대구광역시 달서구 산하 공공기관과 관내 중소기업의 환경 · 사회 · 지배구조의 균형과 조화를 통한 지속가능한 발전 동력을 확보하고, ESG 경영 도입과 활성화 지원을 위해 필요한 사항을 규정함으로써 사회적 가치 실현과 지속가능한 성장 기반 마련에 이바지하기 위함이다.

은 기후변화 대응이나 사회적 가치의 대두, 친환경 제품 개발 등이 범인류적인 과제가 되었다. 이는 기업의 경영철학, 생존전략과 직결되는 기업경영의 내용이다. 대구 제조업 생산의 60%를 차지하는 성서산업단지관리공단의 경우, 기업경영에 부담으로 작용할 수 있다. 향후 정부의 국내 ESG 공시제도 로드맵이 확정되고, ESG 공시 지원 및 검증 방안 등 관련 제도와 인프라가 구축되면 지방자치단체의 역할도 설정해 나가야 할 것으로 판단된다. 이를 토대로 관련 제도의 입법 필요성을 중장기적으로 검토할 필요가 있다"고 했다. 7월 4일자로 달서구는 조례 제정을 위한 내부 결재를 진행했다.

7월 7일, 대구광역시달서구의회는 「대구광역시달서구 의회 회의에 관한 규칙」 제19조의5에 따라 「대구광역시달서구 ESG 경영 활성화 지원 조례안」(달서구의회 공고 제2023-57호)을 입법 예고하였다. 조례를 제정하는 내용과 사유를 밝힌 것이다. 7월 27일까지 구민의 의견을 수렴한 후 조례안은 대구광역시 달서구 조례 · 규칙 심사위원회 의결을 거쳤다. 동년 8월 1일자로 조례안은 제정 조례로서 확정되었다.

'대구 중심, 달서의 시대'라는 슬로건 아래 6대 구정 운영 방향[14]을 설정한 대구광역시 달서구의 「대구광역시달서구 ESG 경영 활성화 지원 조례」는 2023년 8월 11일부터 시행되고 있다. 달서구의 6대 구정 운영 방향 중 ESG와 관련된 구정 운영 방향은 '친환경 선도 힐링 녹색도시'다. 같은 조례 제1조(목적)에는 "이 조례는 대구광역시 달서구 산하 공공기관과 관내 중소기업의 ESG 경영 도입과 활성화 지원을 위해 필요한 사항을 규정함으로써 사회적 가치 실현과 지속가능한 성장 기반 마련에 이바지함을 목적으로 한다"고 규정하고 있다. 이는 ESG의 '사회적 가치 실현과 지속가능한 성장 기반 마련'이라는 목적을 제시하고 있다.

동 조례 제4조 제1항은 구청장의 책무를 정하고 있다. "대구광역시 달서구청장은 대구광역시 달서구 산하 공공기관과 관내 기업의 ESG 경영 활성화를 위한 여건 조성, 지원 및 시책 개발을 위해 노력하여야 한다"고 규정하고 있다. 제2항에서는 "구청장은 ESG 경영의 추진 방향 제시 및 운영 지침 마련과 효율적인 성과관리를 위해 노력하여야 한다"며, 단체장의 ESG 관심과 책무를 강조하고 있다. 또한 제8조에서도 "구청장은 ESG 경영 활성화를 위하여 필요한 경우 정부, 다른 지방자치단체, 국내 ·

14) 6대 구정운영 방향은 일자리 선도 혁신 경제도시, 따뜻한 삶터 공감 복지도시, 즐거운 일상 문화 관광도시, 친환경 선도 힐링 녹색도시, 글로벌 창의 명품 교육도시, 스마트 행정 열림 소통도시이다.

외 기업, 기업 협의체 및 연구기관 등과 협력체계를 구축할 수 있다"고 규정하여 다른 기관과의 협력체계를 구축할 수 있는 근거를 마련하고 있다.

3) 7개 기관 '동반성장 ESG 협의체' 구축

「대구광역시달서구 ESG 경영 활성화 지원 조례」의 목적을 달성하기 위한 일환으로 타 기관과의 동반관계 설정과 상생협력을 강조하고 있다. 사회적 가치 실현과 지속 가능한 성장 기반 마련에 이바지하기 위한 목적으로 달서구는 7개 기관이 참여하는 '동반성장 ESG 협의체'를 구축했다.

대구광역시 달서구를 비롯한 성서산업단지관리공단, 계명대, 계명문화대, 달서구 탄소중립지원센터, 대구경북환경기술인협회, 대구녹색환경지원센터 등 지역 7개 기관이다. 달서구는 2023년 8월 26일, 지역 7개 기관이 함께하는 '동반성장 ESG 협의체' 선포식을 개최했다. 협의체는 지역 내 ESG 경영 활성화를 위한 사회공헌사업, 기업 지원, 인력양성, 관련 R&D 추진 등을 통해 ESG 경영이 확산될 수 있게 앞장설 계획이다.

기관들은 공동선언을 통해 ESG 경영이 지속가능한 지역사회 조성의 핵심가치임을 인식하고 이해관계자들과 적극 소통, 협력 강화, 지속적인 신뢰관계 유지 노력에 적극 동참할 것을 다짐했다. 달서구청장은 "ESG 협의체가 중심이 되어 기관별 특성화된 장점을 극대화해 달서구 미래세대를 위한 순환경제시스템 마련 등 경제와 환경이 공생하는 새 시대를 여는 데 이바지할 수 있도록 최선의 노력을 기울이겠다"고 말했다.15)

7개 기관이 함께 마련한 동반성장 ESG 협의체 공동 선언문은 다음과 같다.

지 · 산 · 학 · 관 동반성장 ESG 협의체 공동 선언문

협의체의 각 기관(대구광역시 달서구, 계명대학교, 계명문화대학교, 대구성서산업단지관리공단, 대구녹색환경지원센터, 대구경북환경기술인협회, 달서구탄소중립지원센터)은 환경적, 사회적 책임 및 투명한 경영의 중요성을 인식하고, 미래세대를 위한 지속가능한 달서구 조성에 기여하고자 다음과 같이 약속합니다.

15) 씨원뉴스, https://www.c1news.kr/news/articleView.html?idxno=7610, 2023.12.28.

하나, 우리는 ESG 경영이 지속가능한 지역사회 조성에 핵심 가치임을 인식합니다.

하나, 우리는 달서구 미래세대를 위한 친환경 경영을 추진하고, 에너지 절감, 순환경제 시스템 마련, 온실가스 저감 등 지역사회의 탄소중립을 견인하겠습니다.

하나, 우리는 인권 경영의 중요성을 인식하고, 지역사회와의 동반성장을 통해 사회적 가치를 확대·창출하겠습니다.

하나, 우리는 의사결정 과정에서 이해관계자들과 적극적으로 소통하고 협력을 강화하여 지속적인 신뢰관계를 유지할 수 있도록 노력하겠습니다.

하나, 우리는 임직원의 윤리경영을 내재화하여 청렴한 조직문화를 조성하고 책임있는 지배구조 체계를 확립하겠습니다.

제5절 결론

1 소결

ESG 행정 개념을 새롭게 정립하고, ESG 행정의 추진 방향을 제시했다. 또한 ESG 관점의 ESG 행정 실천사례를 살펴보았다. 이러한 맥락과 관점에서 ESG 행정의 개념을 가지고 지방자치단체의 ESG 정책과 사례를 조사했다. ESG 평가지표를 ESG 요소별로 분류하고, ESG 관련 자치법규(조례, 규칙)를 분석했다.

지방자치단체의 ESG 행정 실천사례 중 광주광역시의 환경(Environmental) 부문의 실천사례, 세종특별자치시의 사회(Social) 부문의 실천사례, 대구광역시 달서구의 거버넌스(Governance) 부문의 실천사례를 중심으로 살펴보았다.

혹자는 ESG 실천은 기업이 해야 하는 일로만 말하는 이도 있다. 이제 ESG 실천에 대한 이런 인식은 바꾸어야 한다. 각급 행정기관은 해당 기관에 맞게 맞춤식 ESG 행정을 실천해야 한다. 이를 위해서는 국제적인 ESG 평가기관의 평가요소, K-ESG 가이드라인이 제시한 평가요소, 국내 ESG 평가기관의 평가 내용을 분석하여 해당 기관에 맞는 맞춤식 ESG 행정 평가요소를 도출해야 한다.

2 정책 제언

행정기관에서 ESG 전략을 수립하는 경우 또는 조례를 제정할 때 ESG 경영이란 용어를 사용하는 것은 검토가 필요하다. ESG 경영이 아닌 ESG 행정으로 용어를 바꾸어 사용해야 한다. 이미 제정된 ESG 경영 관련 조례는 ESG 행정 관련 조례로 명칭을 바꾸어야 한다. ESG 행정은 행정기관의 단기 계획과 중장기 전략 수립 시 실현되어야 한다. 즉, 행정기관에서 매년 수립하는 연도별 업무계획과 중장기적으로 수립하는 발전계획(발전방안)과 연계(통합)하여 ESG 관점에서 단기 계획을 수립하고 중장기 전략을 수립해야 한다.

지금까지 대부분의 행정기관은 ESG 행정과는 분리하여 행정기관의 단기 계획과 중장기 전략을 수립하여 운영해 왔다. ESG 행정 추진 방향도 행정기관이 다른 기관 등을 지원하는 방향으로 추진했다. 하지만 행정기관은 ESG 행정을 스스로 추진하는 방향으로 전환해야 한다. 이를 위해서는 ESG 정책의 개발과 실천이 중요하다. 예를 들면, 서울특별시의 기후예산제와 기후동행카드제 도입과 추진, 경기도 광명시의 기후의병의 도입과 추진이다.

ESG 평가도 검토가 필요하다. 국내・외 평가기관의 ESG 평가요소가 다양하므로 지방행정기관에 적합한 평가요소를 도출할 필요가 있다. 즉, 광역자치단체와 기초자치단체에 적합한 ESG의 세 가지 요소(항목) 중 공통요소와 개별적인 고유성이 돋보이는 개별요소를 도출할 필요가 있다.

기존의 거버넌스(G) 평가요소는 지방행정기관에 적용할 수 있는 ESG 평가요소가 극히 제한적이다. 지방자치단체에 적합한 ESG 평가요소를 개발할 필요가 있다. 즉, 지방행정기관용 ESG 평가요소가 선행되어야 한다. 그동안 Governance를 지배구조란 용어로 사용함에 따라 이에 대한 평가요소가 기업 위주의 용어(예: 이사회 구성)로 구성되어 있어 행정기관에 맞지 않는 결과를 초래했기 때문이다.

따라서 행정기관용 거버넌스(Governance)의 평가요소를 개발해 행정에 부합한 정책으로 선행되어야 지방자치단체의 ESG가 성공할 수 있는 기반이 된다. 예를 들면, 동반관계(Partnership), 동반성장 등의 용어와 항목이 필요하다. 이들 용어는 Governance(거버넌스)가 "함께하다(함께 다스리고, 함께 일하고, 함께 성장하다)"는 동반자로서의 행위 의미와 일맥상통한다고 볼 수 있다. Governance(거버넌스)의 의미를 이렇게 적용할 때, 여성의 참여율, 장애인 참여율, 외국인 참여율 등이 평가요소로 바로 연결됨을 알 수가 있다. 기존의 지배구조 개념으로는 그 하위요소로 바로 연결되지 않음을 알 수가 있다.

대구광역시 달서구의 사례만 보더라도 다양한 형태의 업무협약을 체결하여 동반관계(Partnership)를 유지하고 있다. 동반관계로서 동반성장이라는 목적을 달성하기 위해 지역사회와 상생협력을 추구하는 조례 제정도 필요하다. ESG 행정을 이해하기 위해서는 ESG 관련 교육이 필요하다. 즉, 환경(E), 사회(S), 거버넌스(G) 요소를 포함한 ESG 행정 전반에 대한 통합교육이 필요하다. 행정기관의 ESG 교육은 대부분 탄소중립, 기후위기 등 개별적인 교육이 주를 이루고 있다. 따라서 ESG 전략, ESG 정책 등 통합적인 교육이 필요하다. ESG 교육은 기관장부터 실무자까지 모두 받는 것이 효과적이다. ESG 행정 실천은 담당 부서의 직원만이 하는 것이 아니라 전 직원이 힘을 합해 추진해야 할 시대적 공동 과제다.

그리고 행정기관의 비전 · 미션 · 전략 · 정책 · 계획 등 ESG 전략을 수립하는 경우 ESG(SDGs 포함) 요소를 반영하여 수립해야 한다. 즉, 통합적인 관점에서 ESG 정책을 마련해야 한다. 이는 재정 마련 계획의 수립에도 동일한 방법으로 적용되어야 할 것이다. 가장 중요한 것은 17개 광역시도형과 226개 기초시군구형 ESG 행정 평가요소를 도출하는 것이다. 지금까지 많은 평가기관에서 다양한 평가 기준과 평가요소를 가지고 지방행정기관의 ESG 행정을 평가하고 있지만 많은 문제점이 논란이 되고 있다. 평가 기준과 측정 항목의 불일치 및 맥락의 부조화 등으로 평가 결과가 달라지는 상황도 연출되고 있다. ESG가 정착하기 위해서는 행정 영역의 ESG 평가체계 정비가 시급하다.

마지막으로 ESG 행정을 총괄할 전담부서(과, 국)를 신설하여 운영해야 한다. 전담부서는 전 부서를 총괄하는 기획조정실에 배치하는 것이 가장 바람직하다. ESG의 바람은 미풍이나 순풍 수준이 아니다. ESG는 한 철에 부는 바람이 아니라 사시사철 부는 바람이다. 앞으로 거세게 몰아치는 질풍노도(疾風怒濤)와 같은 ESG의 폭풍이나 돌풍에 미리 대비해야 한다.

지금은 풍전등화(風前燈火)와 같은 상황에서 행정기관이 ESG를 선도해야 하는 절체절명(絶體絶命)의 시기이다. 이제 행정기관은 다른 기관을 지원하는 수준에서 벗어나서 스스로 찾아서 ESG 행정을 실천해야 한다. 의병(義兵)이 일어나 나라를 지켰던 것처럼 기후의병(氣候義兵)이 일어나서 지구를 지켜야 한다.

이제 말은 그만하고 행해야 한다. "Stop Talking, Start Acting."

이제 말은 그만하고 심어야 한다. "Stop Talking, Start Planting."

ESG 실천으로 급박하게 돌아가는 기후위기 시계를 멈추어야 한다.

참고문헌

국가법령정보센터, https://www.law.go.kr

광주광역시 누리집의 보도자료, https://www.gwangju.go.kr/main.do, 2023.12.12.

세종특별자치시 누리집의 보도자료, https://www.sejong.go.kr, 2021.7.7.

씨원뉴스, https://www.c1news.kr/news/articleView.html?idxno=7610, 2023.12.28.

한스경제, https://www.hansbiz.co.kr/news/articleView.html?idxno=651664, 2023.5.21.

지역정책 ESG 전략

-지방자치단체의 환경 · 사회 · 거버넌스 행정 사례-

PART 2

지역정책 ESG 전략

경제 · 도시 · 환경

CHAPTER 08

대중교통과 ESG

박보식

제1절 서론

1 대중교통 정책

1) 대중교통의 정의

대중교통이란 여러 사람이 이용하는 버스, 지하철 따위의 교통, 또는 그러한 교통수단이라 할 수 있다. 한국에서는 그동안 버스가 도시 교통수단의 심장부 기능을 해 왔다. 1970년대 초반부터는 서울 지하철 개통과 더불어 현재 버스와 지하철이 공존하는 대중교통체계가 형성되었으며, 준 대중 교통수단으로 택시가 운행되고 있다.

이렇게 버스나 택시는 대중교통 이용 수단으로 중요한 역할을 해 오고 있으나, 한편으로는 대기오염인 환경오염을 유발하여 이를 줄이는 방안에 대하여 많은 연구 및 실천방안이 이루어지고 있다.

교통 분야의 환경오염물 배출 저감과 석유자원 고갈 문제에 대비하기 위해 친환경 대중교통 수단에 대한 중요성이 점차 강조되고 있다. 2016년 우리나라의 CO_2 배출량은 589.20백만 ton CO_2eq(탄소환산킬로그램)로 10년 전 1997년의 CO_2 배출량이 402.13백만 ton CO_2eq인 것에 비해 23.5% 증가하였다. 동일 기간 전 세계 CO_2 배출량이 11.4% 증가하고 OECD 회원국의 CO_2 배출량이 9.5% 감소한 것을 감안하였을 때 우리나라의 온실가스 감축을 위한 다양한 대비책이 절실히 필요한 실정이다(권영민 외, 2020).

우리나라의 도시는 교통체계의 형성이 계획적이지 못하고 교통사업 간에 연계성도 부족할 뿐만 아니라 이미 건설된 교통시설을 효율적으로 운영하지 못하고 있는 실정이다. 이는 여러 가지 다면적이고 복합적인 요인들에 의해 일어나는 현상이지만, 이를 나누어 보면 도로, 교통시설물, 교차로, 주차, 교통안전, 보행자, 표지판 등 다양한 면에서 나타나고 있는 실정이다(원제무 외, 2011). 이렇게 교통문제에서 환경오염물 배출문제가 크게 대두됨에 따라, 대중교통에서 환경오염(대기오염) 저감의 중요성이 점차 증가되고 있는 추세이다. 그래서 교통 분야의 환경오염, 석유자원고갈, 지구온난화 문제 등으로 내연 기관 중심의 기존 교통시스템은 전기화를 기반으로 빠르게 재편되고 있으며, 이에 수송효율이 뛰어난 친환경 대중교통 수단이 향후 시장에 중요하게 자리매김할 것으로 예상되고 있는 실정이다.

대한민국의 전체 CO_2 배출량 중 교통분야가 차지하는 비중은 약 16.2%이며(95.21백만 ton CO_2eq), 이들 중 대부분이 도로 분야(약 95.1%)에 집중되어 있다. 특히 석유자원을 활용하는 내연기관 기반의 도로교통시스템은 환경오염 물질 배출 저감 및 지속가능한 발전을 위해 전기화(electrification)로의 전환이 가속화될 전망이며, 그 중심에는 다수의 승객을 수송할 수 있는 대중교통시스템이 포함된다.

승객 1인을 1km 운송할 때 배출되는 온실가스 양을 교통수단별로 분석한 연구에 따르면 승용차(173g/인 · km) 대비 버스는 31.8%(55g/인 · km), 도시철도의 경우 10.4%(18g/인 · km)에 불과하다(Korea Railroad Research Institute, 2010). 내연기관 위주의 교통시스템과 개인 승용차 위주의 통행이 전기화 기반의 대중교통수단으로 전환될 경우 온실가스 배출량은 현재보다 월등히 낮아질 것으며 예상한다. 대한민국 정부도 이런 사실에 입각하여 향후 수소버스, 전기버스와 같은 차세대 친환경 대중교통수단의 보급을 많은 늘려 나간다는 방침이다.

2) 친환경 대중교통의 확대 방안

미래자동차 산업 발전 전략을 중심으로 2019년 10월 정부 발표에 따르면, 2030년 국가 로드 맵은 수소버스를 중심으로 대중교통 친환경 운영시스템을 확대하며, 운수사업자 선정 시 수소버스 가중치를 1.5배 확대하여 수요를 창출한다는 계획이다. 또한 수소 버스 개발 시 정부 연구개발(R&D) 지원을 추가할 전망이며, 그 결과 2019년 기준으로 수소버스가 37대에 불과한 보급대수를 2020년에는 217대, 2021년에는 1,000대, 2022년에는 2,000대까지 확대시킬 예정이다. 이와 더불어 지방자치단체별 구매보조금 배정, 전기버스 충전요금 할인, 전기요금 취득세 감면 확대 등의 지원을 통해 2022년까지 누적 3,000대의 전기버스를 보급할 계획이다. 나아가 친환경 교통수단의 확대와 함께 향후 친환경 교통수단의 안전성 강화, 승차감 향상 등 이용자 편의를 높이기 위한 국내보급 확대 전략을 설계한다는 원칙이다(권영민 외, 2020).

서울시의 전기버스 도입방안에 관한 연구에 의하면, 전기버스가 성공적으로 도입 및 운행되기 위한 조건으로 경제성, 편의성, 차종의 다양화를 언급하였으며, 공공기관과 민간이 적극적으로 협조해야 한다는 사항을 강조하였다(Ko & Shim, 2011).

3) 전기차 시대의 도래

온실가스 감축을 위해 각국 정부가 강력한 이산화탄소 배출 규제를 실시하면서 전기차 시장이 빠르게 성장하고 있다. 탄소중립을 슬로건으로 내건 각국 정부가 내연기관차 관련 규제를 강화하면서 전기차 시대가 앞당겨 졌다. 2021년은 전기차 흐름이 두드러진 한 해였는데, 한국자동차산업협회에 따르면, 세계 전기차 판매량은 약 666만 대로 전년 대비 110.7% 증가하였다. 이 중 순수 전기차 판매가 가장 많이 늘었다, 순수 전기차는 전년 대비 119% 증가한 473만 대가 팔렸고, 플러그인 하이브리드는 92.6% 증가한 192만 대가 팔렸다. 수소 전기차는 86.3% 증가한 1만 5,500대 판매량을 기록하였다.

또한 세계 자동차 시장에서 전기차가[1] 차지하는 비중이 빠르게 증가하고 있는데,

---

1) 한국자동차산업협회는 2022년 심포지움에서 2030년 전기차 비중이 33%를 차지하게 되면, 105개의

2017년 1%이던 전기차 비중이 2018년에는 1.9%, 2019년에는 2.2%, 2020년에는 3.9%, 2021년에는 두 배 이상인 7.9%까지 확대되었다. 앞으로 전기차 판매 비중은 매년 빠르게 증가할 것이다. 우리나라도 전기차 시장이 넓어지고 있는데, 2021년도 전기차 판매량은 103.8% 증가한 12만 8,629대이다. 전체 판매량 중 전기차가 차지하는 비중도 2020년 3.3%에서 7.4%로 2배 이상이 증가하였다. 앞으로 전기차의 수요도 계속 증가되리라 예상되고 있다(유근석, 2022).

4) ESG와 대중교통

ESG는 친환경 경영(Environmental), 사회적 책임(Social responsibility), 거버넌스(Governance)의 영문 첫 글자를 조합한 단어로 기업의 지속적인 성장 및 생존과 직결되는 핵심가치이다. ESG 경영에서는 특히 기후변화에 대응하기 위한 온실가스(특히 이산화탄소) 배출을 억제하는 데 큰 관심을 가지며, 세계투자기관들도 ESG 투자원칙에 이산화탄소 감축을 강화하고 있는 실정이다.

환경은 최근 기후변화를 넘는 기후비상사태(climate emergency)를 맞이하여 탄소중립과 재생에너지 확대 등 인류의 공존과 생존을 위해 무엇보다도 중요한 요소로 인식하고 있다. 이에 발맞추어 이산화탄소 배출량을 줄이기 위한 노력의 하나로 EU(유럽연합)는 지구온난화 대책에 소극적인 국가에서 만든 제품에 관세를 붙이는 '국경탄소세'를 검토하고 있다. 이처럼 우리의 환경은 우리의 삶 속에서 매우 중요하며, 우리가 지키지 않으면 후세대에 큰 재앙으로 남을 수 있다. ESG 경영은 기업의 사회적 책임(CSR) 차원을 넘어 기업 생존을 위한 핵심평가와 투자를 위한 중요한 가치로 인식하고 있다.

부품 기업이 사라지고 3만 5,000명의 일자리가 감소할 수 있다고 분석하였다(유근석, 2022).

제2절 환경(E) 관점의 전기 저상버스

1 서론

친환경 전기 저상버스는 이산화탄소 및 미세먼지 배출량 감소를 통한 쾌적한 친환경 대중교통 이용환경을 조성할 수 있으며, 출입구의 높이가 낮아 임산부, 노약자, 장애인 등 교통약자가[2] 탑승하기에 편리하다. 친환경 전기 저상버스는 내연기관의 자동차와 비교해 높은 에너지 효율, 환경오염 방지, 적은 소음과 진동 등 전기자동차의 장점과 차체 바닥이 낮아 장애인 및 노약자도 쉽게 이용할 수 있는 저상버스의 장점을 결합한 버스이다. 친환경 대중교통 수단이란 전기에너지를 동력원으로 운행되는 차세대 신교통수단으로 전기버스, 수소버스, 전기 택시 등이 가까운 시일 내에 상용화가 가능한 교통수단이다.

2 친환경 대중교통 수단

환경부에서는 1990년대 말경 대기오염 문제를 해결하기 위한 방안으로서 디젤버스를 CNG[3] 버스로 대체하고자 CNG 탱크 추가 등으로 가격이 비싼 CNG 버스에 대하여 보조금을 지급하고 CNG 충전 인프라를 구축하는 등 지원정책을 실시하여 현재 국내에서 운행하는 대부분 버스는 CNG 버스로 대체되었다. 이런 CNG 버스 정책으로 인하여 당시만 해도 매연 배출이 심하던 디젤 버스로 인한 공해물질이 줄어들고

---

2) 교통약자이동편의에 관한 내용은 1981년 「심신장애자복지법」의 제정으로 교통약자의 이동편의에 관한 법률 조항이 처음 도입되었다. 그 후 2005년 「교통약자이동편의증진법」이 제정은 교통부분의 편의시설설치대상, 종류와 시설설치 기준이 대폭 강화되어 각종 교통 수단, 편이시설, 도보환경 등에 있어서 무장애화(Barrier-free)사업을 체계적 및 의무적으로 추진하는 계획이다(김연수・박보식, 2013).

3) CNG는 압축천연가스로서 메테인을 주성분으로 하는 천연가스이다. CNG를 연료로 사용하면 냉각과 단열장치에 필요한 비용을 절감할 수 있어 LNG에 비해 경제적이다. 시내버스용으로 이용하면 연료 충전량이 적어도 무리가 없으며, 게다가 정부가 친환경 에너지원을 공급하기 위해 보조금 정책을 펴고 있어 CNG 시내버스가 급격히 늘어나는 추세이다.

대기질이 어느 정도 개선된 효과를 거두었다. 최근들어 환경에 대한 중요 이슈의 개념이 변화하고 있으며, 자동차 기술도 새로운 변모를 보여주고 있는 것이 현실이다(김용래, 2014).

친환경 대중교통 수단이란 전기에너지를 동력원으로 운행되는 차세대 신교통 수단으로 전기버스, 수소버스, 전기택시 등을 포함할 수 있다. 전기버스는 배터리에서 전기에너지를 모터로 공급하여 구동력을 발생시키는 버스이다. 국내에서는 친환경 대중교통 보급을 강조하는 정부 시책에 맞추어 2011년 서울시가 남산 순환 버스로 9대의 전기버스를 최초로 도입하였으며, 친환경 도시 이미지 구축과 연료비 절감 등의 장점을 바탕으로 전기버스[4]의 보급이 확대되었다.

수소버스는 수소연료전지로부터 전기를 얻어 구동하는 버스로 수소자동차의 일종이며 전기버스와 함께 차세대 친환경 버스로 각광받고 있다. 2018년 기준 두 대의 수소버스가 운행 중으로 전기버스에 비해 보급률이 낮은 수준이지만 대형차량에 대하여 수소연료전지차로의 전환을 권장하는 정부 기조에 맞춰 2022년까지 약 2,000대의 수소버스가 전국에 보급될 계획이다(권영민 외, 2020).

3 전기버스의 장점

전기버스의 장점으로는 환경오염 방지와 에너지 효율면에서 화석연료를 사용하는 차량들보다 우월하다. 전기버스보다 먼저 개발 및 도입된 천연가스버스는 내연기관을 사용하기 때문에 전기버스보다 에너지 및 비용효율이 떨어지는 것은 마찬가지이며, 가스 누출로 인한 화재나 폭발위험이 있고 실제로 그러한 사례도 있었다는 치명적인 단점이 존재한다. 또 전기버스는 내연기관으로 가는 버스에 비해 연료비가 매우 저렴하다. 즉, 전기버스는 내연기관보다 훨씬 구조가 단순한 전기모터로 가동되기 때문에 신뢰성이 높고 정비요소도 훨씬 적다. 나아가 소음과 진동이 적으므로 장시간 탑승해도 피로감이 적은 편이다.

또 충전 시 소리도 작고, 충전기의 면적도 작기 때문에, 차고지에 더 많은 차량의

4) 전기버스의 보급은 2015년에 22대, 2016년에 52대, 2017년에 128대 등으로 급격히 증가하는 추세이다(권영민 외, 2020).

충전이 가능하며, 가스 및 수소 충전용 탱크 같은 위험요소가 적어 님비(NIMBY)현상이 적게 발생한다. 나아가 대한민국에서 판매하는 대부분의 모델들이 저상버스이기 때문에 휠체어를 탄 승객과 노약자가 승·하차하기에 편리하다.

이것은 2005년 1월에 「교통약자이동편의 증진법」을 제정하고, 교통약자의 이동권 보장을 위한 기본계획 수립을 의무화하는 데에 있다. 주 내용으로는 교통수단, 편의시설, 도로환경 등의 개선을 위한 종합적이고 체계적인 마스터 플랜이 필요하게 되었다. 그래서 교통약자이동편의증진계획은 「교통약자이동편의 증진법」에 근거하여 5년 단위로 수립되는 법정계획이며, 계획의 목표는 계획의 추진 및 투자를 중·장기적으로 일관성 있게 지원 유지하는 것이다(박보식 외, 2013).

4 전기버스의 단점

반대로 단점 역시 전기자동차와 공유하는 부분이 많다. 전기버스도 전기자동차에 속하기 때문이다. 배터리 교환 방식은 배터리 기술이 충분히 발달하지 않아 주행거리가 짧아서 실용화를 하는 데는 아직은 무리가 많다. 이 때문에 배터리 교환방식은 서귀포 시내버스에만 도입했다가 그것 마저도 플러그인 방식으로 개조했다. 나아가 차량 가격이 비싸다. 전기자동차들의 공통적인 문제점으로 대량생산체제가 아직 구축되지 않아서, 다시 말해 아직 규모의 경제가 실현되지 않아서 기존 차량을 상대로 가격경쟁력이 굉장히 약하다. 1대당 기본 가격이 최소 3억 원 이상으로 2억 원을 안 넘는 고상버스는 물론 최대 3억 원까지 되는 천연가스 초저상버스보다도 매우 비싼 편이다.

배터리 확보 및 수명, 가격도 문제가 된다. 배터리의 용량도 용량이지만, 전기버스를 일반적인 대중교통 수단으로 하기 위해서는 많은 숫자의 배터리가 필요하다. 게다가 그 배터리나 모터 생산 시 유해 화학 물질도 생성되기 때문에, 전기차를 반대하는 환경학자들도 있을 정도이다. 난방에서도 애로사항이 있다. 엔진의 열을 활용할 수 있는 내연기관 버스와 수증기를 사용하는 수소전기버스와 달리 온풍기로 난방을 하게 되는데 열효율이 낮아 전기 소모량이 매우 높다.

한 차량 수명이 다한 후 배터리의 유독 물질 처리 문제가 여전히 남아 있고, 주행 자체로도 노면전차 등 상위 시스템에 비해 수송력이 낮아 동행 대비 온실가스 배출이 높으며, 결정적으로 차량 원인인 초미세 먼지의 대부분을 차지하는 도로재 비산 먼지를 해소할 수 없다. 2015년도 송한호 서울대 교수 연구진에 의하면 미세먼지의 경우 전기차가 휘발유차의 92.7% 수준이라고 하였다.

5 인천광역시 전기 저상버스 사례

인천광역시는 가좌동 차고지에서 남동중학교까지 운행하는 721번 시내버스 노선에 친환경 전기버스를 처음으로 투입해 운행하겠다고 밝혔다. 우선 2019년에 721번 노선에 전기버스 10대를 투입하고, 상반기까지 10대를 추가 투입한다. 하반기까지 5대를 더 투입하여 총 25대를 보급한다. 앞으로 2020년부터 2022년까지 총 120여 대를 보급할 계획이다.

그동안 인천광역시는 수송 분야에서 미세먼지 저감 등 대기 환경 개선을 위해 전기승용차, 전기이륜차 등을 보급해 왔으며, 이번 전기버스까지 보급함에 따라 최근 사회적 이슈가 되고 있는 미세먼지 저감 등에 효과가 있을 것으로 기대하고 있다. 인천에 투입하는 전기버스는 기존의 내연기관과는 달리 전기모터로 구동한다. 주행 및 정차 중에도 배출가스가 전혀 없는 친환경 자동차로 소음이 적고 공회전 시 연료소모가 없어 쾌적한 승차감을 제공한다. 전기버스는 1회 충전 후 공인 주행거리가 178.2이며, 44인승 대형버스다.

인천광역시 에너지정책과장은 "전기버스가 장애인과 교통약자에게 편리한 저상버스이기 때문에 많은 시민에게 전기버스 체험기회를 제공할 수 있을 것으로 기대된다"라며, "앞으로 인천시는 지속적으로 내연기관 버스를 친환경 전기버스로 교체할 수 있도록 투입 대수를 점진적으로 확대해 나갈 예정"이라고 밝혔다[소셜포커스(SocialFocus)].

제3절 사회[S] 관점의 100원 버스

1 목포시의 초 · 중 · 고등학생 100원 시내버스 운영 현황

전남 목포시의 사회적(S) 관점의 초 · 중 · 고등학생의 100원 시내버스 운영 현황을 파악하고자 한다. 시행일은 2022년 10월 1일부터 실시하며, 대상은 목포시 시내버스를 이용하는 초 · 중 · 고등학생이며, 주요 내용으로는 교통카드 이용시 버스요금을 100원 부담으로[5] 탑승하는 것이다. 이 내용에 대한 관련법으로는 「여객자동차법」과 「대중교통법」, 그리고 전라남도 목포시 조례에 의거하여 시행되고 있다.

2 목포시 교통카드 이용 시 버스요금 100원 내용

운영 현황도 2022년 11월에는 약 14만 건에서 2023년 12월에는 약 36만여 건이 되어 약 250% 증감이 되어 초기보다 많은 사람들이 편리하게 이용하고 있음을 알 수 있다.

표 8-1 교통요금 할인 내용

구분	기본요금 (현금)	교통카드 사용자		비고
		당초	변경	
중 · 고등학생	1,200원	요금 1,100원(100원 할인)	요금 100원(1,100원 할인)	할인액 보조
초등학생	750원	요금 650원(100원 할인)	요금 100원(650원 할인)	

3 운영 현황(2022년도 10월부터 2023년 12월까지 예산집행금액 및 이용건수)

전남 목포시가 2022년 10월 1일부터 '초 · 중 · 고등학생 100원 시내버스'(이하 100

5) 교통카드 이용 시 어린이나 청소년은 본인 인증된 카드 사용이 필수적 요소다.

원 버스)를 시행한다. '100원 버스'는 민선 8기 목포시가 출범 이후 처음으로 이행하는 공약으로 시는 시민의 경제적 부담을 완화하고, 아동・청소년의 교통복지 향상을 위해 2022년 10월 시행을 결정했다. 중・고등학생은 기본요금이 1200원에서 1100원, 초등학생은 기본요금이 750원에서 650원이 각각 할인되어 운행되는 상황에서, 100원만 지불하면 시내버스를 이용할 수 있으며, 할인된 요금은 이용실적에 따라 목포시가 버스회사에 지원한다.

목포시 초・중・고등학생은 전체 인구의 13%인 2만 8,000여 명으로, 코로나19 발생 전인 2019년 기준으로 전체 시내버스 이용자의 14%를 차지하는 주요한 이용층이다. 이에 따라 '100원 버스'는 학생 양육 가정의 교통비를 경감하는 한편, 아동・청소년 교통복지도 실질적으로 향상시키고 대중교통 이용 활성화에도 크게 기여할 것으로 기대하고 있다.

'100원 버스' 대상은 시내버스 이용 시 교통카드를 사용하는 만 18세 이하 초・중・고등학생으로, 이들이 현금 이용 시에는 할인 혜택을 받을 수 없다. 또한 부모 등 타인의 카드로 탑승할 경우에는 요금 납부가 불편하므로 본인 연령 인증이 등록된 교통카드를 사용하도록 하였다. 목포시장은 "시 재정이 한정되었음에도 아동과 청소년의 교통복지 향상을 위해 빠른 시행을 결정했다"면서, "초・중・고등학생 100원의 시내버스가 아동・청소년 친화도시 조성과 이동권 보장에도 기여하기를 기대한다"라고 밝혔다.[6]

또 〈표 8-2〉의 목포시 초・중・고 학생 이용건수 및 지출금액 현황을 보면 2022년 11월에는 이용건수가 140,867건에서 2023년 12월에는 361,785건으로 무려 258%가 증가하였다. 이런 증가 추세는 매우 초・중・고등학생들에게 호응이 좋다는 의미로 풀이될 수 있다.

표 8-2 목포시 초・중・고등학생 이용건수 및 지출금액

연도	월	이용건수(건)	지출액(백만 원)
2022	11	140,867	148
	12	118,758	128

6) 퍼블릭뉴스(https://www.psnews.co.kr).

2023	1	96,883	104
	2	–	–
	3	73,792	79
	4	282,814	301
	5	285,172	307
	6	304,332	329
	7	305,900	329
	8	295,358	315
	9	268,716	288
	10	323,958	351
	11	343,691	374
	12	361,785	395
누적 계		3,205,208	2,458

〈표 8-3〉과 같이 전남지역 일부 타 시·군도 버스요금 100원을 시행하여 지역에서 좋은 교통수단의 일환으로 이용되고 있다. 이상의 내용을 취합하면 결론적으로 〈표 8-1〉과 같이 파격적으로 버스요금을 인하하여 초·중·고등학생들이 버스비의 부담을 낮추어서 시내버스가 아동·청소년들의 이동시 잘 이용할 수 있는 교통수단이 되었고, 나아가 아동들의 이동권 증진에도 많은 도움이 되었다고 할 수 있다.

표 8-3 전남지역의 타 지역 초·중·고등학생 이용사례

구분	이용사례
여수시	초등생은 2018년 10월에 시행하고, 중·고생은 2022년 1월 시행함
순천시	초등생은 2018년 3월에 시행하고, 중·고생은 2021년 6월에 시행함
광양시	초등생은 2018년 6월에 시행하고 중·고생은 2019년 1월에 시행함
무안군	초·중·고생을 2022. 8월에 시행함
고흥군	초·중·고생을 2019. 1월에 시행함

4 문제점과 개선방안

목포시에서 시내버스 이용 시에 일부 어린이나 청소년은 인증되지 않은 카드를 사용하고 구두로 100원 버스요금 적용을 요청하기도 하였고, 또는 일반인이 어린이·청소년들만 가능한 등록된 교통카드를 사용하여 시내버스를 탑승하는 경우도 있다. 또 가격이 저렴하니깐 1~2정거장의 가까운 거리에도 버스요금이 100원이므로 시내버스를 이용하여 이동하는 경우도 많이 나타났다.

이런 문제점을 개선하기 위한 방안으로는 어린이·청소년은 등록된 교통카드를 이용하도록 교육청 및 초·중·고등학교 학교에 공문을 보내 잘 시행할 수 있도록 철저한 교육 및 공지가 중요하다고 생각한다. 나아가 교통카드 이용 시 부정사용 금지와 관련된 내용을 시내버스 내에 안내문으로 부착하여 보다 많은 사람들이 잘 알 수 있도록 홍보하여야 한다. 나아가 타 시·군도 목포시의 문제점 및 개선방안을 잘 파악하여 자신의 지역에 맞는 적절한 운송정책을 추진하여야 한다고 생각한다.

제4절 거버넌스(G) 관점의 100원 택시

1 아산시의 도시형 공공형 택시

1) 추진 배경 및 목적

저출산 사회 진입 및 젊은 층의 계속되는 도시 유입으로 농촌지역의 65세 이상 노인 인구 비율이 높아지면서 대중교통 서비스 요구가 증가하는 추세이나, 이에 반해 대중교통 이용 수요의 급감으로 일부 시내버스 노선 폐지와 배차 감축으로 이어져 시내버스로는 농촌지역의 교통 여건을 충족하기에는 많은 어려움이 도래되고 있는 실정이다. 이에 대중교통 취약지역에 대한 지속가능한 교통서비스를 제공함과 동시에 시내버스 운영에 따른 재정부담 경감을 위해 마을주민들의 운송수요에 부합하는 수요응답형 택시를 운영하여 주민들의 교통복지 증진 및 이동권을 보장을 추진하게 된 것이다.

2) 도시형 교통모델(공공형 택시) 지원사업

〈표 8-4〉와 같이 일반택시 운행이 마을당 1일 왕복 6~12회(총 12~24회)로 마을에서 함께 이용할 수 있도록 자유롭게 부르거나 택시 사업자와 사전에 유행시간을 정하고, 마을과 택시 사업자 간 사전 협의 하에 운행되고 있다. 주 이용고객은 고령자나 격오지 주민이나 통학생 등이 주로 이용하며, 마을 수는 124개의 마을(부락)이며, 인구는 17,642명이며, 일일 이용승객 수는 약 370여 명 정도로 예상하고 있다.

표 8-4 교통서비스 제공방식 및 이용대상

<table>
<tr><td rowspan="2">교통서비스 제공방식</td><td>차종</td><td>운행 횟수</td><td>이용요금</td><td>차량 대수</td><td>노선형태 및 주요 경유지</td><td>면허등록 방식</td></tr>
<tr><td>일반택시 (4인승)</td><td>수요 응답형 (12~ 24회)</td><td>최근거리의 시내버스 정류장: 100원 읍면동 행정복지센터: 1,600원</td><td>897</td><td>마늘회관 ↔ 읍면동 행정복지센터, 마을에서 최근 거리의 시내버스 정류장</td><td>해당없음</td></tr>
<tr><td rowspan="2">이용 대상</td><td colspan="2">주이용계층</td><td colspan="2">마을 수</td><td>가구 및 인구 수</td><td>이용객수(예상)</td></tr>
<tr><td colspan="2">고령자, 격오지 주민, 통학생 등</td><td colspan="2">아산시 염치읍 방현1리 외 123개 마을</td><td>9,751가구 17,642명</td><td>367명/일 (11,176명/월)</td></tr>
<tr><td>변경사항 (버스형)</td><td colspan="6">해당없음(택시형)</td></tr>
</table>

출처: 아산시 대중교통과(2024). 도시형 교통모델 사업계획서.

3) 마중택시7) 운행 계획 및 거버넌스

택시를 이용하려는 주민이 호출을 하면, 아산시 브랜드 스마트 콜택시에 등록된 897대의 택시 중 호출지역에서 가장 인접한 택시가 배차될 수 있도록 운영하고 있다. 합리적인 운행 계획의 일환으로 마을대표자를 통한 사전 예약과 수요응답형 운행을 실시하고 있다.

---

7) 마중택시란 대중교통 소외지역(시내버스가 운행되지 않는 지역)에 운행계통을 정하지 않고 주민들이 요청에 따라 부정기적으로 운행하는 (주)아산시 스마트 콜택시에 소속되어 있는 택시를 말한다(아산시 대중교통 소외지역 주민 교통복지 증진에 관한 조례 제2조의 정의에 수록됨).

즉, 이용 주민은 택시 운수사업자가 아닌 마을대표자를 통해 사전 예약할 수 있으며, 마을대표자는 당일 최초 예약자 또는 다수의 선호 시간대를 택시 운수사업자에게 알리고, 마을 방송을 통해 이용 시간을 홍보하여 예약을 하지 않았더라도 탑승 인원의 범위 내에서(4명) 마중택시를 이용할 수 있다. 이 마중택시 운행은 마을주민들이 많이 이동하고 시내버스 환승이 용이한 해당 읍면동 소재지까지 운행한다.

즉, 마중택시 운행구간은 대상 마을회관에서부터 해당 읍면동 소재지까지 운행하며(단, 해당 읍면동 소재지보다 근접한 거리도 가능), 마을에서 출발하는 운행 시점부터 1일 왕복 6~12회(편도 12~24회)[8] 한도를 기준으로 한다. 택시 탑승자는 시내버스 기본요금인 1,600원[9]을 택시 사업자에게 납부하고, 나머지 차액은 아산시에서 지원하게 된다.

거버넌스란 일방적인 정부 주도적 경향에서 벗어나 정부, 기업, 비정부기구 등 다양한 행위자가 공동의 관심사에 대한 네트워크를 구축하여 문제를 해결하는 새로운 국정 운영방식이라 할 수 있다. 이에 비추어 아산시의 공공형 택시 사례를 보면, 아산시와 아산시 스마트 콜택시 및 지역주민이 보다 바람직한 교통수단의 활용을 위하여 거버넌스 방식을 활용하여 편리하고 효율적인 방법을 선택하였다고 할 수 있다.

4) 사업비 및 추진 일정

총 사업비는 9억 1천만 원이며, 이 비용을 세분하면 국비가 1억 5천만 원, 도비가 1억 5천만 원이며 나머지는 시비로 충당된다. 세부 추진일정을 보면, 2024년 2월에 마중택시 신규 운행마을 수요조사를 실시하며, 2024년 3월에는 마중택시 운영위원회를 개최하며, 2024년 4월에는 마중택시 신규 선정마을 운영준비 및 홍보를 실시하며, 2024년 5월에는 마중택시 신규 운행개시 및 운영위원회를 통한 개선사항을 반영하고자 한다(아산시 대중교통과, 2024).

5) 기대효과

버스 미운행지역 및 지선버스 운행지역 주민의 이동권 확보 및 복지 향상에 크게

8) 왕복 6~12회는 1인 기준이 아니라 해당 마을을 기준으로 함.
9) 택시 이용자가 2인 이상일 경우 1인당 지급액이 아니라, 택시 1회당 1,600원을 지급하는 것으로서, 2인이 탑승한 경우에는 각자 800원씩 내거나 아니면 1인만 1,600원을 내면 된다.

기여하며, 나아가 시내버스의 효율적 운영 및 운수업체 경영개선에도 크게 기여 하리라 예상한다. 또 시내버스의 노선조정을 통해 버스 수요가 증가하고 있는 신도시 및 택지개발 지역 등 인구증가 지역에 버스 노선을 신설하며 합리적이고 효율적인 버스 운행에도 많은 기여가 예상된다.

제5절 결론

1 소결

우리가 이용하는 대중교통이 환경오염물 배출문제가 크게 대두됨으로 인하여 환경오염(대기오염) 저감의 중요성이 크게 대두되고 있는 실정이다. 이 글에서는 ESG 관점에서 교통문제점과 이를 해결하는 방안에 대하여 몇 개의 지방자치단체를 대상으로 사례를 분석하였다. 환경은 우리의 세대뿐만 아니라 미래의 세대가 그들의 필요를 골고루 충족하면서 지속적으로 살아갈 수 있는 발전방안을 재정립하는 것으로 이해할 수 있다. 즉, 지속가능한 발전으로[10) 인간사회가 주변 환경과 조화를 이루면서 자유롭게 발전의 기회를 얻는 것을 의미한다.

지속가능발전이란 용어가 1992년, 179개국이 리우데자네이루에서 열린 유엔환경개발회의(UN Comferance on Environment and Development: UNCED)에서 처음 문건의 용어로 사용되었다. 일명 의제 21(Agenda)이라고 한다. 즉, 의제 21(Agenda 21)을 리우환경선언이라고 하는데, 이 선언은 우리가 사는 지구의 환경오염 및 에너지 고갈사태로 우리 모두가 공멸할 수 있다는 위기감 속에서 우리 모두 환경오염을 줄이고 에너지도 아껴 쓰며 대체에너지를 개발하는 등의 노력을 하자는 의미이다. 이런 차원에서 환경을 잘 보존하고 이산화탄소를 줄이기 위한 방안 중의 하나로 친환경 대중교통의 확대 방안을 모색하였다.

인천광역시 친환경 전기 저상버스는 미세먼지 저감 및 대기환경 개선을 위한 방

10) WCED(세계환경개발위원회) 의장이던서 노르웨이 수상인 할렘 부룬트란트의 보고서에서 지속가능 발전에 대하여 언급하였다(사회적책임경영품질원 외, 2021).

안으로 2020년대까지 총 120여 대를 보급하여 친환경 버스 시대로 나아갈 것이다. 전남 목포시의 100원 버스는 2023년 12월에는 초·중·고등학생들의 약 36만여 건이 이용하는 등 목포시와 지역 버스회사 간의 협조에 의한 사회적 책임으로 지역의 사회적 약자 보호, 교통환경 개선, 지역사회 등에 크게 기여한 사례라 사료된다.

아산시의 도시형 공공형 택시 100원은 거버넌스 방식에 의한 연계체계가 잘 이루어 졌다. 즉, 아산시와 아산시의 마중택시, 그리고 지역주민들과의 거버넌스 방식이 잘 이루어진 사례라 판단된다. 즉, 대중교통의 취약지역에 대한 지속가능한 교통서비스를 제공하였으며, 맞춤식 택시 운영으로 지역주민의 재정부담을 줄이고 주민들이 신속한 교통수단으로 인하여 교통복지 증진과 이동권 증진에 크게 기여한 사례라 사료된다.

2 정책 제언

『꿀벌과 게릴라』의 저자인 해멀(Gary hamel)은 “혁명의 시대인 21세기에는 성실한 꿀벌의 능력은 도태되고 창의적인 게릴라가 높은 평가를 받으며 시대를 주도할 것”이라고 말했다. 즉, 21세기는 불연속적이며 혁신적인 변화가 지배하는 시대가 될 것이라고 하였다. 개인이나 지방자치단체의 발전의 키는 기술적 탁월함이 아니라 창의력과 상상력에 바탕을 둔 혁신적인 정책이라 사료된다. 기업뿐만 아니라 국가차원에서 혁신은 매우 중요하다. 혁신을 하지 않고 선진국의 대열에 오르기 어렵고, 선진국이라 하더라도 지속적인 혁신을 하지 않으면 언제 쇠락의 길로 빠져들지 알 수가 없다(전기정, 2005).

ESG 관점에서 본 대중교통의 혁신은 대한민국 지방자치단체가 나아갈 길을 제시한 혁신적인 사례라 생각된다. 후세대에게 깨끗한 환경을 물려 줄 현세대에서 탄소중립과 재생에너지, 환경오염, 대기오염물질 배출량과 폐기물 배출량 저감 대책 등은 중요한 요소라 사료된다.

인천광역시의 대기오염 저감의 방안으로 친환경 저상버스의 증대는 환경적 요인과 더불어 교통약자의 이동편의 증진에도 기여하는 정책이라 보여진다. 또 전남 목포시의 100원의 버스요금 정책은 혁신적인 임금인하로 아동·청소년의 교통비용을 크게 절감하였고 교통복지에도 기여 하였으며, 대중교통 이용 활성화에도 크게 기여한 정책이라 생각된다. 다만, 이 과정에서 등록된 교통카드만 적용되므로 이 정책에 대한 많은 홍보가 전제되어야 한다. 아산시의 도시형 공공형 택시 100원의 정책도 대중교통 취약지역에 대한 주민들에게 편리한 교통서비스를 제공함과 동시에 시내버스 운영에 따른 재정부담을 경감하고, 주민들의 신속한 이동과 교통복지 증진에 크게 기여한 정책이라 판단된다.

이상과 같이 인천광역시의 친환경 전기 저상버스나 전남 목포시의 초·중·고등학생에 대한 100원 버스, 그리고 아산시의 도시형 공공택시인 100원 택시 사례는 혁신을 바탕으로 한 ESG 사례라 사료된다. 앞으로도 창의적이며 혁신적인 다양한 정책이 나올 때보다 바람직한 시민의 생활이 이루질 수 있다고 생각한다. 이런 과정에서 정책의 실패 등도 나올 수 있지만 더 나은 우리의 삶은 혁신적인 정책에 의해 이루어진다는 사실과, ESG에 의한 정책방안이 구비될 때, 주민들이 더욱 편리하고 쾌적한 환경에서 살 수 있다고 생각한다.

참고문헌

권영민·김수지·변지혜(2020). 친환경 대중교통 수단에 대한 인지적 특성 비교 분석: 주성분 분석을 위하여. 『한국ITS학회논문지』, 19(1): 71-82.

김연수·박보식(2013). 의성군의 교통약자이동편의 증진에 관한 연구. 『한국지방행정학보』, 10(2): 144.

김용래(2014). 차세대 저탄소 친환경 대중교통 수단의 도입 필요. 『석유와 에너지』, 봄호: 24.

사회적책임경영품질원 외(2021). 『지속가능성장을 위한 ESG 전략』. 파주: 자유아카데미.

아산시청 건설교통국 대중교통과(2024). 도시형 교통모델(공공형 택시) 사업계획서. 2024.2.

양세훈 외(2023). 『지방정부 ESG』. 파주: 이담북스.

원제무·최재성(2011). 『교통공학』. 파주: 박영사.

유근석(2022). 『ESG 2.0』. 한국경제신문.

전기정(2005). 『대한민국은 혁신중』. 파주: 리더스북.

홍형득·박보식·사득환·양세훈·오수길(2024). 『공공부문 ESG 전략』. 고양: 대영문화사.

소셜포커스(SocialFocus)(http://www.socialfocus.co.kr

Ko, J. H. & Shim, J. S.(2011). *Strategies for Delivering Environmentally Friendly Buses in*

Seoul, Seoul Development Institute.

Korea Railroad Research Institute(2010). "A study on the GHG reduction in the railway sector in response to climate change."

CHAPTER 09

전통시장과 ESG

김 연

제1절 서론

1 전통시장 정책

1) 전통시장이란

시장은 사람들에게 저렴한 가격으로 생활용품을 구입하고 다양한 재미를 주는 곳이며, 지역사회의 중심지이자 만남의 장소로 교류가 이루어지는 매력적인 곳이다. 전통시장의 개념은 2009년 이전까지 재래시장이라는 이름으로 사용되다가 젊은 소비자들에게 다가가기 어려운 이미지를 탈피하기 위하여 「전통시장 및 상점가 육성을 위한 특별법」으로 개정되면서 사용되었다.

「전통시장 및 상점가 육성을 위한 특별법」(약칭 '전통시장법')에는 "전통시장"이란 자연발생적으로 또는 사회적 · 경제적 필요에 의하여 조성되고, 상품이나 용역의 거래가 상호신뢰에 기초하여 주로 전통적 방식으로 이루어지는 장소로서 현행 법률에서는 "가. 해당 구역 및 건물에 대통령령으로 정하는 수 이상의 점포가 밀집한 곳일 것", "나. 「유통산업발전법 시행령」 제2조에 따른 용역 제공 장소의 범위에 해당하는 점포 수가 전체 점포수의 2분의 1 미만일 것", "다. 그 밖에 대통령령으로 정하는 기준에 맞을 것"이라는 기준을 모두 충족하고 특별자치시장 · 특별자치도지사 · 시장 · 군수 · 구청장(구청장은 자치구의 구청장을 말한다. 이하 "시장 · 군수 · 구청장"이라 한다)이 인정하는 곳을 말한다.[1])

전통시장은 시장 상권의 크기, 시장의 크기, 시장의 소유 형태, 시장의 형태, 시장의 개설주기에 따라 분류할 수 있다.

시장의 특성별 현황은 〈표 9-1〉과 같다.

표 9-1 시장의 특성별 현황

구분	시장의 종류
1. 시장 상권의 크기	전국상권형시장(전국을 대상으로 상권이 형성) 광역상권형시장(1개 이상의 시도를 대상으로 상권이 형성) 지역상권형시장(시 · 군 · 구를 대상으로 상권이 형성) 근린상권형시장(읍 · 면 · 동 또는 그 일부를 대상으로 상권이 형성)
2. 시장의 크기	대형시장(점포 1,000개 이상) 중대형시장(점포 500개 이상 1,000개 미만) 중형시장(점포 100개 이상 500개 미만) 소형시장(점포 100개 미만)
3. 시장의 소유 형태	법인시장(민법 또는 상법에 의한 법인이 소유 관리) 개인시장(개인이 시장을 소유하고 관리) 공설시장(지방자치단체가 직접 개설하였거나 관리하고 있는 시장) 공동시장(법인개인공설시장이 아닌 곳으로 상인들이 공동으로 개설하거나 자연발생적으로 형성된 시장)
4. 시장의 형태	건물형시장(대형 단일 건물 또는 건물 몇 동이 연결되어 있는 시장) 노점형시장(노점상으로 구성된 시장) 장옥(場屋)형시장(일정한 건물이 존재하지 않더라도 일정한 장소에 대한 소유권을 가지고 재화 판매 또는 서비스 제공이 이루어지는 장목으로만 구성된 시장) 상가주택복합형시장(골목형시장 등처럼 1개 이상의 건물의 집합으로 이루어진 시장)

1) 한국민속대백과사전.

5. 시장의 개설주기	상설시장(상시적으로 영업을 하는 시장. 노점 포함) 정기시장(일정 주기로 개설 되거나 영업을 하는 시장 또는 노점을 포함한 대부분 점포가 일정 주기로 영업하는 곳) 상설＋정기시장(상설시장과 정기시장의 성격을 동시에 갖는 시장)

2) 전통시장의 기능과 역할

전통시장은 현대적 시장인 내형 마트와 달리 오랜 역사를 가진 시장으로 지역사회의 중심 역할을 해 왔다. 다양한 상품과 서비스를 제공하는 경제적 기능 이외에도 지역의 이야기와 정체성을 담은 사회적 · 문화적 기능과 역할을 담당해 왔다. 전통시장의 상인과 이용객은 대부분 지역주민이기에 같은 지역의 일원으로 소속감과 연대감을 갖고 있어 주민들 간의 소통과 만남의 장소가 되어 왔다. 또한 인정과 풍속, 음식을 경험함으로써 지역의 문화와 역사를 이해하고 흥정을 통해 사람의 정과 인간적인 모습을 경험할 수 있는 곳이기도 하다. 이는 사회적 유대감을 형성하고 지역사회의 결속력을 강화하는 데 중요한 역할을 하고 있다.

지역이 갖는 특별한 문화가 있는 전통시장은 지역 특산물과 공예품을 판매하고 전통적인 음식과 문화적 행사를 제공하고 지역과 상호작용을 통해 고유문화를 관광자원으로 활용함으로써 점점 잊혀져가는 지역의 전통문화를 살리고 상품화하여 지역문화 활성화에 기여하기도 한다. 또한 전통시장의 상인 대부분은 지역주민으로 지역상인과 소상공인들에게 경제적 기회를 제공하여 지역경제 활성화에 많은 영향을 미치고 있다. 이처럼 전통시장은 정서적 안정감과 연대감, 사회통합, 지역의 문화 계승 발전, 지역경제 활성화라는 중요한 역할과 기능을 하고 있다.

3) 전통시장 지원정책

1990년대 들어 대형 유통시장이 등장하고 1996년을 기점으로 국내 유통시장이 전면 개방됨으로써 전통시장의 시티가 기속화되었나. 이에 정부는 소상공인과 전통시장이 활성화를 통해 균형 있는 국민경제의 발전에 이바지 한다는 목적으로 「전통시장 및 상점가 육성을 위한 특별법」(약칭 '전통시장법')을 제정하였다. 전통시장법은 총 74개조로 구성되어 있는데, 전통시장 및 상점가의 지원을 위하여 시장 및 상점가의 활성화 촉진, 상권 활성화 사업의 촉진, 상업기반시설의 현대화 사업, 경영현대화 촉진, 시장정비사업의 촉진, 분쟁의 조정 등을 규정하고 있다.

또한 전통시장의 경쟁력 제고를 위하여 지역의 고유한 문화자원, 관광자원 등을 연계한 문화관광형시장을 지정 육성하기 위한 제13조(문화관광시장의 지정・육성), 전통시장의 상인고령화에 따라 전통시장의 혁신을 이끌어갈 동력이 부족하다 판단하여 창의적 청년상인의 육성을 도모하고자 제16조(청년상인의 육성), 시장 등의 판매 촉진을 위하여 제26조의2(온누리 상품권 발행), 상인의 경영 현대화 등에 필요한 교육과 지원을 하고자 제28조(상인교육 및 전문인력 지원)등의 법적 근거를 마련하고 있다.

표 9-2 시장 관련 법규와 정책의 변천사

연도	주요 내용
1961	•「시장법」 제정, 유통산업에 대한 최초규정
1986	•「도소매진흥법」
1988	•「유통산업합리화촉진법」
1995	•「중소기업의 구도개선 및경영 안전지원을 위한 특별조치법」 – 시설자금융자 및 시설지원
1997	•「유통산업발전법」 제정 – 유통시장 개방에 따른 시장제도 체계화, 대규모 점포, 상점가, 전문상가단지, 체인사업, 정기시장, 임시시장 •「도소매진흥법」 개정(상설시장 허가제 → 등록제) – 전통시장의 자생력 강화를 위한 지원(1997~2013) •「중소기업의 구조개선 및 경영안정 지원을 위한 특별조치법」 제정 – 전통시장 경쟁력 확보, 재건축, 재개발, 용적률 확대, 세제 감면
2002	•「중소기업의 구조개선과 재래시장 활성화를 위한 특별조치법」 제정 – 법률용어 변경('시장' → '재래시장') 및 시설 현대화 착수 – 전통시장 용적률, 과밀부담금 특례조치, 재개발, 재건축 촉진
2004	•「재래시장 육성을 위한 특별법」 제정 – 전통시장만의 대상 – 공동사업 및 활성화, 고객 유치를 위한 마케팅 활동, 전통시장 혁신을 위한 교육 및 컨설팅 등 – 경영혁신 지원, 상권 활성화 촉진
2005	•「재래시장 육성을 위한 특별법」 – 재래시장의 현대화를 촉진하여 유통산업의 균형 있는 성장을 도모 – 중소기업청 전통시장을 전담하는 전담부서 설치

2006	•「재래시장 및 상점가 육성을 위한 특별법」 개정 – 재래시장 활성화 종합계획 수립 – 경영현대화 지원, 인정시장, 상인회 등록, 시장경영지원센터 설립
2010	•「전통시장 및 상점가 육성을 위한 특별법」 개정 – '재래시장'에서 '전통시장'으로 용어 변경 – 시장경영진흥센터에서 소상공인시장진흥공단으로 승격
2008~2011	– 문화를 통한 전통시장 활성화 시범사업, 지역주민의 문화향유 제고 – 지역문화공간, 일상의 관광지로 조성, 서민경제의 활성화
2012	•「전통시장 및 상점가 육성을 위한 특별법」 개정 – 인정시장과 등록시장 구분 없앰, 무등록시장 안전시설 지원 – 전통시장 용어 정의 중 낡은 이미지 삭제
2013	•「전통시장 및 상점가 육성을 위한 특별법」의 한시규정 삭제(영구적인 법률로 전환) – 문화 관광형시장 지정 육성, 온누리상품권 법적근거 마련 – 소상공인시장진흥공단 설립
2016	•「전통시장 및 상점가육성을 위한 특별법」(법령 변경) – 시설 경영의 현대화, 시장정비 촉진 – 지역상권 활성화와 유통신입의 균형있는 성장도모 – 청년상인 육성

2 ESG 관점의 전통시장 정책

인구절벽과 지방소멸이라는 위기 속에서 전통시장은 지역발전과 활성화에 중요한 역할을 해왔다. 그러나 전통시장은 정부의 지속적인 지원에도 불구하고 침체는 계속 되어 점차 쇠락하게 되었다. 변화하는 유통환경 속에서 전통시장이 지속적으로 성장하기 위한 ESG 접목은 다양한 소비자와 환경변화에 대안이 될 수 있을 것이다.

이러한 과정 속에서 최근 소상공인시장진흥공단에서 새로운 접근방식으로 2019년 전통시장 고객서비스 개선을 위한 다다익선 캠페인을 추진하였으며, 2022년 '1기관 1시장 공공기관 ESG협의체'를 구성하여 공공기관과 전통시장에 ESG 경영을 도입, ESG분야가 확대되어 운영 중이다.

제2절 환경(E) 관점의 정책과 사례

1 전통시장의 환경 요인과 해법

전통시장 운영은 자원 소비, 폐기물 생성, 교통 체증 등과 같은 환경문제를 야기할 수 있다. 그러므로 전통시장의 정책 수립 및 실행에 있어 ESG 접목에 따라 환경평가가 되어 진다면 전통시장의 ESG 측면의 환경(E)관점은 중요 요인이 될 것이다.

국내・외 평가기관과 지방자치단체 ESG 진단의 환경(Environmental) 측면의 주요 항목으로는 환경경영 목표수립, 환경경영 추진 체계, 원부자재 사용량, 재생 원부자재의 비율, 폐기물 배출량, 폐기물 재활용 비율, 온실가스 배출량, 에너지 사용량, 재생에너지 사용 비율, 용수사용량, 재사용 용수 비율, 수질오염 배출량, 대기오염 배출량, 환경법・규제위반, 친환경 인증 제품 서비스 등이 될 수 있다.

전통시장의 환경경영 목표를 수립하고 추진하기 위해서는 전통시장 주변의 주민, 상인, 지방자치단체 및 환경단체 등 이해관계자들의 의견을 수렴하고 협력하여 구체적 측정기준을 마련하고 달성가능성을 높일 수 있도록 추진체계를 명확히 해야 한다.

원부자재 사용량을 줄이기 위해서는 사용된 원부자재를 최대한 재활용하고, 재활용 가능한 제품을 만들어 재활용 비율을 높일 뿐만 아니라 재활용 제품을 구매하여 환경에 부담을 덜어 주어야 한다. 제품포장 사용을 최소화하고 다회용기 사용과 친환경적인 포장 재료를 사용하여야 한다. 또한 환경에 더 친화적인 원부자재를 선택하여 사용하고 재생가능 자원이나 재활용 가능한 자원을 선호하고, 화학물질 사용을 최소화하여 환경 부담을 줄여야 한다.

폐기물은 재활용 가능한 재료를 분리수거 하여 재활용 시설로 보내고 음식물 쓰레기 등의 폐기물은 별도의 시설을 마련하여 음식물 쓰레기 퇴비화로 자연비료 등으로 활용하여야 한다. 또한 음식물 쓰레기 발생을 줄이기 위한 식재료의 효율적 활용과 관리 프로그램을 도입하여야 한다.

전통시장의 온실가스 배출 요인은 다양하다. 전통시장 내의 조명, 냉난방기, 에어컨, 냉동고, 전자기기 등의 에너지 사용으로 온실가스가 발생하고 있다. 전통시장을 방문하는 소비자들과 상인들의 운송 수단으로 사용되는 자동차, 트럭 등도 온실가스를 배출한다. 특히 교통 체증으로 인한 차량의 이동성이 높아질수록 이 배출량은 증가할 수 있다. 또한 시장에서 발생하는 폐기물의 처리 과정에서도 온실가스가 발생한다. 폐기물의 분해 과정이나 매립지에서의 메탄 발생 등이 주요한 배출 요인이다. 이를 해결하기 위해서는 다양한 방법들을 고려해야 할 것이다

전통시장 내의 조명, 냉난방 시스템, 전자기기 등의 에너지 사용을 효율적으로 관리하여야 한다. LED 조명 등의 에너지 효율적인 장비를 도입하고, 에너지 소모가 큰 장비의 운영 시간을 최적화해야 한다. 또한 전통시장 주변에 대중교통 수단을 활성화하고 자전거 도로를 확보하는 등 개선된 교통 인프라를 제공하거나 자동차 대신 자전거나 전기 자동차 등의 친환경 이동 수단을 이용하는 것을 장려해야 한다. 환경보호 및 온실가스 감축의 중요성을 널리 홍보하고 전통시장 이용자와 상인들에게 교육을 제공하여 인식을 높이고 참여 또한 유도해야 한다.

전통시장의 재생에너지 비율을 높이기 위해서는 주변에 태양광 발전소 등의 재생에너지 시설을 구축하여 전기를 생산하고 재생에너지 시설의 설치 및 운영을 통해 전통시장의 전력 공급을 지속가능하게 하여야 한다. 이에 재생에너지에 대한 이해를 높이고 보급 확대하기 위한 교육 및 홍보 활동이 필요하다.

전통시장 내의 수도 시설이나 파이프 등에서 누수가 발생하는 것을 방지하고 전통시장 내의 화장실이나 세차 시설 등에 절수 장치를 설치하여 물의 소비를 줄이고 용도에 맞게 사용하여야한다. 또한 재활용 물을 적극적으로 활용하여 물의 낭비를 막아야한다. 그리고 수질오염을 줄이기 위해 시장 내에서 사용되는 유해물질이나 화학물질의 사용을 최소화하고 친환경적인 제품으로 대체해야 한다.

전통시장 내에 적절한 환기 시스템을 갖추고 시장 주변에 차량진입을 제한하거나 규제하여야 한다. 재생에너지 사용과 함께 폐기물의 양도 최소화하여 전통시장의 대기오염을 줄여야 한다. 또한 시장 주변에 녹지공간을 조성하여 쾌적한 환경도 조성해야 한다.

2 환경(E) 부문 사례: 양양전통시장

인구 3만 명이 소금 못 미치는 양양군에 위치한 양양전통시장은 500년의 전통과

현재를 아우르는 지역을 대표하는 시장이다. 평소 상설시장으로 운영되는 양양전통시장은 시장 인근까지 150여 개의 점포가 운영되고 5일마다 열리는 장날에는 난전 300여 개가 더해져 설악산의 특산물인 산나물과 송이뿐만 아니라 직접 농사지은 곡식, 된장, 장아찌, 들기름 등 먹거리 볼거리가 풍성하다. 좌판을 펼치는 상인들은 10년 이상 된 상인들이다 보니 단골과 살아가는 이야기와 정을 나누는 공간이기도 하다. 설악권 최대 규모를 자랑하는 양양5일장은 지금도 장이 서는 날이면 남대천 둔치 너머까지 주차된 차량으로 가득차고, 시내도로는 교통 체증에 몸살을 앓았다.

정부는 「전통시장 및 상점가 육성을 위한 특별법」 등을 통한 상업기반시설의 현대화 지원(전통시장법 제2절 제20조) 사업을 통해 전통시장 개보수, 공동시설(비가리개, 창고, 상인교육시설 등) 설치 및 보수, 고객편의시설(주차장, 화장실, 고객지원센터 등)의 설치·확장 및 수리 등을 진행하여 전통시장의 시설 노후화나 위생상의 문제를 해결했다. 양양전통시장 또한 시장 현대화 사업으로 천정엔 아케이드가 설치되었고, 시장 바닥도 깔끔하게 바뀌고 오수관로와 우수관로를 설치하는 하수관 정비로 오·폐수 관리를 했다.

양양전통시장의 다목적 광장조성은 시장을 찾는 주민들에게 쾌적한 환경을 제공하고 전통시장 주변 생태계를 보호한다. 공영주차장 마련은 주차를 위한 교통체증으로 인한 탄소배출량과 온실가스 배출량을 줄여 환경보호와 대기오염을 최소화하는 역할을 한다. 공영주차장 태양광발전 설비는 재생에너지 사용을 높이고 지속가능한 전력공급을 촉진할 뿐만 아니라 전력공급의 다양화와 탄소중립정책에 적극 동참하는 것이다. 노후전선 일제 정비는 화재예방뿐만 아니라 에너지 효율을 높이는 데 기여한다.

이뿐만 아니라 시장에서 지속적으로 발생하는 폐기물을 재활용하는 방안이라든지 시장 내 다회용기 사용이라든지 친환경 생분해 비닐 봉투 사용, 종이테이프 사용, 업사이클링 에코백 사용, 친환경 세제 사용, 환경정화 활동인 플로킹 등 시민들과 함께 할 수 있는 다양한 환경적 활동도 하고 있다.

1) 비가림 아케이드 설치, 하수관 정비

양양전통시장은 2013년 시설현대화사업을 통해 총사업비 22억 4천 2백만 원을 들여 비가림용 아케이드를 설치하고 17억 원을 들여 전통시장 주변 진입로에 대해 블럭 및 보도 아트타일 설치, 편의시설 및 우수관로와 오수관로를 설치하는 하수관 정비를 추진하였다.[2] 하수관 정비사업으로 인한 오·폐수관리는 환경적 요인의 중요한 부분을 차지하고 있다.

2) 다목적 광장 조성

2016년 중소기업청의 시장현대화 공모사업에 선정된 양양전통시장 다목적 광장 조성사업은 국비 31억 1,800만 원을 포함해 총사업비 47억 5,400만 원이 투입되어 2018년 2월 착공에 들어갔으며 7월에 준공되었다.[3]

전통시장과 남대천둔치 사이에 조성된 다목적 광장은 야외공연장과 계단형 스탠드를 조성해 음악회, 공연, 축제 등의 공간으로 이용하고 조경과 잔디를 시재해 시장을 찾는 주민들에게 쾌적한 환경을 제공하며 전통시장 주변 생태계를 보호한다.

3) 공영주차장 설립

2017년 중소벤처기업부의 주차환경 개선사업에 선정된 양양전통시장 공영주차장 사업은 국비 26억 2,640만 원을 포함 총 52억 5,200만 원이 투입되어 2018년 말에 착공하여 2020년 완공되었다. 전통시장 공영주차장은 자주식 2층, 3단 규모로 1층과 2층에 각각 39면, 54면, 건물옥상에(3층) 57면의 주차공간을 조성해 총 150면 규모의 주차 시설을 완비했다. 공영주차장의 차량 입구와 출구를 분리하여 교통흐름을 원활히 하도록 설계하고 무인시스템을 설치하여 편리함을 더했다. 양양시장 상인회와 시설물 위탁계약을 통해 운영되고 있다.[4] 공영주차장 마련은 주차를 위한 교통체증으로 인한 탄소배출량을 줄이고 온실가스 배출량을 줄여 환경보호와 대기오염을 최소화하는 역할을 한다.

---

2) https://m.newsshare.co.kr/57893, 2013.1.7.
3) https://www.enewstoday.co.kr/news/articleView.html?idxno=1324627, 2019.7.25.
4) https://m.syinews.co.kr/view.php?idx=45908, 2020.12.2.

4) 태양광 발전 설비 설치

2021년 양양군은 중소벤처기업부의 시설현대화 사업으로 총 5억 8천만 원을 투입해 양양전통시장 공영주차장 옥상에 태양광 발전시설을 설치한다고 밝히고 12월에 착공하여 6월 4일 준공했다. 이는 공공건물에 태양광 발전시설을 설치하는 것으로 전기요금의 절약뿐만 아니라 온실가스 감축을 위한 것으로 태양광 발전으로 생긴 수익금은 전통시장 시설현대화 사업 및 유지 관리에 사용된다고 한다.

태양광발전시설 설비용량은 183kW이며 30kW는 공영주차장 자체 전력으로 사용하고 153kW는 전기에너지를 생산하게 되어 양양군은 한국전력공사와 전력구매계약을 체결해 전기를 판매해 연간 2,400만 원가량의 수익금이 발생할 것으로 예상된다고 한다. 이는 재생에너지 사용을 높이고 지속가능한 전력공급을 촉진할 뿐만 아니라 전력 공급을 다양화하고 탄소중립 정책에 적극 동참하는 것이다.

5) 노후전선 일제 정비

2021년 중소벤처기업부의 전통시장 활성화 지원사업 선정되어 노후전선 일제 정비를 하였다. 사업비 9,800만 원을 투입해 개별 점포 63곳의 낡은 전선과 노후 분전반, 불량콘센트 등을 정비하였다.[5] 이는 화재예방뿐만 아니라 에너지 효율을 높이는데 기여한다.

제3절 사회(S) 관점의 정책과 사례

1 전통시장의 사회 요인

전통시장은 지역의 경제뿐만이 아니라 지역공동체로써 소속감과 사회적 · 문화적 결속력을 갖는 장이기도 하다. 전통시장 활성화는 지역사회 활성화와 밀접한 관계가 있으므로 ESG 평가지표 중 사회(S) 관점의 요인은 매우 중요하다. 지역사회 공헌을

5) https://www.newspim.com/news/view/20210802000495, 2021.8.2.

통한 일자리 창출, 소비자응대 서비스 개선, 취약계층 서비스 지원, 상인들의 안전, 공정거래, 사회 공헌 등이 사회(S) 관점의 요인이 될 것이다.

국내・외 평가기관과 지방자치단체 ESG 진단의 사회(Social) 측면의 주요 진단 항목으로는 고객관리 시스템, 개인정보 보호안전, 사회적 책임경영, 공정거래, 사회공헌, 구성원 봉사 참여, 협력사 ESG 협약, 협력사 ESG 지원, 인적자원관리(교육, 역량 계발), 사회부뷰 법규준수, 사업장 안전 관리, 인권(정책, 교육) 등을 들 수 있다.

고객의 관리란 전통시장의 제품과 서비스가 어떠한가, 제품의 품질과 가격은 적절한가, 고객에 대한 책임이 있는가, 그리고 윤리적 거래, 즉 소비자에게 부적절한 정보를 제공하지 않았는가, 제품이 안전한가, 유해하지는 않은가 등이다.

사회공헌 측면이란 전통시장이 지역사회에 미치는 영향이 긍정적인가 기부나 봉사활동을 실천하고 교육, 보건, 문화 활동 등 다양한 분야에 대한 지원을 통해 지역발전에 이바지하고 있는가를 의미한다.

명절을 맞이하여 전통시장에서 구매한 물품을 저소득 가정에 지원하는 등 지역사회 소외계층이 따뜻한 명절을 보낼 수 있도록 하거나 전통시장을 찾아주시고 아껴주시는 어르신들에게 식사대접, 문화공연과 기념품 증정을 통해 정을 나누는 등의 활동과 고객들을 위한 지역특산물 판매장과 복권발행, 요리교실, 문화거리 조성, 시장 상징조형물 설치, 다문화가족 코너 운영, 시장 주변 도시미관 개선, 전통시장 축제, 장보기 서비스, 주차장과 버스 정류장 등 무료 배송 서비스, 상인회 교육장을 시민이나 단체에 회의실로 개방, 상인대학, 공동마케팅 등의 상인교육 다양한 활동을 진행하는 것이다.

사업장의 안전관리는 전통시장의 환경이 상인들에게 안전하고 건강한 작업환경인가, 안전 장비들은 제공되었는가를 의미한다. 이는 전통시장 내의 소방도로 확보를 통해 화재발생 시 신속한 조기대응을 위해 황색선 밖에 물품적재와 영업행위를 금지하도록 지도하는 등 화재예방과 안전을 계도하였는가, 또한 다양한 공공기관과 구성된 합동 점검반과 시장 상인회가 협력하여 주요 시설물 및 전기, 가스, 소방 등 설비 시설의 관리 실태를 점검으로 화재 및 시설물 안전사고를 예방하고 시민들이 깨끗하고 안전한 전통시장을 이용할 수 있도록 하였는가 등이다.

인권적 측면은 상인들의 권리는 보호되고 있는가, 공급망에서의 인권 침해는 없는가이다. 불법적인 해고, 임금 체불, 안전 및 보건 규정위반, 소비자 보호 관련 법규

미준수 등 법적 분쟁이 발생하지 않도록 예방하고 해결하기 위한 노력을 하고 있는가, 상인들의 건강한 삶과 정서적 안정을 도모하고 재충전 기회 마련 및 상인공동체 육성을 위해 전통시장 상인들을 대상으로 생활체육, 문예활동 등을 지원하는가 등이다. 그리고 협력사와의 ESG 협약을 체결함으로써 이해관계자들의 신뢰를 유지하고 실천을 강화할 수 있도록 지원하는 것도 중요한 요인이 된다.

전통시장에서 열리는 거리축제는 지역경제 활성화에 기여하고 지역문화를 보존하고 홍보하는 데 큰 역할을 한다. 또한 주민들에게 새로운 문화경험을 제공하고 상호교류를 촉진하여 지역주민들에게 자부심과 유대감을 높여 지역사회의 화합과 연대에 기여한다.

2 사회(S) 부문 사례: 구리전통시장

구리전통시장은 구리시와 남양주시 일대 중 유일하게 전통 시장의 맥을 이어가는 문화관광형시장으로 청소년들이 즐겨먹는 곱창골목이 밀집되어있어 먹거리 골목으로도 유명하다. 구리전통시장은 2005년 구리전통시장상인회가 출범하면서 2007년 3월 현대화 사업을 확정하고 추진(2010년 1차 아케이드 설치, 2016년 2차 아케이드 설치)하였고, 2012년 11월 소비자의 편의를 위해 공영 주차장을 준공하여 전국 시범 시장으로 확정되었다. 2013년 3월 관광형시장으로 선정되었고, 그해 10월에는 전국 우수시장 박람회에 참가하였으며, 시설 현대화 사업의 일환으로 전통시장 입구에 신규 조형물을 설치하고 야외무대 리노베이션 공사를 진행하였다.6)

구리전통시장은 2013년 중소기업청의 문화관광형시장으로 선정된 동부권에서 가장 큰 규모의 '문화관광형시장'이다. 문화관광형시장은 전통시장과 지역의 문화 관광자원을 연계해 시장의 특성을 발굴 개발하여 국내·외 관광객들에게 관광과 쇼핑을 가능 하도록 하는 시장 활성화 사업이다.

구리전통시장에서는 거리축제 이외에도 '젊음의 축제 한마당', '예술 시장' 등의 주제를 접목해 구리전통시장 거리에서 다양한 행사를 개최하기도 한다. 매해 꾸준히 하고 있는 대표적인 축제인 '구리전통시장 거리축제', '다문화 음식축제'를 통해 지역경

6) 향토문화전자대전.

제 활성화와 새로운 문화 경험, 다양성을 존중하고 지역주민의 자부심을 높였다. 상인, 다문화가족, 학생 등 시민과 소통하는 '보이는 라디오'는 지역주민과 소통하고 유대감을 높이며 가교역할을 하였다.

안전 점검과 안전고객선 지키기 캠페인은 상인과 시민들에게 안전하고 깨끗한 전통시장을 이용할 수 있도록 하고 있다. '구리전통시장 사랑 나눔 행사'와 '구리전통시장 상인회 효사랑 잔치' 등 지속적인 봉사와 상인회 회의실 개방, 상인 대학, 전통시장 문화 아카데미 등을 통해 지역사회 일원으로써의 역할을 하고 있다.

1) 구리전통시장 거리축제

지역 내 대형 쇼핑몰이 들어서면서 침체되어가는 전통시장을 살리고자 2006년도부터 시작된 전통시장 거리축제는 구리전통상인상인회가 주최하고 구리시가 후원하며 매년 10월에 열린다. 구리시청을 비롯하여 경찰서, 소방서, 구리신협, 구리농협, 구리 새마을 금고, 한국마사회구리지사 등 다양한 기관의 후원과 상인, 시민, 대학생, 예술인, 다문화 등 다양한 계층의 참여로 이루어진다.

구리전통시장을 찾는 고객을 위해 경품 증정 이벤트를 열고 일일 직거래 장터를 마련하고 다양한 볼거리와 먹을거리, 시민참여 프로그램을 운영한다. 가수들의 축하공연과 시민과 상인이 참가하는 노래자랑이 열리고 버스킹 공연과 함께 지역 내·외 공연단의 다양한 공연과 이벤트도 열린다. 행사 기간 동안 구리전통시장에서 구입한 영수증을 구리전통시장에 마련된 현장 안내데스크에 제출하면 온누리 상품권, 전기밥솥, 자전거 등 다양한 경품에 응모할 수 있는 응모권을 제공하고 포토존, 어린이 벼룩시장 등도 펼쳐진다.

구리전통시장 거리축제는 지역경제 활성화에 기여하고 지역문화를 보존하고 홍보하는 데 큰 역할을 한다. 또한 주민들에게 새로운 문화경험을 제공하고 상호 교류를 촉진하여 지역주민들에게 자부심과 유대감을 높여 지역사회의 화합과 연대에 기여한다.

2) 다문화 음식축제

구리시에 거주하는 다문화가족과 외국인 주민은 2,000여 명이 넘는다고 한다. 설혼 이주민 여성들에게 구리전통시장에 대한 친근함과 시민들에게 외국인주민에 대한 인식 변화와 교류를 위해 2014년 '제1회 구리전통시장 다문화 음식축제'를 문화관광형시장 육성사업으로 시작하였다. 일본, 중국, 베트남, 적도기니, 캄보디아, 대만, 키르기스스탄, 태국, 필리핀, 대한민국 총 10개국 대표가 참가해 구리전통시장에서 음식재료를 직접 구입해 만든 각국의 전통음식을 자랑하고 시장에 찾아온 고객에게 시식할 수 있는 자리를 마련한다. 또한 야외문대 공연과 함께 각 나라의 전통의상을 입고 다문화가족을 소개하는 시간도 갖는다.

다문화축제는 서로의 문화와 전통을 경험하고 이해하는 기회를 제공함으로써 연대감을 증진시킬 뿐만 아니라 서로의 차이를 경험하고 다양성을 존중하며 포용하는 문화를 형성하는 데 기여한다.

3) 보이는 라디오

구리전통시장의 '보이는 라디오'는 문화관광형시장 육성사업의 일환으로 만들어진 전통시장 최초의 보이는 라디오 방송국이다. 국내 최초인 ICT '보이는 라디오'는 2013년 12월에 개국하여 운영하였다. '보이는 라디오' 스튜디오는 지나가던 시민들이 안을 바라 볼 수도 있고, 구리전통시장에 설치된 6개의 전광판을 통해 상인과 고객들이 볼 수 있도록 되어 있다. 그리고 유튜브, 또는 모바일 앱으로도 시청할 수 있다.

'보이는 라디오'의 자원봉사로 나선 시민 DJ는 다문화가족, 상인, 학생, 다양한 직업의 시민들이 해외의 시장이야기, 학생들이 바라보는 어른들의 모습, 다양한 상담, 여행, 취미 등 저마다의 개성을 살린 내용들로 월요일부터 금요일까지 진행한다. 라디오 방송국으로 편지를 보내거나 핸드폰 문자 메시지, 카카오톡 메시지를 통해 신청곡과 사연을 접수할 수 있고 출연을 원하는 시장 상인과 개인, 단체의 출연신청도 받고 있는 열린 방송이다. 이러한 신청곡과 사연들을 소개하며 시민들과 상인들의 가교역할을 활발히 하고 있다. 또한 다문화 DJ를 통해 고국에 있는 가족들과의 소통으로 글로벌 커뮤니티로서의 역할도 하고 있다.

'보이는 라디오'는 다양한 정보를 제공하고 지역주민들 간의 소통을 촉진하여 지역사회 유대감을 높이고 구리전통시장이 단순히 물건을 사고파는 시장의 기능뿐만 아니라 서민의 애환과 정을 나누는 소통의 장으로서 기능을 하고 있다.

제4절 거버넌스(G) 관점의 정책과 사례

1 전통시장의 거버넌스 요인

전통시장의 거버넌스(G) 부분은 상인들을 보호하고 전통시장의 고질적인 문제들을 해결하며 지속가능성 확보에 중심을 두어야 한다.

상인회는 상인들 간의 협력을 강화하고 지방자치단체와 소통과 협력을 도모하기 위해 결성되어진다. 시장 내에 발생하는 문제를 해결하고 상인들의 이익을 보호하기 위해 활동한다. 또한 시장 내의 상품 품질과 안전을 유지하고 소비자와의 관계를 강화하기 위한 활동도 한다. 이렇듯 상인회는 전통시장을 운영하고 관리하며 전통시장의 중심적 역할을 하고 있다. 따라서 전통시장의 거버넌스는 상인회의 거버넌스와 맞닿아 있다. "상인회"란 법 제65조 및 「전통시장 및 상점가 육성을 위한 특별법 시행규칙」(이하 "규칙"이라 한다) 제12조에 따라 시장·상권 활성화구역 및 상점가·골목형상점가에서 사업을 영위하는 상인들이 자율적으로 설립하여 시장(市長)에게 등록한 조직이나 법인조직을 말한다.

상인회가 어떻게 의사를 결정하고 이를 실행하는가, 민주적인 절차로 의견수렴이 되었는가, 운영방식은 민주적인가, 자금사용에 대한 정보를 제공하여 감사를 강화하였는가 등 상인회의 내부조직 구조와 지도부, 회원 등의 의사결정 구조를 알아봐야 한다.

국내·외 평가기관과 지방자치단체 ESG 진단의 거버넌스(Governance) 측면의 주요 진단 항목으로는 판매자 관리, 거래의 투명성, 감사제도 운영, 법·조례위반(부패, 뇌물), 회계보고 투명성, 분쟁 관리, 지속가능 관리시스템, 윤리경영, 이사회 다양성 등을 들 수 있다.

「전통시장 및 상점가 육성을 위한 특별법」에 따라 상권 활성화를 위해 전통시장 상인회에 각종 사업을 위탁하고 있다. 또한 상인회는 전통시장 시설현대화, 경영현대화 사업 수행 주체이기도 하다. 대형 마트나 백화점 등 대형 유통업체와의 상생협약을 체결하는 과정에서 '발전기금' 명목으로 엄청난 금액의 상생기금이 지급되면서 상인회의 권력은 너욱 상해졌다. 이 과정에서 각종 사업운영권을 쥔 상인회가 얼마든지

비리를 저지를 수 있다. 실제로 이 같은 사례는 자주 일어나고 있다.

지방자치단체는 전통시장 상인회에 대한 관리감독기능, 예산 지원 등 전통시장 지원사업에 대한 평가기능을 강화해야 한다. 이 과정을 전문가 등 외부인사에 적극적으로 개방하고 충분한 권한과 역할을 부여하여야 한다. 또한 전통시장의 서비스 품질을 높이는 정찰제를 시행하고 공정거래, 반품 및 환불, 친절과 같은 상인신뢰성도 높여야 한다.

2 거버넌스(G) 부문 사례: 진주전통시장

진주중앙시장의 공식적인 기록은 1884년으로 진주상무사의 발족으로 시작되었다. 일제강점기가 되고 시장규칙에 의해 공설시장이 되면서 상설시장과 정기시장(2, 7일)이 함께 운영되었다. 그러다 1937년이 되어 일제에 의해 '진주시장진흥회'로 개칭되었다. 지금의 진주중앙시장은 해방 이후 불려졌다. 현재의 건물이 들어선 것은 1966년에 있었던 대화재로 모든 건물이 불에 타 없어진 후 진주시 소유로 새로 지어진 것이다. 이후 상인들이 33%를 부담하면서 '진주중앙공설시장'이 발족했고, 이후 개인에게 부지를 매각하면서 민영화된 법인인 '중앙시장번영회'로 지금까지 이어오고 있다.[7]

진주중앙시장은 크게 3구역으로 구분되어 있다. 1구역은 지금의 공영주차장 자리로 원래는 미곡과 마포시장이 있던 곳이었다. 2구역은 포목점과 과자를 파는 도매시장이 대규모로 자리하고 있었으나 지금은 소수의 과자점만 남아 명맥만 유지하는 수준이다. 포목점과 주단 가게는 지금까지도 역사를 이어오며 기성복 가게와 한복점 등으로 계속 성업 중이다. 3구역은 현재의 먹자골목과 활어시장이 있는 곳으로 예전에는 채소공판장이 자리하고 있다.[8]

진주중앙시장은 지리산의 풍부한 농산물과 남해안의 싱싱한 해산물이 거래되는 상업 요충지로 한복, 건어물, 농수산물 등 많은 특산물이 유통되고 있는 재래시장이다. 지역의 대표 축제인 진주남강유등축제와 연계하여 진주비빔밥 등 다양한 품목을 선보이고 있다. 한때 진주중앙유등시장으로 부르기도 했으나, 2015년에 진주중앙시장

---

7) 네이버 지식백과, https://url.kr/a1nc3l

8) 디지털진주문화대전, https://url.kr/bvofrj

으로 명칭 변경하였다.9)

진주전통시장 상인회는 법인으로 520여 명의 회원을 가지고 있다. 진주중앙전통시장 상인회는 시장의 다양한 업무와 시설관리를 책임지며 상인들이 사업에만 집중할 수 있도록 지원하고 있다. 또한 진주의 13개 시장이 모여 만든 '진주시상인연합회'의 다양한 정보와 지원도 받고 있다. 2011년 문화관광형 시장으로 선정되었고, 2019년 중소벤처기업부 르네상스 공모사업에 선정되어 '진주중앙상권 활성화 사업'을 통해 지역경제와 상권 활성화에 기여했다.

진주중앙시장은 면적이 넓어 상인회에서도 구역별로 담당자를 두어 상인회와 상인들과의 소통을 원활히 하고 있다. 상인회는 2018년 소상공인시장진흥공단의 도움을 받아 상권혁신 대학을 개설해 마케팅전략 및 중장기 비전 수립, 리더십, 상인의식 개혁 등의 교육을 통해 전통시장의 지속가능성 확보에 노력했다.

1) 상인회

구성-임원: 회장, 부회장, 상무, 집행이사 9명, 대의원 15명(모든 임원의 임기 3년), 상근직원: 사무 지원 업무 5명, 경비직원 4명

회비-회원 100%의무 가입(갑, 을, 병, 정 4등급으로 나누어 차등 지급)

감사-1년에 2회, 상반기 하반기 나누어 감사(정기총회에서 보고)
시장의 세 구역에서 각각 1명씩 3명의 감사 선출

가격표시제-지도와 점검을 위해 점검반 운영 공정행위 집중단속

진주중앙시장은 원래는 청과시장과 논개시장이 중앙시장과 함께 단일 시장이었으나 시장이 점점 커지면서 운영주체를 분리했다. 진주중앙시장 상인회는 임원은 회장, 부회장, 상무, 집행이사와 대의원으로 구성되었고 임기는 3년이다. 이사는 대의원이 만든 사업을 집행하며 대의원은 금융예산을 만들고 심의하는 역할을 한다. 상근직원으로는 사무 지원 5명, 경비직원 4명으로 구성되어 있다. 상인들은 100% 의무가입이다. 의무가입인 이유는 전기세 때문이다. 한국전력에서 전기를 수주받아 일괄적으로 공급하고 있어 상인들은 전기를 싼 가격에 쓸 수 있다. 그리고 회비는 목이 좋은 곳

9) 네이버 지식백과, https://url.kr/a1nc3l

과 그렇지 못한 곳에 4등급으로 차등을 두어 지급함으로써 형평성을 가졌다. 상인회는 구역별로 담당자를 두어 상인들과의 원활한 소통으로 갈등을 최소화하여 회원들의 신뢰도를 높였다. 또한 시장을 세 구역으로 나누어 각각 1명씩 선출한 감사를 통한 정기적인 감사는 회계를 공개하고 상인회의 투명성을 높이고 있다.

제5절 결론

1 소결

지방자치단체의 전통시장 활성화 정책은 지역의 활성화와 맞물려 있다. 그만큼 지방자치단체의 전통시장에 대한 지원사업은 다양하다.

표 9-3 전통시장 및 상점가 활성화 지원사업

사업명	지원내용	지원한도	지원조건
시장경영 패키지 지원	• 지원예산 한도 내에서 상인회 자율적으로 공동마케팅, 교육, 매니저 등 지역·상권별 특성을 반영한 사업계획을 수립하여 추진 * 사용 범위: 사업지원패키지(공동마케팅, 온라인마케팅, 상인교육, 경영자문), 인력지원패키지(시장매니저, 배송매니저)	1곳당 국비 36백만 원 이하	• 국비: 80% 이하 • 지방비·자부담: 20% 이상 * 자부담은 지방자치단체 부담 가능
지역상품 전시회	• 지역 내 전통시장·상점가의 우수상품 및 특산품의 전시·판촉 지원 * 전시기획, 홍보비, 전시비용, 무대·장비 설치비, 부스설치비, 임대료 등	국비 최대 40백만 원 (선정 지회당)	전체 사업비 중 • 국비: 70% 이하 • 지방비·자부담: 30% 이상
전국우수 시장박람회 개최지	• 오프라인 박람회를 통한 우수 전통시장 및 상점가 홍보, 대국민 대상 전통시장 및 상점가 이용 촉진	국비 최대 5억 원	• 지방비 최소 3억원 이상 부담
지역 민영방송	• 지역의 특색이 살아있는 전통시장 관련 콘텐츠를 제작, 송출	국비 최대 40백만 원 (선정 지역민방당)	전체 사업비 중 • 국비: 60% 이하 • 지방비·자부담: 40% 이상

특성화시장 육성 (문화관광형)	• 지역문화 · 관광자원을 연계하여 시장 고유의 특장점을 집중 육성하는 상인중심의 프로젝트 지원 * 지역특색과 연계한 시장 투어코스 개발, 관광콘텐츠 육성, 지역특산물 PB상품 개발 등	시장당 최대 10억 원 (2년 간)	▪ 국비: 50% ▪ 지방비: 50% (단, 기초자치단체의 재정자주도에 따라 국비 최대 ±10% 차등 지원)
특성화시장 육성 (디지털전통시장)	• 전통시장의 지속가능한 온라인 진출 역량 향상을 위한 온라인 입점, 육성전략 구축, 인프라 지원 등 종합 지원 * 협동조합 구성, 온라인 상품 발굴 및 컨설팅, 배송인력 지원, 배송공간 임차 지원 등	시장당 최대 4억 원 (2년 간)	▪ 국비: 50% ▪ 지방비: 50% (단, 기초자치단체의 재정자주도에 따라 국비 최대 ±10% 차등 지원)
특성화시장 육성 (첫걸음 기반조성)	• 기초역량을 갖춘 시장을 대상으로 5대 혁신과제 등 특성화사업(문화관광형 · 디지털전통시장) 추진을 위한 사전 기반조성 지원	시장당 최대 3억 원 (1년 간)	▪ 국비 : 50% ▪ 지방비 : 50% (단, 기초자치단체의 재정자주도에 따라 국비 최대 ±10% 차등 지원)
청년몰 활성화 사업	• (활성화) 청년몰 공용공간 시설개선, 청년몰 알림 및 안내체계 개선, 공동마케팅, 공동수익사업, 자생력 강화 컨설팅, 기술지도 등	청년몰당 최대 4억 원	▪ 국비: 50% ▪ 지방비: 40% ▪ 청년자부담: 10% * 자부담은 지방자치단체, 상인회 부담 가능
화재알림시설 설치사업	• 개별점포 화재발생 시 소방관서로 화재신호가 자동 통보되는 화재알림시설 구축 지원	점포당 최대 80만 원	▪ 국비: 70% ▪ 지방비: 30%
노후전선 정비사업	• 전통시장 개별점포 내 전기설비 개선(노후배선 교체, 배관공사, 전등 및 콘센트 교체 등)	시장당 국비 5억원 이내	▪ 국비: 50% ▪ 지방비: 40% ▪ 자부담: 10%

출처: 2024년도 전통시장 및 상점가 활성화 지원사업, 중소벤처기업부 공고 제2023-460호.

전통시장의 ESG 관점에서 E의 환경적 요인은 친환경 인프라를 구축하는 데 많은 사업비가 있어야 실현할 수 있는 부분이 많다. 이는 전통시장 및 상가 활성화 지원사업과 연계해 어느 정도 마련할 수 있다. 그러나 「전통시장 및 상점가 육성을 위한 특별법」의 상업기반시설의 현대화 지원만으로는 한계가 있다. 따라서 이를 위해 소상공인시장진흥공단은 2019년부터 공공기관과 전통시장 간에 상생협력을 지원하고 있다. 2020년부터 공공기관-전통시장 1기관 1시장 ESG 우수 상생활동 공모전을 개최하고 있다.

많은 공공기관이 전통시장의 친환경 확산을 위한 ESG(환경 · 사회 · 거버넌스) 활동 지원에 동참하고 있다. (공공기관-전통시장 ESG 우수 상생활동 공모전)을 실시하고 해마다 우수 기관을 선정하고 있다. 중소벤처기업부와 소상공인시장진흥공단이 공동 주최하며 349개의 공공기관이 참여하는 (공공기관-전통시장 ESG 우수 상생활동 공모전)를 통해 전통시장의 친환경 인프라 구축과 그로 인한 전통시장의 환경개선과 탄소중립 실현에 기여하고 있고 사회공헌 활동에도 참여하고 있다.

구리전통시장의 문화관광형시장 육성사업의 일환으로 만들어진 전통시장 최초의 '보이는 라디오'가 10년만인 2023년 중지되었다. 다양한 정보를 제공하고 지역주민들 간의 소통을 촉진하여 지역사회 유대감을 높이고 구리전통시장이 단순히 물건을 사고파는 시장의 기능뿐만 아니라 서민의 애환과 정을 나누는 소통의 장으로서 기능을 하고 있는 '보이는 라디오'가 육성사업이 끝났다고 해서 중단되어지는 것은 아쉽다. 지원사업이 끝났다고 지속하지 않는다면 지원사업은 일회성일 수밖에 없다. 전통시장의 다양한 이해관계자와 지방자치단체의 협력을 통해 지속되어야 한다.

정부와 공공기관의 다양한 지원사업으로 전통시장의 ESG 경영이 시작되어진다고 해도 전통시장 스스로 필요성을 느끼고 지속하려 하지 않는다면 지원사업과 함께 끝나 버리고 ESG 경영이 지속되어지지 않는다. 또한 ESG 경영의 필요성을 느끼고 운영하려 하여도 그 기준이 없다면 혼란스러울 수밖에 없다. 전통시장의 경우에도 ESG 각 항복별 평가지표, 관리지표 등이 필요하다. 평가지표가 있고 평가를 한다면 일회성으로 끝나지는 않을 것이다.

대한상공회의소와 삼정KPMG가 발행한 '중소기업 ESG 체크리스트' 지표는 다음 〈표 9-4〉와 같다.

표 9-4 중소기업 ESG 체크리스트

	관리지표	관리 방향
환경	환경경영 체계	• 조직 내 환경 관련 업무를 담당하는 인력 또는 부서가 지정되어 있는가? • 전력, 수자원 사용량, 탄소배출 등 환경성과 측정이 주기적, 연속적으로 이루어지고 있는가? • 외부 환경경영인증을 취득할 계획 및 필요성이 있는가?
	온실 가스배출	• 조직이 직접 발생시키거나 에너지 사용을 통해 간접적으로 발생시키는 온실가스 배출량을 측정 관리하고 있는가? • 온실가스 감축에 대한 계획 및 목표가 수립되어 있는가?

	자원사용, 폐기 및 재활용	• 조직의 수자원 사용량과 폐기물 배출량은 법적 요구를 충족하고 있는가? • 폐수 및 폐기물 처리방식은 적법한가? • 조직 내 수자원 사용량 절감 및 폐기물 감축, 재활용 확대에 대한 계획이 수립되었는가?
	유해물질 배출, 폐기	• 유해물질 배출량과 폐기방식은 법적 요구 수준을 충족하고 있는가? • 유해물질 배출량의 절감에 대한 계획 및 목표가 수립되어 있는가?
	제품 탄소발자국	• 제품 단위당 탄소배출량을 측정, 관리할 수 있는가?
	친환경 기술기회	• 조직은 친환경 기술에 투자 및 개발하고 있는가? • 동종 경쟁사 대비 자사 제품이 우월한 친환경성을 보유하였는가? • 현재 조직이 영위하고 있는 사업과 미래에 영위할 사업은 소비자의 친환경 제품 선호 증대에 따라 더 많은 수익을 확보할 수 있는가?
사회	고용관행	• 조직이 고용한 임직원들은 공정한 대우와 보상을 받고 있는가? • 조직이 고용한 계약직, 임시직 직원들에 대해 적정한 근로 조건을 명시한 계약서를 작성하였는가? • 고용과정에서 성별, 인종, 국적, 신체적 자유 등에 대해 차별이 없도록 관리하고 있는가? • 조직 내 근로자들의 결사의 자유가 보장되는가? • 조직의 근로자들은 적법한 수준의 근로시간 및 휴식시간을 준수하고 연장근로 현황이 관리되고 있는가?
	공급망 포함 아동노동, 강제노동	• 조직의 고용 관행 내 아동노동, 강제노동을 금지하고 있는가? • 조직의 핵심 공급망 내에서 발생가능한 아동노동, 강제노동 리스크는 없는가?
	차별 및 직장 내 괴롭힘 금지	• 근로자가 조직 내에 발생하는 고충에 대해 논의할 수 있는 의사소통 채널이 존재하는가? • 조직문화 및 근무만족도에 대해 주기적으로 평가・측정 할 수 있는 시스템이 존재하는가? • 조직 내 근로자에 대한 부당한 대우, 괴롭힘 또는 성희롱 등의 인권침해 발생 시 이를 처리하는 적절한 프로세스가 마련되어 있는가?
	산업안전 및 보건	• 공정 및 사업장 내 위험작업을 식별하고 관리하며 위험작업에 대한 적절한 완화 조치를 이행하고 있는가? • 근로자에게 안전, 보건교육을 제공하고 있는가? • 근로자 재해율의 최근 3년 추세는 어떠한가?
	지적재산 및 고객정보 보호	• 조직 내 모든 지적재산 및 주요 영업정보의 반출입이 적적한 보안관리 시스템 하에 행해지는가? • 근로자 대상 정보보안 교육을 실시하였는가? • 인적・물리적 보안 리스크를 주기적으로 점검하였는가? • 사내 정보보호 담당자가 지정되어 있는가?
	제품 안전 및 품질	• 제품의 품질을 검수・평가하고 관리하는 프로세스가 공식화되어 있는가? • 지난 3년 간 제품 관련 이슈 및 반품, 리콜 등의 발생 추세는 어떠한가? • 제품에 대한 고객만족도 및 피드백을 체계적으로 관리하고 제품 개선에 반영하고 있는가?

구분	항목	내용
지배구조	투명경영/ESG 경영	• 경영상의 주요 현안에 대한 의사결정에 앞서 최고 경영진이 조직 내 일부 또는 전체 구성원과 충분한 소통을 이행하였는가? • 조직의 자금관리 및 집행이 독립적인 부서/인력에서 투명하게 이루어지는가? • 조직의 손익계산서와 재무상태가 적법한 형태로 주기적으로 작성되고 관련 법인세를 성실히 납부하였는가? • 조직의 주요 ESG 리스크에 대해 관리하고 고객사 요청 시 관련 정보를 공개할 수 있는가?
	반부패/준법경영	• 조직은 사업 운영상 준수하는 경제/사회/환경 측면의 법규 동향을 모니터링하고 관련 리스크가 없도록 관리하고 있는가? • 윤리경영에 대한 임직원 행동강령 방침이 명문화되어 있는가? • 고객사와 계약체결 시 발생가능한 리스크를 관리하고 입찰 단계부터 거래 성사, 용역 종료 시까지 법률 및 절차상의 공정성을 준수하고 있는가? • 임직원의 윤리규정 준수에 대해 주기적으로 점검하고 내부에서 발생가능한 부패, 뇌물수수, 자금세탁 등의 리스크를 관리하고 있는가?

출처: https://blog.naver.com/misiceo/222544577782, 2021.10.22.

2 정책 제언

전통시장의 중심은 상인이다. 그리고 상인들이 모여 만든 상인회는 전통시장을 운영하고 관리한다. 그만큼 상인들의 역량 강화를 위한 교육은 반드시 필요하다. 그러나 2020년 조사 결과 상인회에서 상인을 대상으로 교육을 실시하는 시장은 전국 전통시장 수인 1,401개 중 191개(13.6%)이며, 2019년 대비 교육을 실시하는 시장이 13.4% 감소했다고 한다.[10] 상인들의 역량 강화를 통해 전통시장 내부의 자생력을 키워야 한다.

상인회의 역할이 중요한 만큼 상인교육이 꼭 필요하다. 시장경영 능력을 키우고 전통시장 내의 민주적 의사결정을 통해 사업이 집행되기 위해서는 상인들의 의식 변화와 참여의지가 중요하기 때문이다. 따라서 ESG 경영 또한 상인 교육에 중점을 두어야 한다. 전통시장 ESG 경영의 시작은 상인과 고객들에게 ESG의 중요성에 대한 교육과 정보를 제공하는 것이다. ESG에 대한 교육과 정보전달이 제한적으로 이루어지고 그 인식과 중요성이 인지되지 않아 상인들의 통일된 의견을 모으기 어렵기 때문이다.

무엇보다도 ESG 실천에 있어 다양한 의견과 방향성을 조절해야 하는 리더십이 필요하다. 교육을 통해 상인회의 운영방식이 민주적이고 투명성을 갖출 수 있도록 해야 한다. 또한 상인회는 지역과 협업하고 다양한 이해관계자와의 긍정적 상호작용을

10) 2020년 전통시장 · 상점가 및 점포경영 실태조사.

통해 미래세대를 위한 지속가능한 전통시장이 될 수 있도록 시장을 운영해야 한다. 전통시장에 대한 정부의 지원만큼 상인회도 사회적 책임을 다해야 할 것이다.

또한 정부도 상인회에 대한 관리 감독을 강화해야 하고 지원사업에 대한 평가기능을 엄격히 해야 한다. 앞에서 언급하였듯이 전통시장의 경우에도 ESG 각 항목별 평가지표가 필요하다. 전통시장의 특성을 반영하여 개발된 평가지표가 필요할 것이다.

전통시장의 ESG 경영 목표를 수립하고 추진하기 위해서는 전통시장 주변의 주민, 상인, 지방자치단체 및 환경단체 등의 이해관계자들의 의견을 수렴하고 협력하여 구체적 측정기준을 마련하고 달성가능성을 높일 수 있도록 추진체계를 명확히 해야 한다.

전통시장 운영에서 발생하는 자원 소비, 폐기물, 교통 체증, 온실가스 등과 같은 환경 관련 상황들을 상인과 소비자에게 알리고 함께 해결하기 위한 사업들을 하고 상인들이 안전하고 건강한 환경에서 일할 수 있도록 해야 한다. 지역사회에 봉사나 기부 등의 지원을 통해 지역발전에 이바지하고 전통시장을 운영·관리하는 상인회가 민주적으로 운영되어 윤리경영을 잘할 수 있도록 한다면 전통시장의 지속가능성은 높아질 것이다.

ESG 관련 사업 특히 환경적(E) 요인을 행하기 위해서는 초기 자금이나 인력이 부족하다. 정부는 모든 전통시장이 공모사업에 선정되지 않더라도 ESG 경영을 할 수 있도록 장기적인 계획을 세워야 할 것이다. 자원을 확보하기 위한 정부 및 지역사회 지원체계를 마련해야 하고, 전통시장의 다양한 이해관계자와의 협력을 통한 지속가능성 또한 확보해야 한다.

전통시장의 ESG 활동 내용을 보면 어느 기관의 ESG 경영활동 지원, ESG 활성화 프로젝트 지원, 전통시장 상인들의 디지털 전환 지원사업 등 전통시장 상인들 스스로 ESG 경영을 실천하기보다는 기업들의 마케팅 또는 기업들의 ESG 실천 수혜 대상이 되어버린 것 같아 늘 안타까웠다. 전통시장이 공공기관이나 기업들의 ESG 경영을 지원하는 지원 대상이 아니라 전통시장 스스로 ESG 경영을 위한 주체가 될 수 있도록 상인회의 역할이 중요하다.

전통시장은 서민들의 생활, 문화가 어우러지는 새로운 세대의 특별한 공간이다. 얼마나 친환경적(E)이고 사회에 공헌(S)했으며 투명한 거버넌스(G)를 갖고 있는지가 기업들에게만 해당되는 것은 아닐 것이다. 환경과의 상생, 사회와의 상생, 상인 간의 상생이야말로 전통시장 활성화의 시작이 아닌가 한다. 지역과 상생하는 전통시장의

ESG 경영은 당연한 것인지도 모르겠다.

참고문헌

구혜경(2013). 전통시장 상인조직의 변화와 갈등양상: 전주 남부시장의 사례를 중심으로. 『지역사회연구』, 21(4): 101-124.

김민숙 · 신택수(2016). 전통시장 상인회의 조직특성이 사회적 자본과 상인회 조직성과에 미치는 영향. 『지식경영연구』, 17(4): 27-56.

김연철 · 김태영(2022). 전통시장의 지속성 확보를 위한 ESG 평가지표 개발과 활용에 관한 연구. 『한국농어촌관광학회지』, 25(2): 175-188.

소상공인시장진흥공단(2020). 전통시장 · 상점가 및 점포경영 실태조사 결과 보고서.

이현정 · 안영수 · 여관현(2021.12). 서울시 전통시장 변화의 영향요인 탐색과 정책적 함의. 『서울도시연구』, 22(4): 23-42.

전통시장 현대화 과정의 정책 네트워크 분석(2016.12). 『한국지방행정학보』, 13(3).

구리시(2019). 구리전통시장 상인회, 안전고객선(황색선) 지키기 캠페인 벌여, https://m.blog.naver.com

뉴스1(2013). 구리전통시장, 문화관광형시장에 선정, https://www.news1.kr

소상공인시장진흥공단(2017). 구리전통시장, ICT 보이는 라디오, https://www.ajunews.com

속초양양인터넷뉴스(2020). 양양군 전통시장 공영주차장 4일부터 시범운영, https://m.newsshare.co.kr

아주경제(2013). 구리전통시장, 중소기업청 문화관광형 시장, https://m.blog.naver.com

양양뉴스쉐어(2013). 양양전통시장, 아케이드 및 진입도로 정비로 새롭게 태어나, https://m.newsshare.co.kr/57893

양양뉴스핌(2021). 양양전통시장점포 63곳 낡은 전선정비, https://www.newspim.com

에너지데일리(2023). K-eco한국환경공단, ESG 가치 지역사회에 녹아들다, https://www.energydaily.co.kr

조선비즈(2018). 시장 내 6개 전광판에 '보이는 라디오' 생방송-하루2만명 찾는다, https://biz.chosun.com/site

진주신문(2023). 진주시상인연합회, 제8회 전통시장 상인워크숍 한마당 축제 개최, https://m.blog.naver.com

KNS뉴스통신(2023). 전력거래소, '2023년 공공기관-전통시장 ESG 우수 상생활동 공모전' 최우수기관 선정, https://www.kns.tv/news

CHAPTER 10

지역경제와 ESG

고광용

제1절 서론

1 지역경제

1) 지역경제의 정의

지역경제(地域經濟)[1]란 지역단위에서 이루어지는 상품(재화)의 생산, 교환, 분배, 소비의 활동을 통해 지역개발을 추진하고 지방자치단체의 재정을 뒷받침하여 지역주민의 생활을 윤택하게 하는 지역단위의 경제활동을 말한다. 지역경제의 개념적 요소를 분리해 보면, ① 특정지역에 한정한다는 지리적 측면, ② 그 지역 내에서의 경제활동으로써 상품의 생산, 교환, 분배, 소비라는 활동적 측면, ③ 지역개발의 추진이라

1) 송기섭 충북대 초빙교수, 진천자치신문 [특별기고] 지역경제의 중요성과 지자체의 역할.

는 내용적 측면, ④ 지역 내 경제활동과 지역개발의 결과로 발생하는 부가가치와 GRDP, 일자리 창출에서 이어지는 각종 지방세수의 확충을 통한 지방재정 뒷받침이라는 결과적 측면, ⑤ 지역 내 경제활동과 지역경제에서 비롯된 지방재정 기반으로 한 지역주민의 삶을 윤택하게 한다는 목적적 측면 등 다섯 가지로 구성된다.

지역의 경제주체는 지역주민으로 구성된 가계, 그리고 지역기업, 지방자치단체 등으로 구성되며 최근에는 지역의 시민사회단체도 포함되는 것이 맞다. 사회적경제 맥락에서 마을기업이나 협동조합, 사회적기업 등 사회적경제기업들도 중요한 지역의 경제주체로 자리매김한다. 무엇보다 지역에서 농협이나 신협, 수협·축협 등은 핵심적인 금융기관으로써 역할을 수행한다.

최근 급속히 진행되는 지방소멸과 지역격차의 심화 속에 이러한 지역경제와 지역경제주체의 역할은 훨씬 더 중요해지고 있다. 중앙정부와 국가 차원에서 지역의 균형발전과 지역경제 회복에 전통적인 지방재원조정제도로써 지방교부금과 특별교부금 외에도 지역균형발전특별회계(약 12조 원 수준)와 지방소멸대응기금(연 1조 원)에 상당한 재원을 투자하고 있다. 지방자치단체 차원에서도 도시정부나 지방소멸이 진행되는 농어촌지역의 지방자치단체들 사이에서도 비록 정부 간 관계 및 역할분담에서 사회복지비 지출이 가장 많지만, 민선 지방자치 시대 출범 이후 선출직 지방자치단체들이 지역경제 성장과 일자리 창출을 가장 중요한 달성 목표 중 하나로 삼으면서 지역경제에 대한 정책적 의지와 예산 투자의 중요성은 나날이 커지고 있다.

2 ESG 관점의 지역경제

각 지방자치단체는 도시정부의 경우 더 큰 경제규모 및 인구를 갖기 위해, 인구감소가 진행되는 농어촌지역의 경우 지방소멸 극복과 지역경제 회복 과정에서 많은 지역개발 및 산업단지 조성, 지역경제 활성화 정책을 추진하면서 글로벌 기후위기 대응 차원도 있지만, 법적인 측면에서 환경적 규제를 지켜야 하며 동시에 기업들로 하여금 탈탄소 요구와 압박이 커지고 있기에 지방자치단체가 지역경제 정책을 추진함에 있어 환경과 ESG를 분리해서 생각하기는 어려운 세상이 되었다.

지방자치단체가 지역의 균형발전과 지속가능성 확보, 당면한 기후위기, 불평등 심화, 일자리 위기 등의 문제를 기업과 협업해 해결하고 지역성장의 새로운 돌파구를 찾아야 하는 때이다. 기업의 지속가능성에 기반한 ESG 경영 촉진을 위한 지방자치단체 주도의 지원과 역할이 강조되고 있다.

첫째, 환경적 관점에서 지역경제를 보면, 신안군과 같이 지방자치단체 주도로 태양광·풍력 발전소를 준공하는 등 에너지융복합사업을 추진하면서 지역주민과 마을에 발생된 수익을 환원하고 일자리를 창출하고 있다. 기후위기에 대응하면서도 동시에 지역경제에 기여하는 성과를 보여주고 있다. 산업통상자원부가 탈탄소 RE100 산업단지 조성을 지향하는 에너지산업융복합단지나 스마트그린산업단지 등을 지정 및 확대하는 것도 그러한 맥락에서 이해할 수 있다. 환경과 지역경제를 함께 보는 것이다.

둘째, 사회적 관점에서 지역경제를 보면, 지방자치단체가 지역경제 성장을 도모하는 과정에서 기업들로 하여금 ESG 경영 촉진을 지원하는 데 지역주민 우선 고용, 열악한 고용관계 개선, 노동권 보장, 안전한 작업환경 등을 요구하는 것은 전통적으로 해왔으나 지속가능한 지역경제 구조를 만들기 위해서는 반드시 필요한 작업이다.

셋째, 거버넌스 관점에서 지역경제를 보면, 지방자치단체가 지역기업들로 하여금 회계투명성 및 정보공개, 관급사업에서의 지역기업 간 이권거래(부패/뇌물) 금지 및 감사기구 운영 등을 요구할 수 있으며, 동시에 산업단지 조성 과정에서 ESG 기업들을 우선 유치한다는 정책적 기조 및 예산원칙을 세우는 것을 지역경제 맥락에서 이해할 수 있을 것이다. 또 지방자치단체가 지역주민을 포함한 지역경제주체 간 네트워크를 통한 거버넌스 형성으로 지역사회 문제를 해결할 경우 이는 거버넌스 관점과 사회적 관점을 동시에 보여주는 것이 된다.

제2절 환경(E) 관점의 정책과 사례

1 지역경제의 환경 요인

지역경제에 있어 환경(E) 관점의 요인은 핵심적으로 기후변화 대응과 탄소중립의 친환경 에너지 생산을 지역경제 성장의 수단으로 삼는 것이다. 예를 들어, 지역주민

참여 기반 에너지융복합사업을 통해 지역의 재생에너지 발전량을 증대시키고 발전된 전력의 한국전력 간 거래를 통해 수입 발생 시 발전사와 주민간 이익을 공유하는 방식이다.

특히 지난 2023년 5월, 「분산에너지 활성화 특별법」이 통과되었다. 높은 사회적 갈등과 낮은 주민수용성 문제에 따라 대규모 송전선로 중심 중앙집중식 전력시스템이 한계에 봉착하면서 지역단위 전력공급과 수요를 일치시키고 송·배전 비용을 고려 지역별 전기요금을 차등화하는 입법이 이루어진 것이다. 이는 지역의 재생에너지 중심의 전력자립률을 바탕으로 발전사업으로 이어지게 하고, 지역에서 각종 PPA 방식으로 전력을 기업에 직접 공급하는 계약을 맺거나 한국전력에 전기를 판매함으로써 발전 수익을 누리게 하는 효과를 가져오게 된다.

예를 들어, 영광에 소재한 호남풍력의 경우 2MW 육상풍력 10개가 설치되어 20MW가 운영 중인데, 총 사업비는 MW당 20억 원, 1기당 40억 원이 소요, 총 사업비 413억 원이 소요되었다.[2] 풍력이 가진 간헐성 문제 때문에 ESS 9MW를 설치 총 20억 원이 추가 소요되었다. 호남풍력의 최근 이용률은 생각보다 저조한 17.6%에 불과해 총 연간발전량은 약 31~32GW 수준이었다. 계통한계가격(SMP)와 신재생에너지공급인증서(REC)를 포함 연간 60억 원대 수입을 누리고 있으며, 약 5명의 일자리가 창출되고 있다. 연간 금융비용은 20억 원, 유지보수비용은 10억 원, 지역자원시설세는 약 400만 원을 지출하고 20억 원대 수준의 순수익을 누리고 있다.

직접전력거래(PPA)란, 재생에너지 발전사업자가 전력시장을 거치지 않고 재생에너지 공급사업자에 판매하고, 재생에너지 공급사업자는 구매전력을 전기소비자(실사용자)에 판매하는 방식이다. 글로벌RE100 기업들은 RE10 달성을 위해 직접PPA 방식을 통해 재생에너지 조달을 인정받으려 하고 있다. LG이노텍은 지난 2023년 8월 SK E&S와 향후 20년 간 연 10MW 규모 재생에너지를 공급받는 직접PPA 계약을 체결한 바 있다. 최근 대기업이 직접 재생에너지 발전사로 참여해 같은 대기업집단 혹은 관계가 있는 타 대기업집단의 계열사 간 재생에너지 공급이 이어지고 있으며, 앞으로 이런 사례는 계속 확대될 것으로 보인다.

---

2) (주)호남풍력발전 방문, 인터뷰를 통해 얻어진 내용임.

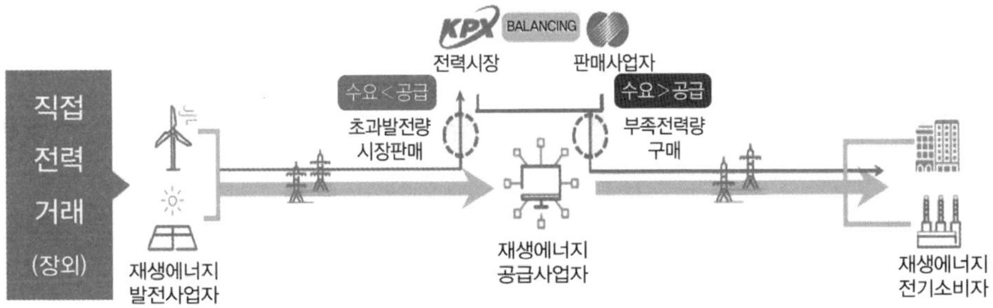

출처: KPX 전력거래소, RE100 이행지원 및 신재생에너지 보급·사용 확대를 위한 新전기신사업 제도 소개.

그림 10-1 직접전력거래 PPA 구조

2 환경(E) 부문 사례:[3] 제주도 가시리마을

제주도 가시리마을은 재생에너지 사업 유치 모델로 주민공동체 주도 풍력자산화[4] 민관협력 모델로 모범적 사례다. 제주도는 2009년 1월, 제주에너지공사를 사업집행 담당기관으로 선정해 주민주도 풍력발전단지 건설사업 사업부지 공모를 진행했는데, 지역주민에 전력 판매수입의 10% 혜택 부여를 조건으로 했는데, 풍력발전단지로 가시리마을 공동목장이 선정되게 되었다.

서귀포시 표선면에 위치한 가시리 마을은 500가구 1,200여 명이 살고 있는데, 제주도의 바람과 너른 평원을 자연자원을 활용해 공동목장에 풍력발전을 유치했다. 가시리풍력단지는 부지면적 약 3만m^2, 한진산업 1.5MW 터빈 7기, 유니스·효성 705kW 터빈 6기가 있는데, 연간 약 3.4만MWH의 전력 생산에 따라 계통한계가격과 신재생에너지 공급인증서 및 주민참여형 추가 REC를 포함하면 전력판매수익으로 30억 원이 넘는 수익을 창출하고 있다.

가시리 주민들에게 제공되는 혜택은 첫째, 제주에너지공사로부터 임대료 명목으로 연간 약 3억 원의 마을발전기금을 받고 있다. 이를 통해 지역 및 주민 기여의 구체

---

3) 고광용·이아람(2023). 인용 및 재정리.
4) 전기신문, "에너지갈등 풀어낸 제주 가시리 풍력발전단지를 가다", 2020년 11월 23일자. 기사 참고 요약.

적 공유 방향으로 주민배당, 주민생활 편의시설 설립 및 관광자원 확충, 마을만들기 등 지역에 이익을 재환원하고 있다. 아울러 2년 이상 거주한 마을주민들에게 가구당 월 2만 원 수준의 전기료/TV수신료 등 공공요금을 지원하고, 학생들에게는 장학금이 어르신들에게 복지수당 등으로 활용되고 있다.

주민 요구로 풍력발전단지의 울타리는 제주 특색이 반영된 돌담으로, 풍력발전소의 부지인 공동목장은 없애지 않고 그대로 유지해 소와 말을 여전히 방목하고 유채꽃도 심어 목가적 분위기의 경관 농·목축업 연계 관광 효과도 큰 편이다. 한편 가시리 마을의 주민들이 살고 있는 마을은 발전단지로부터 5km 이상 떨어져 있어 소음 관련 민원이나 불편함은 크지 않은 편이다.

제3절 사회(S) 관점의 정책과 사례

1 지역경제의 사회 요인

지역경제에 있어 사회(S) 관점의 요인은 지역사회 발전 참여 및 사회공헌, 행정과 지역사회의 관계(커뮤니티), 주민 고용과 인권, 노동권 등으로 나타난다. 최근 지방자치단체는 지역기업이 지나친 이윤 추구에서 벗어나 사회가 요구하는 환경보전, 인권 신장 등 사회적 가치를 추구하도록 독려하는 역할을 수행해야 한다(정준금, 2020). 정부는 기업의 사회적 책임 정책의 추진자인 동시에 공공조직으로서 사회적 책임을 솔선수범해야 한다(라영재, 2009). 지방자치단체 주도로 지역경제 정책집행 시 지역기업의 사회공헌 활동을 촉진하고, 지역사회와 시민사회단체와 지방자치단체 간 관계 형성, 지역주민 우선 고용으로 나타나야 한다.

ISO(International Organization for Standardization)는 국제표준화기구로 정부, 기업 등이 준수해야 할 사회적 책임의 지침을 제공한다. 다음 〈표 10-1〉은 ISO 26000의 7대 핵심주제와 36개 이슈별 지방자치단체의 사회적 책임을 정리한 내용이다. ISO 26000은 2005년 3월 브라질 살바도르에서 개최된 1차 총회 이후 수차례 총회를 거쳐 2010년 ISO 회원국의 투표를 거쳐 표준안이 확정되었다. ISO 26000은 사회 모든 조직이나 기업이 의사결정 및 활동 시 소속된 사회에 대한 책임을 규정한 것으로, 각종 경제주체 대상, 지배구조, 인권, 노동관행, 환경, 공정거래, 소비자 이슈, 지역사회 참여 및 개발 등 7대 주제를 사회적 책임 이슈로 규정하고, 이에 대한 실행지침(Action Guideline)과 권고사항(Recommendation)을 담았다(정준금, 2020).

그 중 지역경제와 관련 ESG 사항은 인권 측면에서 경제적·사회적 및 문화적 권리, 근로의 근본원칙과 권리, 노동관행 측면에서 고용과 고용관계, 근로 조건과 사회적 보호, 사회적 대화, 근로 보건과 안전, 직장 내 인적 개발과 훈련, 공정 운영 관행 측면에서 반부패, 공정 경쟁, 가치사슬 내 사회적 책임 촉진, 재산권 존중, 소비자 이슈 측면에서는 공정 마케팅 사실적이고 치우치지 않은 정보와 공정 계약 관행, 소비자의 보건과 안전 보호, 지속가능소비, 소비자 데이터 보호와 프라이버시 필수서비스에 대한 접근, 교육과 인식, 지역사회 참여와 발전 측면에서 고용창출과 기능개발, 기술개발과 접근성, 부와 소득 창출, 사회적 투자 등이 있다. 이러한 지역경제와 관련 있는 핵심주제별 쟁점들은 주로 ① 상품의 교환·분배·소비 등 경제활동 측면, ② 지역개발 촉진의 내용적 측면, ③ 지역주민의 삶을 윤택하게 하는 목적적 측면과 결부된다.

표 10-1 ISO 26000 기반 지방자치단체의 사회적 책임 세부내용과 ESG

핵심주제	쟁점	지방자치단체의 사회적 책임	ESG/ 지역경제 관련성
조직 거버넌스		사회적 책임 관련 조례 제정, 기관장의 주요 정책 방향 또는 주요 공약에 사회적 책임 포함, 고위직 여성비율 제고, 내부구성원 및 주민들과의 의사소통 채널 구축 및 소통활동 강화	거버넌스(G) 측면
인권	실사	전반적 인권정책 방향과 내용 규정 인권조례 제정	사회(S) 인권과 기본권
	인권 위험상황	독립적 인권영향평가 실시, 인권에 부정적 영향 미치는 정책 취소화 조치 마련	
	공모회피	내민접촉 담당직원들의 인권침해 가능성 최소화 노력, 인권침해 시 독립적이고 공정한 조사 시행 보조금 지급 대상 선정 시 단체 인권관리 노력 여부 반영, 계약체결 시 해당 단체(기업) 인권 침해 여부 반영, 인권선언, 반사회적 활동 수행 단체와 관계 단절	
	고충처리	합리적이고 투명한 민원처리 방식 구축, 직원 고충처리 제도의 독립성, 투명성, 공정성	

	차별과 취약그룹	'차별금지 조례' 제정 등 차별금지의 법적·제도적 장치 구축, 차별 여부 파악을 위한 객관적이고 독립된 조사 및 정책반영 시스템 구축, 여성·장애인·아동·다문화가정(이주자), 소수인종, 노인, 난민 등 소수인권 존중 및 차별금지 정책 수립	
	시민권과 정치적 권리	주민들의 기본권 보장 위한 제도적 장치, 내부고발자 보호정책, 직원 징계절차의 민주성 및 징계사유 부당처벌 금지	
	경제적·사회적 및 문화적 권리	주민들의 경제적·사회적·문화적 권리 침해 여부(또는 향유 정도) 주기적으로 조사 및 결과 정책 반영, 지방자치단체 정책활동이 권리에 미치는 영향평가 및 정책 반영, 인간다운 생활 영위 필수불가결한 재화나 서비스의 공정한 공급, 공익서비스 요금 합리적인 결정, 평생학습 시스템 구축으로 교육받을 권리 보장	사회(S) 노동권, 지역주민의 삶 윤택 목적적 측면
	근로의 근본원칙과 권리	공무원 노조 결성, 활동 편의 제공 및 교섭권 보장, 인사관리의 공정성(차별 금지) 보장 법적·제도적 장치 구축, 사회적 약자(장애인, 여성, 청년, 고령근로자 등) 고용기회 확대	사회(S) 노동권, 교환과 분배
노동 관행	고용과 고용관계	임시직, 비정규직의 과도한 활용 제한, 근로자 차별 금지, 근로자 개인정보 및 프라이버시 보장, 용역계약, 조달업체 선정 기준에 고용관계에 대한 관점 포함	
	근로 조건과 사회적 보호	공무원 노조와 단체협약 체결로 노동조건에 대한 구속력 확보, 일과 가정 양립을 위한 정책 마련 근로시간 준수 및 주휴 및 연차휴가, 출산휴가 제공, 보육시설 마련, 초과근로 보상	사회(S) 노동권, 지역주민의 삶 윤택 목적적 측면
	사회적 대화	단결권, 단체교섭권 보장, 노조대표의 적법한 활동 보장 및 지원, 사회적 대화 기구 조성 및 참여	사회(S) 노동권, 교환과 분배
	근로에서의 보건과 안전	산업안전 및 보건정책 개발 유지, 직원들의 보건 및 안전 리스크 분석 및 통제, 안전장비 제공, 보건 안전 문제에 대한 기록과 조사, 임시직·비정규직·하청직 등에게 정규직과 동일한 안전 보건정책 적용, 안전·보건 훈련 시행	사회(S) 노동권, 지역주민의 삶 윤택 목적적 측면
	직장에서의 인적 개발과 훈련	직원 대상 교육훈련 프로그램, 퇴직자 교육	
환경	오염 방지	분야별 환경오염예방 정책 마련, 유해 독성물질 등 환경오염 정보 공개, 환경사고 예방 및 대비 프로그램 실행 및 비상사태 대비 계획 마련	환경(E) 측면
	지속가능한 자원 이용	지역 내 자원 사용량 측정 및 기록, 보고 체제 수립, 지속가능하고 재생가능한 자원 사용 확대, 재활용률 극대화 정책, 지속가능 조달 행정	

	기후변화 완화와 적응	온실가스 배출량 조사 및 저감 정책, 에너지 효율성 증대 정책 및 온실가스 저감 고려 에너지정책 수립, 에너지절약 정책, 기후변화 예측 피해최소화 대책 마련, 지역 내 기업 등 이해관계자의 기후변화 대응 역량 확대 방안 마련	
	환경보호, 생물다양성 및 자연서식지 복원	생물다양성 및 생태계에 대한 부정적 영향 최소화 대책 마련, 자연서식지, 습지, 산림 등 자연생태계 보전 종합 전략 수립, 멸종위기종 보호 정책, 환경영향평가 제도 철저한 활용, 야생동물 서식지 보호	
공정 운영 관행	반부패	부패방지 정책 수립 및 기관장의 의지 표명, 부패방지 실적에 따른 인센티브 지급, 부패방지 시스템 구축, 외부기관 부패방지 활동 장려 제도 도입	거버넌스(G) 측면
	책임있는 정치 참여	공무원의 정치적 중립성 교육, 공무원 정치적 중립성 보장 제도적 장치 마련	
	공정 경쟁	투명하고 공개적인 입찰제도 공정 경쟁 교육 실시, 반경쟁적 기업과 기관 보조금 지원 대상 또는 계약대상 제외	사회(S) 분배 측면 지역경제 활동
	가치사슬내 사회적 책임 촉진	조달/계약 기준 내 사회적 가치 기준 포함, 관내 기업과 조직 대상 사회적 책임 시행여부 실시/모니터링 및 사회적 책임 시행 체제 구축 지원, 사회적 책임 제고 교육 실시	사회(S) 분배 측면 지역경제 활동, 주민 삶 윤택 목적적 측면
	재산권 존중	주민 재산권 존중 및 공정한 보상, 기관의 재산권 행사 및 보호 시 사회적 가치 고려	사회(S) 분배, 주민 삶의 윤택 목적 측면, 지방세 세수기반 지방재정 측면
소비자 이슈	공정 마케팅 사실적이고 치우치지 않은 공정 계약 관행	공정하고 정확한 행정정보 제공 및 투명한 공개, 성·종교·인종 등 관련 차별적 홍보 금지, 주민 이해 가능 언어 홍보, 책임회피성 홍보, 일방적 홍보 지양	사회(S)/ 거버넌스(G) 생산, 소비 측면 지역경제 활동
	소비자의 보건과 안전 보호	주민 안전대책 수립, 소비자 안전 및 보건 관련 민원처리 정책 마련, 안전정보 투명하고 정확한 공개, 주민 안전 훈련 및 교육 실시	
	지속가능소비	주민 대상 지속가능소비 교육, 기업/단체가 지속가능 제품/서비스 제공 지원, 지속가능발전 기여 기업/기관 지원, 계약 등 우대, 지속가능소비 관련 정보 주민 지속 제공, 재화/서비스 지속가능성 평가결과 공개	

	소비자 서비스 지원 및 불만과 분쟁 해결	행정활동에 대한 민원해소 방안 마련, 행정행위로 인한 피해구제 절차/방법 마련, 소비자불만 해소 위한 신고, 처리 등 업무 수행	
	소비자 데이터 보호와 프라이버시	주민 정보보호 대책 수립, 공정하고 합법적인 정보수집 및 주민동의 없는 데이터 활용 금지, 개인 데이터 내용 확인/수정/삭제 청구권 보장, 주민정보 관리부서/책임자 공개, 전문가 확보	
	필수서비스 접근	구청 제공 필수서비스 이용권 보장, 주민부담 요금 책정 시 정확한 정보제공/투명성 확보, 필수서비스 제공 시 차별 금지	
	교육과 인식	소비자교육	
지역사회 참여와 발전	지역사회 참여	지역사회 관련 사업 시행 시 지역사회 대표 다양한 그룹 참여 보장, 참여자와 투명한 관계 유지	사회(S) 교환, 지역개발 촉진 등 활동/내용 측면
	교육과 문화	지방자치단체 주민대상 교육 ① 지역지식 촉진, ② 취약그룹 학습기회 촉진, ③ 문화활동 지원, 문화유산 보호 및 지역사회 전통지식/기술 활용	사회(S) 측면
	고용창출과 기능 개발	지역사회 고용창출 정책, 지방자치단체/국가 기능개발 프로그램 확대, 민간 고용창출 활동 지원정책	사회(S) 생산, 교환, 분배, 소비 등 지역경제 활동 측면, 지역개발 추진 내용 측면, 부가가치/GRDP 및 일자리 창출 등 결과 측면
	기술개발과 접근성	지역사회 특성 반영 기술개발 사업 혹은 기술개발 지원사업 시행, 관내 대학 또는 연구기관과 협력 기술개발/지역주민 고용 확대, 지역 내 기술이전 확산 정책 마련	
	부와 소득 창출	조달, 계약 및 공사발주에 있어 지역기업 우대 정책, 지역경제 활성화 정책, 사회적기업, 협동조합 등 취약조직 지원 정책, 지역시장(전통시장) 등 지원, 관내 중소기업, 소상공인, 자영업자, 상공회의소 등 사업자단체 지원	
	보건	행정활동이 지역주민 보건에 미치는 영향 파악, 질병예방, 영양관리, 의료서비스 및 위생 향상 프로그램 지역주민 운동능력 향상 프로그램	사회(S) 측면
	사회적 투자	지역 내 기업, 시민단체 등과 파트너십 통한 사회투자 활동 전개, 특히 취약계층 사회적 투자 강화	사회(S) 분배활동

출처: 정준금(2020).

2 사회(S) 부문 사례: 거창 승강기 밸리

사회 부문을 고려한 지역경제 정책으로 주목을 받고 있는 지방자치단체는 경남 거창군으로 알려져 있다(고광용 · 이아람, 2022). 거창 승강기밸리5)는 거창군민 · 거창군청 · 중소기업 주도 산학연관 지향형 모델로 승강기 제조업을 기반산업화하는 데 성공한 사례다. 지난 2005년 노동부 전국기능대 정비계획에 따라 거창기능대(한국폴리텍대Ⅶ 거창캠퍼스)가 폐교 위기에 놓이자, 거창군민들이 거창기능대를 어떻게든 지키고자 하는 열망에 시민대책위를 구성하고 서명운동을 벌인 끝에 한국승강기대학을 특성화 설립하고 거창군에 승강기 산업을 유치하게 되었다. 노동부로부터 거창군이 거창기능대를 무상 양수 · 양도받아 한국승강기안전공단과 함께 한국승강기대학을 설립하고, 한국승강기안전공단의 부설기관인 승강안전기술원을 거창으로 이전 유치했다.

거창 승강기모델의 핵심적 특징은 중소기업 주도 성장 모델이라는 점이다. 경상남도와 거창군은 전국 최초로 승강기 밸리(산업) 지원 조례를 제정해 분양가 90% 입지보조금 및 금융 지원, 시제품제작비 · 승강기안전인증비용 지원, 직원사택 월세 지원 등 파격적 지원을 약속하며 중소 승강기기업들을 유치했다. 2021년 기준, 37개 중소기업 유치, 7백여 개 일자리 창출, 연매출 2천억 원 달성 등을 거두었다. 또한 산(승강기밸리기업) · 학(한국승강기대학) · 연(승강기안전기술원 승강기 R&D센터) · 관(경남도 · 거창군) 승강기산업 클러스터를 구축하고 있다.

여기서 거창 승강기 밸리가 사회 부문 고려 지역경제 정책으로 ESG 성공사례로 주목 받는 이유는 거창군과 거창군민이 합심하여 거창이 가진 중요한 공공시설이자 앵커기관인 거창기능대를 존속뿐만 아니라 지역경제 성장의 주요 수단이자 승강기산업의 핵심인력을 키워내는 한국승강기대학으로 거듭나게 했다는 점이다. 지방자치단체와 지역시민사회가 네트워크를 통해 지역의 문제를 지역경제 측면에서 풀어낸 점이다. 더불어 산학연관의 승강기 산업클러스터를 만들어내어 지역 내 기업 간 연계와 지방자치단체 간 정책적 협업 바탕 지역의 최대 부가가치 창출 및 GRDP에 기여하는 산업 육성,6) 사회적 투자 및 지역 내 양질의 일자리 제공 및 군민 우선 고용 등 지역

5) 오마이뉴스, "지역소멸 대응, 거창군의 승강기밸리 주목하라", 2021년 8월 17일자. 저자가 직접 작성 기사로 관련 부분 요약 정리.

사회 재투자 사업을 할 수 있는 원동력과 시스템을 만들었다는 점에 의미가 높다. 이는 고스란히 지방세수 확충과 지방재정 뒷받침으로 이어져 지방자치단체가 지역산업과 지역주민에 환원하는 지역경제 및 분배정책을 쓸 수 있는 재정적 원동력이 되는 선순환 구조를 가져온 것이다.

제4절 거버넌스(G) 관점의 정책과 사례

1 지역경제의 거버넌스 요인

지역경제에 있어 ESG 중 거버넌스 요인은 상당히 중요하다. 지방자치단체가 지역경제 정책을 수립하고 집행함에 있어 거버넌스 설계 및 운영을 어떻게 함에 따라 성패가 달라지게 되어 있다. 지방자치단체가 조례를 통해 지역기업들의 ESG 활동을 촉진하면서 지역경제에 사회적 책임을 부여함과 동시에 동반성장을 도모하게 하는 것은 기본적인 제도적 질서를 만들어내는 것이다. 또한 지방자치단체와 지역기업 간 지역개발 및 지역경제 성장을 위한 각종 관급공사, 조달 및 입찰 과정에서 발생될 우려가 있는 반부패 및 처벌, 감사기구 운영, 회계보고 투명성 제고 및 정보공개 등은 중요한 지표가 될 것이다. 지역의 전통적인 토착지배세력이 지방자치단체 간 유착을 통해 지역경제 성장의 과실을 독점적으로 나눠 먹는 구조를 차단하는 것은 지속가능한 지역경제 성장을 위한 ESG 구현에 있어 거버넌스 구축이 중요하다는 것을 여실히 보여준다.

ISO 26000에서도 지역경제의 거버넌스(G) 요인 측면에서 지방자치단체의 사회적 책임에 대해 사회적 책임 관련 조례 제정, 기관장의 주요 정책 방향 또는 주요 공약에 있어 사회적 책임 포함 및 주민들과의 의사소통 채널 구축 등 조직 거버넌스를 강조하고 있다. 또한 공정 운영 관행 측면에서, 반부패, 공정 경쟁, 관내 기업과 조직 대

6) 기존 거창군에서 최대 산업은 농업으로 1천억 원 미만의 부가가치를 보였으나 승강기 산업을 육성하여 37개 중소기업을 유치해 2천억 원 이상의 부가가치 및 7백여 명 이상의 일자리를 창출해 내어 지역 내 최대 규모 산업을 도출해내어 지역경제 성장의 게임체인저로써 작용함.

상 사회적 책임 시행에 관한 모니터링 및 시행체제 구축 지원을 요구하고 있다. 마지막으로 지역사회 참여와 발전 측면에서도 지역 내 기업 및 시민단체 등과 파트너스 구축에 대한 인센티브 제공에 방점을 찍고 있다. 이러한 다양한 측면에서 지역경제의 ESG 구현을 위한 혁신적 행정관리 방식이 요구하는 것이다.

2 거버넌스(G) 부문 사례: 전북 고창군 ESG 대상

거버넌스 부문을 고려한 정책으로 주목을 받고 있는 지방자치단체는 전북특별자치도 고창군으로 알려져 있다. 고창군과 심덕섭 고창군수는 지난 2023년 12월 26일, 한국ESG학회 주최 '2023 한국 ESG 대상'에서 지자체 부문 대상을 수상했다(뉴스1, 2023.12.26). 심덕섭 군수는 '친환경 ESG 기업유치'를 핵심공약이자 목표로 제시한 바 있으며, 전북 최초로 '삼성전자 최첨단 물류센터(스마트 허브단지)' 유치에 성공한 바 있다.

고창군은 지난 2023년 8월 1일, 「고창군 기업 ESG 경영 확산 및 지원 조례(이하

출처: 메트로(2023.12.27).

그림 10-2 2023 한국 ESG 대상 지방지치단체 부문 고창군 대상 수상

고창군 ESG 조례)」를 제정하여 운영하고 있다. 고창군은 조례의 목적으로 '고창군 내 기업의 ESG 경영 지원에 필요한 사항을 규정함으로써 기업의 경쟁력 강화와 지속가능한 발전에 이바지'로 삼았다. 또한 고창군 ESG 조례는 ① 군수의 책무(제3조), ② ESG 추진계획수립・시행(제5조), ③ ESG 경영 지원사업(제6조), ④ ESG 경영 협력체계 구축(제7조), ⑤ 포상(제8조) 등을 규정하고 있다. 고창군의 ESG 경영 확산을 위해 기업인 ESG 경영 홍보/교육, ESG 경영평가 등급 진단 및 컨설팅 비용 지원 등 지원사업 추진을 명시했을 뿐만 아니라, ESG 구현을 위한 거버넌스 체제 구축을 위해 정부, 전북특별자치도, 국내・외 기업, 기업협의체, 연구기관, 관련 단체 및 기관 등 협력체계 구축에 관한 사항을 고창군 ESG 조례 제7조에 명시하고 있다. 또한 ESG 구현을 위한 인센티브 제공 측면에서 제6조에 ESG 컨설팅 비용 지원, 제8조에 ESG 경영 확산/지원 공로자에 대한 포상 규정을 두고 있다.

구체적으로 고창군은 지역경제 측면의 ESG 구현을 위해 거버넌스 측면에 다음 여섯 가지 정책과 사업을 추진하고 있다.[7] 첫째, 허가팀 신설 및 규제개혁 원스톱 서비스 제도 도입이다. 허가팀 조직의 신설을 통한 인・허가 업무의 원스톱 서비스 제공으로 군민과 지역기업들의 민원과 각종 애로사항 중 가장 큰 요소인 인・허가에 따른 비용과 시간을 대폭 낮춰주었다.

둘째, 규제개혁 신고 및 규제혁신 관련 제도 운용이다. 쉽고 빠른 규제개혁신고센터 창구 개설(대외협력팀 담당) 및 홈페이지 원클릭 배너 운영으로 보다 쉽게 규제개혁 관련 민원을 제기할 수 있게 했다. 또한 1기업-1공무원 전담제 운영으로 기업의 애로사항 추진 해소 및 매월 규제혁신의 날을 지정 운영하고 있다. 규제혁신 운영・우수사례에 대한 상시적 벤치마킹으로 군정 전반에 있어 불합리한 규제 개선에 노력하고 있다.

셋째, 지역발전을 위한 주민참여예산제도 운영 및 군민정책 아이디어 공모전을 개최하고 있다. 지역경제 성장을 뒷받침 하는 정책입안 및 예산 마련을 위해 주민참여예산제도를 통해 주민참여예산위원을 4개분과 60명을 운용해 2023년 기준 26개 사업 약 11억 원(1,081백만 원) 상당의 주민참여예산을 반영했다. 또한 군민참여 정책아이디어 공모전을 총 7차례 실시하였으며, 군민 부분과 공무원 부분을 나누어 실시,

7) 고창군 내부자료(2023). '고창군 ESG 대상 신청을 위한 고창군 ESG 활동 현황.'

공직사회 내부뿐만 아니라 일반군민의 참여를 적극 유도하는 정책을 펴고 있다.

넷째, 청년주도 지역의 창업 및 지역경제 활동 활성화를 위해 청년정책협의체를 설립 및 지원하고 있다. 청년정책협의체는 30명의 위원으로 구성해 다양한 사업을 전개하고 있다. 지역경제 측면에서 (구)캐릭터숍의 리모델링 후 '청년 1번가'를 개소해 지역 청년의 생산품의 판로개척 및 판매 지원 장소로 활용하고 있다. 아울러 '청년벤처스'와 컨소시엄을 구성 '시고르자브지'라는 청년매거진을 온·오프라인으로 발행해 고창청년의 창업 및 제품개발 성공모델을 제시하고 고창청년이 생산한 제품을 소개하는 사업을 하고 있다. 인구감소와 외부 청년유출이 심각한 고창에서 청년 주도의 제품개발 및 창업 생태계 조성을 지원하는 지방자치단체의 역할이 돋보인다.

다섯째, 반부패 청렴한 공직문화 조성으로 청정고창 실현이다. 반부패·청렴 소통마당을 운영 MZ세대, 인·허가 관련, 재·세정담당공무원 간 소통·공감데이트를 운영 중이다. 부정청탁·갑질신고센터를 운영하고 1부서 1청렴시책을 추진하고 있다. 청렴 군정을 위한 관내 기업 및 경제 현장을 포함한 부패취약 분야 발굴 및 개선방안을 수립 및 추진하고 있다. 자가학습 및 진문강사 초빙 직장교육, 사이버교육 의무이수 등으로 반부패 청렴교육을 정기적이고 의무적으로 수행하고 있다.

여섯째, 청렴한 공직사회 및 사회적 약자 고용 등 ESG 인권 경영이다. 공무원 비위발생 예방을 위한 '연대책임제'를 시행하고, 인사청탁 공무원 기록관리를 통해 불이익 조치 시스템을 만들었다. 공공부문 장애인 의무고용비율 준수, 저소득층, 보훈대상자 등 사회적 약자 우대 채용 시스템을 마련하고 있다. 군민과 공무원 대상 인권영화 상영 및 교육 등 온누리 인권사업을 추진하고 있다. 사회적 고용 및 인권 증진 등 ESG 가운데 사회(S) 측면의 구현을 위한 제도 및 시스템의 구축 및 집행이라는 점에서 고창군의 ESG 실현을 위한 거버넌스(G)로 이해하면 되겠다.

제5절 결론

1 소결

지역격차의 심화와 지방소멸의 심화 속에 지방자치단체와 지방자치단체장 입장에서 전통적 사회복지비 투자 외에 보다 적극적으로 지역에 가진 차별화된 자원을 바탕으로 다양하고 창의적인 지역경제 전략 및 정책의 수립 및 집행에 더 집중할 것으로 보인다. 무엇보다 지역경제 회복 및 지방소멸 극복 과정에서 지역 내 지방자치단체 및 일반기업, 사회적경제기업 등 다양한 경제주체에 대한 환경과 사회적 가치 구현 및 책임의 요구, 거버넌스 구조 설계 등 ESG 구현의 중요성은 훨씬 더 커질 것이다.

다음 〈표 10-2〉는 상기 논의를 통해 ESG의 세 가지 측면별 지역경제 요인을 정리한 표이다.

표 10-2 지역경제와 ESG의 만남

ESG 측면	지역경제 요인
환경(E)	• 기후변화 대응과 탄소중립의 친환경 에너지 생산을 지역경제 성장의 수단화(지역주민 참여 기반 에너지융복합사업을 통한 재생에너지 발전량 증대 및 한국전력거래를 통해 수익 창출, 발전사 · 주민 간 이익공유) • 「분산에너지 활성화 특별법」 제정(지역 중심의 전력에너지 공급과 수요 일치 및 지역별 전기요금 차등화)
사회(S)	• 지역시민사회의 지역사회발전 참여 및 기업의 사회공헌, 행정과 지역사회 간 관계(커뮤니티), 주민 고용과 인권, 노동권 • 지방자치단체의 지역기업에 대한 환경보전, 인권 및 노동권 신장 사회적 가치 추구 독려 • 공정한 조달과 계약, 재산권 존중 • 지속가능한 소비 구조 및 소비자 불만과 분쟁 해결 • 마을기업, 협동조합, 사회적기업 등 사회적경제기업 및 관내 영세 중소기업 및 소상공인 육성 및 지원 • 지역주민 우선고용 및 지역사회 재투자 및 이익환원
거버넌스(G)	• 지역경제주체 간 동반성장 및 ESG 구현을 법 · 조례, 제도 등 각종 제도적 설계 • 반부패 및 처벌, 감사기구 운영 • 회계보고 투명성 제고 및 정보공개 • 공무원 및 주민들과 정책/예산결정 시스템, 의사소통 채널 구축 • 공무원의 정치적 중립 및 인사청탁 금지, 부정부패 방지

지금까지 '지역경제와 ESG'를 주제로 지역경제 관점에서 ESG의 구현을 성공적으로 한 세 가지 지방자치단체의 사례를 소개하고 그 시사점을 제시해 보았다. 우선 환경(E) 측면에서 제주특별자치도의 '가시리마을 풍력자산화' 모델을 소개했다. 가시리마을 1,200여 명의 주민들은 0.7~1.5MW 수준의 풍력발전기 13기, 연간 약 3.4만 MWH의 전력생산이 가능한 가시리풍력단지를 유치했다. 계통한계가격과 재생에너지 발전 및 주민참여형 REC 가중치 등 전력판매수익으로 연 30억 원이 넘는 수익을 창출하여 주민들에게 일자리를 제공하고 있다. 제주에너지공사로부터 임대료 명목으로 연간 약 3억 원의 마을발전기금을 받고, 주민배당 및 각종 편의시설 및 관광자원 확충 등 지역사회에 이익을 재환원해 재생에너지 발전을 통한 탈탄소경제 방식의 부가가치 창출 및 지역경제 선순환 구조로 삼고 있다.

사회(S) 측면에서 경상남도 거창군의 '거창 승강기 밸리' 모델을 소개했다. 거창은 거창군과 거창군민의 협력적 네트워크를 통해 지역의 앵커기관이 대학을 지켜내 지역경제 성장의 핵심 수단으로 삼았다는 점, 그리고 지역문제를 지역경제 차원에서 풀어냈다는 점에서 큰 의미를 갖는다. 또한 산학연관의 승강기 산업클러스터를 구축, 지방자치단체와 기업 간 정책적 협업, 지역기업 간 협의체 구축 등으로 지역 내 최대 부가가치 창출 및 GRDP 기여 산업을 육성하고 주민에 양질의 일자리 제공 및 군민 우선 고용 등을 이루어내었다. 승강기기업들은 거창 관내·외 출신 노동자들을 위한 정주여건 개선 및 노동권 보장을 위한 투자를 아끼지 않고 있다.

거버넌스(G) 측면에서 전북특별자치도 고창군의 '2023 한국ESG대상 고창'을 소개했다. 고창군은 무엇보다 심덕섭 군수는 친환경 ESG 기업 유치를 핵심공약으로 제시하고, 취임 후 1년이 지난 2023년 8월, 「고창군 기업 ESG 경영 확산 및 지원 조례」 제정을 통해 제도적 질서를 만들었다. 구체적 활동으로써 고창군과 심덕섭 군수는 ① 규제개혁 및 규제혁신 제도 운영, ② 지역발전을 위한 주민참여예산제 운영 및 군민 정책 아이디어 공모전 등 지역주민 참여 적극 유도, ③ 청년주도 지역 창업 및 지역경제 활동 활성화, ④ 빈부패 청렴 공직문화 조성을 위한 각종 제도 마련 및 운영, ⑤ 청렴 공직사회 및 사회적 약자 고용 등 ESG 인권 경영 실천을 통해 한국ESG학회 매년 수여하는 지방자치단체부문 한국ESG대상을 수상했다.

2 정책 제언

지역경제 측면에서 ESG와의 관계 및 세 가지 ESG 측면별 지방자치단체의 지역경제 분야의 정책 및 활동의 성공사례를 살펴보았다. 이를 바탕으로 다음의 몇 가지로 정책적 제안을 하고자 한다.

첫째, 고창군과 같이 무엇보다 ESG 경영 확산 및 지원 관련 조례 제정을 통해 지방자치단체 차원에서 지역경제 측면 ESG 구현을 위한 제도적 질서 마련이 요구된다. 지방자치단체장이 ESG 행정을 실천하고 관내 기업의 ESG 경영을 확산하는 민선 지방자치단체를 이끌어감에 있어 가장 기본적이고 기초적인 작업이 될 것이다.

둘째, 환경 측면에서 제주도 가시리마을 사례처럼 글로벌 기후위기 대응 및 탄소제로 시대의 도래에 따라 재생에너지 발전사업과 수익창출을 지역경제 회복 및 성장의 핵심 수단으로 삼는 것이다. 특히 지방소멸이 심화되는 인구 5만 명 이하의 전형적 농어촌 인구감소 지역의 입장에서 거창과 같이 승강기산업이라는 제조업 기반을 만들어내기는 쉽지 않기에 지역경제 성장을 도모할 수 있는 것은 관광산업 외에 드넓은 토지와 태양, 바람, 물 등 자연이 주는 에너지를 활용한 재생에너지산업으로 진출하는 것이 가장 현명한 방법이 될 것이다.

셋째, 사회 측면에서 거창군과 같이 전형적인 농어촌지역에서 제조업 기반을 만들어 육성하기 위해서는 지역 내 산학연관 산업클러스터 구축이 반드시 필요하며, 지방자치단체와 기업, 지역시민사회 간 사회적 관계 구축 및 관내기업의 사회적 역할과 주민 우선 고용 등 사회적 가치의 실현이 지역경제 성장 도모할 수 있는 중요한 계기가 될 수 있다는 시사점이 있다. 그 과정에서 지방자치단체가 ESG 중 S(사회) 측면에서 주도적으로 산학연관의 클러스터 구축 및 지역 내 경제주체 간 협업적인 산업생태계를 조성하는 전략과 제도의 구축이 무엇보다 중요할 것이다.

전반적으로 지역경제에 있어서 ESG 구현을 위한 지방자치단체의 사회적 책임과 역할에 대해서는 ISO 26000에서 제시하는 일곱 가지 핵심주제와 36개 이슈별 구체적 요소들을 참고해 다양하게 적용되길 바란다. ESG 구현이 지역경제 성장의 걸림돌이 아닌 지역경제 주체들의 동반성장과 지방소멸 극복의 대안으로 이어질 수 있기를 바란다.

참고문헌

고광용・이아람(2022). 지역시민사회 거버넌스 주도 지역경제회복 사례 분석 및 전략 개발 연구. 『NGO연구』, 17(2).

고창군 기업 ESG 경영 확산 및 지원 조례(전북특별자치도 고창군 조례 제2725호, 2023.8.1, 제정).

고창군 내부자료(2023). 한국 ESG 대상 신정을 위한 고창군 ESG 활동 현황.

송기섭(2015). 지역경제의 중요성과 지자체의 역할. 진전자치신문 특별기고.

양세훈・김현정・김성균・고광용・마희정・지선진・김연・안수지・박금옥・박연숙・박명분(2023). 『(11개의 키워드로 알아보는) 지방정부 ESG』, 파주: 아담북스.

양준호・박창규・송지현・현영애・이점순・이상헌・고광용(2023). 대안으로서의 지역순환경제. 『로컬퍼스트』.

정준금(2020). ISO 26000을 기반으로 한 지방자치단체의 사회적 책임 이행수준 분석: 울산광역시 남구를 중심으로. 『지방자치단체연구』, 23(4).

KPS 전력거래소, RE100 이해지원 및 신재생에너지 보급・사용 확대를 위한 新전기신사업 제도 소개.

메트로(2023.12.27).

오마이뉴스(2021.8.17). “지역소멸 대응, 거창군의 승강기밸리 주목하라.”

전기신문(2020.11.23). “에너지갈등 풀어낸 제주 가시리 풍력발전단지를 가다.”

전자신문(2023.8.23). LG이노텍, SK E&S와 재생에너지 구매 계약… “2030년 RE100 달성.”

CHAPTER 11

도시계획과 ESG

김성균

제1절 서론

1 도시계획과 우리의 일상

최근 ESG는 학계를 비롯하여 기업의 유행어가 되었다. 그 유행은 다시 공공기관으로 이어진다. 이 글을 작성하면서 그냥 유행으로 사용되지 않기를 바라며 글을 쓴다. ESG와 관련된 유사한 개념은 수 없이 등장했다. ESSD, SDGs, CSR 등 ESG와 유사한 단어가 사회 곳곳에서 사용되고 있다. 그 어떤 단어보다 ESG가 중요한 이유는 무엇일까, ESG를 유머로 표현하면 이대로(E) 살면(S) 곤란해(G)라고 할 수 있을까?

생태위기, 기후위기 등 인류의 생존을 좌지우지하는 위기의 시대를 가름하는 것이 무엇일까? 이런 질문은 모든 부분이 해당될 것이다. 그럼에도 불구하고 그 중에 가장 중요한 것은 우리의 삶터의 백년계획을 세우는 중앙정부의 법정계획인 도시계획이다. 도시계획이 삶터를 이루고 사는 모든 이들이 정주체계부터 사회문화적 인프라와 관련되어 있음에도 불구하고 일반인이 접근하기에는 아주 거리가 먼 이야기일 수 있다. 그만큼 지방정부에서 관리・감독하는 다양한 사업 중에 도시계획이 차지하는 비중은 매우 크다. 도시계획은 중앙정부에서 계획한 국토종합계획과 광역단위의 계획과 연동하여 계획되고 시행하게 된다. 내 집 앞에 도로 하나 설치하는 것이 지방정부에서 그냥 시행하는 것처럼 쉽게 보일지 모르지만 국가와 광역과 기초자치단체에서 마련된 계획을 가지고 시행되는 것이 도시계획이다.

2 지속가능성을 수용한 도시계획

지금처럼 지속가능성을 담보할 수 없는 시대에 도시계획을 어떻게 니사인하여야 할 것인가 하는 것이 매우 중요한 의제가 되었다. 도시계획을 만들어 가는 과정에 ESG를 어떻게 녹여낼 것인가 하는 문제는 이제 선택의 문제가 아니라 필수가 되었다. ESG 이전에 이러한 흐름은 이미 있었다.

2005년에 푸른경기21(현 지속가능한발전협의회)은 경기도 31개 시군의 도시계획 조례 및 그 운영에 관한 모니터링을 한 바 있다. 모니터링 내용은 도시계획운영과정에서 주민과의 거버넌스 정도를 묻는 모니터링이었다. 주민의견청취 운영방식, 공청회공고방식, 공청회 진행 단계, 공청회 운영방식, 도시계획위원회 의사결정 여부, 도시계획위원회 의안 내용 등에 대한 모니터링이었다. 이러한 모니터링을 한 이유는 물리적인 도시계획을 운영하는 사회적 관계를 어떻게 만들어가는지에 대한 여부에 대한 것이었다. ESG 관점에서 보면 G에 해당하는 거버넌스에 대한 모니터링이었다. 이러한 모니터링보다 더 중요한 것은 도시계획조례의 목적에 대한 것이었다.

도시계획을 사회문화적으로 해석하기 시작한 것은 2003년부터이다. 1992년 리우회의에서 등장한 환경적으로 건전하고 지속가능한 발전(Environmental Sound Sustainable Development: ESSD)이 지구적으로 논의가 깊어지면서 한국에서 이 개념을 수용하기 시작했다. 제도적으로 수용한 것이 2003년 1월이었다. 당시 건설교통부는 「국토의 계획 및 이용에 관한 법률」에 환경 친화적이고 지속가능한 도시관리가 되도록 도시문제에 대한 개선책을 강구하는 방안의 일환으로 도시계획에 ESSD 개념이 적용되었다. 지방정부에서 시행하는 「도시계획조례」의 상위법인 「국토의 계획 및 이용에 관한 법률」에 ESSD가 적용되면서 그 해 6월까지 지방정부도 이 개념을 적용하여야 했다. 대부분의 지방정부의 도시계획조례의 목적으로 다룬 제1조는 "이 조례는 「국토의 계획 및 이용에 관한 법률」, 같은 법 시행령, 같은 법 시행규칙 및 관계 법령에서 조례로 정하도록 한 사항과 그 시행에 필요한 사항을 규정함을 목적으로 한다"로 정하고 있으며, 제2조 도시계획 및 관리의 기본방향은 환경적으로 건전하고 지속가능한 발전을 이루는 것을 원칙으로 정해놓고 있다.

제3조(국토 이용 및 관리의 기본원칙) 국토는 자연환경의 보전과 자원의 효율적 활용을 통하여 환경적으로 건전하고 지속가능한 발전을 이루기 위하여 다음 각 호의 목적을 이룰 수 있도록 이용되고 관리되어야 한다.

1. 국민생활과 경제활동에 필요한 토지 및 각종 시설물의 효율적 이용과 원활한 공급
2. 자연환경 및 경관의 보전과 훼손된 자연환경 및 경관의 개선 및 복원
3. 교통 · 수자원 · 에너지 등 국민생활에 필요한 각종 기초 서비스 제공
4. 주거 등 생활환경 개선을 통한 국민의 삶의 질 향상
5. 지역의 정체성과 문화유산의 보전
6. 지역 간 협력 및 균형발전을 통한 공동번영의 추구
7. 지역경제의 발전과 지역 및 지역 내 적절한 기능 배분을 통한 사회적 비용의 최소화
8. 기후변화에 대한 대응 및 풍수해 저감을 통한 국민의 생명과 재산의 보호
9. 저출산 · 인구의 고령화에 따른 대응과 새로운 기술변화를 적용한 최적의 생활환경 제공

제4조(국가계획, 광역도시계획 및 도시 · 군계획의 관계 등) ① 도시 · 군계획은 특별시 · 광역시 · 특별자치시 · 특별자치도 · 시 또는 군의 관할 구역에서 수립되는 다른 법률에 따른 토지의 이용 · 개발 및 보전에 관한 계획의 기본이 된다.

② 광역도시계획 및 도시 · 군계획은 국가계획에 부합되어야 하며, 광역도시계획 또는 도시 · 군계획의 내용이 국가계획의 내용과 다를 때에는 국가계획의 내용이 우선한다. 이 경우 국가계획을 수립하려는 중앙행정기관의 장은 미리 지방자치단체의 장의 의견을 듣고 충분히 협의하여야 한다.

제19조(도시 · 군기본계획의 내용) ① 도시 · 군기본계획에는 다음 각 호의 사항에 대한 정책 방향이 포함되어야 한다. 〈개정 2011.4.14, 2018.6.12〉

1. 지역적 특성 및 계획의 방향 · 목표에 관한 사항
2. 공간구조, 생활권의 설정 및 인구의 배분에 관한 사항
3. 토지의 이용 및 개발에 관한 사항
4. 토지의 용도별 수요 및 공급에 관한 사항

5. 환경의 보전 및 관리에 관한 사항
6. 기반시설에 관한 사항
7. 공원·녹지에 관한 사항
8. 경관에 관한 사항
8의2. 기후변화 대응 및 에너지절약에 관한 사항
8의3. 방재·방범 등 안전에 관한 사항
9. 제2호부터 제8호까지, 제8호의2 및 제8호의3에 규정된 사항의 단계별 추진에 관한 사항
10. 그 밖에 대통령령으로 정하는 사항

3 도시계획과 ESG

기초자치단체에서 계획하는 도시기본계획은 상위법인 「국토의 계획 및 이용에 관한 법률」에 근거하여 운영되는 제도이다. 「국토의 계획 및 이용에 관한 법률」은 국토의 이용·개발과 보전을 위한 계획의 수립 및 집행 등에 필요한 사항을 정하여 공공복리를 증진시키고 국민의 삶의 질을 향상시키는 것을 목적으로 하고 있으며, 도시기본계획은 특별시·광역시·특별자치시·특별자치도·시 또는 군의 관할 구역에 대하여 기본적인 공간구조와 장기발전 방향을 제시하는 종합계획으로서 도시·군관리계획 수립의 지침이 되는 계획으로 정의하고 있다. 그뿐 아니라 제3조에서는 자연환경의 보전과 자원의 효율적 활용을 통하여 환경적으로 건전하고 지속가능한 발전을 이루기 위하여 9개의 조항이 이루어 질 수 있도록 이용되고 관리되어야 하는 것으로 정하고 있다. 그에 이어 제4조에서는 국가계획, 광역도시계획 및 도시·군계획과의 관계를 정하고 있다. 광역자치단체와 기초자치단체에서 진행되는 도시계획은 국가계획에 부합되어야 한다고 정하고 있다. 제19조는 기초자치단체에서 집행할 도시기본계획 내용은 10개 방향에 맞추어 진행하도록 되어 있다.

우리가 일상생활의 모든 계획은 국토계획의 기본적 틀에 맞추어 광역계획과 기초자치단체에서 마련한 계획으로 이루어지도록 되어 있다. 기초자치단체의 도시계획의 제도를 다루는 도시계획조례는 ESSD의 개념을 적용하고 있으나, 「국토의 계획 및 이용에 관한 법률」은 국토의 이용·개발과 보전을 위한 계획의 수립 및 집행 등에 필요

한 사항을 정하여 공공복리를 증진시키고 국민의 삶의 질을 향상시키는 것을 목적으로 하고 있어 ESSD 개념이 명시되어 있는 것은 아니다. 상위계획에 ESSD 개념이 명시되어 있지 않은 상황에서 최근에 등장한 시대정신이라고 할 수 있는 ESG 개념 적용은 쉬운 것은 아니다. 그럼에도 불구하고 ESG에 대한 논의는 도시계획 분야에서 적용하려는 도전이 곳곳에서 논의된 바 있다.

[사례] 수원시 도시계획 조례

제1조(목적) 이 조례는 「국토의 계획 및 이용에 관한 법률」, 같은 법 시행령, 같은 법 시행규칙 및 관계 법령에서 조례로 정하도록 한 사항과 그 시행에 필요한 사항을 규정함을 목적으로 한다.

제2조(도시계획 및 관리의 기본방향) 수원시(이하 "시"라 한다)의 도시계획 및 관리는 「국토의 계획 및 이용에 관한 법률」(이하 "법"이라 한다) 제3조의 기본원칙을 바탕으로 자연환경의 보전과 자원의 효율적 활용을 통하여 환경적으로 건전하고 지속가능한 발전을 이루는 것을 기본방향으로 한다.

국토의 계획 및 이용에 관한 법률(약칭: 국토계획법)

제1조(목적) 이 법은 국토의 이용·개발과 보전을 위한 계획의 수립 및 집행 등에 필요한 사항을 정하여 공공복리를 증진시키고 국민의 삶의 질을 향상시키는 것을 목적으로 한다.

서울시 구로구는 2022년 『ESG 개념을 접목한 구로구 도시계획 이슈와 과제』라는 제목의 리포트를 발표하였다. 이 보고서는 탄소중립 및 사회적 가치창출 등 지속가능한 도시를 모색하고자 하는 사회적 분위기에 부응하기 위해 ESG 개념이 도시계획에 적용되어야 할 것을 주장하였다. 이 보고서는 구로구의 과밀지역과 인구감소, 고령사회, 상호문화, 기후변화와 탄소중립, 도시열섬현상과 에너지빈곤가구, 기반시설 재배치와 녹색건축, 균형발전과 주택공급을 중심으로 데이터를 분석하고, 그 데이터를 기본으로 ESG를 접목한 구로구의 도시계획 과제를 제안했다. 이러한 분석은 구로구를 비롯한 기초자치단체가 활용성이 높고 신뢰성 있는 ESG 지표를 마련하고 도시계획 또는 도시정책에 ESG 지표를 적용하는 것이 필요하다고 보았다. 과천시는 도시공사가 ESG 종합계획을 마련하는 등 기초자치단체에서 도시정책 운영에 ESG의 적용을 위한 다각적인 노력을 하고 있는 상황이다. 외국의 경우는 ESG라는 개념을 사용하지 않더라도 이와 유사한 15분 도시에 대한 논의를 비롯하여 영국의 브리스톨은 「ONE CITY 2050」이라는 계획에서 ESG 개념과 유사한 지속가능한 발전전략 차원에서 도시정책을 마련하기도 하였다.

ESG를 도시계획에 적용하기에 앞서 도시계획에 논의가 필요하다. 사실 개론서로 읽은 도시계획론은 재미가 없다. 도시와 도시계획, 도시조사분석, 계획인구추정, 부문계획, 집행계획 등을 다룬다. 도시계획은 도시를 계획하는 것으로 정의한다. 도시는 많은 인구와 높은 인구밀도, 비농업적 생산활동, 정치, 경제 문화의 중심 기능을 하는 지역으로 정의되곤 한다. 계획은 보다 나은 내일을 위해 계획을 세우는 일을 의미한다. 법적으로는 공공복리의 증진과 국민의 삶의 질 향상이라는 거시적 목표로 규정되기도 한다. 도시계획은 기본적인 공간구조와 장기발전 방향을 제시하는 종합계획을 의미한다. 이렇듯 도시계획은 물리적 환경개선에 많은 무게 중심을 둔 듯한 느낌이다.

인문 사회적으로 보면 도시는 도시적인 것과 경제적인 것, 즉 정치라는 폴리티컬(political)과 경제를 의미하는 이코노믹(economic)의 합성어이다. 도시는 정치적인 요소와 경제적인 요소의 결합이라는 것이 고전사회학자 막스 베버(Max Weber)의 설명이다. 인문 사회적 관점에서 도시계획은 정치적인 면과 경제적인 면을 지속가능하게 만들어 가도록 계획하는 것이 진정한 도시계획이 아닌가 하는 생각이 든다. 우리가 지향해 왔던 경제는 거시경제와 자본주의적 입장이 반영된 경제체제였다면 이제는 환경적 요소를 반영한 경제체제를 구축하는 것이 시대정신이 된 것이다. 이러한 개념을 적용할 수 있는 것이 ESG 도시계획이라고 할 수 있다. 환경적 · 사회적 · 협치적 요소가 결합된 도시계획 정책을 구축하는 것이 진정한 공공의 복리 증진과 국민의 진정한 삶의 질을 향상시키는 것이라고 할 수 있다.

제2절 환경(E) 관점의 정책과 사례

1 도시계획의 환경 요인

생태위기 및 지구온난화 등이 일상으로 다가오면서 환경을 고려한 삶터의 디자인이 매우 중요한 지역사회의 의제가 되기 시작했다. 우리나라에서 처음 등장한 커뮤니티 중심의 마을계획은 2000년 홍성군 문당리에서 마련한 「21세기 문당리 발전 백년 계획」이었다.[1] 이 계획은 우리나라에 적잖은 파장을 불러왔다. 당시 홍성군 문당리에서 마련한 이 계획은 마을에서 주민이 중심이 되어 행정의 도움 없이 주민 스스로 마을계획을 만들었다는 점에서 매우 주목을 받을 사건이었다. 쌀농사를 기반으로 생활하고 있는 이곳은 환경농업과 퍼머컬처 원리를 최대한 적용하여 지역사회 디자인을 하는 것이었다.

이와 유사하게 잉글랜드 코크 지방의 킨세일에서는 2005년에 「킨세일 2021: 에너지 감축행동계획」을 킨세일대학의 학생이 중심이 되어 지역사회 차원의 환경계획을 만들기도 하였으며, 이에 이어 트랜지션 타운의 대명사로 불리는 잉글랜드의 토트네스에서는 2010년에 「Transition in Action」를 1년에 걸친 주민토론을 통하여 2030년 목표로 한 에너지감축행동계획을 만든다. 이렇듯 우리의 삶터에서 환경에 대한 고려는 매우 중요한 의제가 되었다. 한편에서는 도시정책 차원에서 저탄소 녹색도시에 대한 논의가 진행되기도 하였다. 우리나라에서는 세종시를 비롯한 평택소사벌지구, 검단신도시, 동탄신도시 등이 있으며, 해외에서는 아랍에미리트 마스다르, 영국의 베드제드 등이 있다. 저탄소 녹색도시는 ESG에서 언급한 환경 영역에 대한 의제와 깊은 관련이 있으며, 토지이용, 녹색교통, 신재생에너지, 에너지저감 건축, 자원저감 등 탄소저감을 위한 계획기법이 적용되는 도시정책이다.

이제 행정은 도시계획이나 도시정책 운영에 있어서 환경적 요소를 수용한 것이 매우 중요한 의제가 되었다. 이러한 요구에도 불구하고 현실적인 문제도 있다. 도시계획은 도시기본계획과 도시관리계획으로 구분되나 환경계획은 도시기본계획에 상응

1) 홍성농업환경마을(2000), 「21세기 문당리 발전 백년 계획」.

한 도시관리계획 차원의 환경계획이 마련되어 있지 않은 것이 현실이다. 앞서 언급했듯이 도시기본계획 조례 목적에는 ESSD의 개념인 "환경적으로 건전하고 지속가능한 발전"이 명시된 환경적 요소에 대한 중요성이 강조되고 있을 뿐 토지나 토지운영계획, 지구단위계획 등과 관련된 환경계획이 없는 한계가 있다. 기후문제에 대응한 도시정책을 위해 별도의 개별 계획을 마련하기도 하며, 중앙정부도 이와 관련된 『기후위기 대응을 위한 탄소중립·녹색성장 기본법』을 만들고 각 지방자치단체를 이 법안을 고려하여 도시정책을 운영하도록 하고 있다.

2 환경(E) 부문 사례: 세종시를 중심으로

세종시는 정부종합청사가 서울에서 이전하면서 만들어진 계획도시이다. 세종시는 변화하는 도시계획의 패러다임을 수용하기로 했다. 특히 기후변화에 따른 자원·환경위기를 극복하고, 저탄소 녹색도시 공간을 조성하기 위하여 저탄소 녹색도시계획 수립과 대규모 신규개발 사업의 환경보전에 입각한 도시 관리와 지속가능한 개발 추구를 주요 의제로 정했다.

세종시는 2022년 3월에 「세종특별 탄소중립·녹색성장 기본 조례안」을 제정했다. 세종시는 2050년까지 탄소중립 목표를 달성하고 기후위기로부터 세종시민을 보호하기 위해 마련한 제도였다. 이 제도는 상위법인 「기후위기 대응을 위한 탄소중립·녹색성장 기본법」에 근거를 둔 자치입법이지만 지방자치단체장의 의지와 역할이 매우 중요한 법안이기도 하다. 이 조례는 2050년까지 온실가스 배출량을 제로로 하는 탄소중립을 위한 노력을 다각적으로 진행할 것을 요구하고 있다.

저탄소 녹색도시를 위해 세종시는 5개 영역의 추진전략을 발표했다. 추진전략의 주요 내용은 ① 제로에너지도시 건설, ② 친환경 교통·인프라 확충, ③ 그린에너지 도입 및 확산, ④ 탄소배출 및 에너지수요관리 강화, ⑤ 시민참여 및 인식제고 등으로 정하였다. 2022년에는 「2050 탄소중립을 위한 세종특별자치시 기후변화 대응계획」을 발표했다. 이 보고서에는 "정의로운 기후변화 적응도시로의 전환"을 목표로 4개의 정책 방향과 11개의 핵심전략을 설정했다. 세종시는 평가결과 건강, 산림/생태계, 물, 농축산, 국토, 산업/에너지 분야에서 기후취약성이 나타나는 것으로 분석했고,

물과 건강 분야가 가장 리스크가 큰 것으로 분석했다. 세종시는 온실가스 감축을 위해 6개 부문, 59개 세부사업의 부분별 전략을 마련했다.

그 외에도 세종시 도시계획에는 확산하는 도시공간에 대한 환경의 보전과 관리차원에서 생태면적률 제도를 도입하기로 했다. 생태면적률은 도시공간의 생태적 기능 유지와 개선을 종합적으로 유도할 수 있는 공간계획 차원의 지표를 개발하고 활용하기 위해 마련한 제도이다. 생태면적률은 도시개발, 산업입지 및 산업단지 조성, 관광단지 개발, 특정지역 개발, 체육시설 설치, 폐기물 처리시설 및 분뇨처리시설 설치 등의 개발사업에 우선 적용하는 것을 원칙한 제도이다.[2)]

표 11-1 세종시 온실가스 감축을 위한 추진전략

구분	추진전략별 세부사업	
에너지	친환경 에너지원 다변화	수소연료전지발전소 조성 에너지저감형 그린산업단지 전환 도시가스 보급 확대
	재생에너지 보급 확대	신재생에너지 융복합지원사업 신재생에너지 보급 주택지원사업 신재생에너지 확대기반조성사업
	시민 주도 재생에너지 확대	세종절전소 확대 운영
건물	그린리모델링 가속화	공공건축물 그린리모델링 지원사업 취약계층 에너지복지 읍면 보안등 개량 목재펠릿보일러 보급 가정용 저녹스 보일러 보급 공공 주도 주거복지형 그린리모델링 사업 민간 주도 노후주택 그린리모델링 활성화 사업
	제로에너지 건축물(ZEB) 확대	신축 공공건물 ZEB 시행 및 건축물 에너지 관리시스템(BEMS) 설치 의무화 건물에너지 효율등급 인증 의무화
	스마트에너지관리 및 행태개선 강화	비산업부문 사업장 온실가스진단 컨설팅 탄소포인트제 가입가구 인센티브 지급 기후변화교육센터 운영 지원 시민참여형 탄소중립 실천과 스마트에너지 효율 강화

2) 세종특별자치시(2014: 185).『2030 세종도시계획』.

수송	친환경차량 보급 가속화	친환경자동차 보급목표치 달성을 위한 세부전략 수립 운행경유차 배출가스 저감 어린이통학차량 LPG차 전환 지원 전기자동차 구매 지원 수소연료전지차 사업 자동차 탄소포인트제 인센티브 지급
	통행량 수요관리 강화	자전거도로망 정비 환경보전운동전개 자전거 이용활성화 추진
농축산	저탄소 가축사육관리	조사료생산 기반 확충 양분관리제
	저탄소농사 확대	과수 친환경 해충방제 시범 환경보전형 맞춤형비료 친환경농업직불 친환경농산물 인증 지원 유기질비료 지원 농업 분야 에너지 절감시설 지원
	세종로컬푸드 활성화	로컬푸드 직매장 3호점 복합시설 건립 로컬푸드 직매장 4호점 복합시설 건립 바른 식생활 교육 지원
폐기물	탄소중립형 제로웨이스트 실천문화 확산	녹색제품 소비확산 지원 자원순환 교육 프로그램 운영 재활용 동네마당 설치 확대
	지역 기반 순환경제 모델 창출	일회용컵 보증금제 재활용품 무인회수기 설치·운영 재활용·업사이클센터 설치
	지역 내 폐기물 역량 강화	폐기물연료화시설 운영 생활폐기물종합처리시설 운영 친환경종합타운 조성사업 추진
공원녹지	탄소흡수원 확대	농촌 테마공원 조성 도시 바람길숲 조성사업 그린뉴딜 도시숲 조성 조림사업(국고보조) 조림사업(자체재원) 조치원 청춘공원 조성사업
	탄소흡수원 보전 및 관리	도시공원 시설 개선 가로수 관리 정책 숲가꾸기사업 합강습지 람사르습지 지정·등록 추진

출처: 세종특별자치시(2022: 44–45). 『2050 탄소중립을 위한 세종특별자치시 기후변화 대응계획 요약보고서』.

제3절 사회(S) 관점의 정책과 사례

1 도시계획의 사회 요인

도시계획 관점의 ESG 가운데 S분야는 물리적 관점에서 사회적 관점으로 확산하는 것이라고 할 수 있다. 도시계획에서 사회계획에 대한 논의는 당초에 포함하지 않는다. 그럼에도 불구하고 해당 도시의 지속가능성을 위한 관점에서 보면 사회적 지속가능성, 즉 ESG의 S분야에 해당하는 사회적 관점에 대한 이해는 매우 중요한 의미를 지닌다. ESSD가 등장하고 도시기본계획을 담아내는 지방자치단체의 조례에 환경적으로 지속가능한 발전을 주요 목적으로 정하면서 도시계획을 바라보는 관점이 변화하기 시작했다. 도시정책 운영과정에서 주민참여의 필요성과 제도화가 논의되기 시작했다.

그 과정에서 도시계획에 주민참여의 중요성이 강조되기 시작했다. 주민참여를 위한 사회적 디자인이 요구되었다. 당시 시민참여를 위한 시민자질의 한계, 참여비용의 한계, 시민대표성의 한계, 행정절차의 한계 등이 요구되면서 주민참여를 위한 사회적 정책 디자인이 제안되었다. 그 중에 공청회 및 시민의견 청취 방식의 개선, 도시계획에 관한 공고 및 공람의 개선, 보다 적극적인 주민참여의 방법 모색 등이 이슈화되기도 하였다. 제도적으로 전문가 파견제도, 공무원 지역담당제 등을 활용한 행정의 인력지원 운영방안을 비롯하여 지방의제와 연계한 시민지원사업, 지구단위계획 관련 시민제안에 대한 공공지원제 도입, 시민제안사업 지원을 위한 위탁운영 등 행정의 재정지원 방안이 제안되기도 하였다.

그 외에 시민협의체 결성을 위한 지원 프로그램 운영, 시민협정제도 운영, 전문공기업의 시민제안사업 코디네이터 기능 수행 등을 중심으로 한 시민공동체 자율활동 운영방안도 논의되었다. 도시계획 수립과정에서 물리적 계획도 중요하지만 사회적 계획을 통하여 보다 주민친화적이며 지속가능한 도시계획을 수립하는 것이 중요하다는 데 의견이 모아졌다.

2 사회(S) 부문 사례: 청주시를 중심으로[3)]

도시계획 수립과정에서 사회적 합의가 중요한 의제로 성숙되어갈 즈음 2000년 12월에 경제정의실천시민연합(이하 경실련), 대한국토도시계획학회, 중앙일보가 공동으로 주관한 지속가능도시평가에서 청주시가 대통령상을 받는다. 당시 청주시는 우리 시의 주인은 시민이라는 관점에서 주민참여정책을 도시계획과정에 담아내는 최초의 도시였으며, 단순한 주민참여가 아니라 도시계획과정에서 지역사회 및 지역사회 구성원과 함께 사회적 디자인을 했다는 점에서 큰 의미가 있다.

당시 청주시는 시민 중심의 열린행정을 도시비전으로 정한 상태였다. 그들이 정한 도시비전은 도시계획과정에서 사회적으로 녹여내기 시작했다. 그 이유는 간단했다. 청주시 주민 스스로 자신의 삶의 질을 위협하는 각종 사회적 문제를 규정하고 발견하여 해결하는 사회적 분위기를 만들기 위해서였다. 이러한 분위기는 적극적인 주민참여를 유도할 뿐만 아니라 행정 입장에서는 행정기능에 대한 주민의 이해와 협력을 도모할 수 있다고 보기 때문이었다. 그 외에도 주어진 현안이 주민 간의 첨예한 갈등과 분쟁이 될 수 있으므로, 이에 대한 조정기능도 갖출 수 있다고 판단했기 때문이다.

청주시 입장에서는 당시 「2021 청주도시기본계획 및 재정비 수립」이 매우 중요한 상황이었다. 과거와 달리 1973년 지정되어 28년 동안 개발제한구역으로 묶여 있던 곳이 사유재산권 침해라는 헌법 불일치 판결이 나면서 개발의 여지가 생겼다. 당시의 이러한 결정은 자연생태적 환경에 대한 가치와 개인의 사유재산의 가치가 충돌하는 지점이었다. 그뿐 아니라 도시계획 운영에 대한 지극히 제한적인 방식의 주민접근방식에서 보다 적극적인 열린 행정으로 주민과의 이해관계를 높이는 것이 중요하다고 했다. 개발구역해제에 따른 지속가능성과 사업진행과정에서 주민에게 접근하는 공고·공람 및 공청회 등의 제도적 한계를 벗어나 주민에 의한 도시계획을 만들어 갈 것을 목표로 삼았다.

당시 도시계획은 동시계획법제 개편으로 광역도시계획, 도시기본계획, 도시계획

---

3) 김동호(2005). 지방사지시내에 주민참여를 통한 계획수립 및 시행: 청주시도시기본계획수립 사례. 푸른경기21. 『경기도내 지자체의 도시정책 결정과정에서의 시민참여 방안 모색을 위한 정책세미나』, 15-25.

의 계획체제 확립이라는 체계를 따라야 했다. 청주시 당면 과제로는 개발제한 구역 전면해제에 따른 보전방안도 마련하여야 했다. 이러한 두 가지 사항을 잘 이행하기 위해서는 무엇보다 주민과 함께 만들어가는 사회적 디자인이 필요했다.

청주시는 청사진을 만들어 내는 계획이며 단기적이고 이해타산에 의해 좌우되는 계획에 머물 수 있다고 판단하고 입안과정부터 주민과 함께 할수 있는 방안을 고민하기 시작했다. 청주시는 「2021년 청주도시기본계획」은 우리나라 최초의 정책계획이자 전략계획으로서의 도시계획을 수립하며 이를 실천하기 위한 단계별 프로그램을 제시하여 실행력을 높이는 것을 첫 번째 목표로 정했다. 두 번째로는 친환경 이념과 실현에 목표를 두었다. 도시를 만들어 가는 과정에서 자연환경과 새로운 개발의 최소화를 목표하고, 개발제한구역 해제지역에 대한 친환경적 관리방안을 제시하고자 했다. 청주시 도시기본계획의 목표 중에 가장 큰 의미가 있는 목표는 입안의 전 과정에 주민과 함께하는 사회적 디자인이었다. 연구진에 시민단체를 포함시키고 주민과의 지속적인 대화와 설명회를 개최할 뿐 아니라 현장조사과정은 주민참여 의견을 제시할 것을 요구했다. 마지막으로 공표 단계에서는 평가회를 개최하여 주민과 주민, 주민과 행정 등 도시계획과 관련된 다수의 이해관계자가 갈등이 해소될 수 있는 환경을 만드는 것이었다.

청주시는 도시계획 입안과정에 초점을 두고 사업을 진행했다. 사회적 공정성을 대표적으로 수행할 수 있는 지역의 시민단체 그룹과 함께 계획을 수립하는 방법을 선택했다. 지역에는 청주경실련과 충북참여자치시민연대가 활동하고 있었는데, 이 두 단체가 중심역할을 하게 했다. 청주경실련은 도시성격에 대한 규정 및 비전제시, 도시기본계획 목표 설정 및 주민의견 조사를 담당했고, 충북참여자치시민연대는 주민공동체 조성의 성공사례 분석과 주민공동체 조성방안을 담당했다.

당시 청주경실련은 주어진 업무를 수행하기 위해 5회의 걸친 워크숍과 거리 설문

표 11-2 지역사회 시민단체의 협력적 업무 분장

청주경실련	충북참여자치시민연대
• 도시성격 규정 및 비전제시 • 도시기본계획 목표 설정 • 주민의견 조사 실시	• 주민공동체 조성 성공사례 분석 • 주민공동체 조성방안

조사 1회, 시민설문조사 2회를 진행했다. 충북참여자치시민연대는 2차에 걸친 간담회를 진행했다. 시민단체가 참여하여 주민의 의견을 수렴하는 방식 외에 13번에 걸친 전문가 워크숍을 진행했다. 워크숍은 연구자, 분야별 전문가, 관련 실무자가 참여하는 공개 토론 방식으로 진행했다. 13번에 걸친 워크숍은 2000년 11월부터 2001년 4월까지 진행되었다. 13번의 전문가 워크숍을 진행하면서 다룬 첫 번째 의제는 개발제한구역 해제에 따른 도시계획 수립 방향이었으며, 두 번째 의제는 정책계획의 추신방안과 주민민원에 대한 내용을 정리하는 것이었다.

도시계획 입안과정은 주민참여를 위한 방법을 고려했다. 공식적·비공식적 채널을 활용하여 주민참여를 유도했다. 도시계획 도면이 작성되면 주민에게 보여주는 것을 매우 꺼려할 수 있으나 청주시는 이를 공개했다. 입안과정에서 작성된 오천분의 일의 도시계획(안) 상세도면을 5개 읍면과 2개 동을 돌아다니며 공개설명을 하면서 현장에 참여한 주민의 의견을 담았다. 그 외에도 동네에 답사팀이 도착하면 주민이 동네를 안내하고 설명하면서 도시계획을 위한 이해의 과정을 만들어갔다. 단순하게 시민단체 또는 전문가와 함께 주민이 참여하여 도시계획을 만들어 가는 것도 중요했지만 청주시 주민 모두가 공감하고 이해할 수 있는 객관적 기준을 제시하고, 이를 근거로 의사결정하는 것이 매우 중요하다고 생각했다. 청주시는 이를 위해 객관적 기준에 의한 의사결정체계를 국내 최초로 도입하여 도시계획에 적용했다.

현장조사 시 작성된 오천분의 일 지도를 천분의 지도로 다시 제작하여 주민의 이해를 도왔을 뿐 아니라 용도지역 지정을 위한 객관화된 지표를 제시했다. 객관적인 지표는 지리정보시스템이 큰 역할을 했다. 주민과 논의하거나 합의하는 과정은 객관적 기준을 제시하며 논의를 진행하였고, 상황에 따라 유연하며 신속한 대응을 원칙으로 주민의 요구를 수용하고 이해관계를 확장했다. 그 결과 청주시 도시기본계획안이 확정하는 평가회에 주민 오백여 명이 참여하여 계획수립과정에 참여한 주민과 함께 격려하고 칭찬하는 자리가 만들어졌다. 평가회에 마을에서 만들어 온 음식을 나누고 축제 분위기로 평가회는 마감되었다. 청주시 도시기본계획안은 그린벨트 주민, 이장단, 각 동의 동대표가 충북대 기술연구소와 공동으로 평가회를 진행했다.

청주시 도시기본계획을 수립하는 과정은 처음으로 사회적 디자인을 고려한 계획수립과정이었다. 도시계획에는 부문계획인 토지이용계획, 교통계획, 기반시설계획, 공원 및 녹지계획, 경관계획과 집행계획인 용도지역지구제, 지구단위계획, 도시계획시

표 11-3 도시계획과정에서 참여의 사회적 디자인

<table>
<tr><th colspan="3">구분</th><th>주요 내용</th></tr>
<tr><td rowspan="3">〈1단계〉</td><td rowspan="3">의사결정과정의 투명성 확보</td><td>시민단체 참여 창구 마련</td><td>청주경실련과 충북참여자치시민연대의 과제 협력 진행</td></tr>
<tr><td>전문가 워크숍</td><td>13회 진행</td></tr>
<tr><td>주민과의 함께하는 입안과정 구축</td><td>시민의식조사
주민대표간담회
주민설명회</td></tr>
<tr><td rowspan="2">〈2단계〉</td><td rowspan="2">전문가 워크숍</td><td rowspan="2">연구자, 분야별 전문가, 관련 실무자가 참여한 공개 토론 13회 진행</td><td>개발제한구역 해제에 따른 도시계획수립</td></tr>
<tr><td>정책계획 추진방안과 주민민원사항</td></tr>
<tr><td rowspan="7">〈3단계〉</td><td rowspan="3">주민과 함께하는 입안</td><td>공식·비공식 채널을 통한 지속적 대화</td><td>시민의식조사</td></tr>
<tr><td>주민대표 간담회</td><td>개발제한구역 주민대표 간담회 15회
공람의견 중 쟁점사안에 대한 주민대표 간담회 10회</td></tr>
<tr><td>주민설명회</td><td>공개적 주민의견 수렴: 입안과정에서 작성된 도시계획(안) 상세도면(1/5,000) 지역별 순회 및 공개설명과 주민의견 수렴, 5개 읍면, 2개 동(430명 참여)</td></tr>
<tr><td rowspan="3">계획목표와 주민의견 절충</td><td>주민과 함께한 현장조사</td><td>50회 이상 실시
주민에 의한 답사팀 안내
주민입장에서 본 계획(안) 문제점 설명 및 요구사항 전달</td></tr>
<tr><td>주민자체안 제시유도</td><td>자연취락지구 지정 주민 자체안과 유원지 지정주민 자치안 제시 유도</td></tr>
<tr><td>공람의견 1차 처리 결과 통보</td><td>공람자 수 2,281명, 민원접수 1,014건
해당 민원 994건 중 839건 반영
(반영률 88.97%)
공람의견 처리 결과를 입안 확정 전 재공개</td></tr>
<tr><td>현안과제별 시민단체 의견수렴</td><td>시민단체 간담회</td><td>연구진, 청주시 관계자, 경실련, 충북환경련, 청주환경련, 충북참여연대 대표 및 관계자</td></tr>
<tr><td rowspan="2">〈4단계〉</td><td rowspan="2">객관적 기준에 의한 의사결정체계 도입(국내 최초)</td><td>지리정보시스템(GIS) 적극 활용</td><td>환경평가 검증
주제도 중첩을 통한 정확한 현황분석과 대안 작성 및 평가</td></tr>
<tr><td>주민참여 의사결정과정에 객관적 기준 제공</td><td>계획의 형성을 고려한 합리적·객관적인 기준 제시
상황에 대응한 유연하고 신속한 대처</td></tr>
</table>

출처: 김동호(2005). 지방자치시대에 주민참여를 통한 계획수립 및 시행: 청주시도시기본계획수립 사례. 푸른경기21, 『경기도내 지자체의 도시정책 결정과정에서의 시민참여 방안 모색을 위한 정책세미나』, 15–25. 재구성.

설사업, 도시개발사업 등의 내용을 중심으로 한 물리적 계획이 중심을 이루고 있으나 청주시는 이 과정에서 사회적 디자인을 주민관점에서 진행되었다. 청주시의 도시기본계획 수립과정은 기존의 주민참여 방식을 보다 세밀하고 충성하게 운영하면서 다양한 참여 방식과 경로를 선택한 사회적 디자인 과정으로 평가받고 있다.4)

제4절 거버넌스(G) 관점의 정책과 사례

1 도시계획의 거버넌스 요인

국내에서 처음 진행된 주민참여의 사회적 디자인은 전국의 지방자치단체에 많은 영향을 주었다. 그 과정에서 등장한 개념이 시민참여단 또는 시민계획단이었다. ESG 관점에서 보면 사회적 디자인을 의미하는 S의 영역을 보다 구체적으로 실현시키는 G의 영역과 연계하여 설명할 수 있다. 도시계획 수립과정에서 거버넌스는 수렴하여야 할 제도가 된지 오래다. 거버넌스를 구체적으로 실현하는 방법의 일환으로 도입된 정책이 시민참여단이라고 할 수 있다.

도시계획 수립과정에서 시민계획단은 지방자치단체에서 중요한 거버넌스 관점에서 활용되기 시작했다. 서울시는 11회의 전문가 포럼과 학계와 시민단체를 중심으로 구성된 33명의 전문가와 5회에 걸친 자문단 회의가 진행되었다. 그 과정에서 도시계획의 추진체계와 수립 방향, 시민참여 방식이 논의되었다. 그 외에도 인천시, 부산시, 대구시, 광주시 등이 시민계획단을 운영하였다.

이러한 패러다임의 변화는 계획수립방법의 변화 때문이다. 관행으로 진행되어온 도시계획 수립은 합리적 계획이론에 중심을 두고 있었다. 이 합리적 도시계획이론은 계획수립권자의 합리성과 이성을 중심으로 진행되는 계획수립 방식이다. 이 과정은 과학적・논리적・계량화된 방법론을 동원하여 목표달성 체계를 이룬다. 결국 이러한 목표체계는 시민보다는 이를 다룰 줄 아는 전문적 과정에 집중하게 된다. 합리성에

4) 이상대 외(2015: 34). 『시민참여 도시계획의 제도화 방안』. 경기연구원.

근거한 도시계획 수립은 합리적 계획이론이 계획수립 과정에 주류를 이루어 왔고, 전문지식 그룹에 의해 만들어진 도시계획은 실질적으로 지역사회 주민과 입장 차이를 보여 왔다. 합리적 도시계획이론은 소수보다는 대의적 방식으로 의사결정으로 하거나 그 과정은 전문가에 의해 제시된 데이터와 자료로 의사결정이 이루어지면서 대의에 참여하지 못한 그룹의 문제가 나타났다. 이를 보완하기 위해 시민참여를 전제로 한 도시계획 수립방법을 찾게 된다.

특히 도시정책이나 도시계획에 시민의 관심과 참여가 높아지면서 도시계획 수립과정에 시민참여를 제도화하기 시작했다. 기존의 전문가와 행정 중심의 합리적 도시계획에서 시민참여를 전제로 한 협력적 도시계획이 등장한다. 협력적 도시계획은 이해관계자와의 토론과 숙의, 그리고 공론을 통해 타협을 이루고 그 과정에서 계획을 수립하는 프로세스에 기반 한 도시계획 수립방식이기도 하다. 이러한 논의가 가능한 이유는 시민사회의 성장, 일반시민의 성숙된 문화적 활동 등이 지역사회에 자리하면서 도시계획 수립의 한 영역으로 자리잡게 된다.

2 거버넌스(G) 부문 사례: 수원시를 중심으로

수원시의 시민계획단 운영사례는 지방자치단체 가운데 모범사례로 손꼽이고 있다. 수원시는 당시 도시기본계획 수립과정에서 수원 시민 다수가 참여한 시민계획단을 운영하였다. 당시 수원시는 도시계획 및 정책을 수립하는 과정에서 다수의 시민이 참여한 모임을 시민계획단으로 정의하였다. 당시 수원시에서 운영한 시민계획단은 2012년부터 2015년까지 진행되었다. 시민계획단은 2023년 도시기본계획 수립을 위한 운영뿐만 아니라 롯데몰 개점에 따른 문제 도출, 컨벤션센터 건립과 관련된 논의를 비롯하여 트램 활성화 및 성매매 집결지 정비 관련 논의를 진행시켰다. 시민계획단은 일반시민과 청소년이 참여하여 분과별 토론을 진행하였다. 그 중에 도시기본계획 수립과정에서 진행한 시민계획단은 일반시민 130명과 청소년 100명이 함께 5회에 걸쳐 진행되었다. 수원시에서 진행한 시민계획단은 도시계획 수립과정에서 처음으로 시민참여를 이룬 계획으로 도시계획 수립을 위한 거버넌스의 중요한 사례로 꼽는다. 일반적으로 도시기본계획 수립과정에서 주요한 항목으로 꼽는 것 중의 하나가 도시비전을 세우는 일이다. 관례적으로 보면 도시비전은 단체장의 의지와 철학의 반영되는 경우가 대부분이나 수원시는 시민계획단의 의사를 존중했다. 시민계획단에 모인 수원시민이 직접 2030 수원시 도시기본계획 수립을 위한 수원의 도시비전 및 목표를 비롯하여 도시지표 및 주요 계획을 수립했다. 시민계획단에서 제안된 의견의 92.6%가 반영되었다.

2012년 수원시에서 진행한 시민계획단 모델은 그 이후 국내의 지방자치단체 40여 곳에서 벤치마킹하여 운영하기도 하였다. 서울, 인천, 부산 경기, 제주 등의 광역자치단체와 청주, 부천, 순천, 아산, 제천, 안산, 시흥, 논산 등의 기초자치단체에서 수원시의 모델을 토대로 시민계획단을 운영하였다. 수원시가 시작했던 그해 서울시의 시민참여단에 이어 2013년 부천시 시민계획단, 2014년 인천시 시민계획단이 운영되면서 도시계획 수립과정에서 시민참여 중심이 거버넌스 환경이 만들어졌다.

수원시에서 진행한 시민계획단은 당시 부시장이었던 이재준(현재 시장)은 도시계획 수립과정에서 주민참여에 대한 필요성을 줄곧 주장해왔다. 그는 현재 운영되는 도시기본계획 수립은 행정주도성이 높은 상황이었으며, 제도 및 사회적 인식의 부족하여 시민참여가 제대로 이루어지지 않는다고 문제 제기를 했다. 지역사회의 주민의 수준이 높아지면서 지역사회에 대한 요구가 다양하게 요구되고 있는 반면, 행정은 이에 대한 수용은 저조한 상황이었다. 이러한 문제의 해결하기 위해서는 제도를 만드는 것이 필요했다. 수원시는 시민이 직접 의제를 제시하고 이를 수용하여 계획에 반영하는 시민주도 정책을 내실화하는 것이 필요하다고 판단했다.

수원시는 '시민의 손으로 만들자'는 구호와 함께 청소년 100명, 130명 규모의 시민계획단을 구성했다. 당시 시민계획단의 운영원칙은 "시민계획단은 사익보다 공익을", "개인보다 수원을", "수원의 균형발전을"이라는 세 가지 원칙을 세우고 운영에 들어갔다. 토론방식의 원칙도 정했다. 토론이 운영방식은 참여적 의사결정 시스템을 구축하는 것이었다. 정보를 제공하고 제공된 정보에 의해 논의 후 의견을 모으고, 그 의견은 다시 토론한 후 이에 대한 대안을 만드는 방식이었다. 그 다음은 제시된 대안에 대한 의사결정을 하고 결정된 의사는 모니터링을 하는 방식으로 진행되었다.

수원시의 시민계획단의 의사결정 참여과정은 아른슈타인(S. R. Arnstein) 또는 윌콕스(D. Wilcox)의 '참여사다리'와 유사한 방식을 지난 의사결정방식이다. 수원시의 시민계획단의 참여적 의사결정은 계획 단계와 집행 단계로 구분하여 진행되었다. 수원시는 정보제공을 시작으로 전체 6단계로 구분하여 진행했다. 6개 분과로 구성된 시민계획단에 분과운영을 책임 질 간사와 간사보를 배치하여 운영했다. 시민계획단의 분과별로 토의된 논의를 마인드맵으로 정리한 후 30여 분 간의 토론을 마친 후 내용을 취합 정리과정을 거친 후 전자투표를 통하여 의제를 결정하는 방식으로 운영했다.

표 11-4 수원시 시민계획단 참여적 의사결정과정

<table>
<tr><th colspan="2">구분</th><th>주요 내용</th><th>비고</th></tr>
<tr><td>토론 전 단계</td><td>① 정보제공</td><td>• 계획 및 정책과 관련된 정보를 제공함으로써 참여자들이 충분한 토론이 이루어질 수 있도록 함
– 토지이용계획, 주변 현황 및 정책적 판단을 위한 관련 전문자료 등 포함</td><td>이메일을 통한 사전 정보제공</td></tr>
<tr><td rowspan="4">계획 단계</td><td>② 의견취합</td><td rowspan="2">• 분과별 토론, 원탁토론 등 집단 토론의 장을 마련 및 의견을 취합하고, 합리적인 토론이 이루어질 수 있도록 방향을 설정함
– 실시간 토론 내용 취합 시스템</td><td rowspan="2">마인드맵에 의한 의제 정리</td></tr>
<tr><td>③ 토론</td></tr>
<tr><td>④ 대안마련</td><td>• 실시간 토론 내용을 취합하여 의사결정을 위한 대안을 설정함
– 실시간 토론 내용 종합정리
– 대안작성을 위한 의견취합 시스템 지원</td><td>의견취합팀이 상의하여, 마인드맵에 의한 정리 및 대안 마련</td></tr>
<tr><td>⑤ 의사결정</td><td>• 대안에 대해 시민들이 직접 선택하여 의견을 제시</td><td>전자투표기 등을 활용한 실시간 의사결정 시스템 구축</td></tr>
<tr><td>집행 단계</td><td>⑥ 모니터링</td><td>• 최종 결정된 사안에 대해, 제안된 내용에 대해 어떻게 추진되고 있는지, 지속적으로 모니터링할 수 있도록 정보를 제공함</td><td>–</td></tr>
</table>

출처: 수원시정연구원(2015: 13). 『도시계획 시민계획단 운영활성화 방안연구』. 재구성.

시민계획단 운영은 보다 내실 있는 운영 위해 운영절차를 개선하게 된다. 기존에는 안건선정에 대한 논의가 없었으나 운영절차를 고도화하면서 안건선정과정을 거치도록 했다.

표 11-5 수원시 시민계획단 운영절차 비교

구분	안건선정	운영	결과 및 모니터링	실행
변경 전	–	추진계획 마련 → 논의자료 배포 → 시민계획단 운영 및 정책 제안	결과분석 → 조치계획 마련	정책실행

변경 후	안건신청 → 안건검토 → 안건성정	추진계획마련 → 논의자료 배포 → 시민계획단 운영 및 정책 제안	결과분석 → 조치계획 마련 → 모니터링	정책실행

출처: 수원시정연구원(2015: 27). 『도시계획 시민계획단 운영활성화 방안연구』.

수원시는 도시기본계획 수립과정에 시민이 참여할 수 있는 자치입법을 제도화했다. 『수원시 도시계획 조례』 제5조에는 "시장은 사회적 공감이 확보된 도시기본계획 수립을 위하여 시민의 의견을 수렴할 수 있는 도시정책 시민계획단을 구성·운영할 수 있다"고 명시하고 있다.

수원시 도시계획 조례

제5조(주민 · 수원시의회 의견청취) ① 시장은 도시기본계획의 수립에 최선을 다하고 다수 주민의 의견을 청취하기 위해 열람기간 동안 시 홈페이지와 시 · 구청의 게시판 또는 공보를 통하여 도시기본계획 입안사항을 공고하여야 한다. 〈개정 2019.11.8〉

② 시장은 법 제21조에 따라 도시기본계획을 수립 또는 변경하는 때에는 미리 수원시의회(이하 "시의회"라 한다)의 의견을 들어야 한다.

③ 시장은 사회적 공감이 확보된 도시기본계획 수립을 위하여 시민의 의견을 수렴할 수 있는 도시정책 시민계획단(이하 "시민계획단"이라 한다)을 구성·운영할 수 있다. 〈개정 2015.10.8〉〈개정2019.2.18〉

④ 시장은 성별, 연령 등의 차이가 반영된 도시계획 수립을 위하여 관계부서의 의견을 들을 수 있다. 〈신설 2019.2.18〉

제5절 결론

1 소결

도시계획은 지역의 백년을 그리는 청사진이다. 그 청사진은 과거에는 물리적 계획, 즉 건설을 계획하는 계획에 집중했다면 이제는 도시의 지속가능성에 집중하여야 할 시기이다. 우리 앞에 놓인 불투명한 환경 및 생태위기의 인류의 생존 그 자체를 위협하는 상황에 이르렀다. 청소년의 이러한 우려는 행동으로 이어졌다. 청소년기후행동은 2020년 3월 청소년 원고 19명은 기후변화를 방치하는 정부와 국회를 상대로 헌법소송을 제기했다. 미흡한 온실가스 감축 목표가 우리의 생존권, 평등권, 인간답게 살 권리, 직업선택의 자유 등 기본권을 침해한다는 취지의 헌법소송이었다. 소송 이후 만 4만에 첫 번째 공개변론이 2024년 4월 23일에 진행되었다.

이와 관련하여 정부는 「녹색성장법」과 「탄소중립법」을 통해 온실가스 감축을 위해 노력해왔으므로 국가의 기본권 보호의무를 위반했다고 볼 수 없다는 주장이다. 그럼에도 불구하고 2030년까지 구체적인 탄소감축 로드맵이 마련되지 않는 등에 대한 논란의 여지는 여전하다. 이 소송은 청소년의 기후소송의 의미를 넘어 지역사회와 지방자치단체에서 백년대계를 그려야 하는 방법론을 고민하게 하는 문제 제기이기도 하다. 2024년 4월 열사의 나라인 아랍에미리트 두바이에는 10년 간 내릴 비가 하루만에 내린 폭우는 상상도 하지 못한 자연의 힘을 보여주었다. 사막지역에 내리는 폭우 등 기후에 대응할 수 없는 인류가 지속가능한 삶터를 위해서는 지속가능한 방식의 공간계획이 필요하다. 그것이 도시계획이다.

도시계획을 ESG 관점에서 보면 환경적 요소와 사회적 요소, 그리고 거버넌스 측면이 상호 조합을 이루어 갈 때 그나마 도시계획 조례에 정하고 있는 환경적으로 건전하고 지속가능한 발전이라는 의미가 구현되는 일이라 생각한다. 이제 도시계획 수립과 도시정책의 이행에 있어서 ESG 관점의 적용은 선택이 아니라 필수사항이다. 환경적으로는 탄소중립 및 녹색성장 기본법에 의해 지속가능한 도시 구현을 위해 노력하는 세종시와 행정과 전문가 중심의 도시계획 수립에서 시민참여에 의한 도시계획을 수립한 청주시의 사례에 이어 주민참여 프로세스를 보다 구체적으로 운영하면서 도시계획 및 도시정책 운영의 민관협력 거버넌스 사례를 보여준 수원시 등을 통하여 도시계획 분야에서 ESG의 의미를 살펴보았다. 이제 도시계획은 ESG 관점에서 도시계획 수립이 재검토될 필요가 있다.

2 정책 제언

도시계획에 ESG를 적용하는 것은 ESSD 개념이 도시계획 조례에 반영된 역사적 의미를 가지고 있다. 환경적으로 건전하고 지속가능한 발전을 목표로 수립되어야 할 도시계획을 보다 구체적인 방식으로 환경적 요인·사회적 요인·거버넌스 요인을 고려하여 계획을 하도록 하는 것은 보다 구체적인 실행체계를 만들 수 있다는 점에서 매우 큰 의미를 지닌다. 도시계획에 ESG의 관점이 적용되기 위해 탄소중립, 사회적 가치창출 등을 지속가능한 도시를 위한 사회적 분위기가 형성되고 있는 상황에서 ESG 개념은 도시계획 수립과 도시정책에 반영되어야 할 시대정신이다. 현재로는 공공기관에서 개별적으로 ESG에 대한 관심이 높아지면서 ESG 경영을 위한 자구적 노력을 하고 있으나 도시계획과의 통합적 연결은 미비한 상황이다. 도시계획 분야에 ESG를 적용하기 위해서 다음과 같은 논의가 필요하다.

첫째, 도시계획 수립과 운영에 있어서 ESG 개념을 적용한 법적 체계를 갖추는 것이 중요하다. ESG가 시대의 도구로 사용된다면 그린워싱 현상을 더 심화될 것으로 예상된다. 도시계획을 수립하는 지방자치단체 입장에서는 실질적으로 ESG가 실현될 수 있는 방안 마련이 필요하다. 기초자치단체의 도시계획은 상위법인 「국토의 계획 및 이용에 관한 법률」에 의거 조례로 정하도록 하고 있다. 이 법령에 의해 제정된 도시계획 조례의 기본방향은 「국토의 계획 및 이용에 관한 법률」 제3조의 기본원칙을 바탕으로 자연환경의 보전과 자원의 효율적 활용을 통하여 환경적으로 건전하고 지속가능한 발전을 이루는 것을 기본방향으로 정하고 있다. 도시계획 조례에서 기본방향으로 삼고 있는 ESSD 정신에 ESG의 개념을 구체적으로 적용할 필요가 있다. 가령 도시계획의 기본방향은 환경적으로 건전하고 지속가능한 발전을 기본방향으로 하며, 도시계획에 적용하는 부분별 계획은 ESG 관점을 적용한다는 것을 명문화할 필요가 있다.

둘째, 도시계획은 도시의 백년을 그리는 종합적 계획이다. 종합적 도시정책의 개념을 지닌 도시계획은 지방자치단체에서 수립하는 다양한 계획 및 정책과 연계된 제도 및 정책운영이 필요하다. 가령 환경계획, 문화계획 등과의 연계성 구축하는 것이 중요한 과제라고 볼 수 있다. 도시계획 수립하면서 상위법과의 관계, 관련법과의 관계를 다루지만 이를 제도적으로 명문화 시킬 필요가 있다. 수원시는 2023년 10월「수원시 도시계획 및 환경계획의 통합관리에 관한 규칙」에 관한 제도를 마련했다. 수원시에서 마련한 규칙은「국토계획 및 환경계획의 통합관리에 관란 공동훈령」에 근거하여 만든 법안이다. 2024년 4월 기준으로 이 훈령에 의해 관련 조례를 제정한 곳은 수원시가 유일하다.

2023년 3월에 시행하기 시작한「국토계획 및 환경계획의 통합관리에 관한 공동훈령」은 국토기본법 제5조 제4항과 환경정책기본법 제4조 제4항에 근거하여 국토계획과 환경계획의 통합관리를 하도록 한 훈령이다. 이 훈령에서 강조하고 있는 통합관리는 국토계획 및 환경계획을 수립할 때 지속가능한 발전이라는 공동의 목표를 달성하기 위하여 계획의 수립절차, 내용에 대하여 상호 연계 · 보완하고 협력하는 정책과정으로 설명하고 있다. 이와 관련하여 수원시는「수원시 도시계획 및 환경계획의 통합관리에 관한 규칙」을 마련하고, 수원시의 도시정책실장과 환경국장이 관리하고 두 부서가 상호 협의하여 대상계획을 위해 긴밀한 협력하도록 하였다.

수원시가 규칙에 제시한 통합관리의 개념은 상위 훈령에 제시한 내용을 기초하여 적용하였다. 그뿐 아니라 도시계획과 환경계획의 통합적 관리 운영과정에서 시민참여가 매우 중요한 상황에서 수원시는 2023년 5월에「수원시 도시정책 시민계획단 설치 및 운영 조례」를 시행하기 시작했다. 수원시는 도시정책의 영역을 도시기본계획, 도시관리계획, 도시재생사업 등 도시 구성요소 및 정비를 위한 모든 개념을 총칭하는 것으로 정하였다. 수원시는 도시계획 조례의 운영 및 도시계획과 환경계획의 통합적 관리를 원칙으로 도시정책을 전개하는 과정에서 거버넌스 환경의 중요성을 인지하고 도시정책에 대한 시민참여가 가능한 시민계획단 운영을 제도화한 것이다. 수원시는 도시계획 수립에 있어서 관련 주요 계획과의 통합적 관리 및 시민참여를 통한 거버넌스 환경을 구축하여 지속가능한 발전을 위한 도시운영 프로세스를 구축했다.

도시계획 수립과정은 전문가와 행정 중심의 합리적 계획이론에 의한 계획수립이 아니라 시민주도성을 증진시킬 수 있는 협력적 관점의 계획수립 과정이 중요한 상황에서 도시계획과 환경계획과의 통합관리 운영과 그 과정에서 시민이 참여하여 도시의 지속가능성을 공론과 숙의 및 심의를 할 수 있는 환경 마련이 필요하다.

셋째, ESG 관점이 적용된 부문별 관리계획 수립과 지표 운영이 필요하다. 일반적으로 도시계획 수립과정에서 적용하는 부문별 계획은 토지이용계획, 기반시설계획,

표 11-6 통합적 도시계획을 위한 제도화 방안

구분	주요 내용	참조
통합관리 제도화	「국토계획 및 환경계획의 통합관리에 관한 공동훈령」에 근거한 「지방자치단체의 도시계획 및 환경계획의 통합관리에 관한 규칙」	수원시
거버넌스 제도화	도시정책 시민계획단 설치 및 운영 조례	수원시

도심 및 주거환경계획, 환경의 보전과 관리, 경관과 미관, 공원 및 녹지, 방재 및 안전, 경제・산업・사회・문화 개발 및 진흥 등의 내용을 다룬다. 각 영역별・부문별 계획은 현황분석, 용도별 수요 추정, 기본방향, 주요 정책 등을 다룬다. 주요 정책은 단위사업별로 사업 내용이 정해지고, 그 내용에 대한 현황, 문제점 및 개발 잠재력, 개발구상, 기본방향, 실천계획 또는 실천 방향을 제시한다. 여기에 ESG 관점에 적용된 정책내용이나 항목을 별도로 하여 실질적으로 도시계획의 부문별 각 단위 사업이 진행될 때 도시계획 조례의 기본방향으로 정한 ESSD 개념이 구체적으로 실현될 수 있는 ESG 운영방안 및 ESG 적용지표 제시가 필요하다.

표 11-7 도시계획 수립과정에서 적용되는 부문별 계획 정책구상

구분	기존 도시계획 각 부문별 단위 사업의 정책구상	ESG를 적용한 도시계획 각 부문별 단위 사업의 정책구상
주요 내용	현황, 문제점 및 개발 잠재력, 개발구상, 기본방향, 실천계획 또는 실천 방향	현황, 문제점 및 개발 잠재력, 개발구상, 기본방향, 실천계획 또는 실천 방향, ESG 운영방안, ESG 적용지표

참고문헌

김동호(2005). 지방자치시대에 주민참여를 통한 계획수립 및 시행: 청주시도시기본계획수립 사례. 푸른경기21. 『경기도내 지자체의 도시정책 결정과정에서의 시민참여 방안 모색을 위한 정책세미나』, 15-25.

김민경(2022). 『ESG 개념을 접목한 구로구 도시계획 이슈와 과제』. 서울시 구로구청.

세종특별자치시(2014.2). 『2030 세종도시기본계획』.

세종특별자치시(2022.12). 『2050 탄소중립을 위한 새종특별자치시 기후변화 대응계획』.

수원시(2014). 『2030 수원 도시기본계획』.

수원시정연구원(2015). 『도시계획 시민계획단 운영활성화 방안연구』.

이상대 외(2015). 『시민참여 도시계획의 제도화 방안』. 경기연구원.

홍성농업환경마을(2000). 『21세기 문당리 발전 백년 계획』.

CHAPTER 12

지역관광과 ESG

지선진

제1절 서론

1 관광과 ESG

바야흐로 탄소중립 시대다. ESG가 기업의 필수 생존전략으로 대두되는 가운데, 관광에서는 관광사업(business)을 중심으로 지속가능한 관광을 위해 전통의 비즈니스에 ESG를 도입하여 변화와 혁신을 꾀하는 양상이다. WTTC(World Travel & Tourism Council, 세계관광여행협회)는 관광기업의 ESG 정보공시 현황 조사를 통해 업종별 주요 공시 내용을 모니터링하고 있다. ESG 가치추구가 관광기업의 평가기준 지표로 활용될 뿐만 아니라 수익활동과 직결될 수 있음을 내포한다.

관광기업에서는 주로 각종 재료와 소모품을 환경친화형으로 전환하거나 친환경 재생에너지를 사용하는 등 E(환경) 분야에서의 변화가 가장 두드러진다. 각종 여행플랫폼에서는 친환경 여행지와 숙소를 발굴하고, 친환경 이동을 장려하는 등 환경친화적 여행상품을 소비자에게 제공한다. 호텔 및 숙박산업에서는 음식물 쓰레기 최소화, 물 사용량 관리, 플라스틱 소비 없애기, 유기농 어메니티 사용, 에너지 절약, 친환경 에너지 활용, 종이없는 호텔 만들기, 지속가능한 호텔건축 추진, 공정한 노동 관행 강화 등이 추진되고 있다.

국내에서는 주로 글로벌 대기업과 주요 관광 기업들이 ESG 경영을 도입하여 다양한 사회공헌 활동, 친환경 업무 환경 구축, 친환경 여행상품 판매 등을 통해 지속가능한 비즈니스 전략을 실행하고 있다. 호텔신라, 롯데호텔, 조선호텔앤리조트, 한화호텔앤드리조트, 파라다이스호텔·리조트, 코오롱 계열 리조트·호텔 등 관광숙박업, 하나투어와 노랑풍선 등 여행업에서 ESG 경영활동을 강화하고 있다. 하나투어는 유엔글로벌콤팩트(UNGC)에 가입했으며, 노랑풍선은 ESG 경영실무위원회를 발족하고 2023년을 'ESG 경영 원년의 해'로 선포하였다(여행신문, 2024). 이렇듯 기업이 자발적으로 ESG 경영제체로 전환하여 시류에 따르는 움직임을 보이는 것은 당연하다. 사익추구를 목표로 기업은 지속가능한 경영전략을 표방하고, 이를 위한 비재무적 평가틀로 ESG가 사용되기 때문이다.

한편 정부는 2021년을 ESG 확산의 원년으로 선포하였다. 같은 해 ESG 인프라 확충방안과 K-ESG 가이드라인을 발표하는 등 ESG의 전방위적 확산을 위한 정책을 수립하기 시작하였다. 정부의 규제에 따라 카페내 플라스틱 컵이나 일회용품 사용이 금지되었고, 50실 이상 숙박업소에서 무료로 제공해오던 일회용 위생용품이 2022년부터 자취를 감췄다. 정부정책에 힘입어 한국관광공사(KTO)와 지방관광공사(RTOs) 같은 관광 관련 공공기관도 ESG 경영체계로 전환하는 변화의 바람이 일었다. 2021년 9월에는 한국관광공사를 포함하여 한국관광 진흥정책을 이행하는 15개 공공기관이 모인 '전국관광기관협의회'에서 관광 분야 ESG 경영 실천을 위한 친환경 '착한여행' 릴레이 캠페인을 추진한 바 있다.

문화체육관광부 산하 공기업인 한국관광공사는 2022년 해외지사 31곳에서 직접 조사한 31개의 ESG 관광 성공사례들을 엮은 책 『뜨는 관광에는 이유가 있다: ESG관광의 모든 것)』을 출간했다. 여기서는 관광 분야에서 ESG를 각각 '친환경여행' (Environment), '지역상생여행'(Social), '정부정책·제도개선'(Governance)으로 구분하여 각 분야별로 10여 개의 해외사례를 소개하였다. 친환경 여행(E)은 '중국 상하이의 디즈니 테마파크 환경보호 프로젝트'와, 선양의 '친환경 걷기 여행', 청두의 '과학적인 관리로 원시림 복원사례', 도쿄 '에코열풍', 시드니 '산호초 보호', 블라디보스토크의 '자연복구' 등을 사례로 들었다. 지역상생 여행(S)은 베이징 '원시부락의 문화체험 관광', 시안의 '꽃마을 조성으로 경제성장 실현', 오사카 '낙도 재발견', 후쿠오카 '올레를 활용한 지속가능한 관광', 하노이 '계단식 논으로 지역여성의 삶 지원', 모스크바의 '오지로 통하는 문명의 길 만들기' 등이 포함되었다. 마지막으로 거버넌스(G)에 해당되는 정부정책과 제도개선 분야에는 프랑스 파리의 '라벨(Label) 제도를 활용한 지속가능한 여행프로그램 개발 정책'과 뉴욕의 '자원봉사와 여행의 융합' 사례 등이 소개되었다. 비록 주제에 대한 문제의식이나 개념설정에 대한 논의가 없으며 ESG 구분의 경계가 다소 모호하긴 하지만, 기업이 아닌 관광지 차원에서 ESG 실천사례를 소개한 최초의 시도라는 점에서 관련 기관이나 업계에 충분한 인사이트를 제공하고 있다.

관광객의 소비트렌드가 바뀌고, 관광소비자들의 구매 및 이용 환경이 변화하고 있다. 관광객들의 가치지향적 소비는 역사문화의 보존, 지역 생태계의 보호 등 공정관광, 책임관광, 친환경적이고 지속가능한 관광상품의 개발과 구매로 이어지고 있다. 그럼에도 불구하고 지방자치단체 차원에서 관광지 관리 및 지역관광 정책에 ESG를 적극적으로 도입한 사례는 아직까지 극히 드물다.

2 지속가능한 관광과 ESG 관련 정부정책

장기적인 관점에서 지역관광에 관한 주요 정책 방향은 전 국토를 대상으로 한 행정계획이며 법정계획인 '관광개발기본계획[1]'에 따른다. 제3차 관광개발기본계획(2012~2021년)은 '글로벌 녹색 한국을 선도하는 품격 있는 선진관광'을 비전으로 설정하였다. 6대 정책과제 중 하나로 '저탄소 녹색성장'이 채택되었으며 '지속가능한 관광 기반구축'과 '저탄소 녹색관광의 실현화 확산'이 국정 관광정책의 장기적 세부 실천 과제였다. 이에 대한 성과로 2013년 『자연환경보전법』이 개정되었고, 생태관광지역 지정

1) 「관광진흥법」 제49조에 의거하여 문화체육관광부장관이 수립해야 하는 법정 의무 계획으로 전국을 대상으로 관광자원을 효율적으로 개발·관리하고 관광사업을 육성하여 관광진흥에 이바지하고자 10년 주기로 수립한다.

제도가 명문화되었다. 생태관광지역 지정 및 육성을 통해 습지보호지역, 생태 · 경관보전지역 등 생태관광명소의 보전과 관리 기반이 마련되었으며, 2020년까지 전국에 26개소가 생태관광지로 지정되었다. 또한 문화생태탐방로와 둘레길 조성 등 친환경 관광루트인 '걷기 여행길'이 구축되고 있다(문화체육관광부, 2022).

제4차 관광개발기본계획(2022~2031년)에서는 사람과 지역이 동반 성장하는 '상생관광', 질적 발전을 추구하는 '스마트 · 혁신관광', 미래세대와 공존하는 '지속가능 관광'을 국가관광 발전의 목표로 삼고 있다. 이 중 '지속가능 관광'은 관광객과 지역주민의 물질적 · 문화적 수요를 만족시키고 관광과 자연환경, 지역사회 등을 조화시켜 관광자원 확충과 지역사회 발전이라는 두 가지 목표를 달성하고 미래 세대까지 지속적

표 12-1 제4차 관광개발기본계획: 지속가능 관광개발 가치 구현

정책 방향
■ 혁신적인 지속가능 패러다임 대응 ■ 노후시설 및 유휴자원의 관광매력성 제고 ■ 관광개발의 사회적 기여 확대
계획 지침
■ 탄소중립을 달성하기 위한 관광부문 실천 • 글로벌 탄소중립을 지향하는 신(新)경제질서에 대응하여 정부와 지방자치단체는 '2050 탄소중립 추진전략'의 추진과제와 연계하여 관광개발을 추진하고 지역 관광산업의 탄소배출을 체계적으로 관리하기 위한 정책 지원방안을 마련한다. • 정부와 지방자치단체는 관광개발계획 수립 단계부터 집행, 관리 운영 단계까지 탄소중립을 실행하기 위한 기준을 설정하고 이행방안을 마련한다. • 관광(단)지가 지속가능한 생산과 소비가 이루어질 수 있도록 정부와 지방자치단체는 관광지의 녹색화를 추진하고 노후화된 관광시설을 녹색시설로 전환한다. • 정부와 지방자치단체는 탄소중립 전환과정에서 어려움이 예상되는 지역관광 취약 분야를 보호하고 지속적으로 모니터링한다. **■ 관광자원의 보전과 지속가능한 관광 기반 구축** • 중앙정부는 환경적, 경제적, 사회적 지속가능성에 입각하여 관광자원의 적정개발과 이용을 위한 관광개발 모델을 정립하고 관광개발의 친환경성을 극대화한다. • 정부와 지방자치단체는 생태관광자원, 경관자원 등을 보존하여 친환경적 관광지를 발굴하고 국제적 수준의 자연관광자원으로 육성한다. • 정부와 지방자치단체는 관광자원으로 활용가능한 지역 유휴자원을 발굴하고 콘텐츠와 연계하여 관광 매력성을 제고한다. • 정부와 지방자치단체는 다양한 유형의 오버투어리즘 원인을 분석하고 체계적으로 관리 운영할 수 있는 제도적 지원대책을 마련한다.

출처: 문화체육관광부(2022), 제4차 관광개발기본계획(2022~2031).

으로 관광 발전 기회를 유지하는 관광을 의미한다(문화체육관광부, 2022). 탄소중립 지향의 새로운 글로벌 경제 질서가 형성되는 대전환의 시대에 관광부문에서도 장기적 관점에서 관광객, 민간기업, 정부, 지방자치단체, 지역사회 등이 동참하는 지속가능성 제고의 필요성을 강조한 것이다.

한편 지속가능관광 관련 제도적 기반은 「관광진흥법」[2)]을 통해 마련되어 있다. 그러나 이는 자연환경 훼손과 거주민 생활환경 보호를 위한 소극적인 지침에 그치고 있다. 사실상, 지속가능한 관광을 위한 실천 전략이라 할 수 있는 ESG 관련 정책은 찾아보기 어렵다. 다만, 문화체육관광부가 추진하고 있는 정책들 중 다음과 같은 정책들은 ESG 관점에서 접근가능하다.

ESG 철학을 내포하며 전 국가적으로 구현되고 있는 관광정책 사례로는 '관광두레' 사업이 있다. '관광두레'는 관광객의 소비가 지역발전으로 이어지는 관광생태계

표 12-2 ESG 관점에서 접근가능한 관광 분야 정부정책

관리과제	내용
문화복지 증진	– 소외계층을 대상으로 문화예술 · 여행 · 체육 활동기회 제공
한국형 관광콘텐츠 육성	– 다양한 체험관광 프로그램 확충 • 생태관광, 지역문화관광, 전통문화 체험관광, 둘레길 걷기 등
쉼표가 있는 관광여가 사회 실현	– 근로자 휴가지원제, 열린관광지 사업 등 국민 관광복지 확대 – 관광취약계층의 접근성 제고를 위한 무장애 관광환경 조성 – 생애주기별 맞춤형 여행 지원 – 범부처 협의체인 국가관광전략회의 개최를 통한 관광활성화
지속가능한 관광개발 추진	– 지역별 특화된 관광명소 집중 육성으로 지역경제 활성화에 기여 – 지역 관광개발사업 추진 단계별 평가, 지원 및 재정건전성 강화 – 기업도시 민간투자 활성화 및 경쟁력 있는 관광자원 확충
관광산업 발전 기반 조성	– 관광산업 일자리 창출, 창업과 취업 지원 – '관광벤처기업' 발굴과 지원을 통한 관광사업 육성, 일자리 창출 '관광두레' 사업 확대, 지역관광 기업지원센터 조성 – 관광산업 규제혁신 방안 발표 등 지역 관광산업 성장 도모

출처: 송수엽 외(2022)를 참고하여 재구성.

2) 제48조의3(지속가능한 관광활성화) ① 문화체육관광부장관은 에너지 · 자원의 사용을 최소화하고 기후변화에 대응하며 환경 훼손을 줄이고, 지역주민의 삶과 균형을 이루며 지역경제와 상생발전할 수 있는 지속가능한 관광자원의 개발을 장려하기 위하여 정보제공 및 재정지원 등 필요한 조치를 강구할 수 있다. ② 시 · 도지사나 시장 · 군수 · 구청장은 다음 각 호의 어느 하나에 해당하는 지역을 조례로 정하는 바에 따라 특별관리지역으로 지정할 수 있다.

조성을 목표로 2013년부터 시작된 국책사업이다. '스스로 함께 힘을 모아 해보자'는 주민공동체의 자발성과 협력성을 원칙으로 문화체육관광부는 기본계획을 수립하고 재정적으로 지원한다. 지방자치단체는 '관광두레사랑방'을 제공하며, 지역자원 연계 지원과 같은 간접적인 지원을 하고 있다. 한국관광공사는 사업총괄 기관으로서 관광두레PD의 활동 지원과 관리, 주민사업체의 발굴과 육성, 사업 모니터링, 평가 등을 수행한다. 2024년 3월 현재, 52개 지역 230여개 주민사업체를 관리하고 있다.

관광두레 PD는 관광두레사업의 가장 큰 특징이자 핵심 주체이다. 이들은 지역 현장에서 주민사업체의 발굴과 조직화에서부터 창업과 경영개선 지원까지 사업을 총괄적으로 진행한다. 또한 총괄기관과 주민, 지방자치단체와 주민, 고객과 주민, 주민과 주민 사이에서 중간지원 역할을 수행하는 기획자이자 활동가이다. 현재까지 매년 선발·육성되고 있으며 109개 기초자치단체에서 총 142명을 선발하였다. 2019년까지 주민사업체 누적매출액이 426.4억 원으로 투입 사업비(270억 원) 대비 약 1.6배 기록하였고, 850명의 지역 일자리를 창출하였다(문화체육관광부, 2022). 주민공동체가 지역 고유의 자원을 관광상품으로 생산·판매하는 비즈니스를 자립적으로 경영하도록 지원하고 일자리 창출과 지역사회 공헌이라는 측면에서 사회(S) 부문에 해당된다.

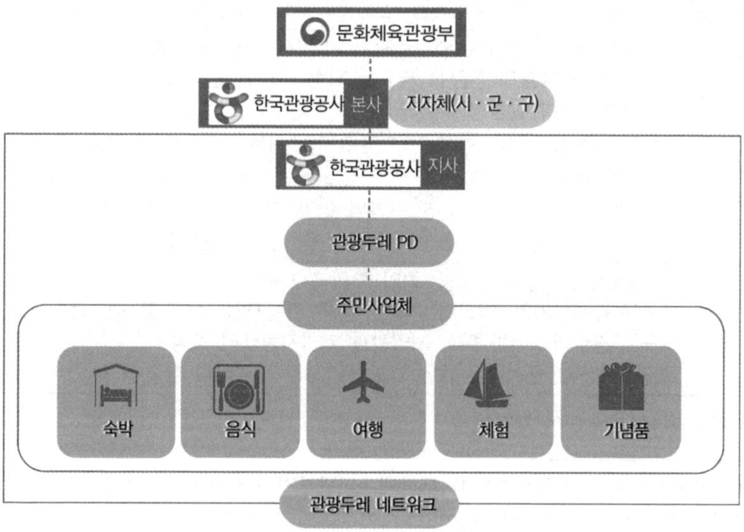

그림 12-1 관광두레 추진체계

요컨대, ESG 관광전략으로 정립된 정부정책은 부재하고, 기업들의 ESG 경영 추진을 위한 정책적 접근은 초기 단계이다. 국내에서 ESG 관광에 대한 통합적인 개념 고찰과 인식이 부재하므로 관련 정책 또한 찾아보기 어렵다. 다만, 생태관광, 녹색관광, 지역문화관광, 열린관광, 관광두레 사업 등 정부 차원에서 ESG 관련 관광정책이 추진되고 있다. 또한 앞서 소개한 바대로 제4차 관광개발기본계획에서 미래 세대에 '지속가능 관광개발 가치 구현'을 목표로 설정하고 정책 방향을 '혁신적인 지속가능 패러다임 대응' 등으로 명문화한 것은 매우 고무적이다.

3 지방자치단체에서 도입한 관광부문 ESG 조례

지역관광 관련 ESG 조례를 제정하여 법적 토대를 구축한 지방자치단체는 '경기도'와 '안산시'가 유일하다. 경기도는 「경기도 문화 · 체육 · 관광 행사 이에스지(ESG) 실천에 관한 조례」를 제정(2024.1.10)했고, 경기도 안산시도 최근 「안산시 문화 · 체육 · 관광 행사 이에스지(ESG) 실천에 관한 조례」를 제정했다(2024.4.3). 조례 제정을 통해 경기도는 문화체육관광국 소관 예산으로 개최하는 축제, 박람회, 전시회, 공연, 대회 등의 행사에서 이에스지(ESG) 실천을 위하여 ① 탄소배출 및 폐기물 저감 등 환경적 고려, ② 지역사회에 미치는 영향 등 사회적 고려, ③ 투명성 및 협업 등 거버넌스의 고려, ④ 그 밖에 이에스지(ESG) 실천을 위한 사항을 고려하도록 규정하였다.

또한 문화 · 체육 · 관광 행사의 이에스지(ESG) 실천을 위한 해당 도지사의 역할과 임무를 다음과 같이 규정하였다. 첫째, 도지사는 문화 · 체육 · 관광 행사의 이에스지(ESG) 실천을 위한 기본계획을 5년마다 수립 · 시행할 수 있다. 둘째, 문화 · 체육 · 관광 행사의 이에스지(ESG) 실천과 참여를 독려하기 위한 교육 프로그램 개발하고 이에스지(ESG) 실천 관련 정보를 수록한 안내서나 홍보책자를 제작하여 보급할 수 있다. 셋째, 협력체계 구축이다. 문화 · 체육 · 관광 행사의 이에스지(ESG) 실천 확산과 활성화를 위하여 정부, 도내 시 · 군, 국내 · 외 기업, 기업 협의체 및 연구기관 등과 협력체계를 구축할 수 있다. 넷째, 도지사는 문화 · 체육 · 관광 행사의 이에스지(ESG) 실천에 기여한 공적이 뛰어난 공무원, 도민 및 단체에 대하여 「경기도 포상 조례」에 따라 포상할 수 있다.

경기도 문화 · 체육 · 관광 행사 이에스지(ESG) 실천에 관한 조례

제1조(목적) 이 조례는 경기도 문화 · 체육 · 관광 분야 행사의 친환경적 개최 및 사회적 가치 증대를 위하여 이에스지(ESG)를 도입하여 지속가능한발전에 이바지하는 것을 목적으로 한다.
제5조(기본계획의 수립) ① 도지사는 문화 · 체육 · 관광 행사의 이에스지(ESG) 실천을 위한 기본계획(이하 "기본계획"이라 한다)을 5년마다 수립 · 시행할 수 있다.
제6조(실태조사) ① 도지사는 효율적인 기본계획 수립 및 시책 추진을 위하여 이에스지(ESG) 실천에 필요한 실태조사를 할 수 있다.
제7조(실천 교육 · 홍보 등) ① 도지사는 문화 · 체육 · 관광 행사의 이에스지(ESG) 실천을 알리고 참여를 독려하기 위한 교육 프로그램 개발 및 홍보 등을 실시할 수 있다.
② 도지사는 다양한 이에스지(ESG) 실천 관련 정보를 수록한 안내서 또는 홍보책자 등을 제작하여 보급할 수 있다.
제8조(협력체계 구축) 도지사는 문화 · 체육 · 관광 행사의 이에스지(ESG) 실천 확산과 활성화를 위하여 필요한 경우 정부, 도내 시 · 군, 국내 · 외 기업, 기업 협의체 및 연구기관 등과 협력체계를 구축할 수 있다.
제9조(포상) 도지사는 문화 · 체육 · 관광 행사의 이에스지(ESG) 실천에 기여한 공적이 뛰어난 공무원, 도민 및 단체에 대하여 「경기도 포상 조례」에 따라 포상할 수 있다.

제2절 환경(E) 관점의 지역관광 정책과 사례

1 환경(E) 관점의 지역관광 정책 동향

환경(E)부문이 강조된 관광행태는 '환경적으로 지속가능한 관광', '생태관광'이 있다. UNWTO는 지속가능한 관광을 위한 중점 분야로 생물다양성 고려, 관광 관련 산업에서 탄소배출을 저감하여 기후변화에 대응, 플라스틱 사용 감소, 여행촉진으로 지역경제 성장에 기여 등 10대 중점 분야를 제시하고 있다(www.unwto.org). 미국 상무부는 2022년 국가여행 및 관광전략 중 하나로 책임감 있고 지속가능한 여행 홍보를 정하고, 그에 따른 실천전략으로 지질 관광(Geo-tourism)과 "살그머니 걷기", "쓰레기를 남기지 않기" 등 자연자원의 보호와 지속성에 중요한 항목들을 설정하여 홍보하고 있다.

국내에서는 광주광역시 동구에서 2023년 6월 30일 지방자치단체 최초로 「광주광역시 동구 지속가능관광 육성 및 지원 조례」를 제정하였다. 이어, 경기도 광명시와 전남 영암군도 지속가능 관광 육성 및 지원 조례를 공표하여 시행 중이다. 광주시 동구는 지속가능관광 육성 및 지원계획과 사업으로 다음과 같이 규정하였으며, 광명시와 영암군의 「지속가능관광 육성 및 지원 조례」도 대체적으로 이와 유사한 내용을 골자로 하고 있다.

광주광역시 동구 지속가능관광 육성 및 지원 조례

제5조(지속가능관광 육성 및 지원계획)는 ① 구청장은 지속가능관광의 육성 및 지원을 위하여 계획을 매년 수립하여야 한다
② 지원계획에는 다음 각 호의 사항이 포함되어야 한다.
1. 지속가능관광 기반조성 및 인프라 확충에 관한 사항
2. 지속가능관광 활성화를 위한 프로그램 개발 및 운영에 관한 사항
3. 지속가능관광 전문인력의 양성 및 역량 강화에 관한 사항
4. 지속가능관광 중간지원조직의 효율적인 운영 및 관리방안
5. 지속가능관광 이해관계자의 인식 제고 및 주민참여형 지속가능관광 활성화 방안
6. 지속가능관광 사업 추진을 위한 재원조달 방안
7. 그 밖에 지속가능관광 육성 및 지원에 필요한 사항

제6조(사업) ① 구청장은 지속가능관광의 육성 및 지원을 위하여 다음 각 호의 사업을 추진할 수 있다.
1. 지속가능관광 기반조성 및 인프라 확충 사업
2. 지속가능관광 전문인력의 양성 및 역량강화를 위한 교육 지원사업
3. 지속가능관광 콘텐츠 및 프로그램 개발 사업
4. 지속가능관광 중간지원조직 운영 사업
5. 지속가능관광 국내·외 교류 및 협력사업
6. 지속가능관광 인식개선 및 홍보·마케팅 사업
7. 그 밖에 구청장이 지속가능관광의 육성 및 지원을 위하여 필요하다고 인정하는 사업

광명시 「지속가능관광 육성 및 지원 조례」에서는 지속가능관광위원회를 두도록 규정하고 있으며, 영암군은 「지속가능관광주민협의체」 구성을 규정하고 있다는 점에서 차이를 보인다. 이와 관련, 좀 더 상세히 조례를 살펴보자. 광명시는 조례 제7조(위원회 설치)에서 시장은 지속가능관광 육성 및 지원에 관한 다음 각 호의 사항을 심의하거나 자문을 위하여 광명시 지속가능관광위원회(이하 "위원회"라 한다)를 둘 수 있도록 하였다. 위원회에서 심의하는 안건으로는 ① 지속가능관광 육성 및 지원계획 수립에 관한 사항, ② 지속가능관광 육성을 위한 사업계획 및 정책대안 제시에 관한 사항 ③ 지속가능관광 전문인력 양성 지원에 관한 사항, ④ 그 밖에 지속가능관광 육성 및 지원을 위하여 필요한 사항이다. 영암군은 조례 제7조(지속가능관광주민협의체 구성 등)에서 군수는 군민이 지속가능관광의 주체가 될 수 있도록 지속가능관광주민협의체를 구성할 수 있도록 규정하였다. '지속가능관광주민협의체'는 영암군 지속가능관광 활성화를 위해 주민의 참여를 유도하고 지속가능관광 육성 및 지원을 위한 정책 및 제도개선을 위한 의견을 제시할 수 있다. 지속가능관광주민협의체에서 수렴된 의견은 '지속가능관광 정책'에 반영해야 하며 행정적, 재정적 지원을 받을 수도 있다.

「자연환경보전법」 제2조 제18항에 따르면 "생태관광"이란 생태계가 특히 우수하거나 자연경관이 수려한 지역에서 자연자산의 보전 및 현명한 이용을 통하여 환경의 중요성을 체험할 수 있는 자연친화적인 관광을 말한다. 환경부는 2013년부터 생태관광지역 제도(자연환경보전법 제41조)를 운영하고 있으며, 현재 전국에 걸쳐 35곳이 생태관광지로 지정되어 있다. 강원특별자치도, 경기도 등 14곳의 광역자치단체와 23곳의 기초자치단체에서 「생태관광 육성 및 지원에 관한 조례」가 시행되고 있다.

표 12-3 광역자치단체 생태관광 관련 조례 제정 현황

지역	법령	시행일자
강원특별자치도	강원특별자치도 생태관광 활성화 및 지원 조례	2023.6.11
경기도	경기도 생태관광 활성화 및 지원 조례	2021.7.14
경상남도	경상남도 생태관광 활성화 및 지원 조례	2020.5.14
경상북도	경상북도 생태관광 육성 및 지원에 관한 조례	2018.12.27
광주광역시	광주광역시 생태관광 육성 및 지원에 관한 조례	2019.7.1
대구광역시	대구광역시 생태관광 육성 및 지원 조례	2020.10.30
대전광역시	대전광역시 생태관광 육성 및 지원 조례	2017.4.28

부산광역시	부산광역시 생태관광 활성화 및 지원 조례	2022.7.6
울산광역시	울산광역시 생태관광 활성화 및 지원 조례	2022.10.6
전라남도	전라남도 생태관광 활성화 및 지원 조례	2023.3.30
전북특별자치도	전북특별자치도 생태관광 육성지원 조례	2024.1.18
제주특별자치도	제주특별자치도 생태관광 육성 및 지원에 관한 조례	2022.12.30
충청남도	충청남도 생태관광 활성화 지원에 관한 조례	2020.4.1
충청북도	충청북도 생태관광 활성화 및 지원에 관한 조례	2021.10.1

표 12-4 기초자치단체 생태관광 관련 조례 제정 현황

지역	법령	시행일자
강원특별자치도	강릉시 생태관광 육성 및 지원에 관한 조례	2022.10.12
	인제군 생태관광 육성 및 지원에 관한 조례	2023.6.11
	평창군 마하생태관광지 관리 및 운영 조례	2021.5.7
	양구군 생태관광 활성화 및 지원 조례	2023.4.12
경상남도	고성군 생태관광 마을공방의 관리 및 운영에 관한 조례	2023.10.4
	김해시 생태관광 활성화 및 지원 조례	2022.10.21
전북특별자치도	남원 백두대간 생태관광 숙박시설 및 국민여가캠핑장 관리 운영 조례	2024.1.1
	남원시 생태관광 육성 및 지원 조례	2023.12.18
	완주군 생태관광 육성 및 지원 조례	2024.1.18
	익산시 서동 생태관광지 관리 및 운영 조례	2024.3.20
	임실군 생태관광 육성 및 지원 조례	2024.1.18
	장수군 생태관광 육성 및 지원 조례	2024.1.18
	정읍시 월영습지·솔티숲 보전 및 생태관광활성화 지원 조례	2024.1.18
	진안군 생태관광 육성 및 지원 조례	2024.1.18
대구광역시	대구광역시 달서구 생태관광 육성 및 지원에 관한 조례	2023.4.3
	대구광역시 달성군 생태관광 육성 및 지원 조례	2022.10.28
울산광역시	울산광역시 남구 생태관광 육성 및 지원에 관한 조례	2017.8.7
경상북도	문경돌리네습지 보전 및 생태관광 활성화 지원 조례	2022.12.20
경기도	안산시 대부도 생태섬 관광 육성 및 지원 조례	2023.7.19
충청북도	옥천군 생태관광 활성화 및 지원에 관한 조례	2022.12.30
인천광역시	옹진군 생태관광지역 육성 및 지원에 관한 조례	2022.7.27
전라남도	완도군 생태관광 육성 및 지원에 관한 조례	2021.5.12
	함평군 생태관광 활성화 및 지원 조례	2023.9.27
	신안군 생태관광 육성 및 지원에 관한 조례	2022.12.28

2 환경(E) 부문 사례: 제주특별자치도

제주도는 명실공히 우리나라 최고의 자연관광지로 꼽힌다. 2002년에는 한라산 천연보호구역과 효돈천, 문섬, 범섬, 섶섬일대 등이 '생물권 보존지역'으로 지정되었다. 유네스코 세계유산위원회에서 2007년 '제주도 화산섬과 용암동굴'을 세계자연유산으로 공식 등재한 이래 그 '탁월한 보편적 가치(outstanding universal value)가 꾸준히 인정받고 있다. 2010년에는 제주도 전역이 세계지질공원으로 인증받아 세계에서 유일하게 유네스코 자연과학 분야 3관왕을 기록하고 있다.

제주특별자치도 생태관광은 생물권 보전지역 평대리, 호근동, 하례리, 저지리, 람사르 습지보호지역 수망리와 선흘1리, 세계자연유산 선흘2리가 생태관광을 주민주체로 일궈가고 있다. 2015년 10월 전국 최초로 「제주 생태관광 육성 및 지원에 관한 조례」를 제정했으며, 조례에 의해 2016년에는 '제주 생태관광 육성위원회'가 구성되었고, '제주 생태관광지원센터'가 설치되어 (사)제주생태관광협회에서 위탁운영하고 있다.

제주도에서 친환경 관광활동이 돋보이는 지역은 우도이다. 우도는 한 해 방문객수가 100만 명 이상으로 늘어남에 따라 2017년 8월 외부 자동차 우도 진입을 금지하고, 전기버스와 전기자전거를 주요 교통수단으로 사용하고 있다. 타 지역에서는 실패했으나 우도의 카페와 음식점에서 잘 정착된 제도가 '다회용컵보증제'이다. 우도는 관광활동 관련 쓰레기가 하루 5톤씩 쏟아져 나오는 반면, 자체 쓰레기 소각시설은 1~2t에 불가하여 외부로 쓰레기를 반출하여 처리해야 했고, 이를 위해 해변에 쓰레기를 쌓아두거나 방치했었다. 제주관광공사는 '다회용컵보증제'를 우도에서 실시해보자는 '청정우도프로젝트' 아이디어를 냈다. 2021년 8월부터 3년 간 시범사업으로 시행되어, 청정 우도를 지키겠다는 지역주민들의 실천의지와 행정기관의 지원, 한 해 100만 명 이상 우도를 찾는 관광객들의 자발적인 참여로 이어지고 있다. 이러한 노력으로 보증금제를 도입한 카페 등에서 발생하는 1회용품 쓰레기가 종전보다 20% 수준으로 줄어드는 성과를 내었다(ESG 경제, 2023).

제주녹색구매지원센터에서 추진하는 '녹색 관광지 만들기' 사업도 눈여겨 볼만하다. '그린카드'는 환경부에서 국민들이 온실가스 감축을 위해 저탄소·녹색소비 생활을 실천하면 경제적인 혜택인 에코머니 포인트를 제공하는 카드이다. 도 내 사설 관광지 14곳을 지정하여 저탄소·녹색소비 생활을 실천하면 에코머니 포인트를 제공한다. 또한 제주도 산하 관광·문화시설인 거문오름, 비자림, 제주도립미술관, 제주현대미술관, 제주별빛누리공원, 천제연폭포 등 28개 시설에서 그린카드 소지자에게 입장료 면제 및 사용료 50% 할인혜택을 제공한다(제주환경일보, 2023).

제주특별자치도는 「제주특별자치도 생태관광 육성 및 지원에 관한 조례」를 제정(2022.12.30)했으며, 생태관광육성위원회 심의·자문, 생태관광 육성을 위한 재정 지원 등을 위한 법적, 행정적 토대를 갖추었다. 또한 제주관광공사는 친환경 여행문화 확산과 저탄소 관광 생태계 구축에 힘쓰는 등의 사회적 공로를 인정받아 4년 연속 지역사회공헌 인정기관에 선정되었고, 2023년에는 국내에서 가장 우수한 사회공헌 기관·기업에 해당하는 '보건복지부장관 표창'을 수상하였다. 제주도의 친환경관광 관련 주요 정책과 성과는 다음 〈표 12-5〉와 같다.

표 12-5 제주특별자치도 친환경 여행문화 확산 정책과 성과

사업	효과
친환경 그린 제주 캠페인	연간 총 6.04톤 쓰레기 수거
재생 타올 업사이클링 프로젝트	제주 숙박 사업자의 폐기물 비용절감 체계적인 수거 플랫폼을 구축
청정 우도를 위한 관광 분야 자원순환 프로그램 추진	우도 플라스틱 발생량의 41% 수거 우도 입장객 기준 재활용 폐기물 전년 대비 10% 감량 친환경 여행지 선정
'세상에 E-RUN TRIP', 친환경 관광프로젝트	전국 최초 ISO 기반 친환경 행사 국제인증 획득
해양쓰레기 팝업 전시/스토어 필터(filter/必터)	전시기간(3주) 6,860명 방문, 해양쓰레기 3.7톤 수거

출처: 제주관광공사(2023), 제주관광공사 4년 연속 지역사회공헌 인정기관 선정 보도자료.

제3절 사회(S) 관점의 정책과 사례

1 사회(S) 관점의 지역관광 정책

사회(S) 부문은 주로 고객 안전과 보건, 다양성과 양성평등, 지역사회 발전과 참여에 기여, 사회적 차별금지, 지역사회와의 관계, 열악한 고용조건 개선, 노동권 보장 등과 같은 사회적 가치를 포함한다. 관광에서는 '공정관광(fair tourism)', '복지관광(social tourism)', '도덕적 관광(moral tourism)', '책임관광(responsible tourism)', '지역기반 관광(community-based tourism)', '무장애 관광(barrier-free tourism)', '열린관광, 접근가능 관광(accessible tourism)' 등의 관광행태가 이러한 ESG의 사회(S) 관련 철학적 의미를 내포한다.

정부는 국민의 균등한 관광활동 여건을 조성해 관광향유권을 보장하고, 무장애 관광수요 증가,[3] 고령사회 진입에 따른 관광수요 변화에 대처하기 위해 2015년부터 열린 관광환경 조성사업을 추진하고 있다. 장애인, 고령자, 영유아 동반가족, 임산부 등 관광취약계층이 편리하고 안전하게 여행할 수 있는 열린관광지 조성을 골자로 하는 사업이다. 이 사업에 따라 2023년 기준 전국에 총 132개소의 열린관광지를 조성했으며, 무장애 여행코스 발굴, 무장애 여행정보 DB 개선, 무장애 관광정보 플랫폼 고도화 등을 추진하고 있다. 또한 행정가 · 관광지 종사자 · 문화관광해설사 대상 인식개선 교육을 실시하고, 투어케어 전문인력 양성과 '나눔여행' 프로그램으로 취약계층을 대상으로 여행기회를 제공하며 휠체어 탑승가능한 관광교통수단 도입 등의 사업을 추진 중이다.

지방자치단체에서도 누구나 안전하고 편리하게 여행할 수 있도록 관련 조례를 제정하여 제도를 정비하고 행정력을 발휘하여 무장애 관광과 열린관광을 구현하고 있다. 「관광약자를 위한 관광환경 조성 조례」는 인천, 부산, 울산, 대구, 전북, 강원, 제주, 충북, 경남 등 9개 광역 시 · 도와 서울 중구, 부산 해운대구 · 영도구 · 남구 · 동래구 · 중구, 대구 군위군 · 동구 · 수성구 · 달서구 · 남구, 대전 동구, 광주 광산구 ·

---

3) 한국관광공사(2023)에 따르면 총인구 수 대비 장애인 및 고령자 등의 관광취약 계층 수는 약 29.4%를 차지하고 있다.

동구 · 북구 · 남구, 울산 중구, 경기 안산시, 경북 경주시, 전북 김제 · 전주 · 완주 · 남원 · 익산, 강원 양양 · 속초 · 동해 · 춘천, 전남 고흥 · 영광 · 완도 · 곡성 · 장흥 · 순천, 충남 논산 · 서천 · 태안 등 37개 기초 시 · 군 · 구에서 시행 중이다.

「관광약자를 위한 관광환경 조성조례」와 유사한 지방자치 법규로 「무장애관광 관광환경 조성 및 지원 조례」와 「열린관광 환경 조성 및 지원 조례」가 있다. 경기도, 경북, 광주, 대구, 세종, 인천, 전남, 충남 등 8개 광역 시 · 도와 광주 광산구 · 동구, 전남 나주 · 목포 · 여수 · 해남, 인천 남동구 · 중구, 대전 유성구, 대구 서구 · 북구 · 수성, 충남 태안군, 전북 전주시 등 14개 기초 시 · 군 · 구에서 「무장애관광 관광환경 조성 및 지원 조례」가 시행되고 있다. 「열린관광 환경 조성 및 지원 조례」를 설치하여 시행중인 지방자치단체는 경상남도 김해시와 경기도 수원시 두 개 지역이다.

무장애 관광이란 관광지, 관광상품 및 관광서비스를 접근, 이용, 이동 등을 하는데 불편을 느끼지 않는 관광활동을 말한다. 장애인, 노약자, 임산부 등 누구에게나 문턱없이 열려있는 관광을 뜻한다. "관광약자"란 「관광진흥법 시행령」 제41조의3에 따른 관광취약계층 및 장애, 노령, 인신 등으로 이동과 시설이용 및 정보접근 등의 제약으로 인해 관광활동이 어려운 사람을 말한다. 「서울시 관광진흥조례」 제3조는 "모든 시민은 누구든지 성별, 종교, 인종, 세대, 지역, 사회적 신분, 경제적 지위나 신체적 조건 등에 관계없이 자유롭게 관광활동에 참여하고 관광을 향유할 권리"라고 명시하고 있다.

표 12-6 2024년도 열린관광지 선정 현황

지자체	개수	관광지점(총 30개소)
고창	2	동호해수욕장(동호국민여가캠핑장), 복분자 유원지(고창국민여가캠핑장)
구미	2	금오산 올레길&에코힐링 숲, 구미 에코랜드
당진	2	합덕제 수변공원, 솔뫼성지
보은	2	속리산 법주사, 속리산 테마파크
안동	2	월영교, 선성현문화단지
연천	3	재인폭포공원, 연천 재인폭포 오토캠핑장, 한탄강댐
영덕	2	고래불해수욕장, 괴시리 전통마을
울산	3	장생포 고래문화특구, 대왕암 공원, 강동 오토캠핑장
전주	3	전주수목원, 팔복예술공장, 전주 한벽 문화관

창원	3	여좌천, 진해해양공원, 창원의 집(역사민속관)
춘천	3	삼악산호수케이블카, 김유정 레일바이크, 애니메이션박물관&토이로봇관
파주	3	공릉관광지, 마장호수, 임진각 관광지

출처: https://access.visitkorea.or.kr/announce/detail.do?bbsNo=106

서울관광재단은 2019년부터 관광약자의 편리한 서울 관광을 위해 서울다누림 버스·미니밴 및 여행용 보조기기 대여 서비스를 실시하고 있다. 서울관광재단에서 운영중인 서울다누림 버스와 미니밴은 총 7대로, 휠체어석 8석과 일반석 21석을 보유한 서울다누림 버스 1대, 휠체어석 2석과 일반석 7석을 갖춘 미니밴 6대를 보유하여 운영중이다. 여행용 보조기기 대여 서비스도 실시 중이며 수전동 휠체어, 이동식 경사로, 이동형 리프트 등 15종 34점을 대여받아 최대 7일까지 무료로 이용할 수 있다.

사회적 약자 보호와 이해관계자 간 공정한 거래를 지향하는 등의 사회적 가치를 내포하는 공정관광도 비슷한 맥락이다. 공정관광이란 관광객, 지역주민, 관광사업자가 관광행위가 이루어지는 지역사회 구성원들의 삶과 문화, 환경 등을 보전하면서 공정한 거래가 이루어지도록 하는 것을 목적으로 하는 관광으로 정의된다. 서울시를 비롯한 27개 지방자치단체에서는 「공정관광 육성 및 지원조례」를 설치하여 법제화하고 있다. 구체적으로, 서울, 경기, 경남, 경북, 대전, 부산, 울산, 전북, 전남, 제주도를 포함한 10개 광역 시·도와, 경남 고성, 인천 남동구, 대전 동구·서구·유성구, 전남 목포시, 부산 동래구, 서울 강동구·마포구·중구, 강원 속초시·양구군·연천군, 경기 시흥시·파주시, 울산 울주군, 전북 전주시 등 17곳의 기초 시·군·구에서 공정관광 관련 조례가 설치되어 시행 중이다.

2 사회(S) 부문 사례: 안산시

안산시는 2020년 10월 7일 「관광약자의 접근 가능한 관광환경 조성 조례」를 제정하였다. 조례에 따라 안산시 복지관광 자문위원회를 두고 접근가능한 관광환경 기본계획, 제도개선, 조사연구 및 정보수집, 시민 홍보 등에 관한 사항을 자문 및 심의할 수 있도록 법제화하고 있다. 위원회는 문화체육관광관련국장, 복지관련국장, 건축관련국장, 환경교통관련국장을 당연직 위원으로 두고 시의원, 장애인 단체 대표, 전문가 등으로 구성하도록 규정하였다. 조례에 의거 관광약자를 위해 관광 편의시설 확충, 관광안내책자 발간 및 홍보, 맞춤형 관광코스 및 프로그램 개발, 전문인력 양성, 모니터링 및 평가 등 관련 사업을 시행하고 있다.

안산시 관광약자의 접근 가능한 관광환경 조성 조례

제1조(목적) 이 조례는 안산시의 관광약자를 위한 접근 가능한 관광환경을 조성하기 위해 필요한 사항을 정하여 관광약자의 이동권과 접근권을 보장함으로써 관광향유권의 확대와 복지관광 활성화에 기여함을 목적으로 한다.

제3조(기본계획 수립) ① 시장은 안산시의 관광약자를 위한 접근 가능한 관광환경 조성을 위해 장 · 단기 기본계획(이하 "기본계획"이라 한다)을 수립해야 한다.

② 제1항에 따른 기본계획에는 다음 각 호의 사항이 포함되어야 한다.

1. 접근 가능한 관광환경 조성의 기본방향 및 목표
2. 접근 가능한 관광상품 등의 개발 · 보급 · 육성 방안
3. 접근 가능한 관광환경 조성 모니터링 및 평가
4. 접근 가능한 관광환경 조성 및 활성화를 위한 홍보활동
5. 관광약자의 정보접근성 향상 방안
6. 접근 가능한 관광환경 조성에 필요한 재원확보 및 효율적 운용방안
7. 그 밖에 접근 가능한 관광환경 조성과 복지관광 활성화에 필요한 사항

제4조(대상시설의 범위 및 설치기준) ① 대상시설의 범위는 다음 각 호의 사항 중 시장이 지정하는 시설 및 설비를 말한다.

1. 「장애인 · 노인 · 임산부 등의 편의증진 보장에 관한 법률」 제7조 및 같은 법 시행령 제3조의 별표 1의 시설 중 관광관련 시설
2. 「교통약자의 이동편의 증진법」제9조 및 같은 법 시행령 제11조의 별표 1의 시설 중 관광 관련 시설 및 수단
3. 「관광진흥법」 제3조에 따른 관광사업
4. 그 밖에 시장이 대상시설로 지정할 필요가 있다고 인정하는 시설 및 설비

안산시에서 추진하고 있는 무장애 관광 지원사업으로 대부도 관광안내소에 휠체어와 유모차 등 '무장애 물품 내여 사업'이 있다. 또 시내에 있는 휠체어 대여소 등 관련 정보를 안산시 문화관광 홈페이지에 탑재하여 시민들이 편리하게 이용하도록 도움을 주고 있다. 안산시는 무장애 관광지를 조성하여 누구나 이용할 수 있는 관광환경을 만들어 가고 있는데, '안산산업역사박물관', '시화호 조력발전소', '바다향기수목

원', '안산어촌민속박물관', '경기도미술관', '유리섬박물관', '성호박물관', '안산갈대습지' 등 8곳이 경기도 무장애 경기관광지로 선정되었다. 안산 대부도에 위치한 바다향기수목원의 '무장애숲길'은 경사도를 8% 이하로 낮추고, 길의 폭을 1.5m 이상으로 넓혀 보행약자가 불편 없이 휠체어나 유모차로 자유롭게 숲을 이용할 수 있다. 이와 함께 무장애관광 안내서인 『안산시 장애인 문화관광 가이드북』을 발간하기도 했다.

한편 안산시 원곡동 다문화거리는 주민의 82%가 이주 외국인으로 구성되어 다문화특구로 지정되어 있다. 반월공단, 시화공단 등 외국인 근로자들의 일자리가 안산 주변으로 형성되어 있어, 다문화음식거리 역시 자연스럽게 생겨났다. 이주민과 선주민의 공존과 다양성이 존중되는 사례지로, 중국, 러시아, 베트남, 인도, 우즈베키스탄, 인도네시아, 스리랑카 등 90여 개 아시아권 식당뿐 아니라 아시아 마트가 자리하고 있어 다양한 음식과 물품을 접할 수 있다. 2009년 경기도는 이 지역을 '음식문화시범거리'로 지정했다. 안산시에서는 다문화거리 음식과 주변 관광지를 연계한 '안산 다문화거리 미식투어 사업'을 추진하고 있다. 다문화거리 관광자원과 연계하여 음식과 역사, 문화를 즐길 수 있는 체험프로그램을 운영하고, 이국적인 음식과 식재료, 생활양식, 문화 등을 스토리텔링화하여 지역상생과 지역경제 활성화를 도모하고 있는 점에서도 사회(S) 부문 정책사례로 볼 수 있다.

제4절 거버넌스(G) 관점의 지역관광 정책과 사례

1 거버넌스(G) 관점에서 지역관광 정책

지방자치단체에서 관광 행정의 전문성과 투명성 제고 등을 위한 법제도적 장치는 주로 주민참여 등을 규정하고 있는 '위원회 제도'의 도입이다. 이러한 거버넌스(G)에 관한 지역관광 정책으로는 '관광협의회', '관광자문위원회', '축제추진위원회' 등을 꼽을 수 있다.

「관광진흥법」 제48조 제9항은 관광사업자, 관광 관련 사업자, 관광 관련 단체, 주민 등이 공동으로 지역관광 진흥을 위한 '협의회'를 설립할 수 있도록 규정하고 있다.[4] 협의회는 지역내 관광진흥을 위한 이해관계자가 고루 참여해야 하며, 지방자치단체장의 허가를 받아 법인으로 한다. 주요 업무는 지역의 관광수용태세 개선을 위한 업무, 지역관광 홍보 및 마케팅 지원 업무, 관광사업자, 관광 관련 사업자, 관광 관련 단체에 대한 지원, 기타 지방자치단체로부터 위탁받은 업무이다.

경상남도와 인천광역시를 포함한 12개의 지방자치단체에서 '관광자문위원회'를 두는 조례를 시행하고 있다. 주로 지역의 관광자원 개발과 관광객 유치 촉진, 관광마케팅, 관광발전 추진 등에 관한 자문을 목적으로 한다. 경상남도, 경남 밀양, 경북 안동, 강원 홍천은 '관광정책 자문위원회'를, 인천, 서울 중구, 경남 창원, 충북 청주 등은 '관광진흥위원회'를 전북 익산과 정읍은 '관광발전위원회'를 군포시는 '문화콘텐츠 사업 추진위원회'를 두는 것을 조례로 규정하고 있다.

표 12-7 지역 관광정책 자문위원회 조례 실치 현황

구분	지역	법령명	시행일자
광역 (2)	경상남도	경상남도 관광정책자문위원회 구성 및 운영 조례	2024.2.15
	인천광역시	인천광역시 관광진흥위원회 구성과 운영에 관한 조례	2023.12.29
기초 (10)	서울특별시 중구	서울특별시 중구 관광진흥위원회 조례	2011.3.30
	경기도 군포시	군포시 문화관광 콘텐츠 사업 추진위원회 구성 및 운영에 관한 조례	2020.9.29
	경상남도 밀양시	밀양시 관광정책자문위원회 구성 및 운영 조례	2019.10.31
	경상남도 창원시	창원시 관광진흥위원회 설치 및 운영 조례	2022.4.29
	경상북도 안동시	안동시 관광정책자문위원회 구성 및 운영 조례	2020.4.17
	전북특별자치도 익산시	익산시 문화관광발전위원회 설치 및 운영 조례	2020.1.8
	전북특별자치도 정읍시	정읍시 관광발전위원회 설치 및 운영 조례	2019.7.1
	충청북도 청주시	청주시 관광진흥자문위원회 조례	2015.10.8
	충청남도 태안군	태안관광 · 레저형 기업도시 자문위원회 설치 및 운영 조례	2022.12.9
	강원특별자치도 홍천군	홍천군 관광정책 자문위원회 구성 및 운영 조례	2012.9.25

4) 제48조의9(지역관광협의회 설립) ① 관광사업자, 관광 관련 사업자, 관광 관련 단체, 주민 등은 공동으로 지역의 관광진흥을 위하여 광역 및 기초 지방자치단체 단위의 지역관광협의회(이하 "협의회"라 한다)를 설립할 수 있다.

1995년 문화관광축제 제도가 도입된 이래 많은 지역에서 지역축제를 개최하고 있으며, 전국적으로 개최되는 지역축제 수는 약 1,200여 개에 이른다. 이 중 우수한 축제를 선별하여 정부는 문화관광축제로 선정·지원한다. 지역축제에 관한 조례도 무려 249개에 이르고 있다. 「축제의 지원 및 육성에 관한 조례」, 「축제추진위원회 설치 및 운영에 관한 조례」, 「축제 운영 조례」, 「축제 지원 조례」, 「축제장 셔틀버스 운영 조례」, 「축제 관리 및 지원 조례」, 「축제관광재단 설립 및 지원 조례」, 「축제 발전 및 운영에 관한 조례」 등이다.

최근 문화체육관광부와 한국관광공사는 주민과 업계, 지방자치단체 등이 협의체를 구성해 지역관광의 역량을 결집하고 주도적으로 이끌어가는 '지역관광추진조직(DMO)'을 선정하여 지원하고 있다. 지난 2020년부터 지역관광 현안을 해결하고, 지역관광 대응력을 강화하기 위해 추진 중인 이 사업은 2024년에는 총 22개의 '지역관광추진조직'이 선정되었다. 이 중 영월문화관광재단 등 10개는 신규로 선정되었으며, 밀양문화관광재단 등 7개소는 계속지원 대상이고,[5)] 전주를 포함한 5개의 '관광거점도시'가 지정되어 있다. 관광거점도시는 전북 전주시, 부산광역시, 전남 목포시, 경북 안

표 12-8 2024년도 지역관광추진조직(DMO) 선정 현황

단계	광역	기초	사업자명
1단계 (1~2년)	강원	영월군	(재)영월문화관광재단
		횡성군	(재)횡성문화관광재단
	경북	영덕군	(재)영덕문화관광재단
		청도군	(사)경북시민재단
	광주	동구	동구문화관광재단
	전북	김제시	사회적협동조합 김제농촌활력센터
2단계 (3~5년)	강원	동해시	(재)동해문화관광재단
	전남	강진군	(재)강진군문화관광재단
		신안군	(사)신안군관광협의회
	충북	영동군	영동축제관광재단

5) (재)밀양문화관광재단, 협동조합하동주민공정여행 놀루와(하동군), (재)완주문화재단, 협동조합봉황대(김해시), (재)남해군관광문화재단, (사)평창군관광협의회, 주식회사행복한여행나눔(홍성) 등 7개소는 계속 지원 대상으로 선정되었다.

동시, 강원 강릉시로 사업자는 각각 '전주관광마케팅 주식회사', '부산관광공사', '목포문화재단', '(사)안동시관광협의회', '강릉관광개발공사'가 맡고 있다. DMO 지원사업은 주민과 업계, 지방자치단체의 공동협의체로 혁신적 행정관리 방식으로 전환하여 지역관광 분야에서 거버넌스(G)를 획기적으로 개선시킨 사례로 볼 수 있다.

지방자치단체에서 관광부문에 ESG 관련 부패 이슈나 감사위원회 구성, 윤리적 경영 등 거버넌스(G)를 강조하거나 제도를 도입한 사례는 찾아보기 어려운 것이 사실이다. 관광은 관광객의 활동이 중심이 되고, 지역주민과 구성원의 행복추구권을 보장하기 위한 공공정책을 집행하는 것이 주된 정부의 역할이므로 사익이 배제되기 때문이다. 한편으로 '공정관광', '책임관광', '지역 기반 관광'은 지역주민 참여와 도덕적이고 정의로운 소비라는 관점에서 거버넌스(G) 관련 관광행태로 볼 수 있다. 정부는 이러한 관광행태를 장려하고 촉진시킴으로써 지역관광에 거버넌스(G)의 건전성과 투명성을 도모할 수 있을 것이다.

2 거버넌스(G) 부문 사례: 강릉커피축제

강릉시는 시에서 추진하거나 지원하는 각종 축제의 효율적인 추진으로 경쟁력 있는 축제를 육성하여 대한민국 대표축제로 발전하도록 지역축제의 발전과 운영에 관한 사항을 규정함을 목적으로 「강릉시 축제 발전 및 운영에 관한 조례」를 설치하여 시행하고 있다. 조례 제2조(정의)에서 "축제"란 강릉시에서 경비의 일부 또는 전부를 지원하거나 직접 추진하는 관광진흥, 지역 고유문화 창달, 지역특산물 홍보 등을 목적으로 개최되는 행사로서 종합적인 프로그램으로 구성되고 개최 시기가 정례적으로 주기성을 띠는 경우로 정의한다.

조례는 강릉시 축제심의위원회 설치와 역할을 주요 골자로 하고 있다. 위원회는 ① 관광 · 문화 · 예술 · 안전 분야 전문가, 관광 분야 교수, 사회단체 또는 시민단체 대표 및 기관장, ② 관광 · 문화 · 예술축제에 관한 경험과 학식이 풍부한 사람, ③ 강릉시 소속 5급 이상 공무원으로 구성한다. 조례에 따라 위원회는 축제에 관한 사항을 심의하고 조정하는데, 축제추진주체는 매년 축제계획서를 위원회에 제출해야 하고 위원회는 이를 심의하여 예산에 반영한다. 위원회는 축제결과에 대한 사후 평가를 실시하고 그 결과를 공개하며, 각 축제 추진주체는 평가결과의 개선・보완사항과 예산 지원에 대하여 다음 축제에 반영하여야 한다. 기능 수행을 위하여 필요한 경우 관계자를 출석하게 하여 의견을 듣거나 주민의 의견을 청취하기 위하여 토론회, 공청회 등을 개최할 수 있고, 시장은 축제개최 결과보고서(평가서 포함)를 시청 홈페이지에 공고하여야 한다.

'강릉커피축제'는 지역커피숍이 주축이 되어 2009년 국내에서 처음으로 커피를 주

강릉시 축제 발전 및 운영에 관한 조례

제3조(축제심의위원회의 설치) 축제를 효율적으로 추진하기 위하여 강릉시 축제심의위원회(이하 "위원회"라 한다)를 설치할 수 있다.

제5조(위원회의 기능) 위원회는 다음 각 호의 사항을 심의 · 조정한다.

1. 축제와 관련된 기획과 집행에 관한 사항
2. 축제의 발전연구 및 지원에 관한 사항
3. 축제계획의 심의에 관한 사항
4. 축제 개최결과의 평가대상 및 평가에 관한 사항
5. 축제의 통폐합 및 대표축제의 발굴에 대한 사항
6. 그 밖에 축제와 관련하여 위원장이 필요하다고 인정하는 사항

제10조(축제계획서 제출 및 심의) ① 각 축제(국도비 지원사업을 포함한다)의 추진주체는 다음 해 축제에 관한 계획서를 매년도 7월 31일까지 위원회에 제출하여야 하며, 위원회는 이를 심의한다. 〈개정 2024.3.27〉

② 위원회의 심의를 거친 축제는 예산에 반영할 수 있다.

제11조(재정지원) ① 시장은 축제의 육성 발전을 위하여 위원회의 심의를 받은 다음 각 호의 어느 하나에 해당하는 축제에 대하여 예산의 범위에서 경비의 일부 또는 전부를 지원할 수 있다.

1. 관광진흥을 위한 축제
2. 지역 고유문화 창달을 위한 축제
3. 지역특산물 홍보를 통한 지역 소득창출을 위한 축제

제12조(축제에 대한 평가) ① 축제(국도비 지원사업을 포함한다)에 대한 평가를 할 때에는 종료 후 60일 이내에 축제개최 결과보고서를 위원회에 제출하여야 한다. 〈개정 2024.3.27〉

④ 위원회는 축제결과에 대한 사후 평가를 실시하고 그 결과를 공개하며, 각 축제 추진주체는 평가결과의 개선 · 보완사항과 예산지원에 대하여 다음 축제에 반영하여야 한다.

제로 개최되기 시작한 지역축제이다. 2023년에는 특히, ESG 축제를 표방하여 축제기간인 4일 동안 방문객 약 42만 명으로 성황리에 종료되었다. '친환경축제(E)'를 위해 모든 컵을 종이컵으로 입장할 때 제공하며 퇴장 시 전량 회수하여 다음해 축제 홍보물로 업사이클된다. 커피라운지 참여업체에게는 일회용품 사용을 금지시켰다. 휠체어 리프트 셔틀버스, 휠체어 대여 등 불편함 없는 축제환경 조성과 시설 구축으로 '무장애 축제(S)'를 구현하고자 했다. '축제장에서는 모두가 커피人 축제'(G)를 슬로건으로 강릉청소년들이 바리스타가 되어 직접 커피를 제공토록하는 부스를 마련하여 청소년의 꿈을 지원했다(강릉시, 2023). 이 밖에 축제에서는 강릉시 사회적경제기업에 판로를 지원하고 협업체계를 구축하기 위해 사회적경제 홍보부스 존을 별도로 마련하고 강릉시 관할 사회적기업, 협동조합, 마을기업, 자활기업, 창업팀을 대상으로 무료 판매부스에 입점하도록 지원했다.

제5절 결론

1 소결

지방자치단체에서 ESG 관련 지역관광 정책에 어떤 사례들이 있으며, 어떻게 법제도화하여 행정적 실행력을 갖고 실제 구현되고 있는지 살펴보았다. ESG 개념이 확산되고 생태계가 구축되기 시작한 것은 비교적 최근이라지만, ESG는 지속가능성에 기반을 둔 오랜 역사를 배경에 두고 있다. 이와 마찬가지로 관광에서도 지속가능한 관광, 공정관광, 책임관광 등 유사한 사례를 찾아볼 수 있다. 다만, 지방자치단체에서 관광 관련 통합적인 ESG 정책 진단 체계 구축은 아직까지 미비하다. 관광활동은 일반제품과 달리, 관광지 현장에서 관광활동 체험(소비)과 동시에 생산이 이뤄진다. 여기에는 관광객, 관광기업, 지역주민, 지역활동가, 행정가 등 다양한 이해관계자들이 영향을 미친다. 관광기업의 ESG 경영 확산을 위한 담론들과 정책뿐만 아니라 지방자치단체에서 지역의 지속가능한 관광을 발전시키기 위해 ESG에 관심을 갖고 나서야 하는 이유이다.

2 정책 제언

현재 관광에서 ESG 실천 전략은 주로 관광 관련 기업의 친환경 경영부문에 치중해 있다. 기업의 비재무적 요소가 평가항목으로 적용되고 기업이미지가 소비와 직결되는 사회적 분위기에 따라 공기업에서도 ESG 경영을 도입하고 있다. 일반적으로 ESG는 기업의 비재무적 가치 및 투자 관점에서 시장의 자율성을 기반으로 작동하기 때문에, 정부의 지나친 개입에 대해 회의적인 부분도 있다. 아직까지 관광부문에서 ESG를 전략적으로 도입한 지방자치단체 사례는 드물다. 정부는 사회구성원이 새로운 ESG 생태계에서 혼란을 최소화하고, 보다 건전하고 지속가능한 관광환경으로 발전시켜나가도록 지침을 마련할 필요가 있다. 이에, 지방자치단체가 ESG 관련 관광부문을 활성화하여 진취적으로 나아가기 위한 제도적 개선방안을 다음과 같이 제언하고자 한다.

첫째, 'ESG 관련 관광 실태조사'이다. 지역사회에 흩어져 있는 ESG 관련 관광자원, 관광상품, 관광기업, 지역주민의 인식 등 전반적인 지역관광의 실태를 ESG 관점에서 파악하는 것이 최우선적으로 고려되어져야 한다. 둘째, 가칭 'ESG 관광 민관협의회' 구성이다. 2022년 말에 7개 중앙부처와 대기업 중심단체 또는 민간인이 참여하는 ESG 민관협의회가 출범하여 2023년 3월 제1회 회의가 개최되었다. 관광부문에서도 이러한 거버넌스 체계가 요구된다. 민관협력체계 구축과 활발한 의사소통으로 지역만의 특색을 담은 ESG 관광 관련 정책을 고도화시키고 정책결정을 논의할 수 있다. 셋째, 지역과 상생하는 관광문화 확산이다. 주거밀집지역 등 일상 생활공간의 관광지화(touristification)에 따른 문제를 극복하기 위해 관광객 대상 에티켓에 대한 인식을 확산, 적극 안내하고 홍보하며, 상점 앞과 내 집 앞 쓰레기 수거 등을 생활화하도록 지방자치단체에서 지침을 마련해 실행해야 한다. 넷째, ESG 관광환경 조성과 활성화를 위한 조례 제정이다. 좀 더 심도있는 논의와 합의를 통해 지역기업체, 지역주민, 행정관료 등 지역구성원 모두가 관광 분야에서도 ESG 관련 항목들을 이해하고 실천의지가 확산될 수 있도록 행정적 토대가 마련되어야 한다.

최근 지방자치단체에서 ESG 가치를 담은 관광환경 조성과 육성을 위한 조례가 전략적으로 도입되고 있고, 그 중요성에 대한 인식도 점차 확산되고 있다. 다만, 타 지역의 조례를 그대로 복사하여 졸속하게 지역 조례 제정을 추진할 수 있다는 점이 우려된다. 이는 지방자치단체 리더와 정책입안자의 이미지 포장용으로 악용되는 것이며, 명백한 위장 환경주의, 즉 '그린워싱'에 해당된다. 지역의 특색을 면밀히 조사하여 장기적이고 체계적인 전략수립이 필요하다. 리더의 역할이 매우 중요하다. 지방자치단체장은 지역구성원에게 지속가능한 관광환경 조성을 위한 ESG 관련 관광정책을 발굴하고 실천하도록 힘을 쏟아야 한다. 기업가, 지방의회, 지역주민, 행정관료 등 지역사회 모든 구성원들의 참여로 지역은 변화하고 지속가능한 성장과 발전을 향해 나아갈 수 있기 때문이다. 지역주민과 상생하는 지속가능한 관광발전 전략으로 ESG를 채택하여 적용하는 것은 선택이 아닌 필수가 되었다. 탄소중립을 당장 실천에 옮기거나 자신에게 직접 연관되는 사항으로 인식하지 않는 경향이 있어 탄소중립 달성을 위한 관광사업자와 관광객의 인식개선을 도모하는 것도 지방자치단체의 과제이다.

참고문헌

강릉시(2023a). 보도자료, 산불피해 돕고 싶다면 강릉으로 여행오세요!

강릉시(2023b). 『제15회 강릉커피축제 평가용역 보고서』.

관광두레 홈페이지, https://tourdure.visitkorea.or.kr/home/intro/in/prtnSystm.do

김경하 · 이은창 · 정유진(2021). 펜데믹의 깊은 잠에서 깨어나는 관광업계. 『DBR』, 제332호. Available: http://dbr.donga.com/article/view/1202/article_no/10234/ac/m_editor

문화체육관광부(2020). 『지속가능한 관광을 위한 정책방안 및 신규과제 발굴 연구』.

문화체육관광부(2022). 『제4차 관광개발기본계획(2022~2031)』.

문화체육관광부(2023). 『2022년 기준 관광동향에 관한 연차보고서』.

산업통상자원부(2020). 『건강한 미래를 위한 에너지전환, 참여와 소통으로 만들다』.

서울경제. 지역관광 주도할 '2024 지역관광추진주지(DMO)' 22개소 선정. available: https://www.sedaily.com/NewsView/2D6LFRQFTX

송수엽 · 박상곤 · 박효연 · 황지연(2022). 『관광기업의 ESG 경영환경 조성을 위한 정책 방안 연구』 한국문화관광연구원.

양세훈 외(2023). 『(11개의 키워드로 알아보는) 지방정부 ESG』. 파주: 이담북스.

여행신문, https://www.traveltimes.co.kr/news/articleView.html?idxno=404964

여행신문, https://www.traveltimes.co.kr/news/articleView.html?idxno=405083

제주관광공사(2023). 제주관광공사 4년 연속 지역사회공헌 인정기관 선정 보도자료.
제주도 녹색구매지원센터(2023). 보도자료.
제주도의회(2023). 『2023년 10월 도내·외 주요정책 동향』.
한국관광공사(2022a). 『뜨는 관광에는 이유가 있다』.
한국관광공사(2022b). 『미국 관광분야 ESG 현황 조사』.
한국관광공사(2023). 『2024년 관광트렌드 전망 및 분석보고서』.
한국관광공사 홈페이지 열린관광, https://access.visitkorea.or.kr/announce/detail.do?bbsNo=106
ESG 경제(2023). 지자체 ESG 현장 가다.

CHAPTER 13

비선호시설과 ESG

사득환

제1절 서론

1 비선호시설의 정의와 유형

1) 비선호시설의 정의

비선호시설(非選好施設)이란 사회전체적 차원에서 편익을 제공하고 공공재적 성격을 갖는 시설이기에 국가적 차원에서는 필요한 시설이지만, 지역적 차원에서는 적극적으로 선호하지 않는 시설을 의미한다(김금식 · 이선우, 2018; 조경훈 · 정경락, 2020. 31; 최윤영 · 송형주 · 김종호, 2023: 162).

비선호시설은 통상 님비(NIMBY)나 혐오시설, 위험시설 등으로 혼용해서 사용되어 왔다. NIMBY는 공공의 이익에는 부합하지만 자신의 지역에는 이롭지 아니한 시설을 반대하는 행동을 일컫는다. Not In My Backyard의 약자로 "내 뒷마당에는 안 돼"를 지칭한다.[1] 쓰레기 소각장, 교도소, 화장장 등과 같이 많은 주민들이 혐오하거나 지가가 떨어질 것을 우려하여 자신이 거주하는 지역에 입지하는 것을 반대하는 것을 말한다. 즉, 자신의 인근에 위험하거나 해롭다고 여겨지는 무엇인가의 입지를 반대하지만, 다른 지역 어딘가에 들어서는 것에 대해서는 반대하지 않는 사람들의 태도이다.

NIMBY는 주로 주민과 중앙정부, 주민과 지방자치단체, 지방자치단체와 지방자치단체 사이에 발생하는데, 이는 거주지역의 이익을 우선시하기 때문이다. 이와 같이 부정적인 의미를 가지는 시설이나 인프라에 대해 지방자치제도가 발전하고, 정보통신의 발달에 의한 정보제공 속도의 증대 및 많은 양의 정보 확산 등으로 인해 NIMBY, 혐오시설, 위험시설 등의 개념을 포괄하는 '비선호시설'이라는 용어로 확대되었다(최윤영 · 송형주 · 김종호, 2023: 164).

비선호시설이라는 개념은 비교적 최근에 등장한 것으로 이에 대한 이론적 정의가 명확하게 정립된 것은 아니다. 특히 비선호시설의 반대되는 말이 선호시설인데, 선호시설에는 PIMFY(Please In My Front Yard)와 YIMBY(Yes In My Backyard)가 있으며, 이 모두를 통틀어 PIMFY 혹은 지역이기주의라는 용어를 사용하기도 한다. 최근에는 지역소멸, 지역경제 활성화 차원에서 비선호시설을 경쟁적으로 유치하려고 하기도 한다.

그동안 지방자치단체 중심으로 이루어지고 있는 비선호시설과 관련하여 ESG 측면에서의 접근이 현실적 · 학문적으로 중요함에도 불구하고 이와 관련된 논의들은 거의 이루어지지 않았다. 그동안 비선호시설과 관련하여 대부분 입지갈등이나 주민 수용성 문제에 초점을 두고 연구되어 왔다. 하지만 비선호시설은 근본적으로 지역사회에서의 ESG의 요소를 충족시켜 주지 못하는 데서 발생하는 문제들이기 때문에 비선호시설은 기본적으로 ESG와 관련된 문제라고 볼 수 있다.[2]

---

1) NIMBY는 1987년 3월 미국 뉴욕 근처 아이슬립에서 처음 사용되었다. 아이슬립에서 배출된 쓰레기를 처리할 방안을 찾지 못하자 정부는 쓰레기 3천 톤을 배에 싣고 미국 남부 6개 주에서 중남미 연안까지 6개월 동안 항해하면서 쓰레기를 다른 지역에 처리하려고 했지만, 그 지역주민들의 반대로 실패했다. 그때 사람들이 외친 말이 'Not In My Backyard'였고, 앞 단어를 따서 NIMBY라고 부르게 되었다.

2) ESG의 개념에 대해서는 아직 합의된 것은 없다. UN PRI에서는 ESG를 "위험을 더 잘 관리할 뿐만 아니라 지속가능하고 장기적인 수익을 창출하기 위한 투자결정에 영향을 미치는 요소"로 보고 있고, 나스닥(Nasdaq)에서는 ESG를 "장기적인 기업전략과 가치를 창출할 수 있는 기업능력에 영향

2) 비선호시설의 유형

비선호시설이라는 용어가 사용된 데에는 사람들에게 혐오감이나 위험을 일으키는 교도소나 쓰레기 시설, 정신병원 등과 같은 공공시설이 입지하면서 시작되었다. 이들 시설들은 주민들에게 부정적인 인프라로 인식되었고, 재산적 가치를 떨어뜨리거나 지역이미지를 훼손하는 기피시설로 여겨졌다.

비선호시설에 대해 ESG(환경 · 사회 · 거버넌스) 기준으로 분류하면 크게 위험시설, 환경오염시설, 지역공익시설(지역이미지 훼손시설)로 유형화할 수 있다(유해운 · 오창택, 1996: 205; 중앙공무원교육원, 2006; 김근식 · 이선우, 2018). 우선 첫 번째 유형으로는 환경오염시설이다. 환경오염시설은 시설 자체가 더럽거나 불쾌감을 주거나 인체에 위해를 주는 등 인간에게 부정적인 영향을 초래하는 것으로서, 여기에는 쓰레기소각장 및 매립시설, 분뇨처리장, 하수종말처리시설, 적환장, 화장시설, 화력발전소, 납골당 등이 있다. 두 번째 유형은 위험시설이다. 위험시설은 시설자체가 매우 강한 위험성을 지니고 있는 시설로서, 이에 해당하는 대표적인 공공시설은 원자력발전소, 핵폐기물처리장, 변전소, 군사시실, 송선소, 교도소, 구치소, 방재시설, 군사시설, 댐, 고속도로 등이 있다.[3] 세 번째 유형은 지역공익시설(지역이미지 훼손시설)이다. 이 시설은 앞에서 언급한 위험시설이나 환경오염시설과 달리 시설 자체가 지닌 혐오성이나 위험성은 상대적으로 낮지만 지역이미지 실추, 경제적 피해 등이 발생하는 것으로서, 대부분 정부가 정책적으로 추진하는 공익시설이 이에 해당된다. 여기에는 양로원, 아동복지시설, 장애인시설, 부녀자 보호시설, 미혼모수용시설, 정신병원, 알코올 및 마약중독자 수용소, 청년 임대주택 등이 있다(최윤영 · 송형주 · 김종호, 2023: 164).

을 미치는 일련의 환경, 사회, 기업거버넌스의 고려사항"으로 규정한다. 또한 RobecoSAM에서는 ESG를 "기업과 국가의 지속가능성 수준이 어느 정도인지 평가하는 요소"라고 폭넓게 정의한다. 따라서 ESG 개념에 대해서는 규범적 관점, 통합적 관점, 도구적 관점, 정치적 관점 등 여러 가지 관점에서 접근할 수 있다(한국거래소, 2023; 홍형득 · 박보식 · 사득환 · 양세훈 · 오수길, 2024).

3) 서울지역 주민 1,000명을 대상으로 조사한 2018년 연구에 따르면, 교도소와 구치소는 물론 보호관찰소 등 교정시설에 대해 응답자의 과반수 이상이 반대하는 비선호시설로 나타났다. 특히 거주지역에 교정시설이 있는 지역주민의 경우 교정시설에 대하여 거부감을 가지고 있는 경우가 많았다(67.7%). 다만, 이에 대해서는 응답자 중 절반 이상이 구체적이고 실제적인 위험이나 불안요인으로 느끼고 있다고 평가한 것은 아니며, 범죄자들을 수용하고 있는 교정시설만이 느끼는 외형적 특징 등으로 인해 막연한 불안감이 조성된 결과로 풀이된다(배상균, 2023: 36).

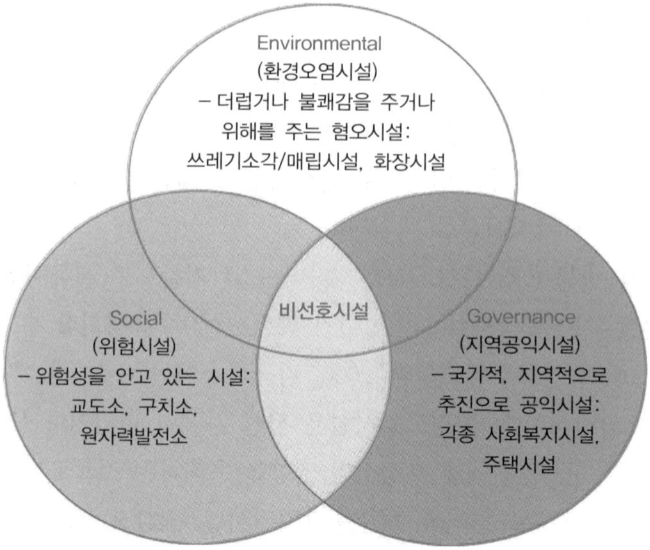

그림 13-1 비선호시설의 유형 분류

그런데 비선호시설이 문제가 되는 것은 크게 두 가지로, 하나는 꼭 필요한 시설임에도 불구하고 아무 곳에서도 수용하지 않는 경우이고, 다른 하나는 실제로는 문제가 되지 않고 오히려 이익이 됨에도 불구하고 집값이나 이미지 등과 같은 요인 때문에 반대하는 경우이다. 비선호시설이 입지하기 어려운 가장 중요한 이유는 공공재 사용에서 발생하는 편익과 비용구조의 불일치에 있으며,[4] 그것을 반대하는 주민들 역시 시설의 필요성은 인정하지만 자신의 거주지역에 건설되는 것은 반대하는 전형적인 NIMBY 현상을 나타낸다. 이러한 비선호시설을 해결하기 위한 방안으로는 토론, 타협 등 숙의민주주의 방식, 일자리 제공, 지역개발 등과 같은 혜택을 주는 방법, 제3에 의한 조정 및 이해관계가 상이한 지방자치단체간의 협상을 통합 환경빅딜 등이 있다(사득환, 1997; 사득환, 1999).

4) 비선호시설은 다음과 같은 중요한 몇가지 특징을 가지고 있다. 첫째, 이해당사자의 입장이 명백하고 관련되는 주민의 수가 많다. 둘째, 갈등의 원인이 복잡하고 시간에 따라 변한다. 셋째, 편익과 비용구조가 일치하지 않는다. 넷째, 매몰비용(sunk cost)의 문제가 발생하기도 한다(임정빈, 2014: 71).

2 ESG 관점의 비선호시설

비선호시설은 기본적으로 도덕과 연결되기 때문에 그것의 입지 및 활용과 관련하여 지역 내 주민 간, 주민과 지방자치단체 간 및 지방자치단체 상호 간에 갈등과 분쟁이 발생할 가능성이 높다. 따라서 비선호시설이 갖는 특성을 반영하여 사전적 갈등요인을 줄인다는 측면에서 ESG 측면에서의 접근이 요구된다. 비선호시설에 대한 ESG적 접근은 사전적 오해와 불필요한 갈등을 줄이면서 '인간·사회·환경중심의 사회'를 창출해 나간다는 측면에서 매우 중요하다.

정부가 추진하는 정책은 의도된 효과(intended effects)와 의도하지 않은 효과(unintended effects)를 동시에 수반하게 된다. 특히 비선호시설은 정부의 의도된 효과가 공익성을 띤다고 하더라도 그것이 갖는 특성상 주민들의 반발에 부딪치는 경우이다. 따라서 정부정책이 ESG 관점에서 추진되는 것이 바람직하며, 정부와 국민 사이의 충분한 토의와 논의 및 설득을 통해 추진되어야 할 것이다.

ESG는 2004년 UN의 Global Compact에서 발표한 'Who Cares Wins' 보고서에서 처음 공식적으로 등장하였으며, 이후 2006년 UN이 제정한 '책임투자원칙(Principles

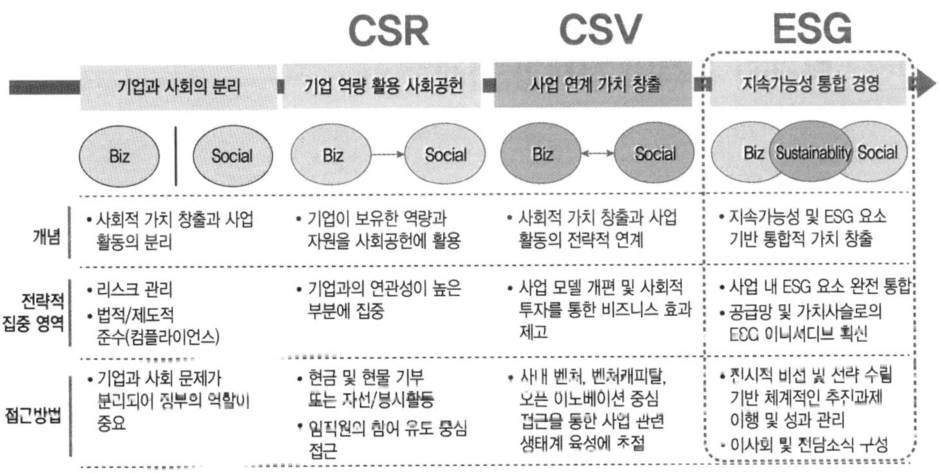

출처: 백인규(2022: 8).

그림 13-2 ESG 패러다임의 변화

for Responsible Investment: PRI)'에 ESG라는 용어가 반영됨으로써 본격화되었다(김재필, 2021: 65).[5] ESG는 환경(Environmental), 사회(Social), 거버넌스(Governance)의 앞 글자를 딴 용어로 "기업의 가치와 지속가능성을 증대시기 위한 환경, 사회 및 거버넌스 요소들을 포함하는 경영활동"을 의미한다. 이러한 ESG는 당초 투자와 관련된 기업수준을 넘어 공공부문으로 확대되는 추세에 있으며, 공공부문에 보다 적합도가 높다는 측면에서 'ESG 행정'이 주장되고 있다(사득환, 2021).

ESG 행정은 최근 지방자치단체에서 더욱 활발하게 도입·운영되고 있으며, 지방자치단체뿐만 아니라 지방의회, 지역교육청까지 확산되고 있는 실정이다(양세훈 외, 2023). ESG와 관련하여 정부는 자율추진을 원칙으로 하면서 ESG 공시 등을 통해 대응하고 있으며,[6] 지방자치단체와 공공기관의 경우 평가를 통해 확산되도록 하고 있다.

표 13-1 지방자치단체 ESG 조례 제정 현황

구분	계	광역	기초	의회	교육청
개	60	15	42	1	2

출처: 자치법규정보시스템(https://www.elis.go.kr, 2023.12.31 현재).

제2절 환경(E) 관점의 정책과 사례

1 비선호시설의 환경 요인

비선호시설 정책에 있어 환경(Environmental) 관점의 ESG 평가지표로는 환경경영

5) UN의 '책임투자원칙(PRI)'은 당시 UN 사무총장인 코피 아난(Kofi Annan)이 전문가 그룹을 구성하여 긴 토론과 논의를 거쳐 탄생시킨 것으로 6개 투자원칙과 35개 세부 실천 프로그램으로 만들어졌다. 이 6개의 투자원칙 1~3번에 ESG라는 용어가 등장한다(김재필, 2021: 66-67).

6) 정부는 기업에 대하여 ESG 정보공시, K-ESG 가이드라인 등을 제시하고, '민관합동ESG협의회'를 구성하여 자율적 추진에 역점을 두고 있으며, 각 지방자치단체 역시 '조례' 제정을 통해 산하 공공기관과 중소기업을 지원하는 방향으로 ESG 행정을 추진하고 있다. 중앙정부 차원에서도 ESG 행정이 추진되고 있는 바, 산림청 국립수목원과 해양경찰청이 대표적이다(사득환, 2024a).

목표 및 추진체계, 기후변화 대응 및 온실가스 배출, 자연자본(토지, 숲, 해양, 생태 다양성 등), 에너지 사용량, 용수 사용량, 폐기물·오염물질 배출량, 친환경 제품 및 서비스, 환경교육과 훈련, 환경 관련 법·규제 위반 등이 있다.

표 13-2 환경적 관점의 평가지표

구분	평가지표
환경 (Environmental)	• 환경경영 목표 및 추진체계, 기후변화 대응 및 온실가스 배출, 자연자본(토지, 숲, 해양, 생물다양성 등) • 에너지 사용량, 용수 사용량, 폐기물·오염물질 배출량, 친환경 제품 및 서비스, 환경교육/훈련, 환경 법/규제 위반 등

출처: 사득환(2024b)에서 수정.

비선호시설 중에서 환경오염시설은 더럽거나 불쾌감을 주거나 인체에 위해를 주는 등의 부정적인 영향을 초래하는 혐오시설이기 때문에 주민들의 기피대상이 되기 쉽다. 따라서 철저한 E 관점에서 접근하는 것이 요구된다. 그러나 그동안 환경오염시설의 입지에서 보듯이 객관성과 합리성에 근거한 전문적·민주적 추진보다는 행정편의적, 강압적 추진관행을 보여왔다. 따라서 이러한 비선호시설의 입지로 야기되는 불안과 공포를 정당한 방법으로 표출할 길이 없는 주민들로서는 집단반발의 형태를 띠면서 저항하게 된다.

쓰레기처리 및 매립·소각시설, 하수종말처리시설, 화장시설, 화력발전소 등과 같은 환경오염시설을 중심으로 1995년 지방자치제가 본격 실시되면서 주민들의 자치권이 신장되고, 상호 소통 및 단결력이 강화되면서 집단적인 갈등이 표출되고 있다. 따라서 비선호시설 중 환경오염시설의 경우 환경적 관점에서 사업계획 단계에서부터 집행, 평가 및 환류(act)가 이루어지는 각 단계별 모니터링과 성과관리가 필요하다. 기후변화 대응, 온실가스 배출, 자연자본 침해, 에너지 및 용수 사용, 폐기물과 오염물질 배출, 친환경적 제품 및 서비스 여부, 각종 환경 법규/규제 위반 여부 등을 점검한 후에 추진하는 것이 바람직하다.

2 환경(E) 부문 사례: 음식물 쓰레기 처리시설

환경오염시설 중에서 특히 음식물 쓰레기시설은 국가의 폐기물정책의 일환으로 자원순환사회 건설이라는 목표 하에서 진화하고 있다(사득환, 2010: 73-98). 우리나라는 경제사회 구조를 지속가능한 자원순환형으로 개선하기 위해 기존의 폐기물처리 기본계획에서 '자원순환기본법'(2018)으로 통합 제정하고, 국가 자원순환기본계획

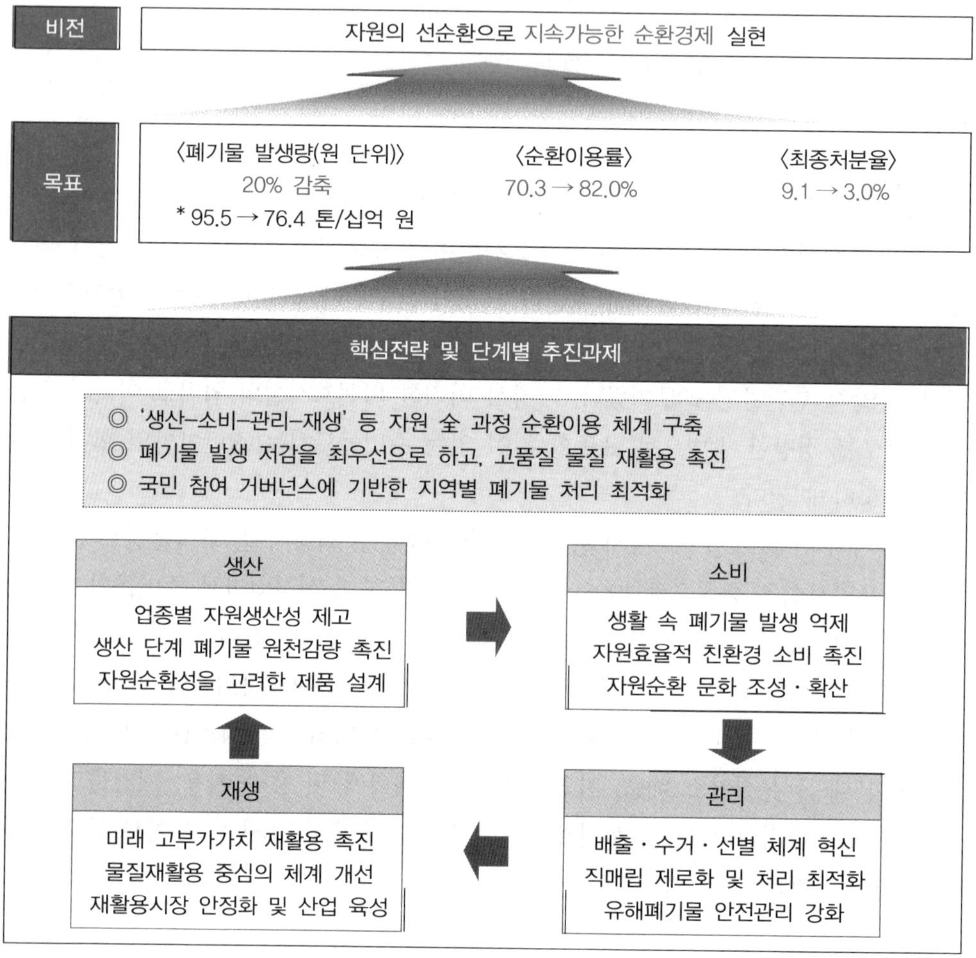

출처: 관계부처 합동(2018).

그림 13-3 자원순환정책 추진 방향

(2018~2027)을 수립 · 추진해 오고 있다.

폐기물처리의 집행책임은 지방자치단체에 있기때문에 중앙정부의 정책에 따라 지역실정에 맞는 폐기물정책을 추진하고 있다. 「폐기물관리법」상 폐기물은 쓰레기, 연소제, 오니, 폐유, 폐산, 폐알칼리 및 동물의 사체 등으로서 사람의 생활이나 사업활동에 필요하지 아니하게 된 물질을 말하며, 크게 생활폐기물과 사업장폐기물로 나누어진다. 생활폐기물은 사업장폐기물 외의 폐기물을 말하며, 사람의 생활에서 배출되는 폐기물이 이에 해당된다.

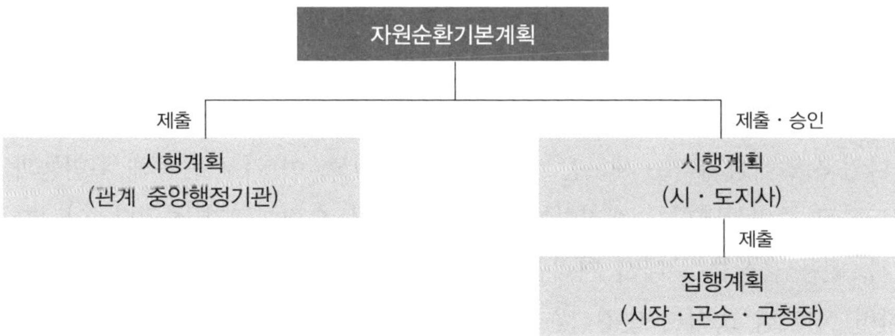

출처: 관계부처 합동(2018).

그림 13-4 자원순환기본계획과 관련 계획 간 관계

전국 17개 광역시 · 도와 226개 기초시 · 군 · 구 중에서 생활폐기물로서 음식물 쓰레기처리시책은 모든 지방자치단체에서 공통적으로 시행하고 있다. 이 중에서 환경부문을 고려한 시책으로 주목을 받고 있는 지방자치단체 사례로는 '울산광역시 북구 음식물 쓰레기 줄이기 사례'를 들 수 있다.

울산광역시 북구는 2005년 이후의 개정법 시행에 따른 음식물 쓰레기 직매립 금지에 대비할 필요성이 대두되자 1998년 12월 15일부터 음식물 쓰레기를 분리수거하기 시작하였고, 분리수거된 음식물 쓰레기를 별도의 가공처리없이 원형상태로 소 사육 농가에 사료로 공급해왔다. 그러던 중 2001년 2월 광우병 파동으로 인해 문제점이 지적되자 정부가 음식물 쓰레기를 소사료로 공급하는 것을 전면 금지하게 되자 울산 북구청은 음식물 쓰레기를 자체 처리할 수 있는 별도의 처리시설 건립계획(일일 처리

180톤)을 추진하게 되었다.[7] 이에 주민들은 음식물 자원화 시설이 비선호시설로서 음식물 쓰레기 처리과정에서의 악취 확산과 해충 창궐, 미관상 문제, 그리고 쓰레기 운반차량으로 인한 교통난 가중 등의 문제를 제기하였다.

게다가 주민들은 입지지역이 종래 복지 측면에서 울산 북구 내에서 소외되어 왔다고 생각했는데, 이러한 혐오시설마저 들어서게 되는 것에 대한 심한 반감을 갖게 되었다. 그리하여 주민들은 급기야 반대대책위원회를 구성하여 조직적인 반대운동을 시작하였다(한국환경정책평가연구원, 2023). 주민 1,500여 명의 서명과 시민단체 결성, 시위, 청원 등의 활동이 전개되었다. 특히 초기 단계에서 상호 간의 정보공유와 소통이 원활하지 않아 갈등이 심화되었다. 주민들의 반발이 지속되면서 2018년 11월에는 주민들이 공사현장 차량을 방화하는 극단적인 행동까지 나타났다.

이러한 상황에서 2019년 1월 과거에는 시도되지 않았던 참여적 의사결정방법 중의 하나인 시민배심제라는 새로운 방식을 도입하였고, 이 기구를 통해 주민들과 대화를 시도하고 주민설명회를 개최하는 등 주민의견을 수렴하고자 하였다. 이러한 노력의 결과, 전용 음식물 쓰레기 처리규모를 120톤으로 축소하고, 최신 악취 방지시설을 설치하며, 정기적 소식지 발간 및 환경정보 공개, 주민참여 지도위원회 구성 · 운영 등을 내용으로 하는 타협안이 도출되었다. 동시에 울산광역시와 구청에서는 음식물 쓰레기 분리배출, 음식물 쓰레기 줄이기 캠페인, 음식물 쓰레기 지원금 지원 등 다양한 시책도 추진하였다. 특히 음식물 쓰레기는 아파트 단지만의 문제가 아니라 단독주택에도 문제가 되는데, 단독주택의 경우 음식물 쓰레기는 전용용기에 담아 수수료 필

표 13-3 울산광역시 북구 음식물 쓰레기 배출

구분	동별	배출시간	배출장소	수거시간	수거일(요일)
단독주택	농소2동, 강동, 양정, 염포	수거 전날 일몰 후~12시	1층 대문 앞	수거일 0시부터	월 · 수 · 금
	농소1동, 효문, 송정				화 · 목 · 토

7) 울산광역시 북구의 폐기물은 1,500톤/일 내외로 증감을 하다가 2018년 이후로 감소하는 추세를 보여왔다. 그 중에서 생활폐기물은 2010년 151.7톤/일에서 지속적으로 증가하다가 2016년 이후에는 250톤/일 내외로 유지하고 있으며, 음식물 폐기물이 약 60톤/일 내외를 차지하고 있다(울산광역시 북구, 2023).

증을 구입하여 부착한 다음 정해진 시간에 내놓도록 조치하였으며, 동별로 쓰레기를 내놓는 요일도 상이하도록 하였다.

울산광역시 북구의 생활폐기물 처리비율은 울산광역시 평균 대비 재활용비율과 매립비율에 비해 전체적으로 높았으며, 소각비율은 상대적으로 낮은 것으로 나타났다. 이에 따라 북구에서는 2023년 소각시설을 설치하는 방안을 찾았다. 그러나 소각처리가 갖고 있는 제2차적 환경오염으로 인하여 북구에서는 여전히 숙제로 안고 있다.

표 13-4 울산광역시 북구 생활폐기물 처리방법별 처리 현황

구분	북구							
	매립		소각		재활용		기타	
	처리량 (톤/일)	비율 (%)	처리량 (톤/일)	비율 (%)	처리량 (톤/일)	비율 (%)	처리량 (톤/일)	비율 (%)
2010	17.6	11.6	28.4	18.7	105.7	69.7	-	-
2011	31.5	18.0	32.4	18.5	110.9	63.4	-	-
2012	45.2	23.1	42.4	21.7	108.1	55.2	-	-
2013	0.0	0.0	49.2	31.5	106.8	68.5	-	-
2014	27.8	11.7	96.1	40.3	114.5	48.0	-	-
2015	24.9	10.4	98.1	41.0	116.1	48.6	-	-
2016	82.9	31.5	60.8	23.1	119.2	45.3	-	-
2017	67.6	27.0	63.0	25.2	119.5	47.8	-	-
2018	58.0	23.1	66.9	26.7	125.7	50.2	-	-
2019	32.1	13.2	78.2	32.2	132.9	54.6	2.0	0.8

출처: 울산광역시 북구(2021: 32).

제3절 사회(S) 관점의 정책과 사례

1 비선호시설의 사회 요인

미국에서는 반복적인 흑인 사망사건이 발생하자 DE&I(Diversity, Equity, Inclusion),

즉 다양성, 형평성, 포용성을 중시하는 사회적 분위기가 확산되고 있다. 비선호시설 정책에 있어 사회(Social) 관점의 ESG 평가지표로는 사회책임 이행계획, 일자리 창출, 산업안전 및 보건, 협력사 ESG 경영, 지속가능한 생산과 소비, 사회보장 및 안전망, 저출산 대응, 인권경영과 차별금지, 근로환경, 개인정보보호, 양질의 교육, 지역사회 참여, 사회 법/규제 위반 등이 있다. 그러나 S 관점의 경우 어떤 것이 사회 요인인지 명확한 기준이 없고, 또한 어떤 기업이 사회부문 리더급에 해당되는지 알 수가 없어서 기업들이 가장 대응하기 곤란한 분야로 인식되고 있다.8) 다시 말해 S는 E나 G에 비해 재무적 중요성이 떨어지는데다가 S의 범위가 모호하고 측정방법도 불분명하고 신뢰할 만한 데이터도 없으며, 설문조사나 질적 접근방법으로는 한계가 있다는 주장이다(사득환, 2023).

표 13-5 사회적 관점의 평가지표

구분	평가지표
사회 (Social)	• 사회책임 이행 계획, 일자리 창출, 산업안전 및 보건, 협력사 ESG 경영, 지속가능한 생산과 소비, 사회보장 및 안전망, 저출산 대응 • 인권경영과 차별금지, 근로환경, 개인정보보호, 양질의 교육, 지역사회 참여, 사회 법/규제 위반 등

출처: 사득환(2024b).

과거 기업의 경우, S는 사회적 요구 또는 사회적 분위기 때문에 어쩔 수 없이 수행하는 것이었고, 2000년대 초반까지 불우이웃돕기, 장학금 지원, 환경보호, 금융 지원, 지역개발, 재난구호 등의 활동으로 나타났다(사득환, 2011). 그러나 최근에는 단순히 기업의 이미지 개선이나 브랜드 가치 향상이 아니라 보다 본질적으로 기업의 경영전략과 시스템에 의한 활동으로 확대되었다(Aouadi, 2018: 1027-1047). 이에 따라 주주자본주의를 뛰어넘어 근로자(직원), 고객, 협력업체, 지역사회 등으로 구성된 이해관계자 자본주의(stakeholder capitalism)로 나타났으며, S는 '다양한 이해관계자들

8) 사회(S) 부문의 개념정의와 관련하여 S를 명쾌하게 정의하는 것은 어렵다. E와 G를 제외한 나머지 부분이 S라고 하더라도 세부지표 간에는 상호 중첩될 수 있어서 엄격한 구분이 곤란하다. 예컨대, 기후변화는 전 세계 지역사회의 저소득층에게 부정적인 영향을 미치고 있는 데 이것은 E에 속하는가, S에 속하는가가 불분명하다는 것이다.

에 대한 기업의 권리와 의무, 책임 등'으로 규정되면서 인권, 노동문제, 작업장 보건 및 안전, 제품 질 및 품질 등을 포함하게 되었다.

비선호시설 중에서 시설 자체가 위험성을 강하게 내포하고 있는 위험시설의 경우, 지역주민들의 강한 반대에 부딪칠 개연성이 높다. 교도소·구치소, 군사시설 등이 이에 해당한다. 비선호시설의 S 요인으로 가장 중시되는 것은 안전과 위험, 협력사 ESG 경영이다. 위험성을 강하게 내포하고 있기 때문에 안전과 투명한 관리를 위한 노력이 무엇보다 중시되어야 하며, 협력사에 대한 안전관리도 필요하다. 예컨대, 제주 해군기지 건설, 성주사드(고고도 미사일 방어체계) 배치 등과 같은 일반적으로 위험성이 내포된 비선호시설의 경우 정책설계 단계에서부터 사전 안전성 검토, 공론화 논의 등 사회적 책임 확보를 위한 과학적·민주적인 노력이 수반되어야 한다.

2 사회(S) 부문 사례: 교도소 유치

비선호시설 중 교도소·구치소 및 지소와 같은 교정시설은 범죄인을 격리·구금하고 교정·교화하여 사회에 복귀시키는 정부가 운영하는 시설이다. 교도소는 징역형·금고형 또는 구류형의 선고를 받아 그 형이 확정된 사람과 벌금 또는 과료를 완납하지 아니하여 노역장 유치명령을 받은 수형자를 수용하고, 구치소는 형사피의자 또는 형사피고인으로서 체포되거나 구속영장의 집행을 받은 미결수용자를 수용하는 곳을 말한다(법무부 교정본부, 2024: 54). 1967년 7월 서울구치소가 신설된 이래 현재 11개의 구치소와 형이 확정된 수형자를 수용하는 39개의 교도소가 설치·운영되고 있다. 그 외 지소 3개와 2010년 12월에 개청한 민영교도소인 소망교도소를 포함하여 현재 전국에 54개의 교정시설이 설치·운영되고 있으며, 그 중에서 여성수형자를 위한 시설로는 청주여자교도소 1곳이다.

교정시설은 법원·검찰청이 소재하는 지역에 대부분 설치되며, 교도소와 구치소가 없는 지역은 새로이 교정시설이 신설되고 있다. 또한 최근 시설의 협소화·노후화, 도시미관, 재산권행사 제한 등으로 교정시설이 도시 외곽지역으로 이전되기도 한다. 특히 여성수용자가 증가하면서 2003년 청주여자교도소를 이전·신축하였으나 여전히 시설이 협소한 실정이다.[9] 여성수형자는 전체 수형자의 약 7.6%를 차지하고 있어서 정부는 2014년부터 새로운 여자교도소를 물색하기 시작하였다. 그러나 교도소는 비선호시설로서 대다수의 지방자치단체 주민들이 불안감 · 거부감을 갖고 있는 막연한 위험시설로 인식되고 있다. 정부가 당초 신설하고자 한 화성시에서 주민들의 반대가 심각하게 대두된 것도 이러한 예이다.10)

표 13-6 수용자 성별 인원 현황(2013~2022년)

구분	계	수형자			미결수용자		
		소계	남성	여성	소계	남성	여성
2013	48,824	32,137 (100%)	30,525 (95.0%)	1,612 (5.0%)	16,687 (100%)	15,376 (92.1%)	1,311 (7.9%)
2014	51,760	33,444 (100%)	31,661 (94.7%)	1,783 (5.3%)	18,316 (100%)	17,008 (92.9%)	1,308 (7.1%)
2015	54,667	35,098 (100%)	33,122 (94.4%)	1,976 (5.6%)	19,569 (100%)	18,026 (92.1%)	1,543 (7.9%)
2016	57,675	36,479 (100%)	34,281 (94.0%)	2,198 (6.0%)	21,196 (100%)	19,488 (91.9%)	1,708 (8.1%)
2017	55,198	36,167 (100%)	33,905 (93.7%)	2,262 (6.3%)	19,031 (100%)	17,520 (92.1%)	1,511 (7.9%)
2018	54,169	35,271 (100%)	32,932 (93.4%)	2,339 (6.6%)	18,898 (100%)	17,340 (91.8%)	1,558 (8.2%)
2019	54,099	34,697 (100%)	32,384 (93.3%)	2,313 (6.7%)	19,402 (100%)	17,863 (92.1%)	1,539 (7.9%)
2020	53,956	34,749 (100%)	32,404 (93.3%)	2,345 (6.7%)	19,207 (100%)	17,580 (91.5%)	1,627 (8.5%)
2021	52,130	34,087 (100%)	31,651 (92.9%)	2,436 (7.1%)	18,043 (100%)	16,436 (91.1%)	1,607 (8.9%)
2022	52,940	34,475 (100%)	31,870 (92.4%)	2,605 (7.6%)	18,465 (100%)	16,798 (91.0%)	1,667 (9.0%)

출처: 법무부 교정본부(2024: 63).

9) 청주여자교도소는 1989년 개청하였으며, 2003년 11월 지하 1층, 지상 5층(면적은 7,843m^2) 규모로 이전 · 신축하였으나 전국 교도소 중에서 가장 작은 규모를 갖고 있다.

10) 정부는 경기 화성시에 500여 명을 수용할 수 있는 여자교도소를 신설할 계획으로 추진 중에 있다. 여성전용 교정시설은 현재 청주 밖에 없어서 과밀화 문제를 해소하기 위해 화성시에 건립하겠다는 계획이다. 그러나 화성시 주민들은 '지역에 2개의 교정시설이 있는데 여자교도소까지 신설하는 것은 안 된다'며 강력히 반대하고 있다(영남일보, 2023년 11월 29일자).

사회적 관점의 정책으로 주목을 받고 있는 교정시설로는 ‘경북 청송군의 교도소 유치 사례’를 들 수 있다. 청송군은 2014년부터 여성교도소 유치를 위해 발벗고 나섰다. 당시 청송군 진보면 주민들은 25개 리 이장과 24개 주민단체 대표가 참여하는 ‘청송 교정시설 유치추진위원회’를 발족하고, 주민서명을 받아 법무부에 교도소 유치신청을 하였다. 수용인원 1,000명 규모의 교정시설이 새로 신설되면 교정공무원 400명의 직접적인 고용효과가 발생하고, 주거, 원룸편의 · 슈퍼마켓 · 유치원 · 식당 및 지역물품 구매 등과 같은 생활시설은 물론 면회객 등 유동인구 증가로 지역경제 활성화가 기대된다는 것이다(서울신문, 2023년 11월 24일자). 청송군은 1981년 보호감호소를 시작으로 4개의 교도소가 위치한 전국 최대의 교정타운지역으로, 인근에 문화체육센터, 도서관, 키즈카페, 체육공원 등이 자리잡고 있다.

이에 따라 청송군 윤경희 군수는 2021년 3월 18일 경북북부제2교도소(청송교도소)를 방문한 법무부 장관에게 여자교도소 청송유치를 건의하였다. 이후 법무부에서 아무런 반응이 없자, 정권이 교체되면서 정식 공문을 통해 법무부에 여자교도소 유치를 요청하기도 하였다(중앙일보, 2023년 4월 11일자). 청송군은 최근 키즈카페, 문화공간을 신설하고, 어린이집, 유치원, 초등학교도 새로 단장해 여성교정공무원들이 정착할 수 있도록 ‘교정빌리지’를 만들 계획을 내놓았다. 청송군민들은 교도소가 위험시설이나 혐오 · 기피시설이 아니라 지역경제 활성화와 지역소멸 방지를 위한 능동적 시설로서 ESG 전략을 추진하고 있는 것이다.

제4절 거버넌스(G) 관점의 정책과 사례

1 비선호시설의 거버넌스 요인

비선호시설 정책에 있어 거버넌스(Governance) 관점의 ESG 평가지표로는 이사회 구성 및 사외이사, 주주권리, 감사기구, ESG 규정/ESG 위원회 및 담당자/ESG 공시/지속가능보고서, 투명경영, 윤리경영(부패 및 뇌물), 경영효율, 재정건전성, 고객만족, 파트너십, 거버넌스 법/규제 위반 등이 있다. 공공부문의 경우 비선호시설의 G 관점에서 가장 중요한 것은 ESG 위원회 및 담당자, 투명경영, 윤리경영, 고객만족, 파트너십이 핵심적인 요인이다.

표 13-7 거버넌스 관점의 평가지표

구분	평가지표
거버넌스 (Governance)	• 이사회 구성 및 사외이사, 주주권리, 감사기구 • ESG 규정/ESG 위원회/담당부서 및 담당자/ ESG 공시/지속가능보고서 발간 등 • 투명경영, 윤리경영, 경영효율(전략, 조직, 인사), 재정건전성, 고객만족, 파트너십(협업), 거버넌스 법/규제 위반 등

출처: 사득환(2024b).

비선호시설 중 국가적 또는 지방적 필요에 의해 정책적으로 추진하는 지역공익시설은 불가피하게 추진할 수밖에 없다. 그러나 지역주민들의 입장에서 보면, 그 필요성은 인정하나 우리지역에는 안 된다는 것이며, 지역 이미지 실추, 지가하락 등과 관련된 사회복지시설이 이에 해당된다. 즉, 공익이라는 미명 하에 지역주민의 의사에 반하여 설치하는 시설이 지역공익시설이다. 이를 해결하기 위한 가장 좋은 방법으로는 인센티브 제공과 지역 간 빅딜이라 할 수 있다. 지역 간 환경협력이 이루어지고, 이것이 지속성을 갖기 위해서는 상호 협력의 불가피성과 공평한 이익배분(사득환, 2002: 1-25)이 중요하다.

2 거버넌스(G) 부문 사례: 쓰레기와 하수처리 빅딜

비선호시설 중 거버넌스 부문을 고려한 정책으로 가장 주목을 받고 있는 것으로는 '광명시와 구로구간 환경기초시설 빅딜 사례'라고 볼 수 있다. 빅딜(big deal)이란 대단한 것, 아주 중요한 일 등의 사전적 의미를 지니고 있으며, 최근에는 기업의 구조조정과정에서 규모의 경제를 살리기 위한 전문화, 특성화로 기업경쟁력을 제고하는 '기업 간의 중대한 사업의 교환'을 뜻한다. 따라서 빅딜은 조직최고지도층의 의사결정 차원에서 이루어지는 '상호 협력'의 의미를 지니고 있다. 이러한 G 차원에서의 혁신은 행정의 효율성과 민주성 확보를 통해 지속가능성을 달성하기위한 기관전략의 일환이라 볼 수 있다.

구로구와 광명시 간 환경기초시설 빅딜이란 서울특별시 구로구에서 발생되는 생활쓰레기는 '광명시자원회수시설'에서 반입 · 처리하고, 광명시에서 발생되는 생활하수는 서울특별시 '가양하수종말처리장'에서 처리하게 된 전국 최초의 지방자치단체 간 폐기물 상호교환처리 사례를 말한다(윤영채, 2004: 57-58; 이달곤 · 전주상 · 박홍진, 2006). 광명시는 지리적 여건상 자체 하수처리장 건설이 어려워 1985년부터 광명시의 하수를 서울특별시 하수처리장에서 수탁하여 서울특별시의 하수와 통합처리해 주는 방식으로 서울특별시의 하수처리장을 사용하고 있었다. 그런데 서울특별시의 하수처리에 대한 정책변화로 광명시 하수를 1992년부터 처리할 수 없게 되었다.[11] 따라서 광명시는 자체 하수처리장을 건설해야 하는 상황이 되었고, 설상가상으로 구로구는 1996년 6월 광명시 경계지역에 쓰레기소각장을 계획하면서 인근 주민들 및 광명시 주민 10만여 명의 시위에 사업을 더 이상 추진하기가 어려운 입장에 놓여 있었다.

이에 구로구가 추진하던 쓰레기 건설계획에 주민들의 집단저항이 점점 거세지자 광명시는 1996년 7월 구로구에 소각장 건설과 관련된 자료를 요청함과 동시에 광명시 주민들의 의견을 수렴하는 절차를 밟게 된다. 광명시의회 의원들도 구로구 소각장 건설계획에 반대하기 시작하면서 범시민적 운영으로 격화되었다. 이에 광명시는 서울특별시장, 경기도지사, 구로구청장에서 소각장 건설부지 선정에 대한 재검토를 요청하게 되었고, 서울특별시와 구로구는 구로구가 추진하고 있는 쓰레기소각장 입지선정이 적법하게 이루어졌고 환경영향평가 시 광명시 주민들을 참여시켰다는 점을 들어 소각장 건설을 계속 추진하겠다는 입장을 밝혔다. 이와 같은 방침이 알려지자 광명시 주민들은 집단민원을 제기하면서 '구로구소각장건설반대 범시민대책위원회'를 구성하여 조직적으로 반발하게 시작하였다. 이는 광명시 주민-구로구 간의 갈등에서 구로구-광명시라는 지방자치단체간의 갈등으로 전환하게 만들었다.

한편 광명시 역시 자체 하수처리장을 건설해야 하는 상황에서 1996년 1월 총 사업비 1,655억 원을 두입하여 하루 18만 톤의 하수를 처리하는 광명시 하수처리장 건

11) 서울특별시는 그동안 매립 중심으로 운영해오던 폐기물처리 시책을 1995년 8월 '1구 1소각장'이라는 소각 중심의 폐기물처리 시책으로 변경하게 되었다. 이에 따라 각 기초 구들은 자체 쓰레기소각장을 건설해야 하는 입장이 되었다. 이에 따라 구로구는 1996년 6월 광명시 경계지역(구로구 천왕동 110번지 일대)에 건설비 410억 원을 서울특별시가 부담하는 조건으로 하루 400톤 규모의 소각장건설계획을 입안하게 된 것이다(윤영채, 2004: 57).

설계획을 발표하였다. 그러나 이 계획이 발표되자 예정지 주민 5만여 명이 주민대책위원회를 구성하고 집단적으로 반발하기 시작하였다(윤영채, 2004: 57-58). 이러한 상황에서 광명시에서는 하수처리장을, 구로구에서는 쓰레기소각장을 필요로 하였기 때문에 상호 빅딜의 필요성이 제기되기에 이르렀다.

1998년 3월 서울특별시는 '구로구 쓰레기소각장 건설 관련 업무협의' 공문을 광명시에 발송하면서 광명시가 건립 중인 소각시설에 구로구쓰레기의 공동처리가 가능하면 건설비와 운영비 등 비용부담을 할 용의가 있으니 적극 검토해 달라는 내용이었다. 1998년 6월 환경부 주관 하의 서울특별시, 경기도, 구로구, 광명시간의 회의, 1999년 5월 '수도권행정협의회 실무회의', 1999년부터 2000년까지 총 8회에 걸친 관계기관 업무협의 등을 거쳐 마침내 2000년 4월 18일에 서울특별시·경기도·구로구·광명시간에 '광명시 자원회수시설 공동이용에 관한 협약'과 2000년 5월 2일에 구로구와 광명시간의 '광명시 자원회수시설 공동이용 운영 협약'이 체결되었다. 이후 광명시 자원회수시설 주변지역 주민들의 반발이 있었으나 주민지원기금 마련과 함께 주민숙원사업을 추진하기로 하면서 2000년 7월 10일 첫 구로구쓰레기가 반입되는 결실을 맺게 되었다.

광명시와 구로구 간의 환경기초시설 빅딜사업의 시작은 기초자치단체와 주민 간의 갈등에서 시작되어 기초자치단체간의 갈등으로 비화된 사례이다. 즉, 환경기초시설 건설을 둘러싼 양 주체 간의 의사결정의 합리화·민주화를 내용으로 하는 거버넌

표 13-8 환경기초시설 빅딜 현황

시설구분	대상 환경기초시설	대상 지방자치단체
생활폐기물 소각처리시설 (광명시)	• 광명시 자원회수시설 – 위치: 가학동 산16-1 – 규모: 300톤/일(150톤/일x2기) – 사업비: 60,221백만 원	• 자치단체명: 서울특별시 구로구 – 인구: 378,278명 – 쓰레기발생량: 401톤/일 (가연성 120톤/일, 음식물 84톤/일, 재활용 및 기타 197톤/일)
하수종말처리시설 (서울특별시)	• 서울시 가양하수종말처리장 – 위치: 강서구 마곡동 91 – 규모: 2,560천 톤/일 – 사업비: 745,500백만 원	• 자치단체명: 광명시 – 인구: 340,344명 – 하수통합처리량: 18만 톤/일 (기존: 10만 톤, 환경빅딜에 의한 추가위탁처리량: 8만 톤/일)

출처: 이달곤·전주상·박홍진(2006: 29).

스(G) 문제가 되었다. 따라서 광명시와 구로구 간의 핵심주체간의 갈등에서 이를 둘러싼 환경부, 서울특별시, 경기도 등 중재 및 조정기관이 개입한 최초의 빅딜 성공사례이자 비선호시설의 광역적 성공모델로 평가받고 있다.

제5절 결론

1 소결

비선호시설이란 국가 또는 지역사회 전체 측면에서 공익을 실현하기 위해 반드시 필요한 시설이지만 건강, 환경오염, 지역이미지 훼손 등 부정적 외부효과로 인하여 주민들이 기피하는 시설을 말하며, 이는 NIMBY와 연결된다. NIMBY란 국가 또는 지역적으로 꼭 필요한 시설인줄은 알지만 '우리 지역에서는 원하는 않는 토지이용(Locally Unwanted Land Uses)'을 지칭한다. 그러나 최근에는 지역소멸, 지역경제 활성화를 위해 비선호시설을 경쟁적으로 유치하려는 PIMFY, YIMBY 현상이 대두되고 있다.

비선호시설을 둘러싼 지역사회 갈등은 1980년대 이후 꾸준히 증대되어 왔다. 1980년대 높아진 민주주의에 대한 열망을 바탕으로 1995년 지방자치제 실시와 더불어 주민 자치권이 신장되면서 주민들의 욕구와 의식이 폭발적으로 분출되기 시작한 것이다. 2000년대에 접어들면서 우리 사회의 갈등은 최고조에 달했다. 이에 정부는 2009년 『공공기관의 갈등예방과 해결에 관한 규정』(대통령령 제21185호, 시행 2009. 1.1)을 제정하여 대응하기에 이르렀다. 이 규정에 따르면 공공갈등은 '공공정책(법령이 제정 · 개정, 각종 사업계획의 수립 · 추진을 포함)을 수립하거나 추진하는 과정에서 발생하는 이해관계의 충돌'이라고 명시하고 있다.

1990년대 후반부터 2000년대 초반까지 지역갈등이 가장 치열했던 시기였다. 이 시기 동안의 갈등발생 현황을 보면, 여러 갈등 유형 중 비선호시설을 둘러싼 갈등이 가장 많이 나타났다. 안전행정부의 백서(2012)에 따르면 1995~2010년까지 공공갈등은 259건이 발생하였는데, 이 중에서 68건(26.7%)이 비선호시설을 둘러싼 갈등으로

표 13-9 공공갈등 유형별 발생 현황(1995~2010)

구분	건수	비율(%)
비선호시설	68	20.2
일반행정	57	22.0
지역개발	45	17.4
물 관리	41	15.8
교통·운송	32	12.4
기타	16	0.2

출처: 안전행정부(2012).

가장 높았으며, 다음으로 일반행정 57건(22.0%), 지역개발 45건(17.4%), 물 관리 갈등 41건(15.8%) 순으로 나타났다.

비선호시설은 환경(E)·사회(S)·거버넌스(G) 전 분야에 걸쳐 발생하고 있으며,[12] 각 영역별 지표에 따른 관리가 요구되고 있다. 환경오염시설의 경우 E 분야 지표에 따른 관리가 계획 단계-집행 단계-평가 단계 및 환류 단계에 맞추어 이루어질 필요가 있다. 또한 위험시설의 경우 S 분야 지표 중 안전과 위험관리가 우선적으로 관리되는 것이 중요하다. 더 나아가 지역공익시설의 경우 G 분야 지표에 따른 민주적이면서 투명한 관리가 요구된다.

한편 서울시에서 2020년 남녀 1,000명을 대상으로 조사한 '서울시민 비선호시설 인식 조사' 보고서에 따르면(서울특별시, 2020), '쓰레기 매립지'(66.3%)가 거주지역 내 가장 기피하는 시설로 나타났으며, 특히 생활환경 피해가 많은 환경오염시설과 건강관련 유해성이 높은 위험시설에 대해 가장 꺼리는 것으로 나타났다. 그러나 상대적으로 수용하겠다는 시설로는 지역공익시설로서 노인주간보호시설, 노인주거복지시설, 장애인복지시설, 공공임대주택 등으로 나타났다.

이와 함께 비선호시설 입지선정 시 가장 중요한 고려사항으로는 '주민의견 수렴'(45.8%)이 가장 높았으며, 주민의견 수렴방식으로는 '주민공청회'(36.2%), '정보제공 및 토론'(34.3%) 순으로 응답했다. 비선호시설 입지지역 주민들에게 보상 차원의

12) 2010년대 이후부터는 다문화, 외국인, 탈북민 등 갈등의 영역이 확대되었고, 보수·진보대결, 탄핵 등과 같은 정치적 갈등이 우리 사회의 주류가 되었다. 따라서 숙의·토론민주주의의 확산과 함께 법·제도적으로 사전적 갈등예방장치가 구축될 필요가 있다.

인센티브를 지급하는 것에 대해서는 82.1%가 '찬성'하고 있으며, '반대' 의견은 5.8%로 나타났다. 특히 비선호시설의 수용성을 높이기 위한 방안으로 '피해유형에 따른 보상 방안 수립'(33%)이 가장 높았고, 비선호시설은 초기 단계부터 주민들의 참여를 통한 의견수렴의 중요함이 지적되었다.

2 정책 제언

지방자치단체가 시행하는 비선호시설 시책은 지역주민들의 가치관 및 이해관계와 관련됨으로써 상호 갈등이 발생한다. 비선호시설을 둘러싼 갈등은 환경오염, 위험성, 지역이미지 훼손, 재산상의 손실 등에서 비롯된다. 따라서 ESG 측면에서 체계적으로 접근함으로써 갈등의 원인을 제거하고, 관련 정보를 투명하게 제공함으로써 주민들의 불안감과 불만을 해소시켜줄 필요가 있다. 이에 함께 PDCA에 따라 계획의 수립 단계부터 주민들의 참여를 통해 상호 이해를 넓히고, 경제적 인센티브 제공 등 과학적·합리적 방안을 강구할 필요가 있다.

비선호시설을 둘러싼 갈등해결 과정은 주민들의 정치권 및 행정에 대한 낮은 신뢰수준으로 인하여 물리적 개입을 통한 해결에 의존하는 경향이 강하다. 선진국은 물

표 13-10 사례 분석의 종합

구분	Environmental (환경)	Social (사회)	Governance (거버넌스)
유형	환경오염시설	위험시설	지역공익시설
	더럽거나 불쾌감을 주거나 위해한 혐오시설	위험성을 안고 있는 시설	국가적·지역적으로 필요한 공익시설
주요 당사자	주민–지방자치단체	지방자치단체–중앙정부	지방자치단체–지방자치단체
분쟁 정도	강함	약함	중간
대응	기피	경쟁	빅딜
	ESG 행정 필요		
사례	울산광역시 북구 음식물 쓰레기장 입지	경북 청송군 교도소 유치	광명시–구로구 간 환경기초시설 빅딜

론 우리나라 역시 ESG 행정이 도입 · 확산되지 않은 상황이라 이러한 관행은 더욱 뚜렷하게 나타난다. 특히 우리나라의 경우 압축성장의 결과와 민주화의 분출로 비선호시설의 갈등수준은 심각한데, 이제 ESG 관점에서 새롭게 비선호시설정책에 대해 접근할 필요가 있다. E 유형의 환경오염시설과 S 유형의 위험시설, 그리고 G 유형의 거버넌스 시설에 맞는 기준을 엄격히 적용하여 사전에 주민들과 대화를 통해 문제를 풀어가는 방식이 중요하다. 특히 신규 비선호시설을 설치할 경우, ESG의 규준 및 기준을 엄격히 적용하여 추진하는 것이 요구되어진다.

또한 사전에 갈등을 조정할 수 있도록 참여 거버넌스체계를 구축하고, 공론화위원회 구성 및 활성화, 상호 토론, 조정 및 협의 등의 숙의민주주의를 정착시킬 필요가 있다. 가능한 한 주민자치적으로 해결할 수 있도록 행정의 개입을 자제하고, 제도적 협력장치의 개선을 통해 논의가 이루어질 수 있도록 하는 것이 바람직하다. 특히 주민들에게 홍보를 강화하고, 교육훈련을 위한 지역별 'ESG 학교'를 운영하여 갈등에 따르는 사회적 비용을 줄이고, '인간 · 사회 · 환경 중심'의 ESG 시대를 열어나가야 할 것이다.

참고문헌

공공기관의 갈등예방과 해결에 관한 규정(대통령령 제21185호).

관계부처 합동(2018). 제1차 자원순환기본계획(2018~2027).

김근식 · 이선우(2018). 비선호시설 입지갈등 해소를 위한 인센티브 제도의 정책효과 분석: 원전지역 지원정책을 중심으로. 『행정논총』, 56(3): 131-167.

김재필(2021). 『ESG 혁명이 온다』. 서울: 한스미디어.

김판석 · 사득환(1998). '지속가능한 발전'에 대한 이해와 개념정립. 『한국정치학회보』, 32(4): 71-88.

배상균(2023). 지역사회와 함께하는 교정시설의 의미와 역할. 『교정연구』, 33(2): 29-56.

백인규(2022). 『감사위원회의 ESG 대응관련 글로벌 현황 및 시사점』. AFC감사위원회 포럼 자료집.

법무부 교정본부(2024). 『2023 교정통계연보』.

사득환(1997). 지방시대 환경갈등의 해결기제: 제3자 조정을 중심으로. 『한국행정학회보』, 31(3): 187-201.

사득환(1999). 민선시대의 환경갈등과 정책조정. 『한국정책학회보』, 8(1): 249-272.
사득환(2002). 정부간 관계(IGR) 변화와 지방자치단체간의 환경협력. 『한국지방자치학회보』, 14(1): 1-25.
사득환(2010). 폐기물 관리의 특성과 환경정책 방향. 『환경정책』, 18(3): 73-98.
사득환(2011). 한국 기업의 CSR활동 평가: 전략적 사회공헌(Strategic Philanthropy)을 넘어서. 『한국행정과 정책연구』, 9(1): 1-28.
사득환(2021). 공공기관의 ESG 경영과 지속가능한 발전. 한국행정학회 동계학술대회 발표논문집.
사득환(2023). S영역의 주요지표와 성과관리. 2023 한국정책학회 하계학술대회 및 국제학술대회 발표논문집.
사득환(2024a). 지속가능한 광릉숲 보전과 ESG 행정: 국립수목원을 사례. 한국산림행정학회 춘계학술세미나 자료집.
사득환(2024b). 한국ESG대상 평가방향 및 평가기준. 한국ESG학회. 2024 World ESG Forum 발표논문집.
서울신문, 2023년 11월 24일자.
서울특별시(2020). 『서울시민 비선호시설 인식 조사』.
안전행정부(2012). 『안전행정부 백서』.
양세훈 · 김현정 · 김성균 · 고광용 · 마희정 · 지선진 · 김연 · 안수지 · 박금옥 · 박연숙 · 박명분(2023). 『(11개의 키워드로 알아보는) 지방정부 ESG』. 파주: 이담북스.
영남일보, 2023년 11월 29일자.
울산광역시 북구(2021). 울산광역시 북구 자원순환 집행계획 수립.
유해운 · 오창택(1996). 비선호시설 입지접근방식의 분석: 한국과 일본의 방사성 폐기물 처리시설 중심으로. 『한국지방자치연구』, 8(2): 199-224.
윤영채(2004). 입지갈등 해결전략으로써의 환경기초시설 빅딜 사례연구. 『지방자치단체연구』, 8(4): 51-71.
이달곤 · 전주상 · 박홍진(2006). 『지방자치단체(광명시-구로구)간 환경기초시설 빅딜』. 중앙공무원교육원.
임정빈(2014). 지역사회 공공갈등의 원인과 해법. 충남발전연구원. 『열린충남66』, 70-77.
자치법규정보시스템, https://www.elis.go.kr
조경훈 · 정경락(2020). 비선호시설의 수용성에 대한 개인의 사회경제적 특성 연구. 『현대사회와 행정』, 30(3): 29-52.
중앙공무원교육원(2006). 주민혐오시설 설치에 따른 갈등해소 방안 연구: 폐기물 처리시설 사례분석을 중심으로. 한국정책학회 추계학술대회 발표논문집, 1-51.
중앙일보, 2023년 4월 11일자.

최윤영 · 송형주 · 김종호(2023). 비선호시설 수용성 영향요인 탐색적 분석. 한국행정연구. 32(4): 161-187.

한국거래소(KRX)(2023). esg.krx.co.kr

한국환경정책 · 평가연구원(2023). 『환경분쟁조정: 울산 북구 음식물 자원화 시설 건설』.

홍형득 · 박보식 · 사득환 · 양세훈 · 오수길(2024). 『공공부문 ESG 전략』. 고양: 대영문화사.

Aouadi, A., & Marsat, S.(2018). Do ESG controversies matter for firm value? Evidence from international data. *Journal Business Ethics*, 151(4): .1027-1047.

CHAPTER 14

순환경제와 ESG

김현정

제1절 서론

1 순환경제의 등장 배경과 필요성

1) '아나바다'

아껴 쓰고 나눠 쓰고 바꿔 쓰고 다시 쓰자는 구호의 머리말을 한 자씩 줄여서 쓰던 말에서 비롯되었다. 자원순환의 상징처럼 쓰이는 이 단어는 사전에 '명사'로 등재되었을 뿐 아니라 그야말로 삼척동자도 아는 일상적인 용어이며 우리 문화가 되었다.

1960년대 국민보건위생을 위해 '오물'을 위생적으로 처리하는 관점에서 시작되어,[1] 이후 경제발전과 함께 '88 올림픽' 등 대규모 국제 행사 개최 등을 앞두고 다양

1) 1961년 12월 30일 오물청소법 제정(1962년 1월 1일 시행)되었다. 제정 목적은 '오물을 위생적으로

하게 쏟아지는 '폐기물'을 잘 처리하고 관리해야 한다는 관점[2])이 등장하였다. 1990년대에는 폐기물 발생량이 기하급수적으로 증가하였고 매립지를 확보하기에 어려운 지경이 되었다. 기존의 '처리' 중심의 폐기물 관리가 한계에 도달한 것이다. 그에 따라 폐기물을 원천적으로 줄이고, 발생된 폐기물의 재활용을 촉진함으로써 '자원 절약'과 '재활용'으로 '환경보전'을 국가를 비롯한 전 국민의 책무로 설정하였다.

그러나 정책적 인식과는 달리 폐기물량의 증가세는 줄어들지 않았다. 1997년은 외환위기로 경제불황이 이어지자 그 이듬해인 1998년 '아나바다'가 사회운동으로 펼쳐지면서 자원순환에 대한 국민적 인식과 문화가 형성된 계기가 되었다.

2) '기후위기'의 해법, 순환경제

'사계절이 뚜렷한 우리나라', '겨울철 삼한사온'처럼 기후 특성을 나타내는 말들은 점차 전설이 되어가고 있다. 특히 의류시장에서 춘추복이라는 것이 사라질 지경으로 여름과 겨울이 길어지고, 날씨의 변화를 예측하기 어렵다. 온대기후는 점차 난대, 아열대기후로 바뀌고 있는 등 다양한 기후위기 징조가 보고된 지 오래다.

기후변화가 지구 공전궤도 변화, 화산 폭발, 태양에너지 변화 같은 자연적인 원인 때문이라면, 그 기후변화가 가속화, 가열화되어 예측하기 어려워지는 기후위기는 인위적인 원인에서 찾을 수 있다. 도시화, 산림 파괴, 온실가스 증가 등 우리 인간 생활과 산업에 따른 것이다. 특히 인간에 의해 배출되는 쓰레기, 그 중 플라스틱 쓰레기는 기후위기와 한 몸이라고 할 정도로 밀접한 관계가 있다고 한다.

2022년 우리나라의 총 폐기물 발생량은 18,645만 톤/년이며, 하루 평균 발생량은 51만 톤/일이 넘는다. 대체 이 양이 얼마나 되는지 실감나지 않는다. 가정집 이사를 상상해 보자. 5톤 트럭이 빼곡하게 짐을 싣고, 매일 51만 대의 짐을 버리러 간다고 상상해 보면 숨이 턱 막힌다. 게다가 돌덩어리도 아닌 플라스틱으로 무게 5톤이라면 그 부피는 가늠되지 않는다. 이 쓰레기들을 버리는 데에 얼마나 많은 공간이 필요하겠는

처리하여 생활환경을 청결하게 함으로써 국민보건향상에 기여하려는 것'이었다(국가법령정보센터).

2) 1986년 12월 31일 폐기물관리법 제정(1987년 4월 1일 시행)되었다. 환경보전법과 오물청소법으로 이원화되어 있는 폐기물(분뇨, 쓰레기, 산업폐기물)의 관리에 관한 사항을 단일법에 규정하여 폐기물의 성상 및 특성에 따른 관리를 강화하고, 폐기물처리에 관한 기본계획을 수립하도록 하였다(국가법령정보센터).

가! 쓰레기는 이렇게 넘쳐나는데 향후 4년 내에 사용만료되는 폐기물매립장이 전체의 30%에 이른다.

서울・인천・경기 등 수도권 지방자치단체가 2020년부터 시행된 '생활폐기물 반입총량제' 시행 이후 낸 가산금(벌금)만 약 577억 원을 냈다고 한다.[3] 쓰레기 처리비용을 다 합친 것이 아니라 반입량을 초과해서 낸 벌금만 그만큼이다. 버려지는 자원, 경제적 손실을 따져보면 월등히 클 것이다.

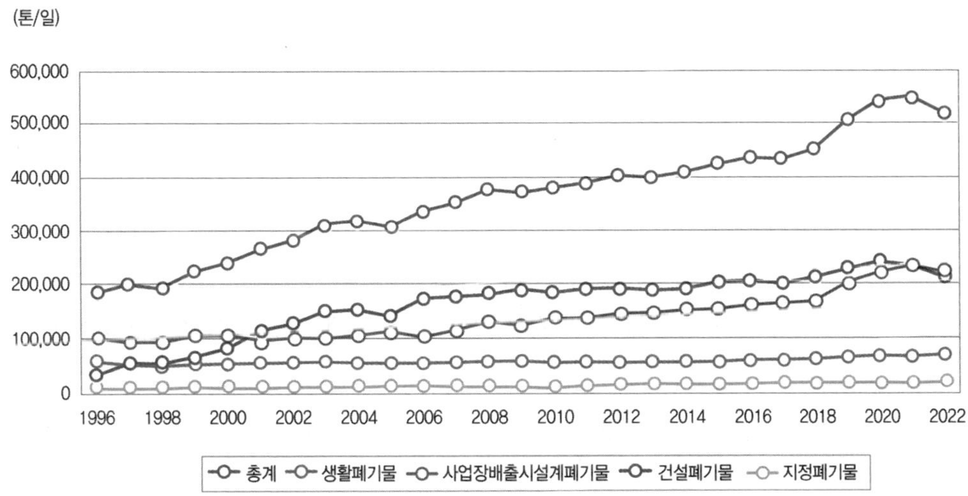

그림 14-1 폐기물종류별 일평균 발생량 추이

눈에 보이지도 않는 바이러스 감염병이 수많은 생명을 앗아가고 지구촌 전체를 위협한 코로나19 펜데믹 상황을 겪었다. 첫 번째 원인이 기후위기라는데 역설적이게도 우리는 역사상 가장 많은 쓰레기를 배출하였다. 더불어 기후위기와 버려지는 자원 문제는 사회문화와 경제 전방위적인 영향으로 이어지는 것을 체감하였다.

3) 연합뉴스(2024.4.27). 쓰레기 조절 못해 돈으로 때우는 지자체들, '벌금 폭탄', https://www.yna.co.kr/view/AKR20240426107500065?input=1195m

2 순환경제 정책

1) 순환경제의 정의와 원칙

순환경제(circular economy)란 제품의 지속가능성을 높이고 버려지는 자원의 순환망을 구축하여 투입되는 자원과 에너지를 최소화하는 친환경 경제체계로서 유럽에서 태동하여 세계로 확산되었다.

물질로 이루어진 자원의 변화는 결국 에너지의 흐름과 전환과정이다. 에너지보존법칙이 존재하지만 현실 세계에서 에너지 흐름과 전환 과정에서는 에너지가 쓸모없는 상태가 되는 엔트로피가 존재하고 항상 증가한다.[4] 즉, 자원을 버리는 것은 에너지를 버리는 것일 뿐만 아니라 자원을 생산·제조하는 것조차도 에너지 소실을 동반한다.

순환경제사회 전환 촉진법(약칭: 순환경제사회법, 시행 2024.1.1) 제2조(정의)

1. "순환경제"란 제품의 지속가능성을 높이고 버려지는 자원의 순환망을 구축하여 투입되는 자원과 에너지를 최소화하는 친환경 경제체계를 말한다.
2. "순환경제사회"란 모든 사회의 구성원이 함께 노력하여 순환경제를 달성함으로써 환경 보전과 온실가스 감축을 동시에 구현하는 사회를 말한다.
3. "순환이용"이란 다음 각 목의 어느 하나에 해당하는 활동을 말한다.
 가. 사람의 생활이나 산업활동에서 사용된 물질 또는 물건을 다시 자원으로 재사용 및 재생이용하는 등 환경부령으로 정하는 일련의 활동
 나. 폐기물로부터 「에너지법」 제2조 제1호에 따른 에너지를 회수하거나 회수할 수 있는 상태로 만드는 활동
4. "순환원료"란 사람의 생활이나 산업활동에서 사용되었거나 사용되지 아니하고 수거된 물질 또는 물건의 전부·일부를 원형 그대로 또는 가공을 거쳐 순환이용할 수 있는 물질로서 대통령령으로 정하는 것을 말한다.
5. "순환자원"이란 제21조 또는 제23조에 따라 환경부장관이 산업통상자원부장관과 협의

4) 열역학 제2법칙: 우주의 엔트로피는 자발적인 과정에서는 항상 증가하고, 가역적인 과정에서는 변화하지 않는다는 법칙을 말한다. 전체 계(system)의 엔트로피는 항상 증가하는 방향으로 일어난다는 것이다.

하여 인정하거나 지정 · 고시한 물질 또는 물건을 말한다.

6. "자원순환"이란 환경정책상의 목적을 달성하기 위하여 폐기물의 발생을 억제하고 발생된 폐기물을 순환이용하는 등 자원의 순환과정을 환경친화적으로 이용 · 관리하는 것을 말한다.
7. "자원순환산업"이란 폐기물을 최대한 순환이용할 수 있도록 하거나 순환경제사회로의 전환을 위하여 필요한 기술과 제도를 연구 · 개발하는 산업으로서 산업통상자원부장관과 협의하여 환경부령으로 정하는 업종(業種)의 산업을 말한다.
8. "자원순환시설"이란 생산공정에서 폐기물의 발생을 억제하거나 폐기물을 순환이용하는 데 사용되는 시설 · 장비 · 설비 등으로서 환경부령으로 정하는 것을 말한다.

때문에 순환경제의 가장 중요한 원칙은 '폐기(소각, 매립 등)'보다는 '순환'을, '순환'보다는 '발생'을 억제하는 것이다. 1990년대 폐기물관리시대와는 자원과 폐기물 관리의 패러다임이 완전히 전환되어야 한다. 안전하게 버리는 것이나 덜 버리는 것보다 불필요한 것들의 탄생(생산)을 줄이는 것이 중요하다.

2) 순환경제 관련 법제도 현황

우리나라의 순환경제 관련 법제도는 〈표 14-1〉에서 보듯이 3단계를 거쳐 발전하였다. 사실상 우리나라 순환경제 정책은 자원과 폐기물에 대한 가치관과 태도가 변화되어 온 역사라고 할 수 있다.

순환경제의 핵심인 자원순환(資源循環, natural recycling)의 법적 정의를 풀어보면 폐기물(wastes) 발생을 최대한 억제하고, 폐기물에 대해서는 재사용(reuse) 또는 재생이용(recovery)하며, 불가피하게 남은 폐기물은 환경에 미치는 영향을 최소화하여 처리하는 것이다.[5] 최근 국제사회의 변화와 더불어 자원을 최대한 오랫동안 순환시키고 사용함으로써 낭비가 아닌 부로 바꾸는 경제 모델로 자리매김하는 '순환경제' 개념과 제도가 정립되고 있다.

폐기물 관리, 자원순환, 순환경제에 이르기까지 관련 국내 법제도는 우리나라가 직면했던 시대별 환경문제를 해결해 나가면서 발전하였다. 더불어 국제사회의 관심과 환경정책에도 많은 영향을 받았다. 특히 유엔 중심의 국제사회의 지속가능한 발전,

5) 자원순환정보시스템, https://www.recycling-info.or.kr/

표 14-1 순환경제 관련 법제도 변화 단계

단계	가치관/태도	전환 계기와 주요 내용
도입 단계	폐기물(오염물) 처리 (안전처리)	• 1962: 오물청소법 제정 1987: 폐기물관리법 제정 • 폐기물은 오염원으로서 청소의 대상이며 보건위생적인 환경관리 관점으로 잘 처리·관리하는 것이 중요
도약 단계	폐기물 자원화 (자원재활용, 자원순환)	• 1993: 자원의 절약과 재활용 촉진에 관한 법률 제정 1994: 폐기물국가간이동법 1995: 폐기물처리시설설치촉진법 2003: 건설폐기물재활용촉진법 • 폐기물 처리, 관리의 한계 봉착 • 폐기물을 자원으로 인식, 자원 절약과 재활용을 촉진하여 폐기물을 줄여 환경 관리
성숙 단계	탈폐기물, 전 과정 관리 (자원순환경제)	• 2007: 전기·전자제품 및 자동차 자원순환법 2018: 자원순환기본법 제정 2024: 순환경제사회법(자원순환기본법 전면 개정) • 생산·유통·소비 등 제품의 전 과정에서 자원이용 • 폐기물의 발생을 최대한 억제하며 발생된 폐기물의 순환이용을 촉진을 통한 지속가능한 순환경제 유도

기후위기 대응에 관한 주요 논의와 의제들에 대해 우리나라도 적극적으로 대응해 왔다. UN의 지속가능발전목표(SDGs) 12는 '지속가능한 소비와 생산 양식의 보장'으로써 자원순환과 순환경제와 연계되는 11개의 세부목표를 설정하고 있다.

'순환경제'로의 획기적인 변화는 2015년 EU 순환경제 패키지, 2020년 EU 신(新)순환경제 이행계획에서 비롯되었다.[6] 기존 순환경제 이행계획(Circular Economy Action Plan)을 보완하여 신(新)순환경제 이행계획을 발표하였다. 모두 7개의 부문[7]에 대하여 전략(Strategy), 지침(Directive), 제안(Initiative)으로 구체화하였고, EU 이외의 국가들에 대해서도 순환경제에 동참을 요구한 바 있다. 우리나라도 2021년 K-순환경제 이행계획을 수립, 2024년에 기존의 「자원순환기본법」을 「순환경제사회법」으로 전면 개정하는 등 관련 정책 변화를 가졌다.

6) 정부합동(2021). 2050년 탄소중립 달성을 위한 K-순환경제 이행계획(안).

7) 지면이 제한되어 자원순환과 연관된 국제동향을 모두 언급하기 어렵다. 다만, 이 책의 기초를 제공한 『지방정부 ESG』 제1장~제3장을 참고하면 맥락을 이해하는 데에는 도움이 되겠다. EU 신순환경제 이행계획에 포함된 7개 부문은 ① 지속가능한 상품, ② 주요 품목 순환성 개선, ③ 더 적은 폐기물, 더 많은 가치, ④ 인간·지역·도시 순환성, ⑤ 범분야별 조치, ⑥ 글로벌 노력, ⑦ 모니터링이다.

자원순환 관련 법제도는 1962년 「오물청소법」부터 살펴볼 수 있다. 물론 이때는 '폐기물'이라는 관점보다는 분뇨를 포함한 각종 쓰레기를 위생적으로 버리고 청소한다는 취지였다. 1978년 「환경보전법」에서 폐기물 관리 맥락의 폐기물 처리 개념이 태동하였고, 1987년 「폐기물관리법」이 제정되면서 폐기물을 분류하고, 지방정부 단위의 폐기물 처리 기본계획을 수립하는 등의 관리정책이 본격적으로 시행되었다.

표 14-2 자원순환 관련 국내법제도 변천

시행	명칭	내용
1962.1.1	오물청소법	• 오물을 위생적으로 처리하여 생활환경을 청결히 함으로써 국민보건의 향상을 기함
1978.7.1	환경보전법(1991.2.2 폐지)	• 오염물질, 폐기물 등으로 환경오염 심화 • 환경기준의 설정, 특별대책지역의 지정, 배출허용기준의 합리적인 설정 등 제반대책을 수립
1987.4.1	폐기물관리법	• 폐기물 관리에 관한 사항을 단일법에 규정 • 폐기물의 성상 및 특성에 따른 관리 강화 • 환경청장, 시 · 도지사로 하여금 폐기물처리에 관한 기본계획을 수립, 폐기물 관리 유도
1991.2.2	환경정책기본법	• 환경오염으로 인한 위해 예방 • 자연환경 및 생활환경을 적정하게 관리 · 보전
1993.6.9	자원의 절약과 재활용 촉진에 관한 법률	• 폐기물 관리 한계 도달 • 폐기물 원천적 감소, 폐기물 재활용 촉진 • 자원 절약, 환경보전 도모
1995.3.23	환경기술 개발 및 지원에 관한 법률(환경기술산업법)	• 국내 환경기술 체계적 · 종합적 개발 · 육성 • 저오염기술개발 촉진 제도 마련
1995.7.6	폐기물 처리시설 설치 촉진 및 주변 지역 지원 등에 관한 법률(폐기물시설촉진법)	• 폐기물처리시설의 부지(敷地) 확보 촉진 • 그 주변지역 주민에 대한 지원
2005.1.1	건설폐기물의 재활용 촉진에 관한 법률(건설폐기물법)	• 폐기물을 친환경적으로 적정처리 • 천연골재의 대체자원으로 순환골재 생산 유도
2007.9.28	가축분뇨의 관리 및 이용에 관한 법률(가축분뇨법)	• 가축분뇨를 퇴비 · 액비 등으로 자원화 • 환경과 조화시키면서 지속가능한 축산업 및 자원순환형 농업의 발전과 환경보전을 실현
2008.1.1	전기 · 전자제품 및 자동차의 자원순환에 관한 법률(전자제품 등 자원순환법)	• 전기 · 전자제품 및 자동차의 재활용을 촉진 • 유해물질의 사용을 억제하고 재활용이 쉽도록 제조하며 그 폐기물을 적정하게 재활용 유도
2016.7.21	재활용 환경성 평가 제도	• 재활용 기술이 환경적으로 안전할 경우 폐기물관리법 개정 없이 재활용을 가능하게 하는 적극행정 제도

2018.1.1	자원순환기본법 (2024.1.1 순환경제사회 전환 촉진법으로 전부개정)	• 생산 · 유통 · 소비 · 폐기까지 자원 이용 관리 • 폐기물 발생량 극소화시켜 환경부하 저감 • 자원순환이용 촉진, 자원순환 사회 기반 구축
2018.1.4	시 · 도 자원순환 성과관리 운영 등에 관한 지침	• 시 · 도 자원순환 목표설정 · 관리운영 등에 관한 업무의 세부사항 규정
2024.1.1	순환경제사회 전환 촉진법(순환경제사회법)	• 제품 전과정에서 자원 이용 • 폐기물 발생 억제, 폐기물 순환이용 촉진 • 지속가능한 순환경제사회를 만드는 데 기여

3 ESG 관점의 순환경제 이해

시선을 살짝 옮겨보면 요즘 우리 시대의 유행어 하나가 'ESG 경영'이다. 기업이 장기적인 관점에서 친환경적, 사회적 책임경영과 투명경영을 통해 해당 기업뿐만 아니라 지구환경과 국제사회의 지속가능한 발전을 추구하는 경영을 말한다. 경영에 있어 비재무적인 요소인 환경(Environmental), 사회(Social), 거버넌스(Governance)를 반영하도록 국제사회가 요구하는 것이다.

폐기물 발생을 줄인다는 핵심목표를 중심으로 자원순환의 전과정을 연결하는 것이 핵심이다. '기후위기'에 대응하기 위해 '탄소중립'과 '자원순환'이 중요하고 이것이 결국 경제적 요소로 환산된다는 것이다. '자원조달-생산-소비-폐기'로 이어지던 일방통행식 선형경제를 벗어나 '생산-소비-관리-재생'으로 지속적으로 순환되는 수레바퀴로 진입하도록 유도하는 것이다. 순환경제 성과관리시스템을 참조해도 좋겠다.

제2절 환경(E) 관점의 순환경제 정책과 사례

1 순환경제의 환경 요인

ESG와 지방정부의 순환경제 정책은 어떤 연계성이 있을까? 어떻게 실현해야 할까? 막연함을 구체적인 실천 아이디어로 전환시키기 위해서는 가장 기본적인 개념에서 출발하여야 한다. 환경(E) 관점은 순환경제 정책의 중추다.

순환경제는 '자원'과 자원을 따라다니는 원천인 '에너지'를 아끼는 것으로 돌아가는 수레라면, 환경(E) 관점이 중심축이 되어 그것을 돌리는 주체의 문제로서 사회(S) 관점, 시스템으로 거버넌스(G)를 개념화할 수 있다.

ESG 진단평가 항목 중 환경(E) 관련 항목은 환경(운영) 경영 목표 및 성과, 에너지 사용 감축, 재생에너지 사용비율 증대, 환경오염 및 폐기물 감축, 원부자재 사용량 감축, 재생 원부자재 사용비율 증대, 자원관리 효율화 등이 있다.

지방정부 행정 일선에서 '순환경제'까지 확장된 개념보다 '자원의 흐름'을 '순환시킨다'로 바꿔 생각하는 것도 좋은 방법이다. 순환경제는 공급을 늘리는 대신 사용을 늘려서 경제적 효과를 누리는 것이 주된 메커니즘이기 때문이다.

환경(E) 관점의 순환경제 정책은 어떻게 생산하고 실천할까? 지방정부의 행정력과 시민, 기업, 방문자들이 지역자원을 최대한 덜 가공하고, 힌 번 가공된 사원은 최대한 오래오래 사용하고, 최대한 적게 이동하도록 하는 기술과 실천방법을 찾는 것이다.

환경부 산하 한국환경공단이 운영하는 '자원순환 실천 플랫폼'에서는 4R 서약과 실천운동을 펼치고 있다. 자원순환을 실천하는 방법으로 분리배출, 1회 용품, 폐가전, 음식물 쓰레기, 기타 폐기물로 나누어 일상생활에서 실천할 수 있는 방법과 정보를 제공하고 있다.[8)]

환경문제와 기후위기 주범인 플라스틱으로 대표되는 일회용품 분야에서 다회용

그림 14-2 환경(E) 관점의 순환경제(자원순환 실천 플랫폼)

8) 자원순환 실천 플랫폼(https://www.recycling-info.or.kr/).

기 사용을 장려하고, 고품질 재활용품 회수 보상, 환경마일리지 등 인센티브를 제공한다.

2 환경(E) 부문 사례: 다회용기 선순환 시스템

1) 충청남도 순환경제 정책 개요

17개 광역시도와 226개 기초시군구 중 순환경제 관련 자치법규를 갖추고 있는 곳은 13개, 자원순환 관련 자치법규를 갖춘 곳은 94개이다(국가법령정보센터, 2024). 조례를 갖추고 있지 않더라도 환경 관련 부서에서 자원순환, 재활용, 기후변화 대응, 탄소중립 관련 정책으로 모든 지방정부에서 실현하고 있다. 아직은 재활용경제(recycling economy)에 머물러 있지만 전 지구적인 SDGs와 ESG 캠페인과 국내 법제도 및 정책, 환경기술, 자원순환산업 등이 활발히 순환경제체제로 이양되고 있다.

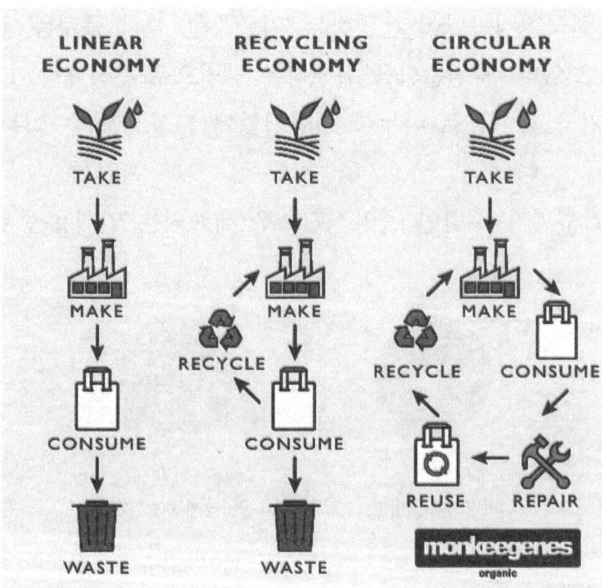

출처: https://sampyo.co.kr/blog/순환경제circula-economy란-무엇일까

그림 14-3 선형경제, 재활용경제, 순환경제 개념도

조례를 갖추고 있는 경우에 자체적인 브랜드나 정책사업을 추진하는 것이다. '탄소중립을 위한 충남형 다회용기 선순환 모델, 컵잇슈'가 대표적인 사례이다.

충청남도는 2021년 9월 30일부터 「충청남도 자원순환 기본 조례」를 제정 및 시행하였다. 자원순환기본계획의 시행계획 수립, 통계조사, 성과관리, 자원재활용 활성화 체계 구축, 폐기물처분분담금의 용도, 위원회 관련 사항 등을 규정하고 있다.

제1차 충청남도자원순환시행계획은 2018~2027년까지 10년 계획으로 수립되었다. 기존의 관련 계획인 「제3차 충청남도 폐기물처리 기본계획(2012~2021)」의 시행기간 동안 자원순환 관련 내용의 성과 평가를 실시하여 세부사업 추진시책 도출을 위한 환류조정(feedback) 자료로 활용하였다.[9] 도민투표를 통해 자원순환 종합계획의 비전안을 '함께하는 자원순환, 깨끗한 충청남도'로 결정하였으며, 제도정비, 실천 방안 및 거버넌스 체제 구축, 시설 구축, 안전관리의 4개 분야에 걸쳐 세부사업을 계획하였다.

출처: 에스이임파워사회적협동조합(2023). 충남형 다회용기 선순환 모델, 컵잇슈 결과보고서.

그림 14-4 컵잇슈 사업 추진 일정

9) 충청남도(2021). 제1차 충청남도자원순환시행계획.

2) 충남형 다회용기 선순환 모델, 컵잇슈 사업 개요

지난 2023년 12월에는 충청남도 주관 '범도민 탄소중립 실천확산 대회와 유공자 표창 수여'가 있었다. 다회용기 사용 · 수거 · 세척 · 공급 순환 체계와 환경기술, IT 기술을 접목한 통합시스템으로 시범사업을 운영했다.

컵잇슈 사업은 1회용품 사용 억제를 통한 탄소중립 실현, 철저한 위생 관리를 통한 도민 신뢰 확보, 충남의 일자리로 환원하는 경제효과를 목표로 하여 순환경제 모델을 지향하였다.

3) 충남형 다회용기 선순환 모델, 컵잇슈 사업 모델 및 성과

공공기관, 커피전문점, 공공장례식장, 행사 · 축제장 등 다양한 유형으로 시범사업을 운영해 1회용컵 사용을 줄여 위생, 사용, 재활용 성과를 높이는 환경(E)적 성과를 거두었다. 이 사업의 대표사인 사회적기업 에스이임파워사회적협동조합은 다회용기

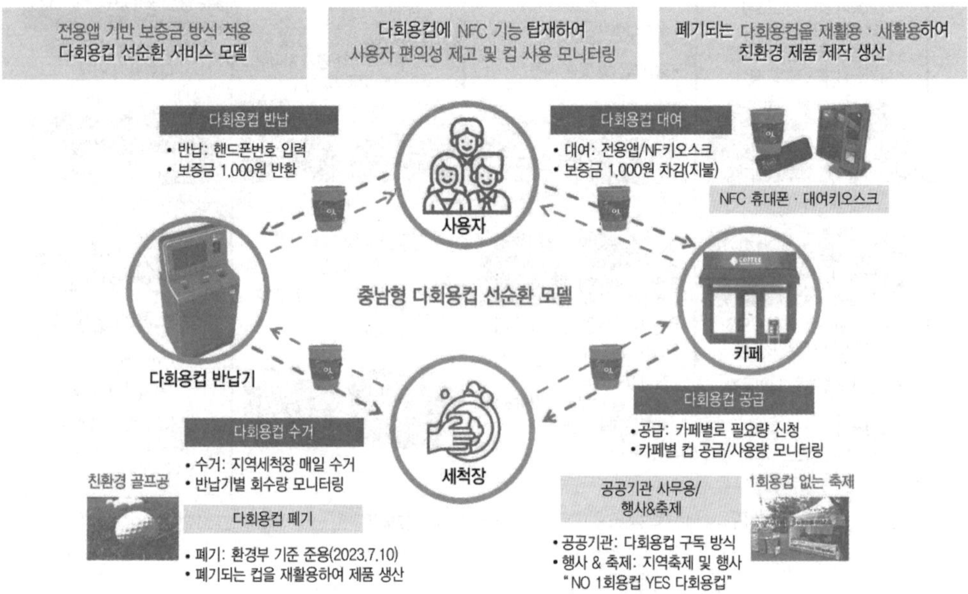

출처: 에스이임파워사회적협동조합(2023). 충남형 다회용기 선순환 모델, 컵잇슈 결과보고서.

그림 14-5 컵잇슈 사업 모델

선순환 시스템을 구축·운영하는 데 그치지 않았다. 용도를 다한 폐용기 등을 활용해 골프공으로 개발하여 환경(E)적 기여를 확대, 명실상부한 순환경제 모델을 실현한 공로로 유공자 표창을 받았다.

다회용컵 노인일자리 시범사업으로 운영하여 12명의 노인일자리로서의 가치가 검증되어 2024년 충남 다회용기 사업 추진시 노인일자리사업 30명 연계를 확정하는 사회(S)적 성과가 있었다. 다양한 주체들이 참여하여 다양한 주체들이 다양한 방식으로 의사결정과 실천에 참여하여 거버넌스(G) 측면에서도 거버넌스 모델을 구축하였다. 추진체계에서 사회적기업의 기술력과 기획으로 광역자활센터와 기초자활센터의 운영관리, 행정안전부와 충청남도의 지원사업(예산, 심의, 관리), 커피전문점(공공기관, 민간, 대학 내), 시민 등과 협업체계를 구축한 것도 의미가 있다. 특히 에스이임파워는 이 사업이 타 지역에서 유사 사업에 비해 성과를 이룰 수 있었던 요인으로 사업 초기 단계부터 지역조직, 공공기관과의 연계 등 거버넌스 시스템을 꼽았다.

제3절 사회(S) 관점의 정책과 사례

1 순환경제의 사회 요인

순환경제 정책에 있어 사회(S) 관점의 요인은 고객 또는 종사자의 안전 보건(인권), 행정과 지역사회의 관계(커뮤니티), 지역사회 발전·참여(기여), 사회공헌, 다양성과 기회균등(사회적 차별금지) 측면에서 관계가 높다. 폐기물 수거, 관리 업무 종사자들은 다양한 위험에 노출될 수 있으므로, 이들에 대해 작업과정에서의 안전 확보, 보건 위생 관리 등을 점검하는 것은 인권보상 측면에서 중요하다. 또한 홀몸어르신이나 장애인 등 폐기물 처리, 활용에 어려움을 겪는 시민들도 장벽과 불편함을 느끼지 않고 순환경제에 참여할 수 있도록 하는 시스템을 마련할 필요가 있다.

환경부와 서울시 등 지방정부는 환경마일리지 제도를 비롯한 자원순환 인센티브는 누구나 일상 속에서 순환경제 효과를 누릴 수 있는 경제시스템의 일환이다. 환경마일리지는 전기나 수도, 도시가스를 절약한 만큼 마일리지 형태로 쌓이주는 등 환경

보호에 기여한 사람들에게 혜택을 제공하는 제도이다. 산하기관인 한국환경공단이 전국민을 대상으로 탄소중립포인트를 제공하고 서울시에서 운영하는 통합에코 마일리지가 대표적이다. 환경마일리지 제도 참여자는 쾌적한 생활을 누리고, 적은 금액일지라도 경제적 효과를 누릴 수 있다. 남녀노소 누구나 참여할 수 있는 생활 속 작은 실천으로도 사회에 기여한다는 정서적 만족감 등 간접효과를 누릴 수 있다.

그림 14-6 대표적인 환경마일리지 제도

환경마일리지, 지원금 제도는 환경오염을 저감하는 친환경자동차 보급과 재생에너지 이용을 대중화 시키고 순환경제에 대한 인식과 실천의지를 함양하는 효과가 크다. 고품질 재활용품 회수보상사업은 재활용가능자원의 분리수거 등에 관한 지침(2022.12.1)에 근거하여 시민들이 깨끗하게 분리된 재활용품을 가져오면 무게에 따라 지역화폐 등으로 유가보상하는 제도이다. 다만, 참여자가 직접 운송해야 한다는 점에서 제약이 있다.

2 사회(S) 부문 사례: 클린예천 보물마차

경상북도 예천군의 자원재활용 활성화를 통한 탄소중립 실천 정책인 '클린예천 보물마차'는 사회(S) 부문 순환정책 사례로 주목 받고 있다.

클린예천 보물마차는 관내 읍·면을 순회하며 재활용품을 회수하고 인센티브를 제공하는 이동식 재활용 장터로 예천군이 전국 최초로 2022년 9월부터 운영하여 호응을 얻고 있다. 보물마차에서는 캔과 페트병을 가져오면 개당 10원의 포인트가 거래장에 적립되고 1만 원 이상이 적립되면 예천사랑상품권으로 지급한다.

적은 금액이라도 거래장에 차곡차곡 적립되고 실물경제로 환원되는 경험을 함으로써 '재활용품도 돈이 된다'라는 인식이 퍼지면서 주민들의 적극적인 참여가 계속해서 이어지고 있다. 여러 지방자치단체에서도 벤치마킹하여 전국으로 확대되고 있다.

출처: 예천군 홈페이지.

그림 14-7 클린예천 보물마차 이용 모습

클린예천 보물마차는 푸드트럭 형태로 제작되어 깨끗하게 정비된 수거차량이 관내 곳곳에 직접 찾아가서 캔, 페트병을 수거하는 것이 특징이다. 고령자가 많고 인구밀도가 낮은 농산어촌지역에서는 분리배출이 잘 되지 않아 인구가 적음에도 불구하고 자원재활용율이 낮은 편이다. 자원재활용 접근성이 낮은 마을과 주민들에게 직접 찾아가서 수거하고, 인센티브를 제공하기 때문에 주민들의 참여가 높다.

출처: 예천군 홈페이지.

그림 14-8 2024년 4월 클린예천 보물마차 운영 홍보물

클린예천 보물마차 시범운영 이후로 「예천군 클린예천 만들기 운영 및 지원에 관한 조례」(2022.11.28. 최초 제정)를 제정하여 참여형 자원순환 실천 정책을 펼치고 있다. 조례는 「폐기물관리법」 제4조를 근거로 제정하였지만 「예천군 폐기물 관리 조례」와 별개로 운영되는 범군민 참여형 정책브랜드이자 예천군의 브랜드로 발전시키고 있다는 점이 주목된다.

「예천군 클린예천 만들기 운영 및 지원에 관한 조례」(2023.12.28 개정)는 제1장 총칙, 제2장 실행계획 및 실천운동, 제3장 영농환경평가위원회, 제4장 협의체 지원, 제5장 보칙으로 구성되어 있다. 특히 주목할 부분은 제2장에서 예천군 클린예천 만들기 실행계획을 수립하고, 군행정과 군민의 실천운동 등 역할분담과 정책 실현방법을 규정하고 있다. 행정과 주민생활 문화를 순환경제 모델로 전환함으로써 쾌적하고 지속가능한 지역환경을 만들어 가는 효과를 거두는 사례라고 할 수 있다.

2024년 2월 6일 예천군 보도자료에 따르면 예천군은 "탄소중립 선도도시" 클린예천 만들기 총력을 다하겠다고 선포하였다. 2024년 탄소중립 선도도시 건설과 자연과 사람 중심의 지속가능한 클린예천을 위해 환경정책 분야에 273억 원의 예산을 투입할 계획이다. 2050년 탄소중립 목표 달성을 위한 기반 구축, 기후위기 대응 군민건강과 쾌적한 환경 조성, 청정 예천의 자랑 물 맑은 하천 조성, 재활용 활성화와 함께해요! 클린예천 범 군민운동 지속적 추진 등을 골자로 세부 사업 실행계획과 예산을 제시하였다.

'클린예천 보물마차' 사업은 '재활용 활성화와 함께해요! 클린예천 범 군민운동 지속적 추진' 일환으로 폐아이스팩 및 폐현수막 재활용사업, 빈병 무인회수기 사업, 캔・페트 무인 회수 로봇 추가 설치 사업 등과 함께 추진되는 것이다.

조례와 2024년 사업계획 등 환경정책 분야 계획은 폐기물관리를 넘어서 자원순환을 통한 순환경제 사회를 지향하는 것으로 분석된다.

클린예천 보물마차를 통해 재활용품을 모으고 돈으로 환산되어 거래장에 인센티브가 기록되니 '재활용품도 돈이 된다'는 인식이 퍼진다. 비록 작은 금액이지만 환경을 개선하고 지구를 구하는 탄소중립에 기여한다는 심리적 보상까지 더해졌다. 2023년 12월 성과보고에 따르면 보물마차를 통한 캔, 페트병 수거량은 전체 캔, 페트병 수거량의 30% 이상 차지하였다. 남녀노소 군민들에게 100번의 교육이나 안내보다 재활용품을 모으고 제대로 반출하기를 실천할 동기를 높여 주었다. 경험이 생활습관이 되고 지역문화가 되는 생활 속 순환경제의 초기 단계로서 좋은 실천정책 모델이다.

거버넌스 관점에서 클린예천 만들기 사업은 2개의 법정 조직을 운영한다. 제3장에서는 영농환경평가위원회를 설치하여 읍·면별 영농환경평가위원회를 설치·운영하여 읍·면 지역 내 깨끗한 농촌환경 조성을 위한 협의·심의를 담당하도록 규정되어 있다. 제4장에서는 협의체를 구성하여 클린예천 만들기 사업의 전문성 확보, 실무 조정·협의 역할을 담당한다.

예천군 클린예천 만들기 운영 및 지원에 관한 조례(부분 발췌)

제1장 총칙

제1조(목적) 이 조례는 「폐기물관리법」 제4조에 따라 예천군민의 환경의식 제고와 자발적인 실천을 유도함으로써 클린예천 실천운동을 차질 없이 추진하고 클린예천을 예천군의 브랜드 가치로 만들기 위하여 클린예천 만들기 운영 및 지원에 관한 사항을 규정함을 목적으로 한다.

제2조(정의) 이 조례에서 사용하는 용어의 뜻은 다음과 같다.

1. "클린예천"이란 쾌적한 생활환경을 조성하여 깨끗한 예천군의 이미지를 브랜드 가치로 만들어 예천군민(이하 "군민"이라 한다)들이 긍지와 자부심을 가지고 누구나 건강하고 행복한 생활을 누릴 수 있는 예천군(이하 "군"이라 한다)을 말한다. …(중략)…

제3조(적용 범위) 클린예천 만들기는 군 전역의 마을 어귀, 도로변, 임도, 경작지 주변(배수로, 도로, 하천, 구거, 제방 등을 포함한다. 이하 같다) 및 해당 지역주민에 대하여 적용한다. …(중략)…

제2장 실행계획 및 실천운동

제5조(실행계획 수립·시행) ① 군수는 군민들의 환경보전 의식 고취, 재활용 활성화 및 환경개선을 위하여 다음 각 호의 사항이 포함된 예천군 클린예천 만들기 실행계획(이하 "실행계획"이라 한다)을 수립·시행하여야 한다.

1. 클린예천 조성을 위한 청결활동 전개
2. 생활폐기물 분리배출에 관한 사항
3. 제2조 제3호의 평가지역에 같은 조 제4호의 평가대상을 무단투기, 적치, 소각하지 않도록 홍보·계도

제6조(실천운동 전개) ① 군수는 실행계획에 따라 클린예천 만들기 실천운동(이하 "실천운

동"이라 한다)을 적극 전개하여야 한다.

② 군민은 클린예천을 조성하기 위하여 실행계획에 따라 다음 각 호의 사항을 적극 협조하여야 한다.

1. 청결활동 참여 및 홍보, 2. 생활폐기물 분리배출 실천, 3. 농촌 미관을 저해하는 폐기물, 물품 등 무단투기 · 적치 · 소각 금지, 4. 거주지, 공장, 근무지 주변을 항상 깨끗하게 관리 …(중략)…

제7조(실천운동 전개 지원 등) ① 군수는 군민들이 제6조에 따른 실천운동을 전개하는 경우 이에 필요한 각종 장비, 물품, 홍보물 등을 예산의 범위에서 지원할 수 있다.

② 군수는 군민의 관심 유발 및 참여 의욕 고취를 위해 클린예천 만들기 행사 시 예산의 범위에서 참여자에게 경품, 기념품, 지역화폐, 상품권 등을 제공할 수 있다. …(중략)…

제3장 영농환경평가위원회

제9조(위원회 설치 등) ① 군수는 클린예천 만들기 정착을 위하여 읍 · 면별 영농환경평가위원회(이하 "위원회"라 한다)를 설치 · 운영할 수 있다. 이 경우 위원회는 해당 읍 · 면별 자체 실정에 맞게 조정하여 운영할 수 있다. …(중략)…

제4장 협의체 지원

제16조(협의체 구성) 군수는 클린예천 만들기 사업의 전문성을 확보하고 실무를 조정 · 협의하기 위하여 필요한 경우 협의체를 구성하고 그 사업을 추진하기 위하여 노력해야 한다. …(중략)…

순환경제를 통한 탄소중립 실현을 위해서는 이렇게 회수된 자원을 재사용 · 재활용을 통해 계속 순환시켜 엔트로피와 탄소발생을 줄이면 금상첨화일 것이다. 클린예천 보물마차에서 거래장은 일종의 '지역화폐'로 볼 수 있다. 지역 내에서 경제적 순환을 만들어 내는 것이다.

장차 수거부터 재사용, 새활용까지 모든 자원순환 공정에서 유 · 무형의 부가가치를 높여 세금을 투입하지 않고도 선순환되는 메커니즘으로 전환하는 것이 필요하다. 대안을 찾는 과정에서 지방정책과 제도는 민간의 활동과 생활방식을 견인하는 역할과 마중물 역할을 할 수 있다. 주민과 민간사업자(기업)들은 생산, 유통, 소비에 이르기까지 주체로 참여하게 된다. 전체 공정에서 매출을 높이거나 비용을 낮추는 주체로서 가처분소득을 높이는 경제방식을 창출해 내는 것이 자원순환을 통한 순환경제의 궁극적인 모델이다.

제4절 거버넌스(G) 관점의 정책과 사례

1 순환경제의 거버넌스 요인

순환경제 정책에 있어 거버넌스(G) 관점의 요인은 순환경제 정책 심의·관리를 위한 위원회 구성 및 활동, 운영 예산과 집행에 대한 투명성 확보 및 정보공개, 법/조례의 실천, 위반에 대한 상벌제도, ESG 인센티브(디스인센티브), 주민친화시설과 연계된 친환경 처리 시설을 조성, 오염물질 배출을 최소화하기 위한 노력 등을 꼽을 수 있다. 지방정부는 주민, 기업, 전문가 등 다양한 이해관계자와 협력하여 지역 여건에 부합하는 혁신적인 순환경제 정책을 발굴하고 실천하는 것이 중요하다.

특히, 순환경제 관련 조례, 자원순환실행계획 등 수립 시 의제 설정과 실행, 관리감독 능력에 주민참여 기회를 다양하게 마련하는 것은 정책적 차별화와 실효성 두 마리 토끼를 거둘 수 있는 좋은 방안이다. 폐기물 재활용을 위해 적재하거나 재가공 처리하는 시설은 주민들에게는 기피시설로 갈등이 야기되는 일이 빈번하다. 순환경제에 있어 환경부와 지방정부는 갈등 해결, 공공시설 디자인과 유지관리, 폐기물 처리과정에서 다양한 이해관계자의 참여를 통한 거버넌스 실천이 중요하다. 폐기물 처리시설 입지후보지가 둘 이상의 시·도에 해당하는 경우 환경부는 입지선정위원회에 직접 참여해 갈등을 조정한다. 주민지원기금 확대 등 폐기물 처리시설 근처에 살고 있는 국민을 위한 복지를 확대하는 것으로 갈등관리를 하기도 한다.

공공시설 친환경 디자인을 적용하고, 시설 근처에 주거지역이 위치하는 경우 지방정부가 가진 인·허가권을 활용하여 지하화를 추진하는 것, 여가·체육시설 등과 연계한 복합시설을 폐기물 처리 시설과 함께 조성하도록 강세하여 참여를 유도한다. 폐기물 처리 단계에서는 지방정부 여건에 맞게 강화된 배출기준을 적용해 악취·환경오염을 최소화하려는 노력을 할 수 있다. 주민에게 피해를 서삼하고 참여를 이끌어내는 정책을 펼칠 수도 있다. 그외에도 일상적으로 불법 폐기물 증가, 폐비닐 문제 등 각종 사회문제를 해결하기 위해 정부뿐만 아니라 전 국민적 관심과 노력을 유도하는 교육도 중요한 역할을 한다.

우리나라 폐기물은 생활폐기물, 사업장배출시설폐기물, 건설폐기물, 지정폐기물로 나뉜다. 이 중 전체 폐기물 중 건설폐기물과 사업장배출시설폐기물이 각각 40% 이상을 차지하여 80~90%에 육박한다. 자원순환과 순환경제 논의에서 생활쓰레기가 강조되고 있지만 생활쓰레기의 비중은 10%를 약간 상회하는 수준이다. 건설폐기물은 다른 산업폐기물에 비해서 유해성은 상대적으로 적지만 체적과 중량이 크고 발생시기가 일정한 기간에 집중되는 특성이 있다. 건설폐기물은 소각하기가 쉽지 않기 때문에 대부분 땅속에 매립해야 하므로 토지이용과 생태계 보호에 미치는 영향이 상당하다. 매립비용 또한 톤당 10만 원으로 생활폐기물에 비해 약 30~40% 정도 높은 편이다.

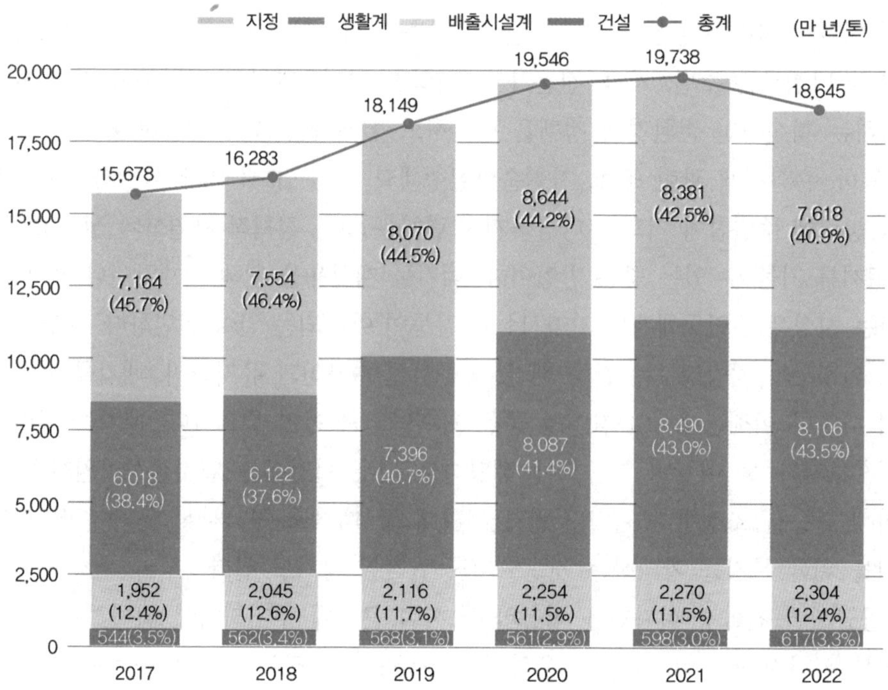

출처: 환경부 · 한국환경공단(2023), 2022년 전국 폐기물 발생 및 처리 현황.

그림 14-9 폐기물 종류별 발생 추이

2 거버넌스(G) 부문 사례: 순환골재 활용

거버넌스 부문을 고려한 정책으로 주목을 받고 있는 지방정부는 김해시 사례를 들 수 있다. 김해시는 산업단지 진입로 개설공사를 시행하면서 순환골재를 활용한 사례로 우수한 실적을 거두었다. 환경부와 국토교통부가 주최하는 '2022년 순환골재 및 순환골재 재활용제품 우수활용사례 공모'에서 국토교통부장관상을 수상하였다. 김해시는 2016년에 착수한 '사이언스파크 일반산업단지 진입도로 개설공사'에 순환골재와 순환아스콘 28,000m^{3}를 사용해 약 3억 원의 예산을 절감, 친환경 자원순환에 기여한 공로를 인정받았다.

「건설폐기물의 재활용촉진에 관한 법률」 제38조 제3항에 따라 순환골재 재활용제품 의무사용량 40%를 넘어 100% 사용한 공로를 인정받았다. 김해시는 부상으로 받은 상금 50만 원 전액을 이태원참사 희생자를 지원하기 위해 경남사회복지공동모금회에 지정 기탁해 환경에서 시작해 사회적 관점의 순환경제 사례를 창출한 것이다. 1km 이상 도로공사 등 주요 공공의 공사에 의무적으로 건설폐기물을 재활용한 재생골재를 사용하도록 하는 규정은 2005년부터 시행되었다. 순환골재는 자원순환을 위한 네 가지 실천사항인 4R에 잘 부합되는 순환경제 사례이다. 순환골재 사용은 꾸준히 증가하고 있지만 순환골재의 수급상황, 생산기술수준, 용도별 품질기준 등 기준을 준수해야 하고, 중간처리한 후 발생하는 폐기물에 대한 처리 등 까다로운 면이 있다.

2021년에 김해시는 '2025년 친환경 자원순환 자주도시 조성계획'을 수립하였다. 쓰레기 발생지 처리원칙이 강조됨에 따라 완전무결한 환경기초시설 설치, 시민이 실천하는 자원순환정책, 시민 불편 최소화 청소행정을 펼치기로 하였다. 기관・단체・공동주택 등과 자원순환협약을 체결하고, 시정을 통한 공공기관의 노력도 다각적으로 펼치면서 건설공사에 순환골재 사용을 적극적으로 증가시키고 있어 모범적으로 평가된다

> **건설폐기물의 재활용촉진에 관한 법률(건설폐기물법)**
>
> 제2조 7. "순환골재"란 물리적 또는 화학적 처리과정 등을 거쳐 건설폐기물을 제35조에 따른 순환골재 품질기준에 맞게 만든 것을 말한다.
>
> 제38조(순환골재 및 순환골재 재활용제품의 사용 의무) ③ 제1항에 따른 순환골재 및 순환골재 재활용제품의 사용량 등에 관한 사항은 환경부장관과 국토교통부장관이 정하여 고시한다.
>
> (국토교통부) 순환골재 등 의무사용건설공사의 순환골재 · 순환골재 재활용제품 사용용도 및 의무사용량에 관한 고시
>
> 나. 「산업입지 및 개발에 관한 법률」 제2조 제9호에 따른 산업단지개발사업 중 면적이 15만제곱미터 이상인 용지조성사업, 사용용도(도로 보조기층용, 동상방지층 및 차단층용) 사용용도별로 각각 골재 소요량의 40% 이상

제5절 결론

1 소결

지방정부의 자원순환 정책은 순환경제의 관점으로 통합적인 접근이 확대되고 있다. 환경부와 산하기관을 통해 실천활동 사례가 지속적으로 창출되고 있다. 순환경제의 가치관은 아직 초기 단계이지만 과거의 자원순환 관점에 비해 지속가능한 발전 목표의 달성을 넘어서서 지속가능한 지방정부 ESG를 견인하고 있다고 할 수 있다. 순환경제 정책은 키워드만 바뀌는 전환이 아니다. 자원과 폐기물에 대한 가치관이 변화되고 에너지 관리 역량을 강화하여 엔트로피를 낮추고 환경과 인간 삶의 질을 지속가능하게 보전 관리하는 실질적인 정책패러다임이다.

2018년에 제정된 「자원순환기본법」이 채 6년이 되지 않은 2024년 1월 1일 올해부터는 「순환경제사회 전환 촉진법」으로 전면 개정되었다. 환경부를 비롯한 중앙부처와 공공기관들은 그 이름이 무엇이든 순환경제로의 전환을 위해 다양한 정책들을 펼

치고 있다.

지방정부의 순환경제 관련 정책 사례로서 '충남형 다회용기 선순환 모델, 컵잇슈', '클린예천 보물마차', '김해시 순환골재 활용'을 분석하였다. 이 세 가지 사례를 환경(E), 사회(S), 거버넌스(G) 실천 사례로 각각 언급하였지만 결코 한 사례를 통해 ESG 각각을 떼어서 보기 어렵다. 독자들도 이 사례들을 통해 순환경제 정책에서 ESG 세 가지 관점은 그 어떤 정책 주제보다 연계성이 높겠다고 짐작하거나 간파하였을 것이나. 세 개의 사례는 모두 ESG 요소를 충실히 이행해야 성취되는 특성이 있기도 하다. 특히 지방정부의 공무원들은 '자원'과 '에너지'의 공급을 줄이고 다양한 형태의 재사용을 늘리겠다는 본질적 목표에 충실하려면 ESG 모두가 자연스럽게 실현된다는 것을 숙고하였으면 한다. 순환경제, ESG 용어들에 굳이 집착하거나 두려워 하지 않아도 됨을 전하고 싶어서 강조한다.

환경(E)적 효율성을 추구하기 위해서는 생산부터 소비, 관리, 재생산에 이르는 순환의 고리와 각 요소들에 우수한 환경기술이 뒤따르고 친환경 산업 발달을 수반한다. 이러한 과정과 결과에서 사회(S)적 관점의 고려와 성취를 이루어야 하며, 거버넌스(E) 관점에서 갈등을 예방하고 보다 민주적이고 투명한 사회로 진일보하는 것이다.

국제사회와 우리나라 정부에게 있어 기후위기는 가장 절실한 과제가 되어 우리 앞에 놓여 있다. 자원과 에너지를 대하는 태도와 생활, 산업 방식으로 탄소중립을 실천하는 것이 유일한 대안이다. 순환경제는 시민행정 실현의 일선에 있는 지방정부가 가장 적극적으로 나서야 하는 가장 대표적인 정책 이슈이다.

2 정책 제언

폐기물은 더 이상 사람에게 피해 주지 않도록 안전하게 버려두 되는 대상이 아니게 되었다. 어쩌면 순환경제가 담고 있는 궁극의 목표는 폐기물을 없애는 '제로 웨이스트(Zero Waste)', '탄소중립(Carbon Free)'이다. 시민들과의 접점에 있는 행정기관인 지방정부는 이 문제에 대해 그 어떤 주체보다 절실하고 적극적인 태도를 취할 필요가 있다. 당장에 폐기물(쓰레기) 발생지 처리 원칙이 적용될 것이다. 하루에 50만 톤씩 나온다는 폐기물에게 다른 용도와 방식을 부여하고, 불필요한 자원을 공급하지 않도록 하는 정책이 병행되어야 한다.

지방정부가 시행하는 순환경제 정책은 폐기물을 분리수거하고 인센티브 같은 대가를 주는 단순한 일은 아니다. 하지만 지방정부가 실현해야 할 순환경제 정책의 많은 부분이 한 번 또는 그 이상 사용한 자원이 폐기물 아니라는 인식을 심어주는 것이 출발선이고 순환경제 실현의 열쇠다. 역설적이게도 '폐기물'이 되지 않도록 하기 위해서 '폐기물'에 집착하여 그것을 불태우거나 묻어버리는 게 아니라 또 다른 사람이나 용도로 '쓸모'를 찾아 주는 지혜와 기술을 모으겠다는 생각을 했으면 좋겠다.

이런 표현을 쓰는 이유는 일선 공무원과 시민들 모두 순환경제, 자원순환, ESG 라는 말에 사로 잡혀서 우리 안을 맴돌며 정책 아이디어의 생산도 실현도 틀에 갇힌다는 고민을 자주 접하기 때문이다. 조금더 쉽게 접근하자.

자원 생산을 줄이고 출시된 자원(제품)은 더 오래 재사동되도록 하면 환경(E) 관점의 순환경제가 실현된다. 자원재활용에 모두가 동참하고, 자원재활용을 통해 시민을 돌볼 수 있도록 고민하면 사회(S) 관점의 순환경제가 실현된다. 지방정부 공무원, 시민, 전문가, 민간기업과 단체 등 다양한 이해관계자들이 다양한 방식으로 의논할 수 있는 창구를 만들어 소통기회를 만들면 거버넌스(G) 관점의 순환경제 실현의 물꼬가 트이는 것이다. 그리고 ESG는 우리 지역의 시계를 더 나은 미래로 돌리는 톱니바퀴로 돌아가며 시너지를 내게 되어 있다.

이제 이것을 지방행정 관점에서 제도화(조례, 시행규칙), 역할분담(부서별, 행정-공기업-시민-전문가-기업/단체), 평가 관리(성과 목표와 지표, 실행계획, 조사/운영관리, 리스크관리 등), 아이디어 수집, 참여, 인센티브와 디스인센티브(장려책과 규제책)로 정리해 보면 된다.

참고문헌

관계부처 합동(2018). 지속가능한 순환경제 실현을 위한 제1차 자원순환기본계획(2018~2027).

관계부처 합동(2022) 전 주기 탈플라스틱 대책.

국가인권위원회(2022), 생활폐기물처리 관련 종사자 노동인권상황 실태조사.

양세훈 · 김현정 · 김성균 · 고광용 · 마희정 · 지선진 · 김연 · 안수지 · 박금옥 · 박연숙 · 박명분(2023). 『(11개의 키워드로 알아보는) 지방정부 ESG』, 파주: 이담북스(한국학술정보).

에스이임파워사회적협동조합(2023). 탄소중립을 위한 충남형 다회용기 선순환 모델 구축 결과보고서.

정부 합동(2021). 2050년 탄소중립 달성을 위한 K-순환경제 이행계획(안)

조지혜 · 이창훈 · 신동원 · 고인철 · 김수현(2021). 『탄소 중립 이행을 위한 순환경제 정책 로드맵 연구』. 한국환경정책 · 평가연구원.

환경부 · 한국환경공단(2023). 『2022년 전국 폐기물 발생 및 처리 현황』.

국가법령정보센터(2024.4.27).

자원순환정보시스템(2024.4.27), https://www.recycling-info.or.kr/

충청남도(2021). 제1차 충청남도자원순환시행계획.

환경부(2023.2.25). 보도자료-재활용환경성평가, 자원순환사회로 앞장서는 지름길.

[부록] 『지역정책 ESG 전략』 사례별 내용

PART 1 복지 · 지역 · 행정				
제1장	양세훈	동물복지와 ESG	E	서울동물복지지원센터(서울특별시)
			S	대전반려동물공원(대전광역시)
			G	경기도동물보호복지플랫폼(경기도)
제2장	오수길	사회복지와 ESG	E	명륜종합사회복지관(강원 원주)
			S	갈산종합사회복지관(인천 부평)
			G	범물종합사회복지관(대구 수성)
제3장	마희정	산림복지와 ESG	E	휴양림 태교 숲교실(전남 광양)
			S	무장애 나눔길(인천 남동)
			G	기후대응 도시숲(충남 금산)
제4장	박명분	전통주택과 ESG	E	전주한옥마을(전북 전주)
			S	교촌한옥마을(경북 경주)
			G	은평한옥마을(서울 은평)
제5장	박금옥	지역소멸과 ESG	E	빈집 재생 프로젝트(제주 조천)
			S	다문화가족 지원사업(충남 태안)
			G	고향사랑기부제(충북 증평)
제6장	홍형득	지방공기업과 ESG	E	서울시설공단/서울교통공사
			S	인천시설관리공단/경북개발공사
			G	울산시설공단/서울시평생교육진흥원
제7장	허남식	지방행정과 ESG	E	2년 연속 환경부문 1위(광주광역시)
			S	2년 연속 사회부문 1위(세종특별자치시)
			G	동반성장 ESG 협의체 구축(대구 달서)
PART 2 경제 · 도시 · 환경				
제8장	박보식	대중교통과 ESG	E	친환경 전기 저상버스(인천광역시)
			S	100원 버스(전남 목포)
			G	100원 택시(충남 아산)
제9장	김 연	전통시장과 ESG	E	양양전통시장(강원 양양)
			S	구리전통시장(경기 구리)
			G	진주전통시장(경남 진주)
제10장	고광용	지역경제와 ESG	E	가시리마을 풍력자산화(제주특별자치도)
			S	거창 승강기 밸리(경남 거창)
			G	지자체 부문 한국 ESG 대상(전북 고창)

제11장	김성균	도시계획과 ESG	E	세종 도시계획(세종특별자치시)
			S	청주 도시계획(충북 청주)
			G	수원 도시계획(경기 수원)
제12장	지선진	지역관광과 ESG	E	제주 생태관광(제주특별자치도)
			S	무장애 관광 지원사업(경기 안산)
			G	강릉커피축제(강원 강릉)
제13장	사득환	비선호시설과 ESG	E	음식물 쓰레기(울산 북구)
			S	교도소 유치(경북 청송)
			G	쓰레기와 하수처리 빅딜(구로/광명)
제14장	김현정	순환경제와 ESG	E	다회용기 선순환 시스템(충청남도)
			S	클린예천 보물마차(경북 예천)
			G	순환골재(경남 김해)

찾아보기

ㄴ

ㄷ

ㄹ

ㅁ

ㅂ

ㅅ

ㅇ

ㅈ

ㅊ

ㅋ

ㅌ

ㅍ

ㅎ

기타

저자 소개

양세훈(梁世勳) 행정학 박사, 한신대학교 대학원 초빙교수, 한국ESG전략연구원, 지방정부ESG연구회 대표다. 광운대, 경희대, 한국외대, 한세대 겸임교수와 한국정책분석평가원장을 역임했다. 저서로는 『공공부문 ESG 전략』(2024, 공저), 『(11개의 키워드로 알아보는) 지방정부 ESG』(2023, 공저), 『산림정책의 쟁점과 과제』(2022, 공저), 『서울둘레길 숲이야기』(2022, 공저), 『생산과 소비의 플랫폼 협동조합』(2017, 단독), 『마을기업과 사회적기업의 거버넌스』(2012, 단독), 논문으로는 "Building energy commons: Three mini-PV installation cases in apartment complexes in Seoul"(2021, 공저) 등이 있다. (kbc8927@naver.com)

사득환(史得煥) 고려대학교 행정학 박사. 경동대학교 행정학과 교수로 재직 중에 있으며, University of North Texas 방문교수, 한국행정학회 국토교통포럼특별위원장, 한국정책학회 부회장, 한국국정관리학회 부회장, 한국정책분석평가학회 연구부회장, 한국ESG학회 부회장, 물정책경제포럼 위원장 등을 역임했다. 저서로는 『공공부문 ESG 전략』(2024, 공저), 『정책학으로의 초대』(2019, 공저), 『행정학으로의 초대』(2019, 공저), 『지속가능발전과 환경거버넌스』(2002, 공저), 『한국 환경정책의 이해』(1997) 등이 있다. 논문으로는 "해외 공공부문의 ESG 경영과 협력사례(2023), "ESG 경영과 지속가능한 발전"(2023), "탄소중립시대 민관협력 산림거버넌스 구축방안"(2022), "Water Governance Change in South Korea and the Netherlands"(2021), "기후변화에 따른 물관리정책과 기든스 역설(Giddens's Paradox)"(2021) 등이 있다. (sdwhan@kduniv.ac.kr)

오수길(吳洙吉) 성균관대학교에서 행정학 박사 학위를 취득하고, 현재 고려사이버대학교 정보관리보안학과 교수로 재직하고 있다. 주요 관심 분야는 지속가능발전, 거버넌스, 행정철학 등이며, 한국NGO학회 회장, 한국지속가능발전학회 부회장, 전국지속가능발전협의회 정책위원장, 한국환경민간단체진흥회 이사장, SDSN Korea 사무총장 등으로 활동하고 있다. 저서로는 『공공부문 ESG 전략』(2024, 공저), 『행정학개론』(2023, 공저), 『사회복지사의 사명과 교육』(2022, 공저), 『에코뮤지엄』(2022, 공저), 『산림정책의 쟁점과 과제』(2022, 공저), 『공공가치』(2022, 공저), 『살며 사랑하며 고양시 길라잡이』(2021, 공저), 『사회적 가치와 공기업 혁신』(2020, 공저) 등이 있다. (soogiloh@cuk.edu)

홍형득(洪熒得) University of Manchester(UK)에서 박사학위(Meta-Evaluation of National Large-Scale R&D Programmes)를 취득하고, 현재 강원대학교 행정학과 교수로 재직 중이다. 주요 관심 분야는 과학기술정책, 연구개발 평가 및 정보화 정책 분야이며, 최근 연구 논문으로는 "글로벌 과학기술 지식네트워크의 지형변화에 관한 연구: G20국가를 대상으로"(2013), "Operational Efficiency Improvement of Public R&D Management Agencies in South Korea"(2019), "지역혁신체제와 혁신클러스터의 역동성 변화분석"(2023) 등이 있다. (hdhong@kangwon.ac.kr)

박보식(朴普植) 국민대학교에서 행정학 박사학위를 취득했으며, 국정관리전략연구소 박사급 연구원과 수원과학대학 비서행정과 겸임교수를 역임하였다. 현재 경동대학교 행정학과 강사와 한국연구재단 인문사회학술연구교수로 있다. 관심 분야는 다문화 정책, 리더십, 거버넌스, 환경정책, ESG 등이며, 주요 저서로는 『리더십』(제5판)(2023), 『공공부문 ESG 전략』(2024, 공저), 『지적 대화를 위한 품격의 스피치』(2015), 『사회복지실천기술론』(2013) 등이 있고, 논문으로는 "지방자치단체의 다문화정책과 상호문화주의"(2022), "의성군의 교통약자이동편의 증진에 관한 연구"(2013) 등이 있다. (bosik0514@hanmail.net)

김성균(金星均) 박사, 공간사회학자. 지역사회개발, 지역개발, 도시계획을 공부하고 생태공동체를 주제로 박사학위를 받았다. 지역개발이 갖는 학문적 한계를 넘어서고자 생태철학을 시작으로 서양철학을 비롯하여 공간과 사회를 관통하는 학문의 근원을 찾아 현장 중심연구를 오늘도 하고 있다. 그는 전략경영연구원 지속가능한 전환사회센터에서 활동하고 있다. 저서로는 『(11개 키워드로 알아보는) 지방정부 ESG』(2023, 공저), 『에코뮤지엄: 지붕 없는 박물관』(2022), 『더불어 피는 마을 꽃 논골』(2018), 『한국, 한국인을 말하다』(2017), 『함께 만드는 마을, 함께 누리는 삶』(2015), 『분명한 전환』(2015), 『지리산에 길을 묻다』(2014), 『녹색당과 녹색정치』(2013), 『만안의 기억』(2013), 『지금, 여기의 아나키스트』(2013), 『똥이 밥이다』(2012), 『시민과의 약속, 매니페스토』(2011) 등이 있다.

김현정(金賢貞) 관광학 박사, 조경학과 관광학을 전공하였다. 지속가능한 관광 및 지역개발에 관한 정책연구와 실천활동을 이어오고 있다. 주민참여설계(커뮤니티 디자인), 문화기획, 사회적경제 등을 주민들과 함께 구현하며 현장연구를 진행하였다. 조경가, 전경련 ESG 전문가, 메타버스 전문강사, 사회적경제지도사, 정원전문가 등 자격을 보유하고 있다. 저서로는 『사회적기업 창업 길라잡이: 사회적기업가의 사회혁신을 위한 도전』, 『사회적기업 사업계획 수립 가이드: 비영리 조직의 혁신적 도전』, 『2022 개발협력 파트너국과 함께하는 사회적경제 사업 가이드북(키르기즈공화국편, 네팔편)』, 『지방정부 ESG』 등을 공저하였다. 얼룩소와 티스토리 블로그에 그간의 활동들과 연구 경험을 연재하고 있다. (https://alook.so/users/ZBtO6Z)

지선진(池先鎭) 관광학 박사, 현재 용인대학교 관광경영학과 초빙교수, 오산시 정책자문위원으로 활동 중이다. 전경련 ESG 전문가, SMAT1급(서비스경영자격)을 보유하고 있다. 경기도 세계도자기엑스포조직위원회 관광진흥본부, 서울시 관광과, 서울관광마케팅(현 서울관광재단)에 재직했으며, 경기대학교, 가천대학교, 명지대학교 등 대학교 강사로 활동해왔다. 주요 연구논문으로 "문화관광에서 창조성과 창조적 경험의 의미: 북촌한옥마을 관광객의 관점에서 근거이론 접근", "탈근대 관광의 개념과 그 사회적 형성: 국내 관광상품 기획판매자 심층인터뷰의 해석"이 있고, 저서로는 『(11개 키워드로 알아보는) 지방정부 ESG』(2023, 공저)가 있다.

박명분(朴明分) 경영학 박사, 한세대학교 외래교수, (사)한국마을기업협회장과 경기도마을기업협회장을 역임했다. 경기도와 화성시 사회적경제육성위원회 위원, 행정안전부 마을기업 중앙컨설팅단 위원 활동을 했다. 화성시 자원봉사센터 이사와 화성시 남부노인복지관 운영위원으로 지역복지에 관심이 많은 사회복지사다. 전경련 ESG 전문가 자격을 취득하고 ESG 컨설턴트 활동을 하고 있다. 저서로는 『(11개의 키워드로 알아보는) 지방정부 ESG』(2023, 공저) 등이 있다.

마희정(馬希姃) 경영학 박사, 한세대학교 사회적경제 학과에서 외래교수로 후학양성에 매진했다. 저서로는 『(11개 키워드로 알아보는) 지방정부 ESG』(2023, 공저) 등이 있다. (사)파주시공유경제네트워크 이사장을 역임했다. 민주평화통일자문회의 20기, 21기 부회장 등 지역사회 발전에 관심이 많다. 30여 년 기업경영을 토대로 경기도 여성경제인협회 이사, 전경련 ESG 전문가 자격 취득후 컨설턴트 활동을 하고 있다. 수목치료사로 산림전문업(숲해설가, 유아숲지도사)을 보유한 기업의 대표이사다.

고광용(高光龍) 고려대 행정학 박사수료. 한국조세재정연구원 연구원, 자유기업원 입법정책실장, 한국외대 행정학 강사로 재직한 바 있다. 현재는 고창군 고창식품산업연구원 지역발전전략팀 연구원으로 재직 중이다. 저서로는 『대안으로서의 지역순환경제』(2023, 공저), 『(11개의 키워드로 알아보는) 지방정부 ESG』(2023, 공저)가 있고 논문으로는 "지역시민사회 거버넌스 주도 지역경제회복 사례 분석 및 전략 개발 연구"(2022, NGO연구), "지역발전특별회계의 문제점 및 개선방향"(2018, 정치정보연구), "한국정부의 지방분권화 성과와 제약요인에 관한 연구"(2015, 한국지방자치학회보) 등이 있다. 주요 관심 연구 분야는 지방자치와 지방재정, 지역소멸과 지역(순환)경제, ESG이다.

허남식(許南埴) 연세대학교 행정대학원을 졸업하고, 서울시립대학교 일반대학원 박사과정(행정학 전공)과 Caroline University 박사과정(Business Administration: 경영학 전공)을 수료했다. ESG위원회 위원과 ESG전문위원으로 활동하고 있다. 저서로는 『4차 산업혁명과 ESG 경영』(2023, 공저), 『ESG전문가과정 교육교재』(2023, 공저) 등이 있고, 논문으로는 "성과평가의 공정성과 직무태도와의 관계에 관한 연구"(2013, 석사 최우수논문), "한국 정부조직 개편의 경로의존성 분석에 관한 연구"(2020) 등이 있다. 자격증으로는 ESG지도사, 글로벌ESG경영컨설턴트, ISO국제표준인증 9001 품질경영시스템 심사원(보), ISO14001 환경경영시스템 심사원(보), ISO45001 안전보건경영시스템 심사원(보), ISO37301 규범준수경영시스템 심사원(보) 등이 있다. (hurnamshik59@daum.net)

김 연(金 孌) 경영학 석사, 전경련 ESG 전문가, 경기도교육청 주민참여예산 자문위원회 운영위원, 경기구리지역자활센터 운영위원, 구리시지역보장협의체 실무협의체 위원, 구리지속가능발전협의회 회원, 구리시사회적경제협회 사무국장으로 활동하고 있다. 논문으로는 "서울시 사회적경제 관련 중간지원조직 협치 활성화 연구", "한국학중앙연구원 ESG 전략체계 수립 및 성과지표 개발", "구리시 사회적경제 확산을 위한 전략", "성남시 사회적경제 · 창업보육 D/B구축 용역 연구조사", "화성시 사회적경제 정책 거버넌스 활성화 연구" 등 공동연구원 실적이 있다. 저서로는 『(11개 키워드로 알아보는) 지방정부 ESG』(2023, 공저)가 있다. 주요 관심 분야는 사회적경제와 ESG, 거버넌스, 사회복지다.

박금옥(朴錦玉) 경영학 석사, CSR 경영관리사, 전경련 ESG 전문가, 서영대학교에서 사회적경제학과 강사로 활동하고 있으며, 파주시청(사회적경제 발굴 · 육성)에 재직 중이다. 저서로는 『(11개 키워드로 알아보는) 지방정부 ESG』(2023, 공저), 논문으로는 "경기도 양평군 사회적경제 5개년 계획 연구", "경기도 사회적경제 활성화 지원방안에 관한 연구" 등 다수 연구 실적이 있다.

지역정책 ESG 전략

-지방자치단체의 환경 · 사회 · 거버넌스 행정 사례-

펴낸날 제1판 제1쇄 2024년 7월 10일
지은이 양세훈 · 사득환 · 오수길 · 홍형득
박보식 · 김성균 · 김현정 · 지선진 · 박명분
마희정 · 고광용 · 허남식 · 김 연 · 박금옥
펴낸이 임춘환
펴낸곳 도서출판 **대영문화사**
주소 (본사) 사무실: 경기도 고양시 일산서구 주화로 70
우신프라자 307호 (우) 10387)
(본사) 물류센터: 경기도 고양시 일산서구 덕산로
107번길 68-50 (우) 10205)
등록 1975년 12월 26일 제3-16호
전화 (031) 913-3062, (031) 914-3884~5
팩스 (031) 913-3839
홈페이지 http://www.dymbook.co.kr

ISBN 978-89-7644-950-4
값 28,000원